JN200782

犯罪へ至る道，離れる道

非行少年の人生

ロバート・J. サンプソン，ジョン・H. ラウブ

相良翔・大江將貴・吉間慎一郎・向井智哉●訳

ちとせプレス

CRIME IN THE MAKING: Pathways and Turning Points through Life
by Robert J. Sampson and John H. Laub
Copyright © 1993 by the President and Felllows of Harvard College
Published by arrangement with Harvard University Press
through The English Agency (Japan) Ltd.

謝　辞

　多くの人と機関が，本書を支える研究プログラムの推進に向けて重要な役割を果たしてきた。まずなによりも，シェルドン，そしてエレノア・グリュックへの恩は最も明白である。彼らの先駆的な視点とデータ収集に対する熱意がなければ，本書がこのような形で実現することはなかっただろう。実際，グリュック夫妻とその研究チームは，次の世紀〔訳注：21世紀〕以降も繰り返し検証されるだろう大量のデータを収集した。人間の発達に関する多面的なデータを，生涯をかけて収集したその忍耐力と決意を讃えて，本書をシェルドン，そしてエレノア・グリュックに捧げる。

　グリュック夫妻のデータを復元させるためには，数多くの重大な障壁に直面した。しかし，幸運なことに，多くの方々の助けによって，このハードルを乗り越えられた。このプロジェクトを通じて，ハーバード大学法科大学院図書館の原稿部門のスタッフから支援を受けた。とくに，エリカ・チャドボーン，デイヴィッド・デ・ロレンツィオ，ジュディ・メイリンズ，デイヴィッド・ウォリントンの熱意と私たちの取り組みへの支援に感謝する。また，グリュック夫妻とその研究について時間を割いて話してくれたリチャード・ラブリー，ルイス・マリゴ，シエラ・マーフリー，マリー・モラン，チャールズ・エリオット・スタンズにも感謝する。

　ラドクリフ大学のヘンリー・A．マレー研究センターは，グリュック夫妻のデータにとって理想的な場所であった。センター長のアン・コルビィとエリン・フェルプスの技術的な専門知識と根気がなければ，グリュック夫妻のデータは私たちの研究に適した形にはならなかっただろう。コープランド・ヤングをはじめとするセンターのスタッフにも，特別な感謝を捧げる。

　もちろん，このような大規模なプロジェクトには，多額の資金を含むさまざまな支援が必要である。国立司法研究所，ラドクリフ大学ヘンリー・A．マレー研究センター，ノースイースタン大学研究・奨学金開発基金，ノースイースタン大学刑事司法学部，イリノイ大学アーバナ・シャンペーン校およびシカゴ大学社会学部からの資金援助に感謝する。これらのサポートがなければ，私た

ちの長期的な共同プロジェクトを継続することは困難であっただろう。

プロジェクトを通して，データコーダーとリサーチ・アシスタントの優秀なチームに幸運にも恵まれた。ルー・アン・イーノス，ケナ・デイヴィス（カイガー），サンドラ・ゴーブロー，ジャネット・ラウリッツェンには，その働きぶりに対して特別な感謝を表する。

また，時には意見が対立することもあったが，本書の執筆過程を通じて，批判や励まし，有益な示唆を与えてくれた同僚に恵まれたことも幸運だった。ここには書ききれないほど多くの方がいるが，とくにアル・ブルムシュタイン，デイヴ・ボルドゥア，アブシャロム・カスピ，ジャクリーン・コーエン，トニー・アールズ，グレン・エルダー，デイヴィッド・ファリントン，マイク・ゴットフレッドソン，ジョン・ヘイガン，トラヴィス・ハーシ，テミ・モフィット，ダン・ネイギン，アル・ライス，マック・ランヤン，ジョージ・ヴァイラントに感謝の意を表したい。

私たちがグリュック夫妻のデータを使い始めたのは6年以上前のことである〔訳注：原著は1993年に出版された〕。この間，私たちがこのプロジェクトにいかに明け暮れたかは，家族は痛感している。イリノイやボストンへの出張は，誕生日やその他の家族のイベントのように，私たちの家族のカレンダーの一部となった。家族は，大小にかかわらず，プロジェクトに関わる危機にもうまく対処してくれた。ナンシー，ジョン，ラウラ（サンプソン家），ジョアン，カリス（ラウブ家）にこの本を捧げることで，私たちのかけがえのない時間を共有してくれたことについて，感謝したい。

また，ハーバード大学出版局でともに仕事をした人たちにも感謝している。編集者のマイケル・アロンソは，本書を最初に読んだときから熱心に取り組み続けて，それは一度も変わることがなかった。彼の提案と見識は，私たちの焦点を明確にし，視野を広げてくれた。原稿編集者のメアリー・エレン・ギアは，私たちがより良い文章を書けるように支援してくれた。

本書では新たな経験的・理論的な分析を提示しているが，一部の内容は以前の出版物から発展させたものである。ほかで発表された内容の一部を利用させてもらった以下の雑誌や出版社に感謝する。

John H. Laub and Robert J. Sampson, "Unraveling Families and Delinquency: A Reanalysis of the

Gluecks' Data," *Criminology* (1988), 26: 355-380.

John H. Laub and Robert J. Sampson and Kenna Kiger, "Assessing the Potential of Secondary Data Analysis: A New Look at the Gluecks' *Unraveling Juvenile Delinquency* Data," in *Measurement Issues in Criminology*, ed. Kimberly Kempf (New York: Springer-Verlag, 1990), 241-257.

Robert J. Sampson and John H. Laub, "Crime and Deviance over the Life Course: The Salience of Adult Social Bonds," *American Sociological Review* (1990), 55: 609-627.

John H. Laub and Robert J. Sampson, "The Sutherland-Glueck Debate: On the Sociology of Criminological Knowledge," *American Journal of Sociology* (1991), 96: 1402-1440.

Robert J. Sampson and John H. Laub, "Crime and Deviance in the Life Course," *Annual Review of Sociology* (1992), 18: 63-84.

目　次

謝　辞　i
はじめに　1

第1章　年齢に応じたインフォーマルな社会統制理論に向けて　7

ライフコースの視点（9）　犯罪と逸脱の安定性（10）　変化と成人期のライフコース（13）　変化と安定性を再考する（16）　インフォーマルな社会統制と社会関係資本（19）　ライフコースにおける犯罪に関するデータ（23）　犯罪学とライフコース論の統合（26）

第2章　少年非行の解明とフォローアップ調査　29

『少年非行の解明』研究（30）　歴史的および制度的背景（35）　グリュック夫妻の視点（39）　グリュック夫妻への方法論的および思想的批判（42）　結語（50）

第3章　データの復元，補完，妥当性の確認　53

データの復元と妥当性の確認（53）　その他の方法論上の要検討事項（60）　前科の復元と補完（62）　『解明』研究の歴史的文脈（67）　結論（71）

第4章　少年非行の家族的文脈　73

理論的枠組み（74）　実証のための指標（80）　最初の結果（86）　気難しい子ども——家族効果の再検討（94）　再検証（99）　要約と結論（105）

第5章　学校，仲間，きょうだいの役割　109

学校と非行（111）　仲間，きょうだい，そして非行（113）　実証的な尺度（115）　学校プロセスと非行（119）　仲間・きょうだいの効果（125）

最終モデルと検証（128）　　結論（131）

第6章　長期にわたる行動の継続性　133

幼少期と成人期の反社会的行動の測定（136）　　継続性のパターン（137）　　多変量解析による予測（142）　　考察（144）　　結論（146）

第7章　成人の社会的絆と犯罪行動の変化　147

理論と仮説（148）　　成人の社会的絆の測定（151）　　変化の初期評価（154）　　早期の犯罪傾向に関する説明（156）　　欠損データと選択バイアス（158）　　非行少年の成人犯罪モデル（161）　　収容期間と仕事の安定性（171）　　イベント・ヒストリー分析（179）　　結論（185）

第8章　犯罪と逸脱の比較モデル　187

統制群における成人犯罪の多変量推定（189）　　成人の犯罪と逸脱の比較モデル（193）　　個人差と観察されない異質性（201）　　社会的絆と犯罪の要約モデル（208）　　結論（210）

第9章　ライフヒストリーの探究　213

夫婦間の弱い愛着と犯罪の持続（216）　　雇用の弱い安定性と犯罪の持続性（218）　　弱い社会的絆と犯罪の持続に関するさらなる知見（220）　　強い夫婦関係と犯罪からの離脱（226）　　仕事の安定性の高さと犯罪からの離脱（227）　　強い社会的絆と犯罪からの離脱に関するさらなる根拠（228）　　弱い夫婦関係と犯罪からの離脱（233）　　弱い仕事の安定性と犯罪からの離脱（235）　　弱い社会的絆と犯罪からの離脱に関するさらなる構図（236）　　夫婦間の強い愛着と犯罪の持続（241）　　仕事の高い安定性と犯罪の持続（242）　　強い社会的絆と犯罪に関するさらなる実例（243）　　考察（248）

第10章　まとめと展望　253

理論モデルの要約（253）　　経験的知見の要約（256）　　インフォーマルな

社会統制とライフコース理論に関する調査研究の将来の方向性（260）　　犯罪と犯罪対策の公共の議論（264）　　結論（267）

付録　グリュック夫妻の当時の研究における調査員へのインタビュー　　269

　　マリー・モランとシエラ・マーフリーへのインタビュー調査より（269）
　　リチャード・ラブリーへのインタビュー調査より（273）

注　　277
訳者あとがき　　295
引用文献　　303
事項索引　　321
人名索引　　325

は じ め に

　本書の原点は 2 つの難題にある。8 年前，私たちは，ハーバード大学法科大学院の図書館の地下にある埃まみれの段ボールに入った資料を見つけたのだが，それが最初の難題だった。その段ボールには，ハーバード大学のシェルドンとエレノア・グリュックによってまとめられたもので，彼らの古典的研究である『少年非行の解明』(Glueck and Glueck, 1950) のもともとの事例ファイルが入っていた。これらのデータと『解明』の 1000 人の対象者に関する 18 年にわたる追跡データは，1972 年にハーバード大学法科大学院に寄贈されていた。グリュック夫妻は彼らの私的な文書，往復書簡，本，写真等も図書館に寄贈していた。これらの文書やその他のアイテムはグリュック夫妻のアーカイブの一部として分類され，完全に目録化されていた。段ボール内の資料は，図書館の地下室にただ保管されていた。

　私たちはこれらのデータは計り知れないほど重要なものになると感じた。他方で，それらを分析することは容易ではなかった。たとえば，500 人分の非行データだけでも，50 個以上の 12 インチ×15 インチの段ボール箱に収められており，とても手に負えないように思えた。また，これらのデータを再コード化し，コンピューターで処理するのはきわめて困難だった。さらに，その事例ファイルを整理し始めると，それらは通常のデータではないことにすぐに気がついた。また，ファイルの整理を続けていくうちに，グリュック夫妻自身が型にはまった研究者ではないこともわかった (Laub and Sampson, 1991)。しかしながら，数年にわたる素晴らしいグループと組織の努力によって，グリュック夫妻のデータの大部分を再構築した。それらのデータは本書における分析に供されたおもな情報源である。

　グリュック夫妻のデータをまとめようとする一方で，私たちは年齢と犯罪，縦断的および横断的研究，「犯罪キャリア」概念の有用性などを巡る，近年の犯罪学を巻き込んだ根深く悪意のある議論に直面した (とくに Gottfredson and Hirschi, 1986, 1990; Blumstein et al., 1986, 1988a を参照)。他方で，ゴットフレッドソンとハーシ (Gottfredson and Hirschi, 1990) は青年期の発達初期段階において自己統

制を生み出すために，効果的な子育てが重要であることを主張していた。彼らは，自己統制がライフコースを通じた犯罪のパターンの理解にとって十分に安定した現象であると仮定したため，生活の縦断的調査は不必要であると見なしている。私たちは，少年非行の原因を説明するうえで家族の重要性が強調されていたため，この理論的な発想に魅力を感じた。

一方で，彼らの安定性に関する議論の重要な側面については疑問があった。成人期の犯罪パターンを説明するのに必要なのは，子育ての効果だけなのだろうか。成人期における個人の変化と重要な出来事についてはどうなのだろうか。縦断的データは犯罪を理解するうえで本当に不必要なのだろうか。これらの問題を検討するなかで，ハーシとゴットフレッドソンへの批判（たとえば，Farrington, 1986a; Blumstein et al., 1988a, 1988b）が，犯罪研究に関して重要なことを述べていると考えるようになった。縦断的なデータを適切に（つまり縦断的に），かつ理論的に活用することで，犯罪の原因について新たな知見を得ることができると考えている。私たちの見解では，この議論の両陣営の理論的な難題は，本質的には次のような課題に要約されると考えている。つまり，私たちは縦断的な視点から，幼少期における反社会的行動，思春期における非行，そして成人期の犯罪を解き明かすための理論的モデルを開発し，検証することはできるのだろうか。言い換えるならば，私たちは生涯にわたって犯罪と非行を解明することは可能なのだろうか。

結局のところ，両方の難題に対する私たちの解決策，ひいては犯罪学の議論における統合と調和をつくり出す試みの成否は，読者の判断に委ねられている。すべての理論をつまみ食いしようとするのではなく，私たちは議論の両陣営双方から経験的および理論的に正しいと思われるものを取り入れ，それらを組み合わせて，個々の部分の総和を超える一貫した主張を形成することを目指す。

もちろん，このような論争はたんなる学問上のものではない。私たちは，グリュック夫妻のデータに対する分析が，犯罪および犯罪政策に関する公共の議論にも貢献すると考えている。とくにグリュック夫妻のデータは，現代社会の犯罪と過去の犯罪を比較して理解を深めるためのめったにない機会を提供してくれる。「現在のデータ」に過度に重点がおかれるのは，社会調査において時間という次元は無関係であるという誤った考えによるものである。サーンストロムは，ボストン居住者の社会的流動性についての先駆的研究において，次の

ように主張した。「社会現象の歴史分析は，過去そのものに関心がある人だけの贅沢ではない。現在がどのような変化の過程を経て形作られたのかを無視してしまうと，現在に関する研究は必然的に表層的なものになる」（Thernstrom, 1973: 3）。このような観点から，私たちは本書が現代社会における犯罪問題の一般的な議論に関係するものと信じている。

たとえば，今日では犯罪についての議論の中で，犯罪行為が人種や薬物と必然的に結びついていると仮定されることが多い（Kotlowitz, 1991を参照）。しかし，私たちが分析している歴史的文脈では，犯罪は黒人の仕業ではなく，むしろ構造的に不利な地位にいる白人たちによるものである。また，薬物は広く浸透していなかったが，犯罪とアルコール乱用はかなり横行していた。グリュック夫妻の非行少年サンプルに含まれた男性は持続的で，重大犯罪を起こした者であり，また彼らの多くは現代的にいえば「キャリア犯罪者」というラベルが貼られるだろう。それゆえ，サンプルとなった人々が社会的および経済的に不利な環境から抽出されながらも全員が白人であったという事実は，人種，犯罪，アンダークラスに関する現在の懸念を評価するための重要な比較の基礎となる（Jencks, 1992を参照）。さらにコカインやヘロインなどの薬物の使用や有償譲渡はこの研究では広く見られたわけではなかったので，アルコールと犯罪行為の間の関係について知見を得るための貴重な機会となっている。私たちの見解では，犯罪政策の方向性は，データ，理論，歴史的・縦断的視点なしに決定されることがあまりにも多いが，本書はこの3つの要素をすべて網羅している。

同様に，私たちは，犯罪に関連する問題に対する解決策として収容のみに焦点をあてるような狭い視野には強く反対する。犯罪対策は，より広い視野に基づいていなければならないし，犯罪を減少させるための政策の最重要事項として，家族，学校，労働条件，近隣住民のような非政府機関に目を向けるものでなければならないと確信している。政府は，私たちの社会におけるこれらの基本的な機関を強化するよう導くことができるし，そうすべきである。私たちは，重大犯罪を行った個人をけっして収容すべきではないと言いたいのではない。むしろ，私たちが，長期の施設収容，とくに少年犯罪者に対する長期収容に重きをおいた現代の犯罪対策に留保を付すのは，そのような政策が犯罪を減らすこともないうえに逆効果を生じさせるのではないかと危惧しているからである。

私たちは，犯罪は注目すべき差し迫った社会問題であると信じている。私

たちは 2 人とも，過去に，とくに生活の質や社会的結合に対する犯罪の破滅的効果や犯罪が生み出す恐怖心について書いたことがある（Sampson, 1987, 1988; Garofalo and Laub, 1978; Laub, 1983a）。この関心を反映して，私たちは，本書において，犯罪に関する政策について新たな方法で考える際に用いる理論的・経験的枠組みを提案する。犯罪に関する公共空間における言論は，テレビ番組やラジオ番組によって支配されているが，私たちは，こうした場は犯罪の原因や犯罪に関する問題の解決策について議論するには不適切だと考えている。私たちの見方によれば，じつは私たちも過去に求められてきたことなのだが，犯罪研究を放送用の 10 秒の言葉に集約できると考えるのは無謀である。メディアによる報道はさておき，私たちは，ほとんどの市民は，のちに本書の分析の中で明らかにされるような，犯罪に関する問題の複雑性に気づいており，そのことをよく理解していると考えている。本書の分析は，時に難解なものに見えるかもしれないが，「全体像」を抽出するための基礎として必要なものである。この知識をもとに，犯罪に関心をもち，社会科学的研究が犯罪対策に関する対話を促進できると楽観的に考え続ける私たちのような人々に届くことを目指している。私たちは，よく熟考され，学識に基づいた犯罪対策は可能であるはずだと考えているし，私たちの研究が犯罪対策の発展に貢献できることを望んでいる。

　私たちは，経験的および理論的な謎と現在の政策論争に対するより大きな関心とを以下のような形で結びつける。最初の 3 章では，本書のおもな理論的戦略を提示する。より具体的には，第 1 章では，ライフコースという枠組みと年齢に応じたインフォーマルな社会統制と犯罪の理論的モデルの主要原理を概説する。第 2 章では，グリュック夫妻の『少年非行の解明』における研究を，縦断的追跡データとともに詳細に見ていく。この章では，グリュック夫妻の犯罪学的視点を歴史的および制度的な文脈に位置づけ，グリュック夫妻の調査研究に対する方法論的，イデオロギー的批判に応答する。第 3 章では，現代での利用に向けてグリュック夫妻のデータをどのように再構成したのかについて，データの妥当性を実証的に検証するために私たちが払った努力を含めて概説する。また，グリュック夫妻の研究の対象者を歴史的に位置づけ，個人の生涯を理解するうえでのコホート効果と時代効果についても論じる。

　次の 2 章では，青年期における反社会的行動や非行行為の原因についての検討を行う。第 4 章では私たちのインフォーマルな家族による社会統制を扱って

その評価を行い，第5章では学校の要因，きょうだい，仲間集団に焦点をあてる。この2章において，私たちは，『少年非行の解明』研究においてもともと生成されていた横断的データを分析する。

次の3章では，成人のライフコースにおける犯罪と逸脱の持続と変容を探究する。この分析は，『少年非行の解明』研究での1000人の男性に関する犯罪の持続と犯罪からの離脱を検証することが中心となっている。第6章では，子どもの非行行為と成人後の結果との連続性を検討する。第7章では，もともとの500人の非行少年だった対象者に対して成人期の社会的絆が犯罪行動の変化に与える影響について探究する。第8章では，もともとの500人の非行をしていなかった対象者が，遅くに犯罪や逸脱を開始することについて検討する。これらの分析においては，グリュック夫妻が公式記録と25歳時と32歳時における面接調査から集めた追跡データを用いる。また，調査対象者たちの32歳から45歳までの犯罪活動に関する新たなデータも提示する。

第9章では，グリュック夫妻の調査チームによって集められた質的データと量的データとを統合する。私たちは，豊富な語りの情報を描写することで，私たちの理論における鍵となる対比を表す70人の男性の反社会的行動と社会統制のライフヒストリーを探究する。最後に，第10章において，研究結果を統合し，犯罪学的理論と研究への示唆について議論する。そして，この研究が犯罪に関する現在の政策的論争に与える影響の記述をもって，この本を締めくくる。

第1章

年齢に応じたインフォーマルな
社会統制理論に向けて

　犯罪は思春期に偏って行われるというのが通説である。アメリカ合衆国やその他の先進国からのデータによると，窃盗罪や暴力罪の割合は10代から急速に伸びて，16歳から18歳においてピークを迎える（Hirschi and Gottfredson, 1983; Farrington, 1986a; Flanagan and Maguire, 1990）。犯罪に占める若者の割合が高いことは，公式の検挙件数の報告（Federal Bureau of Investigation, 1990），犯罪に関する自己申告（Rowe and Tittle, 1977），加害者の年齢に関する被害者の申告（Hindelang, 1981）などの複数の測定源によって明らかにされている。このように，年齢別犯罪率は全体として10代後半にピークに達し，その後，成人期にかけて急激に減ると一般的に受け取られている。

　年齢犯罪曲線は，犯罪に対する社会学的研究の構成と内容に対して大きな影響をもたらし，研究の焦点を思春期に絞るように導いてきた。その結果，社会学的犯罪学は伝統的に幼少期の特性の理論的意義および幼少期の行動と成人期の結果のつながりを無視してきた（Robins, 1966; McCord, 1979; Caspi et al., 1989; Farrington,1989; Gottfredson and Hirschi, 1990; Loeber and LeBlanc, 1990; Sampson and Laub, 1990）。犯罪行為は10代のうちにピークに至るものの，この章において検討した知見によれば，非行の早発と同様に，犯罪行動がライフコースを通じて継続する傾向が見られることも示している。このように思春期に焦点をあてたため，犯罪の社会学的視点は幼少期の行為が生涯に及ぼす影響を十分に考慮できていない。

　同時に犯罪学者も犯罪のスペクトラムのもう一端にあまり注意を払ってこな

かった。その一端とは，犯罪からの離脱や成人期における犯罪行為から非犯罪行為への移行である（Cusson and Pinsonneault, 1986; Shover, 1985; Gartner and Piliavin, 1988）。ラター（Rutter, 1988: 3）が主張するように，私たちは「危機の過程からの脱出」や離脱の予測因子が独自のものか，たんに犯罪発生要因と逆なのかなどについてもほとんどわかっていない。このように研究者はライフコース初期のみでなく，若年成人期における社会的移行の関連性と年齢に伴う犯罪からの離脱の説明要因も無視してきた。

最後に，ライフコースのすべての段階において，犯罪学者は社会構造的な文脈とインフォーマルな社会統制を媒介するプロセスの関連性をほとんど無視してきた。たいていの研究者はマクロレベルおよび構造的変数（たとえば，社会階級，民族性，流動性）もしくはミクロレベルの過程（たとえば，親子の交流，しつけ）のいずれかを検証してきた。私たちは両方の変数が犯罪を説明するために必要だと考えているが，既存の研究からは構造的変数とインフォーマルな社会統制の過程が具体的にどのように関連しているのか正確にはわからない。

この本では，年齢と犯罪の犯罪学的な図式に幼少期と成人期を関連づけて，これらの問題に対処する。この目標達成のために，犯罪とライフコースに関する研究を総合および統合し，年齢に応じたインフォーマルな社会統制と犯罪行為の理論を展開する。私たちが展開する基本的な命題は3つの要素から成り立っている。つまり，①家族や学校によるインフォーマルな社会統制を媒介とする構造的文脈が幼少期および思春期の非行を説明する，②その反対に，幼少期から成人期にかけてさまざまな人生領域において反社会的行動の連続性がある，そして③成人期における家族や就労とのインフォーマルな社会的絆が，幼少期の傾向にかかわらず，生涯にわたる犯罪傾向の変化を説明する。このように，私たちの理論モデルは，幼年早期の行動と自己統制の個人差の重要性を認めつつ（Gottfredson and Hirschi, 1990），成人期以降の要因はほとんど関係ないという知見を否定する（Wilson and Herrnstein, 1985; Gottfredson and Hirschi, 1990）。言い換えれば，私たちは**少年期と成人期の両方**のインフォーマルな社会統制機関との社会的相互作用が，犯罪と逸脱に重要な影響を及ぼすと主張する。したがって，私たちのモデルは，ライフコースにわたって安定と変化の両方を取り入れようとする犯罪と逸脱の「社会要因論」モデルである。

私たちは，非行少年と非行をしていない少年の2つのサンプルの幼少期およ

び思春期から40代までを追跡調査した独自の縦断的データの詳細な分析を通じて，私たちの理論的モデルを検証する。その調査戦略について説明する前に，ライフコースの視点について概観する。

ライフコースの視点

　ライフコースは「年齢に応じて分化する生涯の道筋」と定義され，年齢に応じた分化は「意思決定の過程やライフステージ，移行，転機を形成する出来事に影響を与える期待や選択肢に現れる」とされる（Elder, 1985: 17）。同様に，カスピ，エルダー，ハービナー（Caspi, Elder, and Herbener, 1990: 15）は，ライフコースを「時間の経過とともに実行される文化的に定義された年齢役割と社会的移行の連続」として考えている。年齢に基づく移行は，社会的な制度に埋め込まれており，歴史的変化の影響を受ける（Elder, 1975, 1992）。

　2つの中心的概念がライフコースの動態を分析する根底にある。**軌跡**は，労働生活，結婚，親になること，自尊心，もしくは犯罪行動のように，生涯にわたる発達の経路もしくは道筋のことである。軌跡は行動の長期的なパターンを指し，一連の移行によって特徴づけられる。**移行**とは，軌跡に埋め込まれ，それより短い期間で展開する出来事（初職もしくは初婚などのような）によって特徴づけられ，「多かれ少なかれ突発的な状態の変化」とされる（Elder, 1985: 31-32）。その変化には年齢に応じたものとそうではないものがある。それゆえに，通常重要とされるのは，役割変化の規範的な時期と順序である。たとえば，ホーガン（Hogan, 1980）は状態が変化するまでの間隔（期間）と，最初の仕事や結婚といった出来事の順序が成人期の職業的地位や収入に与える影響を強調している。カスピ，エルダー，ハービナー（Caspi, Elder, and Herbener, 1990: 25）は社会的移行の遅れ（たとえば，「時期外れ」であること）が，後々の困難を引き起こすようになると主張する（Rindfuss et al., 1987も参照）。その結果，ライフコースの分析は，人生の主要な出来事の期間・時期・順序に焦点をあてて，その後の社会的発達に対するそれらの影響を特徴づけることがよくある。

　軌跡と移行は連動し合うため，ライフコースの**転機**もしくは変化を生み出す可能性がある（Elder, 1985: 32）。同じ出来事や移行であっても適応が異なれば，異なる軌跡をたどる可能性があるため，ライフイベントへの適応はきわめて重

要である (Elder, 1985: 35)。ライフコースの移行に焦点をあてた長期的な視点では，幼少期の出来事と成人期の経験との間に強い結びつきがあることを意味している。しかし同時に，より短期的な視点では，移行や転機が人生の軌跡を修正すること，つまりそれらが「道筋を変える」可能性があることも示唆している。軌道を修正する可能性のある社会制度やきっかけとなる出来事には，学校，仕事，軍への入隊，結婚，親になることが含まれる (Elder, 1986; Rutter et al., 1990; Sampson and Laub, 1990 を参照)。

変化のパターンや幼少期の行動と成人期の結果の間の連続性に関する研究に加えて，ライフコースの枠組みは少なくとも3つのテーマ（ライフコース全体で年齢がもつ社会的意味への関心，社会的パターンの世代間伝達，マクロレベルの出来事〔大恐慌や第二次世界大戦など〕が個人のライフヒストリーに及ぼす影響）が含まれている (Elder, 1974, 1985)。エルダー (Elder, 1992) が指摘するように，ライフコースの視点の主要な目的は，社会の歴史と社会構造を人間の生活の展開に結びつけることである。このようなテーマに取り組むため，個人の人生は時間を通して，とくに加齢，コホート効果，歴史的文脈，年齢による移行の社会的影響に注意が払われつつ，研究される。そして自然に前向き縦断的研究デザインがライフコース研究の中核をなしている。

ライフコース研究で強調されるすべてのテーマの中でも，時間経過に伴う行動や個人の特性の安定と変化の程度は，おそらく最も複雑なものであろう。また，行動の安定と変化についても，社会科学において最も激しく議論され，論争の的になっている問題の1つである (Brim and Kagan, 1980; Dannefer, 1984; Baltes and Nesselroade, 1984; Featherman and Lerner, 1985; Caspi and Bem, 1990)。この問題の中心的な役割を踏まえ，犯罪の安定性と変化に関する研究の評価に目を向ける。後に見るように，この研究にはライフコース全体での継続性と変化の両方を示す知見が含まれている。

犯罪と逸脱の安定性

社会学的犯罪学とは異なり，発達心理学の分野では不適応行動の連続性に長い間関心をもってきた (Brim and Kagan, 1980; Caspi and Bem, 1990)。その結果，安定性に関する縦断的知見の大部分は，犯罪という法的概念が含まれるか含まれ

ないか関係なく，おもに「反社会的行動」を研究する心理学者やその他の研究者などからもたらされている。その例として，心理学における攻撃性の研究がある（Olweus, 1979）。この研究の伝統を探究する目的は，幼少期の逸脱行動が犯罪的か非犯罪的かを問わず，成人後においてどの程度重要な影響を及ぼすかを強調することにある。

　私たちの出発点は，反社会的行動の個人差はライフコースを通じて安定しているという広く報告されている主張である（Olweus, 1979; Caspi et al., 1987; Loeber, 1982; Robins, 1966; Huesmann et al., 1984; Gottfredson and Hirschi, 1990; Jessor et al., 1977, 1991）。犯罪と反社会的行動の安定性はしばしば**同種継続性**と定義される。これは，時間が経過しても，類似する行為もしくは類似する表現型の属性の連続性を指す（Caspi and Bem, 1990: 553）。たとえば，ハスマンら（Huesmann et al., 1984）が行った 600 人の被験者（両親と子どもたち）の 22 年間にわたる攻撃性に関する研究は広く引用されており，初期の攻撃性がその後の攻撃性や犯罪的暴力を予測することを発見した。彼らは「攻撃性は，……状況を超えた一貫性を相当程度有する，持続的な特性と見なすことができる」と結論づけた（Huesmann et al., 1984: 1120）。それ以前にロビンズによる研究（Robins, 1966）でも，犯罪と攻撃性が長期にわたって高い安定性をもつことを発見した。

　より一般的に，オルウェウス（Olweus, 1979）の攻撃的行動に関する 16 以上の研究の包括的検討では，「実質的な」安定性が明らかになった。検討された研究の初期の攻撃的行動とその後の犯罪傾向の相関は平均で .68 であった（Olweus, 1979: 854-855）。ローバー（Loeber, 1982）は，多くの分野の現存する文献に対して同様に検討し，安定性仮説を支持する「合意」が得られたと結論づけた。つまり，「初期に高い割合で反社会的行動を示す子どもは，初期に低い割合で反社会的行動を示す子どもよりも，この行動を継続する可能性が高い」（1982: 1433）と述べている。犯罪や逸脱行動の持続的な安定性を示す最近の実証的研究としてはウェストとファリントン（West and Farrington, 1977），ウルフギャングら（Wolfgang et al., 1987），シャノン（Shannon, 1988），エリオットら（Elliott et al., 1985），そしてジェッサーら（Jessor et al., 1991）が含まれる。

　これらの発見は，おそらくより包括的ではあるが，新しいものではない。50 年以上前にグリュック夫妻は，犯罪歴に関する研究において 510 人の少年院収容者のほぼ全員が「重大な反社会的行動の経験がある」ことを発見した

(Glueck and Glueck, 1930: 142)。彼らのデータはまた「反社会的な経歴の早期の起源」(Glueck and Glueck, 1930: 143) も確認した。それに加えて，『少年非行の解明』(Glueck and Glueck, 1950) で行われた1000人の男性の追跡調査では，注目すべき連続性が明らかになった。彼らが『非行少年と非行をしていない者を捉える視点』において主張したように，「非行をしていない者のグループに含まれていた大半の少年は，年月が経過しても基本的には遵法的であり続けたが，非行少年のグループに含まれた少年の大多数は17歳から25歳の間にさまざまな犯罪に関わり続けていた」(Glueck and Glueck, 1968: 170) とする。行為や同種継続性の関連性に関する発見については，数十年にわたる豊富な経験的研究から支持されている（より詳細な議論については，Robins, 1966, 1978; West and Farrington, 1977; Gottfredson and Hirschi, 1990 を参照）。実際にグリュック夫妻が以前に報告したのと同じように，ロビンズ（Robins, 1978）は4つの男性コホートに関する結果を，「成人期の反社会的行動は，幼少期の反社会的行動を実質的に必要とする」(Robins, 1978: 611) とまとめている。

　要するに，反社会的行動はライフコースの各段階を通じて比較的安定するという根拠が多く存在している。カスピとモフィット（Caspi and Moffitt, 1992）は，反社会的行動の頑健な継続性は異なる国（たとえば，カナダ，イギリス，フィンランド，ニュージーランド，スウェーデン，そしてアメリカ合衆国）やさまざまな推定方法（攻撃的行動に関する公式記録，教師の評価，保護者の報告，仲間の指定〔訳注：学級内および学年内でその対象となる子どもを指定させるという他者評定のことを指す。Reitz, A. K., F. MottiStefanidi, and J. B. Asendorpf. 2016. Me, Us, and Them: Testing Sociometer Theory in a Socially Diverse Real-life Context. *Journal of Personality and Social Psychology* 110: 908-920〕）においても，過去50年以上にもわたり明らかにされてきたと結論づけている。このような時間や空間を通じた再現は，社会科学においてまれな，とても起こりえない印象的な一般化を生む。

　犯罪に対する社会学的アプローチはこの一般化をほとんど無視しており，その結果，行動の安定性の知見を十分に理解していないと批判を受けやすい。驚くこともなく，発達心理学者たちは行動の安定性を長らく強調し，幼少期の重要性と成人期のライフコースの無関係さを主張してきた。しかし，最近の犯罪の社会理論でさえ，ほぼ同じ立場をとり，成人のライフコースにおける移行が成人の犯罪行為に影響を与えることを否定している。とくに，ゴットフレッド

ソンとハーシ (Gottfredson and Hirschi, 1990: 238) は，犯罪率が「そのような行為が起きようと起きまいが」年齢によって低下することから，通常のライフイベント（たとえば，就労，結婚，親になること）が，犯罪行為にあまり効果がないと主張している。また，彼らはそのような出来事が重要であるとするライフコース仮説が，個人の特性の安定性に関する根拠自体を無視しているとも主張する (Gottfredson and Hirschi, 1990: 237; Gottfredson and Hirschi, 1987 も参照)。そして，犯罪はライフコースの初期に現れるため，従来の社会学的変数（たとえば，仲間，労働市場，結婚）は再び無力であるとされている (Wilson and Herrnstein, 1985)。つまり，社会学的変数が出現する前に犯罪が現れるために，社会学的変数は人生の軌跡を修正するうえで重要ではないという論理である。

一見したところ，安定性に関する知見は，年齢に応じたライフコースの移行に関する社会学的な理論の重要性に対して，ほとんど余地を残していないように思える。しかし，実際には，安定性の「グラス」を半分空っぽと見るか，半分満たしていると見るかは，経験的な事実だけではなく，理論的な好みからも大きく影響を受ける。さらに，犯罪には重要な不連続性を説明する必要があるだけではなく，知見を再解釈すると，安定性そのものがライフコースに関する社会学的視点と十分に両立しうることが示唆される。

変化と成人期のライフコース

ダンファーの重要な論文 (Dannefer, 1984) では，生物学と心理学分野からおもに引用された既存の成人の発達に関するモデルに対して，その排他的な「個体要因論」的焦点と「自己と社会関係の深い相互作用的性質」と「社会環境の変動性」への認識の欠如を鋭く批判している (Dannfer, 1984: 100)。彼はさらに「社会学的研究と理論の貢献は，人間の発達が初期の人生の出来事だけではなく，社会構造や社会的相互作用，そしてライフコース全体を通じたそれらの影響によって，社会的に組織され，社会的に生み出されるものであることを理解するための基盤を提供する」と言及する (Dannfer, 1984: 106)。ライフコースを通じた変化と社会構造との相互作用の重要性に関するダンファーの一般的な見解について支持するような根拠は犯罪学の研究に存在するのだろうか。

この問いについて，一見矛盾するようなものを通じて，答えよう。前述の研

究では幼児期の反社会的行動は成人の反社会的行動の最良の予測要因の1つだと示されており、「ほとんどの反社会的な子どもは成人になったら反社会的にならない」(Gove, 1985: 123) とされる。ロビンズ (Robins, 1978) は彼女が行った4つの縦断的調査の検討で同様な結果になり、ほとんどの反社会的な子どもは反社会的な成人にならないと述べている (Robins, 1978: 611)。ケンブリッジ・サマーヴィル青少年研究の追跡調査では、「大半の成人犯罪者に少年非行歴がなかった」(McCord, 1980: 158) とされている。クライン (Cline, 1980: 665) は「変化よりも一貫性の方が多いが……犯罪キャリアの進展に関して単純な結論は許さないだけの十分な変化がすべてのデータにある」と述べている。彼は先行研究の主張よりも犯罪行動には、はるかに多くの異種性があり、多くの少年犯罪者は持続した犯罪者にはならないと結論づけた (Cline, 1980: 669-670)。ローバーとルブランも同様の指摘をしており、「連続性を背景に対して、研究はまた犯罪における個人内の大きな変化も示しており、この点はゴットフレッドソンとハーシが控えめに強調している」(Loeber and LeBlanc, 1990: 390) と述べている。

カスピとモフィット (Caspi and Moffitt, 1992) のレビューでは、時間の経過とともに反社会的行動の安定性に大きなばらつきがあることを明らかにしており、類似した結論に至っている。反社会的行動は、行動上の問題がかなり極端にある比較的少数の男性にのみ、非常に安定して一貫している。ローバー (Loeber, 1982) のレビューも反社会的行動の極端さが、安定性の大きさと正の相関にあることを明らかにした。モフィット (Moffitt, 1991) はこの情報をもとに、安定性こそが彼女が「ライフコース持続型」非行と名づけた者の特性であると主張している。言い換えれば、多数の思春期の少年にとっては変化が通常であるのに対して、極端に反社会的行動を行っている青少年にとって安定性が特徴となる。このような概念化の仕方を踏まえると、異なるサブグループを見えなくしてしまう代表値に頼ることは危険だということになる。

モフィット (Moffitt, 1991) のレビューではさらに、ライフコース持続型ではない多くの若者にとって、社会的要因が幼少期の軌跡を修正する可能性があることを示唆している。この考えを支持するうえで、近年の犯罪学研究では、重要なライフイベントが行動に影響し、軌跡を修正することを示唆している。これはライフコース・モデルの主要なテーマである。200人の非行少年の追跡調査では、結婚が「社会的安定性」の向上を導くことが明らかになってい

る（Gibbens, 1984: 61）。ナイト，オズボーン，ウェスト（Knight, Osborn, and West, 1977）は，結婚は犯罪傾向を減らさなかったが，飲酒や薬物使用のような反社会的行動を減らしたことを発見した（Osborn and West, 1979; West, 1982; Rand, 1987 も参照）。オズボーン（Osborn, 1980）はロンドンから離れることが非行に与える効果について検証し，ロンドンから離れた研究対象者がロンドンに留まった同様のグループと比べて，再犯のリスクが相対的に低いことを発見した（West, 1982 も参照）。ランド（Rand, 1987）は軍への入隊とその後の犯罪行為に対する影響についてさまざまな結果を示したが，一部のサブグループにおいて入隊後に犯罪行為が減少したという結果も見出した。そして，失業という出来事が犯罪率を高めることに関するいくつかの根拠もある（Farrington et al., 1986）。

個人の特性の文脈において，カスピ（Caspi, 1987）は，幼少期の爆発的で抑制がとれない行動の傾向は成人期にも見られるが，「年齢に応じたライフコース全体で変化のない行動パターンは現れない」と述べている（Caspi, 1987: 1211）。同様に，ロングとヴァイラント（Long and Vaillant, 1984）は貧困研究のための前向き縦断的デザインを用いて対象者の3世代にわたる不連続性と連続性の両方を発見した。彼らの発見は「アンダークラス」もしくは依存的なライフスタイルの伝達は避けられない，もしくは非常に起こりやすいとする仮説を否定する。彼らが指摘するように，「不利な立場にあるコホートを回顧的に研究する際に，無秩序と疎外の伝達が避けられないように思えるが，成功例と失敗例を明らかにしようとする前向き研究において，それは例外的なことが多い」（Long and Vaillant, 1984: 344; Vaillant 1977 も参照）。

これは犯罪の安定性に関する重要な方法論的指摘である。成人犯罪者の経歴を**振り返る**と，安定性の普遍性を誇張してしまう。しかし，若年期から将来を**見据える**ことによって，成功と失敗の両方が明らかになり，その中には正常に機能する成人に成長するようになる非行少年も含まれる。これは以前に指摘された矛盾である。つまり，成人期の犯罪傾向は幼少期の非行がつねに先行しているように思える一方で，行動障害をもつ子どものほとんどは反社会的もしくは犯罪的な成人にならない（Robins, 1978）。

近年の成人犯罪の研究は前向き縦断的データを用いて，安定性と変化の双方に関心をもつことを支持している。ラター，クイントン，ヒル（Rutter, Quinton, and Hill, 1990）は2つの若者のグループからの追跡データを分析した。一方は家

庭の機能不全（たとえば，両親の犯罪，虐待，置き去り）によってグループホームに収容されている若者のサンプルだった。もう一方はロンドンのインナーシティに住む同じ年齢でグループホームに収容されていない個人の集団からの準無作為抽出されたサンプルであった。このように両方のグループの構成は似ているが，幼少期の逆境には違いがあった。安定性に関する研究と一致するように，ラターらは収容された高リスクな若者は，犯罪だけに限らずとも成人期においてさまざまに問題が多い結果を経験することを発見した。それに比べて，統制群の人々はその後の人生においても比較的うまくいっていた。

　だが，ラターらは両グループにおいて，成人後の経験と関連する結果に考慮に値する異種性も発見した。とくに，成人初期における夫婦関係による支え合いは，その後の逸脱に対する防御的なメカニズムをもたらした。女性における肯定的な学校経験もまた，犯罪からの離脱を促進した要因であり，とくに計画性や安定した結婚の選択への影響を通じて，間接的にその効果が見られた。それらの結果は多くの幼少期の逸脱に関する測定指標を統制したにもかかわらず維持されたため (Rutter et al., 1990: 152)，ラターらは個人の自己選択バイアスは逸脱の説明要因にはなりえないとした (Nagin and Paternoster, 1991 も参照)。彼らは「データによると，結果として実質的な異質性を示しており，発達における継続性と同様に，大きな不連続性を説明する必要性を示している。それと関連して，強力な保護効果によって関連づけられた要因として，逸脱行動を経験していない配偶者からの支援は際立っていた」(Rutter et al., 1990: 152) と結論づけた。したがって，ライフコースにおける成人の移行は「幼少期に経験した逆境の影響を修正」(Rutter et al., 1990: 152) できる。彼らはまた，変化が可能であることについて重要な理由を指摘した。すなわち，安定性の連鎖が「複数のつながりに依拠しており，そのどれもが一連の特定の存在に依存していたため，逆境の連鎖を断ち切るための機会が多くあった」とした (Rutter et al., 1990: 137)。

変化と安定性を再考する

　全体として，反社会的な連続性の必然さに関する結論は誇張されているか，誤解されていることをこれまでのレビューは示している。前者に関しては，長期間の安定的な係数は完璧なものとは程遠く，不連続性の出現の余地をかなり

残している。振り返ってみると，犯罪学者たちは，幼少期の変数は予測装置としてきわめて控えめであるという，予測研究の長い歴史を考慮して，安定性について大袈裟な一般化を行うべきではなかったと警告されるべきだった。いわゆる「偽陽性問題」において，予測スケールはしばしば将来の犯罪傾向をかなり過大予測する結果をもたらす（Loeber and Stouthamer-Loeber, 1987; Farrington and Tarling, 1985）。同様に，過去の行動がそう示唆しているのにもかかわらず，犯罪者になりうる人を正確に特定するという予測の試みは失敗することが多い（偽陰性）。

このトピックで最も優れた近年の研究であるホワイトら（White et al., 1990: 521）は，過去の調査と一致して，「早期の反社会的行動は，その後の反社会的行動の最も優れた予測因子である」と報告する。しかしながら，彼らのデータは行動を長期にわたって理解するために幼少期の情報のみに頼っているという明らかな限界がある。ホワイトら（White et al., 1990: 521）が主張するように，偽陽性率が高いため，早期の反社会的行動のみをその後の犯罪の予測因子として用いることはできない。彼らは，特定予測の一般的な不確かさと後期思春期（さらには成人期）における非行の異質性が正確な予測を妨げているという事実も述べている。

このように，予測に関する研究は安定性と変化の両方を見る必要性を強調し，それゆえに人間の発達を一面的に捉えることの無益さを強調している。つまり，縦断的な一貫性がある一方で，そのような研究では，後期思春期や成人期の犯罪行為における大きな変動について，幼少期の傾向では直接説明ができないことを明らかにした。さらに，成人期の犯罪傾向におけるこのような変化は，ライフコースにおける社会的移行と成人期のライフイベントによって構造化されているという根拠も存在しており（Rutter et al., 1990），それはライフコースの視点の有用性も強調している。

しかし，同様に重要なのは，犯罪学の中で伝統的に扱われてきた安定性の概念は非常に特定のものであり，しばしば誤解されてきたという事実である。順位尺度やその他の安定性に関する測定指標は時間の経過に伴う個人間の差の一貫性を示し，結果として，相対的な立場の全体像に依存する。ハスマンら（Huesmann et al., 1984）が記述したように，長期にわたって安定しているものは，集団に対する個人の攻撃性である（Huesmann et al., 1984: 1131）。安定性係数は，

時間の経過に伴う個人の行動の一貫性もしくは異種性（つまり，個人の変化）を測定しない。ゴットフレッドソンとハーシ（Gottfredson and Hirschi, 1990）が「もし犯罪行為のライフコースにわたる連続性があるのであれば，……人々を長期にわたって追いかける必要はない」（Gottfredson and Hirschi, 1990: 230）と述べた議論について考えよう。彼らが言及した連続性とは相対的な安定性のことであり，それは長期にわたっても，個人が自身の行為に一貫していることを意味していない。したがって，相対的な順位の安定性にもかかわらず，個人の変化は可能であり，むしろそれが起こりやすいだろう。

たとえ犯罪傾向が長期にわたって安定したとしても，犯罪行為の実行はライフコースにおける主要な移行によって変化する多数の社会的要因に左右される。たとえば，ゴットフレッドソンとハーシの理論では（Gottfredson and Hirschi, 1990），自己統制が低い個人の異種性は人生の初期に確立され，それは長期的に安定するとしている（Nagin and Paternoster, 1991 も参照）。彼らの視点からすると，成人期の犯罪と幼少期の反社会的行動の多様性はすべて同じ基礎的な特性の表れである。しかし，自己統制という考え方はライフコースから切り離すことはできない。なぜならば，自己統制の時間的な変化は，犯罪を起こす社会的機会，刑事司法制度による反応の差，そして加齢による制約によって構造化されるからである（Shover, 1985; Gartner and Piliavin, 1988 も参照）。ゴットフレッドソンとハーシが言及するように，「犯罪は，特有の一連の必要条件（たとえば，活動，機会，敵対者，被害者，財など）が前提にある，短期的で限定された出来事である。それとは対照的に，自己統制とは相対的に安定した犯罪（もしくはそれに準ずる）行為に手を出す傾向に関する違いを示す。したがって，自己統制は犯罪行為に導く原因の構成要素の1つにすぎない」（Gottfredson and Hirschi, 1990: 371）。この言及は，犯罪の原因が傾向性（低い自己統制）の原因とは大きく異なる可能性を明示する。安定性が個人間の概念であり，個人内の変化を排除しないという認識と結びつけて，ゴットフレッドソンとハーシによる犯罪と自己統制の欠如（犯罪傾向）の区別は，長期にわたる犯罪事象の安定性，変化，予測に関する一見矛盾するデータの解決に役立つ。

過去の研究におけるこの概念化に基づくと，私たちの理論モデルは安定性と変化の両方がライフコース全体に存在し，双方について説明する必要があるという事実を前提としている。ゴットフレッドソンとハーシ（Gottfredson and

Hirschi, 1990）が指摘したように，個人が逸脱の次元において長期にわたって相対的に安定している傾向を示すことは，早期のライフコース（とくに家族による早期の社会化と子育て）が，早期の非行と安定した自己統制の主要な原因であることを示している。私たちはその考えに賛同するが，成人期の行為と初期の人生経験と自己統制だけでなく，成人期における出来事や社会化によっても修正されることにも関心がある。私たちは成人期のライフコースが，幼少期からは予測することが難しい成人期の犯罪を説明するという仮説を立てており，変化は私たちの説明枠組みの中心となっている。私たちの理論的モデルについては，第4章から第9章で詳細に述べるが，この時点では私たちの主要な戦略と考え方の概要を提供することが有益だろう。

インフォーマルな社会統制と社会関係資本

　私たちの理論はライフコースのすべての段階でのインフォーマルな社会的結びつきと絆の重要性を強調する。それゆえに，幼少期や思春期，そして成人期におけるインフォーマルな社会統制の効果は私たちの理論モデルの中心となる。事実上，これまでの犯罪学における社会統制に関するすべての研究は，思春期もしくは逮捕や収容のような公的な（つまり，フォーマルな）社会統制のメカニズムについて焦点をあててきた（その概説については，Gottfredson and Hirschi, 1990; Horwitz, 1990 を参照）。結果として，ほとんどの犯罪学的研究は幼少期から成人期を通じたインフォーマルな社会統制の過程を検討していなかった。

　エルダー（Elder, 1975, 1985）にならい，私たちは個人のライフコースを年齢に基づいて分けて，インフォーマルおよびフォーマルな社会統制の重要な制度が生涯全体で異なると主張する。たとえば，幼少期や思春期における社会統制の主要な制度は家族，学校，仲間集団，そして少年司法制度である。青年期の段階では，高等教育もしくは職業訓練，仕事，結婚などの制度が重要となる。また，少年司法制度も成人の刑事司法制度にとって代わられる。最終的に，中年期になると，社会統制の主要な制度として仕事，結婚，親になること，コミュニティへの投資，そして刑事司法制度となる。

　この枠組みの中で，私たちが組織化した原理は，社会統制理論（Durkheim, [1897] 1951; Reiss, 1951a; Hirschi, 1969; Janowitz, 1975; Kornhauser, 1978）の中核的な考

えに由来している。つまり，犯罪と逸脱行動は，個人の社会との絆が弱くなるもしくは断たれた結果として起きるとしている。ジャノヴィッツ（Janowitz, 1975）が冷静に主張したように，多くの社会学者が社会統制をたんに社会的抑圧や国家的統制（たとえば，監視，適応の強制，収監〔収容〕）の観点から考えている。対照的に，私たちは社会統制を，社会的集団が望ましい原則や価値になるようにみずからを統制する能力，すなわち規範やルールを効果的に機能させる能力といった，より一般化した概念として採用する（Janowitz, 1975: 82; Reiss, 1951a; Kornhauser, 1978）。さらに，私たちは社会のメンバー同士や仕事，家族，学校といった広範な社会制度との相互的な絆や構造から生み出される**インフォーマル**な社会統制の役割を強調する（Kornhauser, 1978: 24 も参照）。

　これらの概念を犯罪の縦断的調査に応用する際に，社会的絆がライフコースの初期に犯罪や逸脱行動をどの程度抑制するのか，そしてその後の発達にどのような影響をもたらすのかについて検証する。さらに，成人期のライフコースにおける社会的絆を，制度と他の個人とのつながりの両方から検証し，個人の軌跡内のインフォーマルな社会統制の変化に関連する移行を特定する。このような背景から，**犯罪と順法**への道筋は社会統制の主要な制度との社会的絆によって仲介されると私たちは主張する。私たちの理論モデルは成人期への移行，ひいては高等教育，正規雇用，軍への入隊，そして結婚からの新しい役割要求に焦点をあてる。したがって，私たちはすべての年代における犯罪とインフォーマルな社会統制の相互関係を，とくに個人内の変化の推定に注意を払いながら，探究する。

　また，ライフコースの各段階の個人間の社会関係（たとえば，親と子，教師と生徒，雇用者と従業員）を社会投資および社会関係資本の1つの形態として検証する（Coleman, 1988, 1990）。具体的に，家族での子ども，学校での思春期の少年，仕事での成人としての強い社会関係（もしくは強い社会的絆）からの社会関係資本が，個人レベルでこれらの関係の重要性を決めると仮定する。これらの関係が相互依存によって特徴づけられるのであれば（Braithwaite, 1989），それらは，人生の転機を通じてより大きな軌跡を進むなかで，個人が利用できる社会的および心理的資源を表す。このように，社会関係資本とインフォーマルな社会統制の両方を社会構造と関連づけ，両方の概念を経時的な行動の変化を理解するうえで重要なものとして区別する。

ライフコースにおける安定性と変化の両方の重要性を認識したところで，私たちは年齢に応じた社会統制に関する3つのテーマに関する考えを展開する。第一に，少年非行の構造的および介入的要因に関するものであり，第二に，非行と反社会的行動が成人期の人生の機会に及ぼす影響を中心においたものであり，そして第三に，成人期のインフォーマルな社会統制と社会関係資本を関連づけながら，成人期の犯罪と逸脱を説明することに焦点をあてたものである。このモデルはグリュック夫妻のデータを分析する文脈の中で発展したものであり，私たちの概念枠組みと利用可能な測定指標に最も適合するものでもあるが，私たちの理論的枠組みはこれらのデータに限定されず，より広く応用できるものであると考えている。

思春期の非行の構造と過程
　非行の起源を説明するとき，犯罪学者は構造的要因（貧困や家族崩壊など）もしくはプロセス変数（親や先生への愛着など）のいずれかを取り入れてきた。私たちは，そのような区別は間違いであると考える。第4章および第5章において，構造的要因とプロセス変数を統合し，1つの理論モデルに組み込む。簡潔にいえば，私たちは家族から得られるインフォーマルな社会統制（たとえば，一貫したしつけ，見守り，愛着）と学校から得られるインフォーマルな社会統制（たとえば，学校への愛着）が，個人的および構造的な背景変数の影響を媒介すると主張する。たとえば，家族と非行に関する先行研究は，社会構造上の不利とそれが家族生活にいかに影響したのかについて説明をしばしばできていない。ラターとジラー（Rutter and Giller, 1983: 15）が指摘したように，社会経済的不利は親に悪影響をもたらす可能性があり，その結果，親の困難が生まれやすくなり，良い子育てができなくなることが考えられる。これが真実であるならば，貧困や社会的不利が非行にもたらす影響は子育てを通じて伝わっていくと考えられる。
　家族プロセスの効果は，他の領域においても構造的背景を媒介すると仮定されている。第4章で述べるように，私たちのモデルとデータは，家族崩壊，親の犯罪傾向，家庭の窮屈さ，家族成員数の多さ，住居の流動性そして母親の就業というような他の主要な要因の直接および間接的な効果を確認できる。これらすべての構造的背景要因は伝統的に非行と関連づけられてきた（総

説は，Rutter and Giller, 1983 を参照）。しかしながら，私たちの主要な主張は，これらの構造的要因が家族や学校の社会統制メカニズムに強く影響を与え，その結果，早期の非行を説明するうえで間接的な（だからといって重要ではないわけではない）役割を大きく果たすということである。第4章と第5章で詳述するように，おもに関心がある介入プロセスは，家族による社会化（しつけ，監督，愛着），学校への愛着，そして非行をしているきょうだいや友人の影響である。全体として，この2つの章は早期の非行の原因とゴットフレッドソンとハーシ（Gottfredson and Hirschi, 1990）が「低い自己統制」と呼ぶものについての説明をもたらしている。

幼少期と成人期の間における連続性の重要性

　第二のテーマとして，幼少期の反社会的行動（非行，行動障害，または暴力的なかんしゃくのような）と問題のある成人期の行動との関連性に関心を寄せる。先述したように，同種継続性の理論的な重要性は社会学的犯罪学者の間でほとんど無視されてきた。犯罪学者は依然として犯罪研究においておもに10代に焦点をあてており，幼少期の非行と成人期の犯罪の間の関連については無視しているようである。この流れを変えるために，私たちの主要な主張は（第6章で述べるように），公式および非公式の両方の情報源から測定された幼少期の反社会的および非行行為は，後の成人期のさまざまな状況（たとえば，家庭内暴力，軍事犯罪，「路上犯罪」，アルコール乱用）における逸脱と犯罪傾向に結びつくということである。さらに，私たちはこれらの結果は階層的背景，民族性およびIQのような伝統的な社会学的および心理学的変数と無関係に発生すると主張する。

　行動障害，少年非行および成人期の犯罪の関連を探究した犯罪学者が何人かいたが，私たちは幼少期の問題行動の否定的な影響が経済的依存，教育の失敗，不安定な雇用，そして夫婦関係の不和などを含む成人期の生活のより広い範囲に及ぶことを主張する。したがって，第6章では，仕事，教育の達成，結婚，そして一般的な逸脱行動への関与といった成人期の世界について探究する。ヘイガンとパローニ（Hagan and Palloni, 1988）が主張するように（Hagan, 1989: 260も参照），非行と犯罪という出来事は「それらの軌跡が犯罪もしくは非犯罪的なものであろうと，より広い意味合いで人生の軌跡と結びついている」（Hagan and Palloni, 1988: 90)。犯罪学者によるほとんどの研究は 10 代の頃か，成人期の行動を犯罪に限定して焦点をあてていたため，この基本的な考えは犯罪学の研究にうまく組み込まれてこなかった。

ライフコースにおける変化の意義

　第三の焦点は，発達的視点と飛び石アプローチ（Loeber and LeBlanc, 1990: 433-439）に基づき，個人の加齢に伴う逸脱と犯罪の変化に関心がおかれる。第 7 章で議論されているように，私たちの主張は，成人期の行動が初期の人生経験だけでなく，成人期のインフォーマルな社会統制の制度（家族，学校，職場など）との社会的結びつきによっても影響を受けるという点にある。私たちは，犯罪と順法の両方の軌跡が，自己統制もしくは犯罪の傾向に関する個人差にかかわらず，このような成人期の社会的絆によって生涯にわたって影響を受けると主張する。

　つまり，私たちの研究の 3 つ目の主要なテーマは，社会との強い絆をもたらす成人期の変化が犯罪や逸脱を減らすということである。逆にいえば，社会との絆を弱めるような成人期の変化は，犯罪や逸脱を増やすことになる。この前提によって私たちは後発する犯罪だけでなく，犯罪からの離脱も説明できる。加えて，ほとんどの研究者と異なり，私たちは特定のライフイベントの発生や時期よりも，社会的絆の質，強さ，そして相互依存性を重視する（Hogan, 1978; Loeber and LeBlanc, 1990: 430-432 を参照）。私たちの見解では，相互依存的な社会的絆は社会関係資本や社会関係および制度への投資を増やす。第 7 章と第 8 章でくわしく論じるように，私たちの理論モデルでは，成人期の犯罪と逸脱を抑制する主要な要因として，仕事および家族との社会的結びつきを位置づける。

ライフコースにおける犯罪に関するデータ

　この章の関心は，おもに理論および概念的なものであった。しかしながら，犯罪と非行に関する科学的知識は，優れたデータ（とくに縦断的な性質をもつデータ）が圧倒的に不足していることによって妨げられていることを認識することは重要である。近年，全米科学アカデミー（NAS: the National Academy of Sciences）の犯罪キャリアに関する研究委員会は（Blumstein et al., 1986; Farrington,

Ohlin, and Wilson, 1986 も参照），犯罪学研究に対していくつかの提言を出した。NAS 委員会は①従順な行動を引き起こす発達上の経験，②その後の犯罪傾向の予兆，③未成年および成人の刑事司法制度との関わりによるその後の行動への影響，そして④犯罪キャリアの終焉に関連する要因，以上を説明するために前向き縦断的研究が必要であるとした（Blumstein et al., 1986: 200）。

そのような要請を満たすためには，どのようなデータベースが適切だろうか。委員会の回答には「犯罪と逮捕の時系列データ，各個人の幼少期の経験，彼の〔訳注：原文ママ〕両親，きょうだい，そして仲間および学校での経験と職場での経験，さまざまな種類の逸脱行動，司法制度との相互作用」に関するデータを含んでいた（Blumstein et al., 1986: 200）。この説明には落胆させられる。それというのも，委員会によれば，「まだ収集されているどのデータ源の中にも，適切に広範なサンプルに関するこれほど豊富な情報を含むものはない」（Blumstein et al., 1986: 209）からだ。さらにいえば，新しい縦断的データの収集は費用と時間がかかる（Gottfredson and Hirschi, 1987）。

このような懸念に対峙するために，私たちはハーバード大学法科大学院のシェルドンとエレノア・グリュックによって先駆けられた 3 つの波にわたる少年非行と成人期の犯罪の照合サンプルの縦断的調査という，これまで研究者たちが事実上アクセスできなかった主要な前向きデータベースを再コード化，コンピューター化，そして分析するという研究戦略を実行した。このデータベースはライフコースにおける犯罪と非行の厳密な研究のために NAS の委員会が定義した必要な特徴のすべてを事実上含んでいる。さらに，重要な理論家および方法論者の複数人が『少年非行の解明』で採用されている照合サンプル・デザインとグリュック夫妻の研究チームによって収集された縦断的情報の質と範囲の価値を指摘する（Reiss, 1951b; Hirschi and Selvin, 1967; Wilson and Herrnstein, 1985: 175-179; Farrington, 1986a: 209）。端的にいえば，グリュック夫妻のデータは，犯罪学分野が提供できる最高のものの 1 つである。

グリュック夫妻のデータが提供する多くの利点の中でも，少なくとも 3 つが際立っている。第一に，このデータは出生から 32 歳，場合によっては 45 歳までという長期間をカバーしている。これまでのところ，ほとんどの犯罪学研究が横断的なデザイン，もしくは短期的なパネル研究によって構成されている。対照的に，長期的な縦断的データセットはほとんどなく（Farrington, 1979 および

Farrington, Ohlin, and Wilson, 1986 を参照), 前向き縦断的研究はさらに少ない (たとえば, Elliott et al., 1985; Robins, 1966; McCord and McCord, 1959; West and Farrington, 1973, 1977; Thornberry et al., 1991; Loeber et al., 1991; Huizinga et al., 1991)。つまり, 先行する縦断的調査で得られた情報がしばしばたんに横断的データの結果を再確認するだけであることは驚くべきことではない (Gottfredson and Hirschi, 1987)。同じ変数を同じコホートの個人について測定できたとしても, それが短期間であれば, 発達的な変化やある構成概念がライフコースのさまざまな段階においてどのように現れるのかについて, 検討することが難しい。

　第二に,『解明』研究のサンプリング・デザインは, 重大かつ持続的な犯罪の本格的な推定を可能にしている。NAS 委員会の検討のように (Blumstein et al., 1986: 198-209; Cernkovich et al., 1985 も参照), 先行するデータベースには重大で持続的な犯罪の十分なサンプルが含まれていないことがよくある。実際, 少年非行研究の多くが不登校, 家出, その他の比較的軽微な犯罪の分析や, 州による制裁がまれであるサンプルによって特徴づけられている。特殊化は非行の特徴ではないにもかかわらず (Gottfredson and Hirschi, 1990; Blumstein et al., 1986), 少年司法制度は暴力的で持続的な犯罪に対してより厳しく対応する。それゆえに軽微な逸脱に焦点をあてることは, 公的な非行統制のメカニズムがその後の成人期の発達にどのような変化をもたらすかについて研究することにつながらない (Moffitt, 1991 を参照)。この点については, 成人期の結果に対する刑事施設への収容の長期的で否定的な影響について検討する第 6 章と第 7 章でくわしく述べる。

　第三に, そしておそらく最も重要なことだが, グリュック夫妻のデータは幼少期および成人期の発達のさまざまな次元にわたる質の高い測定項目が豊富である。縦断的研究の多くはインフォーマルな社会統制と主要なライフイベントの発達経路の測定ができていない。たとえば, ウルフギャングらによる出生コホート研究 (Wolfgang et al., 1972; Tracy et al., 1990 も参照) は犯罪行為における重要な情報を提供する刺激的な研究であったが, その説明的特性は構造的・人口統計学的変数 (貧困や人種など) に限られていた。他の多くの縦断的調査も人口統計と制限された年齢範囲に限定されている。多くの研究者が主張しているように (Farrington, Ohlin, and Wilson, 1986; Tonry et al., 1991; Blumstein et al., 1986), 犯罪に対する因果的な影響を効果的に区別するために, 重要な背景要因とライフイベン

トの変化する性質(とくに青年期後半から若年成人期への移行期におけるライフイベント)を考慮しなければならない。とくに成人期におけるインフォーマルな社会統制は私たちにとって重要であり,グリュック夫妻のデータはこの側面の精緻な分析を可能にする。

犯罪学とライフコース論の統合

これまでの研究 (Laub and Sampson, 1988; Sampson and Laub, 1990) をもとにした私たちの理論的枠組みは,現代の犯罪学的思考に見られるいくつかの仮定や考えへの挑戦を意味する。犯罪学の分野は狭い社会学的および心理学的視点に支配されており,それは青年期に関する横断的データを用いた研究が主流であったことと相まっていると考えている。結果として,この分野の科学的知識は限定された年齢層や犯罪および国家の制裁における限られた変動範囲に焦点をあてて,**構造的要因もしくはプロセス変数**のどちらかを検討し,さらにこれまでの研究デザインと分析戦略に見られる重大な制約によって妨げられてきた。その結果,既存の犯罪学の研究には大きなギャップが現れている。

本書では,このような知識のギャップのいくつかに向き合い,犯罪学の理論と研究の焦点を拡大し,豊かにすることを試みる。年齢とインフォーマルな社会統制に関するライフコースの視点を,既存の犯罪と非行に関する研究と融合させることをもって,それを行う。この戦略によって,この分野で最近議論されている年齢と犯罪の関係や縦断的データと横断的データの必要性の対立のような重要な問題を解決できると考えている (Gottfredson and Hirschi, 1986, 1988; Blumstein et al., 1988a, 1988b も参照)。私たちの社会的絆に関する理論は,どちらか一方の見解を他方の見解と対立させるのではなく,むしろ各視点から概念的に適切で経験的に正しいものを統合している。

たとえば,安定性と変化の問題を取り上げよう。私たちは,ライフイベントの移行と成人期の社会的絆が,それとは非常に異なる幼少期の軌跡を修正できると仮定する。したがって,私たちの変化の概念は,成人期の要因が幼少期の背景と無関係に成人期の行為の体系的な変化を説明するということである。これは幼少期の重要性を否定するものではない。実際に第4章と第5章では,おもに早期の子育てに焦点をあてた非行の説明に専念している。このように,私

たちの理論は，より統一された人間の発達の見通しを提供するために，幼少期を成人期のライフコースに組み込む。ライフコースに関する社会学的視点の独特な利点は，幼少期という形成的な時期に再び注目しつつも，個人の行動が年齢に応じた社会制度との相互作用を通じて，時間の経過とともに媒介されることを認識する点にある。

データの復元という経路を選択することによって，長期間のプロジェクトに多額の資金を費やすことへの正当な批判を回避できる（Gottfredson and Hirschi, 1987）。また，私たちはグリュック夫妻のデータの特性を最大限利用する。そのデータは，現在の研究上の制約からすると，再現されることはおそらくないであろう。このように私たちの戦略は，理論的関心とグリュック夫妻の縦断的データの豊かな性質を結びつけることを可能にする。それでは，これらのデータとそれを復元するための取り組みの説明に移ろう。

第2章

少年非行の解明とフォローアップ調査

　40年以上もの間，シェルドン・グリュック（1986-1980年）とエレノア（・トゥロフ）・グリュック（1898-1972年）はハーバード大学において犯罪と非行の基礎的な研究を行った。彼らの根本的な関心は少年非行と成人犯罪の原因を発見し，犯罪キャリアの統制における矯正処遇の効果を総合的に推定することにあった。当時として，グリュック夫妻の研究プロジェクトは長期間の追跡調査を含んだ異例の大規模な調査であった。彼らの主要な研究として，マサチューセッツ改善学校〔訳注：欧米圏に存在した非行少年収容施設であり，福祉的な関わりに加えて，刑罰的な介入も行っていた〕の研究（1930, 1937, 1943），女子改善学校の研究（1934a），ベイカー判事財団〔訳注：1906年にボストン少年裁判所の初代判事に任命されたハーヴェイ・ハンフリー・ベイカーによって，1917年にボストンに事務所が設立された。当時は，ボストン少年裁判所に送られた非行少年に対する診断研究と治療の推奨を目的にして運営されていた。現在はベイカーセンターとして，子どもとその家庭のメンタルヘルスのための活動を行っている；https://www.bakercenter.org/about-us/our-story を参照〕の研究（1934b, 1940），そして『少年非行の解明』（『解明』）の研究，さらにその後の追跡調査（1956, 1962, 1968, 1970）が行われた。その結果として，グリュック夫妻は4つの非常に大規模なデータセットと280以上の論文，13冊の本を創り上げた（概要は，Glueck and Glueck, 1964, 1974を参照）。
　この章には，グリュック夫妻の研究の経験的および知的背景を紹介するうえで，3つのおもな目的がある。第一に，1940年から1965年までの間における『解明』研究の調査デザインとその後のデータ収集の取り組みを詳細に記述することである。第二に，グリュック夫妻とその調査プログラムの知的な歴史を

提示するために探究し，私たちが犯罪と犯罪学的調査における「グリュックの視点」と呼ぶものを確立する。第三に，とくに『解明』研究とグリュック夫妻の調査プログラム全般に対する方法論的および思想的批判について取り上げる。私たちの論点は，グリュック夫妻の調査が犯罪の原因に関する重要な知見の構築に貢献したこと，そしてさらに重要なことに，彼らの研究計画が犯罪学における学問の適切な焦点と科学的方法の役割について，現代の論争の舞台を設定したことにある（Laub and Sampson, 1991）。この分野における彼らの決定的な貢献にもかかわらず，グリュック夫妻の仕事はとくに社会学者によって無視されるか，批判されてきた。その結果として，現代の研究者たちは彼らの原著を読むことがあってもまれである。場当たり的な引用が現れたとしても，それらは通常グリュック夫妻の立場の致命的な欠陥について主張するためである。それゆえに，私たちはここで犯罪学研究の歴史において最も包括的な縦断的データベースの1つの概説とともに，グリュック夫妻の調査に対する評価の修正を行う。

『少年非行の解明』研究

　疑いもなく，グリュック夫妻が最も知られている業績は『少年非行の解明』(1950) である。[1] 非行行為の形成と発達に関する研究である『解明』のプロジェクトは，1939年の秋に始まった。当初，グリュック夫妻は少年裁判所から非行少年のサンプルを抽出することを計画していたが（エリザベス・ヒンクス博士への手紙，1938年2月14日），支障なく対象者にアクセスすることを許可する裁判所を見つけることがその大きな障壁であった。結局，最終的にマサチューセッツ州の矯正システムから500人の公式に取り扱われた非行少年が選ばれた。より正確には，「持続的な非行少年」のサンプルは10歳から17歳の白人男性を含んでおり，マサチューセッツ州ウェストボロのライマン男子改善学校とマサチューセッツ州シャーリーの男子工業改善学校の2つの矯正学校のうちいずれかに最近入学したものであった（Glueck and Glueck, 1950: 27 を参照）。

　非行をしていない少年500人は，彼らも10歳から17歳の白人男性であり，ボストンの公立学校から選ばれた。非行事実がないことについては，公式記録に基づいた確認と，少年自身以外に，親，教師，地元警察，ソーシャルワーカ

一，レクリエーション活動の指導者〔訳注：レクリエーション活動として，地域でのスポーツチームでの活動などが想定される〕との面接に基づいて判断した。グリュック夫妻の抽出手続きは，非行による差異を最大化するように設計されており，その目的は誰の目から見ても成功していた（Glueck and Glueck, 1950: 27-29 を参照）。それでも，ロングとヴァイラントが指摘するように，非行をしていない少年たちは改善学校に差し戻されたボストンの若者とたしかに異なっていたが，全国平均と比較すると非行をしていない少年も「とくに法を遵守する群を代表するものでは**なかった**」（Long and Vaillant, 1984: 345）。無作為抽出ではないことは明らかであるが，これらのサンプルは当時のボストンにおける公式に取り扱われた持続的な非行少年と非行をしていない一般的な少年のグループを代表しているように見える。

照合デザイン

『解明』研究の独特な点は，照合デザインである。具体的には，公式に取り扱われた非行少年 500 名と非行をしていない少年 500 名が，年齢，人種および民族性（両親の出身地），地域（たとえば，「明確に定義された非行地域に住む少年たち」），および知能指数（IQ）（ケース記録ポリシー・メモ，1939 年 11 月）に基づいて，**個別**に照合された。

近隣地域の照合によって，非行少年と非行をしていない少年の双方がボストン中心部の下層階級地域において育ったことが確認された。その対象地区としてロックスベリー，イースト・ボストン，チャールズタウン，サウス・ボストン，ドーチェスター，ウェスト・エンド，サウス・エンドが含まれた。国政調査区のデータ，ボストン市の不動産目録データ，そして地域自体への個人的な観察を用いて，グリュック夫妻は研究対象として「恵まれない地域」，つまりスラムや長屋地域に照準をあてた。これらの地域は，貧困，経済的依存，物理的な荒廃が進んだ場所であり，ショウとマッケイ（Shaw and McKay, 1942）が「社会的に解体された地域」と呼んだ，通常は工業と商業地域に隣接する地域であった（Glueck and Glueck, 1950: 29）。そのような地域の 1 つが，ある研究対象者の事例ファイルにあったインタビュアーのノートの中で生き生きと描かれている。

その地域は混雑したエリアで，周囲の主要な道路は交通量が多く，工場，

商業施設，二級の長屋があちこちにあり，遊べる場は一切ない。(対象者の自宅周辺は)通りの喧噪（1ブロック），酒場（1ブロック），路地（至る所），ギャングたち（男たちと少年たちが1ブロック），ゴミ捨て場と空き地（1ブロック），鉄道操車場と線路（6ブロック），売春（1ブロック，至る所），安価な商業化された娯楽施設（徒歩5分），管理された屋内娯楽施設なし，管理された屋外遊び場なしといった地域である。

研究対象者の自宅の物理的特徴からも，その地域の恵まれない側面が示されていた。一般的に，対象者の家は狭苦しく，しばしば衛生設備，浴槽およびシャワー，そして暖房設備のような基本的な必要品が不足していた。ある対象者の事例資料の中にある面接者のノートは，その家庭の物理的環境をより詳細に描いている。

　その一家は，二階建ての建物の地下室に住んでいた。その家はとても古く，状態は悪かった。通りに面した木造建ての家であった。家の中の生活環境は狭苦しく，6人家族で2つの寝室があった。居間と台所には石油ストーブがあったが，ガスはない。廊下には臭いのきついトイレがあった。

地域の状況が類似していることから，これらの地域は貧困とともに非行率でも実質的に照合された。非行少年の59％と非行をしていない少年の55％は，非行率が1000人あたり10-24.9人の地域に住んでいた。前者のうち20％，後者のうち23％は，非行率が1000人あたり25-49.9人の地域の出身者であった。そして，非行者の15％と統制群の17％は非行の多い地域に住んでいた（1000人あたり50-100人；Glueck and Glueck, 1950: 36）。

貧困や反社会的行動にさらされるという類似した高いリスク環境で育ったことに加えて，非行群と統制群はさらに年齢，IQ，民族性に基づいて個別に照合された。調査開始時の非行少年の平均年齢は14歳8カ月，非行をしていない少年は14歳6カ月であった。民族性は，両群とも25％がイギリス系，他の4分の1がイタリア系，5分の1がアイルランド系，10分の1以下が旧アメリカ系，スラブ系，フランス系，残りの20％が近東系，スペイン系，スカンジナビア系，ドイツ系，ユダヤ系であった。また，ウェクスラー成人知能検査の

測定によると、非行少年の平均IQは92、非行をしていない少年の平均IQは94であった。

要するに、『解明』研究における1000人の男性対象者は、非行行為と警察や裁判所による公式的な対応に影響を与えうる主要な犯罪学的変数で照合された（Sampson, 1986）。したがって、500人の少年が持続的な非行少年になり、500人が幼少期に非行をしなかったことは、都市のスラム地区での居住、年齢差、民族性、IQに起因するものではない。

情報源と追跡調査

1939年から1948年の間において、非行群と統制群から社会的および心理学的、そして生物学的特徴、家庭生活、学校の成績、就労経験、そしてその他のライフイベントに関する豊富な情報が集められた。たとえば、家族に関するいくつかの重要な項目には両親の犯罪傾向やアルコール使用、経済状況、家族構造（たとえば、離婚および別居）、家族関係、そして両親による監督やしつけのやり方が含まれた。成績、学校に関連した行動、そして教育および職業への意欲に関する項目も含まれる。また、娯楽活動や余暇時間の活動、仲間との関係、教会への出席、そして精神医学的な面接から得られた精神医学的プロファイルなどの多くの指標もある。

これらのデータはグリュック夫妻の調査チームによる詳細な調査を通じて収集されており、対象者自身とその家族、雇用主、学校の教師、近隣住民、そして刑事司法および社会福祉関係者への面接を含むものだった。これらの面接データは、さまざまな社会的機関を通じて、広範な記録の確認によって補完された。グリュック夫妻はとくに、独立した測定源に関心を寄せ、それゆえに多くの重要な概念を検証する手段をもたらした。たとえば、ほとんどの社会的変数（家族収入、両親のしつけなど）はグリュック夫妻の調査チームによる家庭での面接や社会福祉機関による単独での訪問に同伴したことなど、さまざまな情報源から収集された。グリュック夫妻の研究で見られるこうしたレベルの詳細さと情報源の広さは、近年の対象者保護に関する調査基準を考慮すると、おそらく二度と現れないだろう。

また、グリュック夫妻が**自己報告、親からの報告、教師からの報告**による非行行為の測定を収集したことも重要であった。ワイス（Weis, 1986）は近年に

「直接的な観察と情報提供者（例：教師，親，仲間など）からの報告は，子どもの問題行動を把握するための，将来的な予測可能性が高いかもしれない有用なアプローチである」と主張した。このような公式記録の予測的妥当性に関する現代的な懸念を予見し，グリュック夫妻の調査チームは，犯罪記録の性質と履歴に関する広範な情報として利用できるように，反社会的および非行行為に関するさまざまな質問を行った（Glueck and Glueck 1950: 60-61 を参照）。少年自身から，親から，そして教師からの報告と公式記録の組み合わせは，非行と反社会的行動に関して信頼できるかつ有効な尺度を開発する絶好の機会を提供する。

『解明』研究のもともとのサンプルは，25歳と32歳の2つの異なる時点で追跡調査された。このデータの収集は1949年から1963年の間に行われた（詳細は Glueck and Glueck, 1968 を参照）。その結果，幼少期，思春期，若年成人期において照合された対象者の犯罪歴，刑事司法による介入，家庭生活，学校および雇用歴，レクリエーション活動に関する分析のために広範なデータが利用できた。さらに，非行少年の500人のうち438人（88％），非行をしていない者の500人のうち442人（88％）のデータは，3つの年齢期すべてにおいて入手できる。死亡率で調整すると，追跡調査の成功率は最近の基準からしても非常に高い約92％と計算される（たとえば，Wolfgang et al., 1987 を参照）。この減少率の低さはグリュック夫妻の厳密な調査戦略によるものだけでなく，1940年代と1950年代における居住の流動率と州間移動率が今日と比べて低かったことのおかげでもある。しかし，注意すべきなのは犯罪歴と公式記録の追跡調査は37州にわたって行われていることであり，最も多かったのはカリフォルニア州，ニューヨーク州，ニューハンプシャー州，フロリダ州，イリノイ州であった（Glueck and Glueck, 1968: xix）。このように，初犯から32歳までの犯罪歴のデータは警察，裁判所，矯正施設のファイルの広範な記録確認を通じて収集された。

付け加えて，追跡期間中のおもなライフイベントに関する面接や記録の確認からの情報が収集された。とくに興味深いのは，結婚および離婚，引っ越しの頻度，子どもの数，そして軍隊経験などの成人としての対象者の生活環境の性質や変化，職歴と労働習慣（仕事の数と種類，週の収入，失業，公的支援），そして学歴（最終学年時の年齢，退学の理由，成人期の教育）に関する項目である。また，市民活動への参加，大志，仲間の種類，余暇活動の性質などに関する項目

も多数ある。

　まるで将来の懸念を予見したかのように，グリュック夫妻のデータは，ブルームステインら（Blumstein et al., 1986）によって指摘されていた既存の犯罪学研究における主要な問題点をも克服している。多くの先行研究では，持続的で重大な犯罪者の数は不十分であり，さらに，成人の犯罪歴の開始に関連する要因を追跡できた研究はほとんどない。対照的に，17歳から32歳の間に，グリュック夫妻の調査対象である非行少年の約90人が強盗で，225人が侵入盗（空き巣）で，そして250人が窃盗で逮捕されている。犯罪の頻度については，非行少年グループ全体で生まれてから32歳までに約6300件の逮捕容疑があったと推定している。さらに，55％が32歳から45歳までにマサチューセッツ州において逮捕歴がある（これらのデータについては後述する）。明らかに，グリュック夫妻の非行グループは持続的で重大な犯罪者によって構成されている。

　さらに興味深いことに，非行をしていない少年たちのグループの約100名（20％）が成人になってから犯罪行為を始めていた。非行をしていない少年グループが成人期に犯罪を始めた要因は，犯罪学理論にとって非常に興味深く，同様に非行少年グループにおける離脱に関連する要因も興味深い。

　『解明』研究とその後の追跡調査から得られたグリュック夫妻のもともとのケース記録の発見，再構築，そして検証のための私たちの努力については第3章でよりくわしく述べる。しかし，ここではグリュック夫妻が，調査計画を確立した歴史的および制度的状況について少しくわしく紹介する。この社会的文脈は，グリュック夫妻のデータの性質だけでなく，彼らのアイデアが犯罪学コミュニティにどのように受け入れられたのかについて理解するうえでもきわめて重要である。

歴史的および制度的背景

　グリュック夫妻の歴史的文脈と所属機関は彼らの調査計画，とくに犯罪とその原因の研究における方法論的な立ち位置に重要な影響を与えた。第一に，グリュック夫妻の教育的背景は折衷的で，学際的であった。とくにシェルドン・グリュックは学界の型破りのような存在であった。彼は最初にジョージタウン大学に入学し（1914-1915年），その後1920年にジョージ・ワシントン大学に編

入し，1920年に人文科学の学士号を取得した。その後，1920年にナショナル大学法科大学院で法学士と法学修士号を取得した。ハーバード大学法科大学院への入学はできなかったが，彼は社会学部の学際的な前身であるハーバード大学社会倫理学部に入学した（同学部の説明はPotts, 1965を参照）。そこで1922年に修士号を，1924年に博士号を取得した。この多様な教育環境を反映して，シェルドン・グリュックの博士論文（1925年）は刑事責任，精神障害，そして刑法に焦点をおいた社会学，法学，そして精神医学の関心を統合したものであった。

エレノア・グリュックの学歴も同様に折衷的である。バーナード・カレッジ（英語学の学士号，1920年），ニューヨーク社会事業大学（1921年）を経て，マサチューセッツ州ドーチェスターのセツルメントハウスで働いた後，ハーバード大学の教育学部に入学した。彼女は1923年に修士号，1925年に博士号を取得した。エレノア・グリュックの初期の研究では教育の社会学，とくに学校とコミュニティの関係，そしてソーシャルワークにおける評価研究の方法に焦点をあてていた（E. Glueck, 1927, 1936; Gilboy 1936も参照）。

つまり，グリュック夫妻はあらかじめどの学問分野にも属せず，その結果，彼らは犯罪学，ソーシャルワーク，心理学，社会学，教育学，法学，精神医学の主要な学術誌に幅広く論文を発表した。このような学際的な展望のために彼らが払った代償は高かった（Laub and Sampson, 1991を参照）。ガイスが20年以上前に「グリュック夫妻はどの学問分野にも所属せず，彼らは部外者や侵入者としての疎外された運命に苦しんでいる」（Geis, 1966: 188）と実際に認識していたとおりである。

第二に，グリュック夫妻の学界内での社会的立場は，当時としても今日としても独特なものである。ハーバード大学社会倫理学部で数年間教えた後に，シェルドン・グリュックは1929年にハーバード大学法科大学院に犯罪学の助教授として任命された。彼は1932年に正教授となり，1950年に初代ロスコー・パウンド法学教授に任命された（*Current Biography Yearbook*, 1957）。法科大学院での犯罪学の教授としてのシェルドン・グリュックの立場は，やや孤立した「のけ者」の視点をもたらす異例の制度的配置であった。具体的にいえば，法学の教授と学生は社会科学的研究を行うことはあまりないが（もしくは奨励されないが），それが彼の専門であり，おもな関心であった。さらに，1930年代にハー

バード大学法科大学院では司法行政に関する研究を伝統的に行っており（たとえば，クリーヴランド犯罪調査やハーバード犯罪調査），犯罪の原因に関する研究は法科大学院という環境においてとくに異例であった。シェルドン・グリュックの組織的配置は，もう1つの重要な側面でも構造的な制約となった。つまり，グリュック夫妻の調査課題を引き継ぐような博士課程の学生を育てる機会がなかった。

おそらくもっと顕著であったのは，エレノア・グリュックに与えられた組織的扱いであった。教育学の博士号[6]と多くの出版業績があったのにもかかわらず，エレノア・グリュックはハーバード大学において終身在職権のある教員職もしくはいかなる教職にも就くことができなかった。実際，彼女は1930年から1953年までハーバード大学法科大学院で犯罪学のリサーチ・アシスタントとして雇われていた。リサーチ・アシスタントとして任命されてから20年後[7]，彼女は研究員に「昇進」して，1964年までその肩書きのままであった。同時に，1929年から1964年まで，彼女は少年非行の原因と防止に関するプロジェクトの共同責任者でもあった[8]。要するに，エレノア・グリュックのハーバード大学でのキャリア全体は，今日多くの博士号取得者が卒業前に直面するような社会的立場に似ていた。そのため，彼女はハーバード大学の主流な学界からも，広く学術界全体からものけ者であった。

グリュック夫妻のアプローチを理解するうえで，3つ目の中心的な事実は，彼らの知的指導者はさまざまな専門性から集まった多様なグループであり，それぞれが風変わりな思想家であったということである。このグループにはロスコー・パウンド，フレックス・フランクフューター，リチャード・キャボット，バーナード・グリュック，ウィリアム・ヒーリー，オーガスタ・ブロナー，そしてエドワード・B. ウィルソンのような人物が含まれていた。この知的影響の多様性はグリュック夫妻の調査キャリアを通して明らかである。早い段階で，グリュック夫妻はシェルドン・グリュックの兄であるバーナード・グリュックから個人的にも，専門家としても影響を受けていた。彼はシン・シン刑務所の司法精神医学者であり，犯罪に関して長年関心をもっていた（B. Glueck, 1916, 1918を参照）。同様に重要なこととして，彼が受け持っていた大学院生の1人であったエレノア・トゥロフとシェルドン・グリュックの最初の出会いを手配したのがバーナード・グリュックであった。

ハーバード大学において，グリュック夫妻は社会倫理学部の教授であったリチャード・C. キャボットの影響を受けた。マサチューセッツ改善学校からの 500 名の犯罪者を対象としたアイデアが最初に生まれたのはキャボットとのセミナーでのことであった。キャボット自身の研究では心臓病の診断の正確さを推定するために追跡調査法を採用していた (Cabot, 1926)。シェルドン・グリュックは刑罰学の分野では元受刑者の処遇後の状況を推定する研究がないことに着目した。キャボットは，そのような研究の可能性に知的に興奮し，グリュック夫妻の調査に資金を提供し，それが『500 人の犯罪キャリア』(Glueck and Glueck, 1930) に実を結んだ。

　フレックス・フランクフューターは 1926 年にハーバード犯罪調査の責任者を務め，グリュック夫妻の初期の研究に大きな影響をもたらした。実際に，グリュック夫妻の『1000 人の非行少年たち』(Glueck and Glueck, 1934b) が第 1 巻となったハーバード犯罪調査は社会科学における科学的調査の初期モデルと見なすことができる。フランクフューターによると，その調査は「改革のための機関」ではなく，「これまでは即興，粗雑な経験主義，そしてプロパガンダに大きく委ねられていた」犯罪行為と社会政策分野における科学的知識を提供するものであった (Frankfurter, 1934: xii)。さらに，フランクフューター (Frankfurter, 1934) は問題の定式化とその問題に対処するために科学的方法を用いることは，最終的には賢明な社会政策につながると信じていた。このような一般的な視点はグリュック夫妻の調査のすべてに見出すことができる。

　ウィリアム・ヒーリーとオーガスタ・ブロナーはグリュック夫妻の知的変遷において最も影響を与えた思想家たちであろう。グリュック夫妻ははじめてボストンに到着した際に，ベイカー判事財団の理事であったヒーリーとブロナーに出会ったが，その背景の一部にバーナード・グリュックの支援があった。グリュック夫妻はヒーリーの『個人の非行』(Healy, 1915) を読んでおり，彼の研究に対して好意的であった。ヒーリーもまた，シェルドン・グリュックの博士論文に関連する問題に関心があり，リトル・ブラウン社からの出版を勧めた査読者の 1 人であった (S. Glueck, 1964: 319)。グリュック夫妻にとって最も重要なことはヒーリーやブロナーの「科学的態度」であり，シェルドン・グリュックはヒーリーへの追悼の辞の中で，ヒーリーを「私たちの仕事にとって重要な触媒であった」と述べた (S. Glueck, 1964: 319)。グリュック夫妻のように，ヒーリ

ーは最も重要な分析単位として個人に焦点をあて，犯罪原因の研究において多因子アプローチを採用し，またさまざまな学問分野にまたがる知識を活用した（Healy, 1915 および Healy and Bronner, 1926 を参照）。実際に，スノッドグラス（Snodgrass, 1972: 326）は『少年非行の解明』を「本質的に近代化された『個人の非行』」と言及している。

このように，3つの要因が相まって，グリュック夫妻の非常に独立的で，偶像破壊的な見解が形成された。すなわち，学際的な教育訓練に加え，シェルドン・グリュックの法科大学院における異例の地位，エレノア・グリュックに対する明らかなジェンダー差別が，とくに社会学という分野に関して，非常に防御的な姿勢を生み出した。また，大学院生の育成に関われなかったという制約を受けていた。これに加えて，1つの学問分野の枠を超えた経験的研究を育んだ多様な指導者たちの知的影響も存在した。この文脈内においてこそ，私たちはグリュック夫妻の理論的・方法論的視点を理解することができる。

グリュック夫妻の視点

ハーバード大学法科大学院での 40 年もの経歴の間に，グリュック夫妻は犯罪と非行に関する4つの主要なデータベースを作成した。第一に，1911 年から 1922 年にかけてマサチューセッツ改善学校に収容された 510 名の男性犯罪者の研究である。これらの犯罪者は 15 年にわたって調査され，3冊の本になった（Glueck and Glueck, 1930, 1937, 1943）。第二に，女子改善学校の収容者に関する同様の研究であるが，その結果として『500 人の非行女子少年たち』（Glueck and Glueck, 1934a）が出版された。グリュック夫妻の3つ目の主要な調査は，ボストン少年裁判所からベイカー判事財団（当時は既存の裁判所付属の診療所〔訳注：裁判官に対して情報と助言を提供するために，被告人に対して精神医学的な診断を行う場であった〕）に紹介された少年たちのサンプルに焦点をあてたものであった。それらの結果は『1000 人の非行少年』（Glueck and Glueck, 1934b）として出版され，10 年後の追跡調査によって『非行少年の成長』（Glueck and Glueck, 1940）となった。これらの研究成果は『釈放された犯罪者たちのその後』（Glueck and Glueck, 1945）というタイトルの本にまとめられている。最後に，グリュック夫妻の最も知られている仕事としてどちらも先述した『少年非行の解明』（Glueck and Glueck, 1950）とそのサンプルの追跡調査による『非行少年と非行をしていない少年を捉える視点』（Glueck and Glueck, 1968）がある。

　グリュック夫妻の犯罪研究における方法論的アプローチは 3 つの異なる特性によって特徴づけられる。第一に，縦断的および追跡的予測研究を重視すること，そして可能な限り，比較のために統制群も含めることである。第二に，グリュック夫妻の研究は犯罪キャリアに焦点をあて，とくに重大で，持続的な犯罪者の研究に重点をおいていたことである（Glueck and Glueck, 1950: 13）。グリュック夫妻は，犯罪キャリアの形成，発展，終結が優先すべき調査であり，犯罪の開始の原因は，犯罪を継続する原因や犯罪から離脱する過程とは区別されると考えていた（Glueck and Glueck, 1930: 257; Glueck and Glueck, 1934b: 282; Glueck and Glueck, 1945: 75, n.1）。第三に，グリュック夫妻は，犯罪と非行の公式記録に加えて，複数の情報源（たとえば，親，教師，自己申告）を収集することの重要性を強調した。

　実質的なものとして，ゴーイング（Goring, [1913] 1972）のように，グリュック夫妻は年齢と犯罪の間にある重要な関係性を発見した。グリュック夫妻は犯罪が発生する年齢が原因追究と政策にとって重要な要素であり，持続的な犯罪者は人生の非常に早い段階から犯罪を始めていたと主張した。また，グリュック夫妻は，犯罪は年齢に伴って急激に減少することも強調した。具体的に，すべての調査において，グリュック夫妻は犯罪者集団が年をとるにつれて，犯罪率は減少することも発見した。さらに，犯罪を持続する人々においてさえも，犯罪の深刻さは低下する傾向が見られた（Glueck and Glueck, 1940, 1943, 1945, 1968）。グリュック夫妻は年齢犯罪曲線を「成熟の遅れ」という観点で理解しようとした（Glueck and Glueck, 1974: 169-176）。年齢と犯罪の関係性の本質は，グリュック夫妻とエドウィン・サザランドの論争の主要な争点の 1 つであり，彼らの論争は，現代の類似した議論を予見させた（Laub and Sampson, 1991）。

　グリュック夫妻による研究は，ライフサイクルにわたる非行のパターンの安定性も明らかにした。彼らは「合理的な疑いを超えて，この調査において検討された人生のすべての活動において，非行少年として私たちのサンプルに含まれていた男性は，非行をしていない統制群に含まれていた者と著しく異なる道を歩き続けていた」（Glueck and Glueck, 1968: 169-170）ことをデータが示していると主張した。グリュック夫妻の逸脱の安定性に関する仮説は，サザランドのよ

うに犯罪をもっぱら社会学的視点のみによって説明する人々にとって，大きな対立点ともなったであろう。

　グリュック夫妻によれば，非行少年と非行をしていない少年を区別する最も重要な要因は家族である。とくに，グリュック夫妻は彼らの主著である『少年非行の解明』において家族の変数であるしつけの習慣，両親による監督，子どもと親との愛着を中心にした非行予測尺度を開発した。不規則で脅迫的な罰，不十分な監督，親子間の感情的な結びつきの弱さに加えて，規律が緩い家庭では非行に至る確率が最も高くなっていた。1950 年代から 1960 年代の間の社会学において，家族に焦点をおくことはきわめて不評ではあったが（Wilkinson, 1974 を参照），グリュック夫妻の主要な関心事の 1 つであった。

　おそらく最も重要なのは，グリュック夫妻は学際的な視点を促進しており，特定の学問分野に固執する犯罪学者に対して耐えられなかったことだろう。その結果，グリュック夫妻は，社会学的，生物学的，または心理学的のいずれかを重視するかにかかわらず，一元的な因果関係は否定し，その代わりに犯罪者と犯罪をしていない者の間を区別することを強調する複合的な因果関係アプローチを受け入れた。このアプローチは『解明』において最も明確に表れており，家族だけでなく，人格形成，気質，身体構造などの体質構造（たとえば，中胚葉型）といった犯罪をする者としない者を区別しうる要因にも焦点をおいた。グリュック夫妻が述べるように，「独立して収集された個別の発見は，生体的でも，社会文化的だけでもなく，身体的，気質的，知的，そして社会文化的な力の相互作用に由来する動的なパターンに統合される」（1950: 281）。このように，グリュック夫妻は，ヒーリー（Healy, 1915; Healy and Bronner, 1926 も参照）とともに，犯罪研究に対する多因子アプローチを確立した。

　要するに，グリュック夫妻は彼らのデータが示すものに固執して，誘惑に駆られても，みずからの解釈を特定の学問的枠組みにはめ込むことを拒んだ。この事実収集への強いこだわりが，体系的な理論枠組みを発展させることは拒んだ。彼らが「たとえそれらの事実が，人間の性質や犯罪の原因に関するさまざまな先入観に合わなかったとしても，直感や理論的な推測では事実を消し去ることはできない」（1951: 762）と主張するとおりである。彼らの分析方法は，非行との関連が考えられるあらゆる要因をクロス集計することだった（Lazarsfeld, 1955 を参照）。その結果，『解明』は非常に読みにくく，表がただ次から次へと

提示されるように見えた。ゲイスは彼らの仕事に関して「グリュック夫妻による研究には矛盾がある。つまり，彼らはとてもよい仕事をしているが，そのやり方がとてもへたである」(Geis, 1970: 118) と述べている。

グリュック夫妻への方法論的および思想的批判

　犯罪と非行に関する豊富なデータを収集したのにもかかわらず，グリュック夫妻の実質的な貢献は現代の犯罪学理論と調査にうまく統合されていない。この理由の1つとして，彼らの仕事に対する方法論的批判にたどり着くことができる（たとえば，Reiss, 1951b; Hirschi and Selvin, 1967; Wilkins, 1969）。横断的な『解明』研究に関連する広く知られた不利な批判は，学齢期の子どもの非行を予測しようとしたグリュック夫妻の試みに関係する。彼らは，父親による少年のしつけ，母親による少年の監督，父親による少年への愛情，母親による少年への愛情，家族の結束という5つの要因に基づいて予測表を構成した。グリュック夫妻は彼らのスキームは大成功したと主張したが，レイス（Reiss, 1951b）が正しく指摘したように非行少年が50％で，非行をしていない少年が50％とするサンプリング・デザインでは，これらの比率がボストンの一般人口を代表するものでなければならず，さもないと「表からは非常に悪い予測しか生まれない」(Reiss, 1951b: 118)。レイスは，非行少年の割合が一般人口の10％と推定した場合には，グリュック夫妻の予測表の期待誤差が8.6％も低下するとした[10] (Reiss, 1951b: 118-119)。

　この非行の予測に対する明らかに不完全な試みにもかかわらず，『解明』の横断的データは依然として非行と反社会的行動の相関関係を推定するために利用できる。ハーシとセルヴィン（Hirshci and Selvin, 1967: 248-250）が主張するように，非行少年と非行をしていない少年がともに50％ずつ含まれるサンプルは，非行と関連する一連の要因を明らかにするために使用される場合には問題は生じない。問題が生じるのは，これらの要因を使って非行を予測する場合である。ハーシとセルヴィンは以下のように主張する。

　　このように，グリュック夫妻の予測表は，重要な方法論的ポイントを提示している。つまり，調査者がサンプルが抽出された母集団について言及した

い場合，その母集団を代表するカテゴリー内で割合を計算しなければならない。グリュック夫妻は（おそらく）非行少年の母集団と非行をしていない少年の母集団内の独立変数の分布について正確に主張できるかもしれないが，より大きな母集団の独立変数のカテゴリー内での非行の分布については正確な主張はできない（Hirshci and Selvin, 1967: 250）。

したがって，グリュック夫妻のデータは予測表としては最適ではないかもしれないが，重大で持続的な非行少年と非行をしていない少年を区別する要因を説明するのには適している。さらに，グリュック夫妻の縦断的データはライフコースにおける犯罪と逸脱行動に関する集団間と集団内両方の変動を推定するのに用いることができ，これらのデータは**個人内変化**の検討にも使用できる。

グリュック夫妻は彼らの照合デザインと横断的および縦断的データの稚拙な分析に対して，さらに批判にさらされた（Reiss, 1951b; Hirschi and Selvin, 1967; Short, 1969; Wilkins, 1969）。しかしながら，私たちはこれらの批判は誇張されすぎており，グリュック夫妻が用いたデータ分析の質に関する懸念やその調査結果の彼らの解釈に対する懸念と，グリュック夫妻が収集したデータの全体的な質をしばしば混同していると主張する。言い換えれば，グリュック夫妻のデータ分析は不十分なものであったという結論は，彼らのデータが同様に質が低いものであったという結論につなげるべきではない。さらにいえば，ほとんどの批判は実際に彼らの基礎的なデータの再分析を通じて，実証的に対処できる。

その重要な課題の1つは，因果関係の順序づけに関するものである。グリュック夫妻による分析は因果関係の順序と疑似性に関連する問題を体系的に検討していない（Robins and Hill, 1966; Hirschi and Selvin, 1967を参照）。ハーシとセルヴィンは「彼らの500人の非行者と500人の非行をしていない者の研究において，グリュック夫妻は非行に先立つ要因と，非行行為や施設収容から生じた要因の区別を一貫してできていなかった」と記述している（Hirschi and Selvin, 1967: 54）。ロビンズとヒル（Robins and Hill, 1966）も本質的に同様の指摘をしている。さらにいえば，グリュック夫妻の『少年非行の解明』と『非行少年と非行をしていない少年を捉える視点』で示した多くの表のうち，3つもしくはそれ以上の変数を同時に検討したものはほとんどない。ただし，因果関係の順序とその疑似性の課題は詳細なデータの再分析を通じて対処できる。たとえば，幼少前期の

子どもの行動上の困難が家庭と学校の生活のプロセスにもたらす影響を検証することによって，それらが非行行為の先行要因としてのその役割を果たしているのかについて明らかにできる。同様に，個人もしくは家族の特性を測定する前に，矯正施設ですごした時間を統制することによって，（もしあれば）施設収容の効果を実証的に推定できる。ハーシとセルヴィンは「もし施設収容が非行少年のある性格的もしくは生理学的特性に効果をもたらすのであれば，この影響の強さは在所期間の長さによって異なるべきである」（Hirschi and Selvin, 1967: 58）と指摘している。

　疑似相関の課題もデータ分析を通じて対処できる。グリュック夫妻が主要な独立変数間の関係を検討しなかったことは事実であるが，彼らのデータを再分析することによって，冗長性の程度を推定し，これがさまざまな結果にどのように影響するかを判断できる。また，因果関係の順序というより大きな課題は社会科学的研究，とくに横断的デザインにおいて絶えず続く問題であることも認識されるべきである。測定誤差のように，それは完全に解決されることがない問題であり，またハーシとセルヴィンは「因果関係の順序に関するいくつかの不確実性があるからといって，因果推論を妨げてしまうことは……間違っている」（1967: 69）と警告している。

　グリュック夫妻は，とくに年齢に関して，その照合デザインの質に対しても批判を受けていた（Reiss 1951b; Kamin, 1986）。対照的に，私たちの関心は事例ごとの照合の全体的な正確さと詳細さが非常に印象的であるところにある。照合された個々の事例間の違いはほとんどの部分無視できるものであり（Glueck and Glueck, 1950: Appendix B を参照），残っている年齢の違いは，年齢を統制した後の結果を検討することによって実証的に推定できる。照合デザインに関する他の懸念についても同様の方法で検討できる。

　『解明』のレビューの中で，レイス（Reiss, 1951b）はグリュック夫妻の拙い分析についてさらに批判していた。彼らの分析戦略は実際に，少なくとも3つの側面で問題があった。第一に，『解明』においてグリュック夫妻はどの多変量解析も用いなかった。その理由の一部として，当時はそのような統計ソフトウェアをたんに利用できなかったことがある[11]。グリュック夫妻はすべての所見に対して同じ重みづけを与えるという「ヒット・エンド・ラン」技法といわれるものを用いた（Hirschi and Selvin, 1967）。したがって，重回帰分析やロジスティ

ック回帰分析のような，より洗練された分析技法を用いることによって，彼らのやや単純な分析を超える必要がある。

　第二に，グリュック夫妻は彼らのデータを競合する理論的アプローチの相対的な強さを検証するために用いていなかった。たとえば，彼らのデータを用いて，非行と成人犯罪の説明における社会学的，心理学的，そして生物学的要因の相対的な強さを推定することは可能であった。したがって，再分析によって彼らの研究に対してもち上がったいくつかの実質的な批判に対処できる。たとえば，グリュック夫妻は非行の説明における社会的要因の役割を過小評価していると主張する者がいる。この批判を対処するために，とくに仲間や社会経済的地位の役割を再検討できる。この戦略は，これらの変数が非行行為を促進する際に重要であるとする最近の理論的概念を考えると重要である（たとえば，Elliott et al., 1985）。年齢と犯罪，とくに成熟の問題は，グリュック夫妻の縦断的データに関してもっと敬意をもって注意する必要があろう。

　第三に，グリュック夫妻は基礎的な統計技術や手続きを誤用していたと批判される。たとえば，彼らは通常，有意性検定を提示したが，非確率抽出法に基づく照合サンプルに適用される場合，その意味や妥当性が不明確であるという点には言及しなかった。同様にグリュック夫妻はしばしばパーセンテージを「間違った」方向で計算して（Hirschi and Selvin, 1967）[12]，そして関係性の強さを推定するためにパーセンテージの差を用いていた。記述的には重要であるが，後者の手続きは使用された関連性の尺度が独立変数の分布に敏感であるため限界がある（Hirschi and Selvin, 1967）。

　最後に，グリュック夫妻は彼らの『解明』調査デザインは，公式記録に基づいて非行少年と非行をしていない少年を区分するという単純な二分法を使ったことについて批判された。また，彼らは『解明』の追跡調査においても公式記録に大きく依存していた（たとえば，Glueck and Glueck, 1968）。公式記録の使用をめぐる議論は長期にわたって継続的なものであり，他でも詳細に検討されている（Blumstein et al., 1986 を参照）。公式記録を無批判に使用することに問題があるのは明らかだが，公式記録を用いることによってグリュック夫妻のデータに次のような利点も生まれていることは述べておく価値がある。つまり，デザインによって統制された要因は，警察の公式の反応に「法律の枠を超えた」もしくは差別的な影響を与える可能性があるものとして，最も広く関心を集めてきた

要因そのもの，ということである。すなわち，人種および民族性，年齢，地域の社会経済的地位（SES），IQなどはさまざまな理論家によって実際の非行とは独立して逮捕の確率に影響すると仮説づけられた（たとえば，Sampson, 1986を参照）。対象者はこれらの変数で照合されているため，逮捕リスクの差異をもって，非行少年グループと非行をしていない少年グループの違いを説明できない。さらに，深刻なまでに非行を持続的に起こす非行少年グループでは，少年1人あたり3.5件の前科がある。このレベルの頻度や深刻さを考慮すると，公式の非行少年がもっぱら差別的な慣行をもとにして選択され，裁判を受け，収容されたと主張するのは不合理である。付け加えて，以下の章で示すように，公式の非行基準からの結果はグリュック夫妻が収集した**非公式な**非行尺度（『解明』と追跡調査の両方）だけでなく，過去の研究結果ともよく一致している。

　要約すると，上述したすべての批判を，グリュック夫妻の基礎的データの再分析を通して対処できるだろうと考えている。30年以上前にレイスが『少年非行の解明』の書評で書いたように，グリュック夫妻は「……手直しや再評価ができるような一連のデータを提示している。したがって，非行の科学的研究はグリュック夫妻がもたらした基礎データのさらなる活用によって前進できる」(Reiss, 1951b: 120)。今日に至るまで，レイスの挑戦を受け入れた研究者はおらず，その結果，非行や成人犯罪の原因の研究の最大の努力のうちの1つが，犯罪学研究のコミュニティで十分に生かされていない。

その他の批判

　グリュック夫妻の頑な経験主義を踏まえると，彼らの研究に対する思想や学問的な批判が，方法論的なものと同等か，それ以上に強力であったことは皮肉である。おそらく，グリュック夫妻の研究に対する最も重要な批判者は社会学者のエドウィン・サザランドであろう。サザランドは犯罪の研究に対する多因子アプローチに根本的に反対し，その代わりに「経験的事実の収集」よりもむしろ一般理論を伴った純粋な社会学分野として犯罪学を確立することを試みていた（Laub and Sampson, 1991を参照）。したがって，サザランドは犯罪学に対する社会学の所有権を確立できるように，グリュック夫妻の学問的枠組みとその後の研究を攻撃した。これらの批判は，犯罪の研究における社会学の台頭と，20世紀を代表する犯罪学者としてのサザランドの台頭と一致していた。サザ

ランドによる批判の影響は計り知れず，今日に至るまで，社会学的実証主義の実質的な見解が支配的であり，グリュック夫妻はしばしば遠い過去の遺物として見られる（この点のさらなる議論は Laub and Sampson, 1991 を参照）。

　グリュック夫妻の貢献が無視されてきたもう1つの理由は，彼らの生物学と犯罪への関心である。たとえば，サザランドは，しばしばグリュック夫妻をウィリアム・シェルドンと E. A. フートンという人間の行動の生物学的原因に関心を寄せるハーバード大学の2人の研究者と同じ陣営に位置づけた（たとえば，Cohen et al., 1956: 270-326 を参照）。その結果，グリュック夫妻は犯罪の生物学的な基盤にしか関心がないと受け取られてしまった。実際，主要な犯罪学のテキストにおけるグリュック夫妻に関する言及は，ほぼすべて，（『解明』の横断的分析から得られた知見として）中胚葉型を非行の主要な予測因子とする彼らの主張に関連している（たとえば，Vold and Bernard, 1986: 61-62; Siegel, 1989: 126 を参照）。社会学者の間には，人間の行動を生物学的に説明することへの嫌悪が長年存在している。ロウとオスグッドが述べているように「ほとんどの犯罪と非行に関する社会学的研究では，遺伝的説明は無視されるか，嘲笑されるかのどちらかである」（Rowe and Osgood, 1984: 526）。グリュック夫妻の研究に関して，ボーデュアは「グリュック夫妻に対する……社会学的批判はしばしば的を射ているが，その結果を無視することに合意しているようである。『解明』の結果は，同様の統制群の研究の結果と比較的よく一致している」（Bordua, 1962: 259）と述べている。

　この姿勢に対する主要な例外としてはウィルソンとハーステイン（Wilson and Herstein, 1985）の研究がある。彼らはグリュック夫妻の仕事を公正に，私たちが考えうるに，正確にまとめている。たとえば，彼らは「シェルドンとエレノア・グリュックは男性の非行に関する最も詳細で包括的な縦断的および横断的研究の1つを実施している」と述べる（Wilson and Herrnstein, 1985: 175）。驚くまでもなく，ウィルソンとハーステインの仕事は，グリュック夫妻のそれと同様に，犯罪の因果関係における個人的要因に焦点をあて，そして犯罪に対する遺伝的素質のような非社会学的変数を検証しているという点で，厳しく批判された。しかし，ウィルソンとハーステインの研究の優れた書評の中で，コーエンは社会学は「社会科学の中で唯一，人間の行動に対する自然の影響の可能性を公然と認識しなかった分野であり，私たちの犯罪研究ほどそれが明確なものは

ない」(Cohen, 1987: 204) と論じている。

　要するに，私たちはグリュック夫妻の研究に対する思想的批判者は経験的知見の妥当性を評価することもなく，思想を経験的事実を破壊するために用いてきたと主張する。私たちの見解では，より適切な戦略は，特定の学問分野への忠誠に縛られず，経験的な疑問に答えるために経験的データを使用することである。さらに，サザランドなどからの批判にもかかわらず，年齢と犯罪，縦断的調査および犯罪キャリア，犯罪と反社会的行動の安定性，そして家族プロセスに焦点をおいた社会統制理論などの主要な領域において，グリュック夫妻の研究は①基本的に正しいことが示されているか，②現在の犯罪学における研究課題に大きく影響していることが確認されている（詳細は Laub and Sampson, 1991 を参照）。

　グリュック夫妻自身の専門的関心が，その分野における彼らの立場を弱め，社会学者による敵対的な反応を増幅させたのかについて強調することもまた重要である。私たちは，とくに 1950 年のサザランドが亡くなった後の社会学においてグリュック夫妻の研究に対してかなり否定的であった具体的な理由を 6 つ特定した。第一に，グリュック夫妻は彼らの研究に中流階級のバイアスを反映した道徳観を盛り込む傾向があった。たとえば，収入の管理について，グリュック夫妻は非行少年の家庭は「その日暮らしをしており，彼らの返済能力も考えずに借金し，乏しい収入に合わせて支出を限定するという価値をほとんど理解していない」(Glueck and Glueck, 1950: 108) と述べた。ほとんどの場合，グリュック夫妻はたんに非行少年とその家族は劣っているとしか見なさなかった。さらに，グリュック夫妻のデータは実際の行動を記述した複数の報告から得られたものであったが，グリュック夫妻はこれらの行動を記述するために，要約したコード体系にしばしば道徳的判断を挿入して，「良い」「まあまあ」「悪い」というカテゴリーを用いていた（多くの例については，『解明』および『非行少年と非行をしていない少年を捉える視点』を参照）。

　第二に，グリュック夫妻は犯罪研究に対する彼らのアプローチにおいて理論的ではなかっただけではなく，**反理論的**であった。彼らは経験的な伝統を強調し，犯罪と非行に関連するだろうあらゆる特徴を特定しようと探ったが，抽象的な理論を無駄な憶測であり，科学的知見からは役に立たないものと見なした。したがって，グリュック夫妻は彼らの多くの著作の中で，犯罪の理論もく

しは体系的な理論的なアイデアを提示しなかった。実際に，彼らの理論的記述に関する考え方は，非行少年と非行をしない少年を区別する彼らの発見をたんに要約した「暫定的な因果公式もくしは法則」を提示することにすぎなかった（Glueck and Glueck, 1950: 281-282 を参照）。

　第三に，多因子アプローチを採用しているのにもかかわらず，グリュック夫妻は階層，仲間集団，文化，そしてコミュニティの特性のような伝統的な社会学的変数を軽視もしくは無視していた。先述した内容およびスノッドグラス（Snodgrass, 1972: 9）も述べるように，グリュック夫妻の「生体構造的と心理社会的」な焦点は，社会的要因（たとえば，非行組織や雇用機会）を軽視し，形態，気質，幼少期の性格を優先した（Glueck and Glueck, 1943: 69; 1950; 1956; 1962; 1968: 170 を参照）。全体として，グリュック夫妻の研究は，犯罪と関係があるとされる主要な社会学的変数に対して関心の幅が限定されていることを反映していた。

　第四に，シェルドン・グリュックが法学の教授であり，エレノア・グリュックが外部資金によるリサーチ・アシスタントであったことは重要である。学術機関内における社会的地位のために，グリュック夫妻は大学院生を指導し，サザランドにはいたような支持者を広げる機会を得られなかった。端的にいえば，グリュック夫妻を擁護する人は誰もいなかった。私たちは，この背景はグリュック夫妻の遺産の伝承の欠如を理解するうえできわめて重要であると考えている。

　第五に，私たちのグリュック夫妻に関する書類の分析（Laub and Sampson 1991），とくに彼らの個人的な書簡（ノートや手紙）の分析から，グリュック夫妻は社交が苦手で，そして広報活動において大きな困難を抱えていたと結論づけられる。サザランドはよく好かれ，そして「謙虚」で「穏やか」と見なされていたのに対して（Laub, 1983b のクレッシー，コーエン，オーリンへのインタビューを参照），グリュック夫妻は頑固で尊大であり，そして彼らの仕事に対するどのような批判も，正当であろうとなかろうと，自分たちの誠実さに対する個人的な攻撃以外の何物でもないとして，頑として受け入れなかった（S. Glueck, 1960 も参照）。このことが支持者層を確立しようとする彼らの試みを妨げたことは間違いない。

　第六に，そしておそらく最も重要だが，グリュック夫妻の研究はプラグマティックな関心から進められた。より正確にいえば，予測表を用いることによって，彼らは2つの異なる方法をもって社会政策に影響を与えようとした。1つ

は，裁判官，保護観察官，仮釈放委員会，そして軍関係者による決定プロセスを改善することであった。2つ目に，学齢期あるいはおそらく2, 3歳ぐらいの早い時期に，治療的な介入を提供するために，潜在的な非行少年を特定することであった（E. Glueck, 1966 を参照）。たとえば，グリュック夫妻は早い年齢で潜在的な非行少年を特定することは「真に犯罪を予防する治療的手段の適用を可能にする」（Glueck and Glueck, 1950: 257）と主張した。さらにグリュック夫妻はこの関心を学術書と学術雑誌と同様に，一般の文献でも広めた（たとえば，Glueck and Glueck, 1952; Morgan, 1960; Callwood, 1954; Dressler, 1955 を参照）。

先に検討したように，グリュック夫妻の予測に関する研究は方法論的な観点から厳しく批判されてきた。しかしながら，この懸念は彼らの専門的関心と知的履歴を反映した。その当時，社会学は社会政策と明確に結びついていたわけではないが，グリュック夫妻の背景に反映された法学，精神医学，教育学，ソーシャルワーク論では当然のことであった。加えて，このプラグマティックな思考はバーナード・グリュックとウィリアム・ヒーリーのような，グリュック夫妻の指導者の関心と一致していた。したがって，彼らの予測技法への関心を通じて，グリュック夫妻は個人レベルの分析の重視を推進し，精神医学的な専門知識を，社会統制の正式なシステムのために適用することを提唱した。彼らは「刑事裁判所，鑑別所，そして矯正施設において必要不可欠な付属機関になるべき精神科医，心理学者，ソーシャルワーカーの報告による合理的な裁量の行使」（S. Glueck, 1962: 139）に基づく刑事司法システム（制度）さえ構想していた。さらにグリュック夫妻は裁判所の治療所と児童相談所の利用と拡大を奨励した。このように社会政策に焦点を合わせたことと精神医学の分野の専門的利益を明確に推進した結果，グリュック夫妻はとくにエドウィン・サザランドの研究に反映されているような主流の社会学から疎外されることになった。

結　語

シェルドンとエレノア・グリュックは約25年を費やし，犯罪学の調査の歴史上最も影響力の強いデータベースの1つとして広く認識されているものを編集した（Farrington, 1979, 1986a; Farrington, Ohlin, and Wilson, 1986; Wilson and Herrnstein, 1985）。残念なことに，グリュック夫妻は分析的には洗練されておらず，彼ら

のデータ分析の質には当然のことながら疑問が呈された（Reiss, 1951b; Hirschi and Selvin, 1967; Short, 1969）。さらに最近の研究手法上の進歩（たとえば，重回帰とロジスティック回帰，共分散構造分析，イベント・ヒストリー・モデル）は彼らには利用できなかった。

　おそらく最も重要なのは，グリュック夫妻はデータに基づく一貫した理論的もしくは政策的視点をもち込まなかったという事実である。結果として，彼らが行った分析（Glueck and Glueck, 1950, 1968）は，方法論的および実質的な観点の両方で不満足なものであった。この欠点が，エドウィン・サザランドによる彼らの学際的パラダイムに対する批判が広く流布されたこと，そして彼ら自身の独特な専門的関心と偏りが組み合わさったときに，グリュック夫妻の犯罪と非行における実質的な貢献が，現在の社会科学コミュニティにおいてほとんど目に触れなかった理由を理解することはそれほど難しくはない。

　さらにいえば，『非行少年と非行をしていない少年を捉える視点』（1968）の出版後，グリュック夫妻が学者としてのキャリアから引退したため，もともとのデータはどちらかといえば放置されていた。そして，非行少年500名と非行をしていない少年500名のもともとのサンプルに対する，人種および民族性，年齢，IQ，そして低所得居住地によって照合された3回にわたる調査から集められた学際的な情報という，この包括的な縦断的データベースは，縦断的な視点からの犯罪と逸脱の情報源として，研究者には利用できないままであった。この状況を改善するために，私たちはこれらのデータの再構築と検証に相当な時間と労力を費やした。結果として，これまでで最も重要なライフコースを通じた犯罪と非行に関する研究の1つにおけるデータが，現在の理論と経験的技術に照らしてはじめて再評価されることになる。

第3章

データの復元，補完，妥当性の確認

　1986年10月に，ラドクリフ大学のヘンリー・A. マレー研究センターは，『少年非行の解明』のデータと当初の調査に含まれた1000名の追跡データを長期的に借用する許諾を得た。非行少年群に属する500名のデータは，現在，マレー研究センターのデータ・アーカイブに保存されている。統制群に属する500名のデータは，現在，ハノーバー（ニューハンプシャー）のダートマス医学校でジョージ・ヴァイラント博士の助けの下，保存されている。研究を進めるなかで，私たちはグリュック夫妻の縦断的なデータセットをコーディングし，再コーディングし，コンピューターで扱えるようにするために多大な時間を費やした。さらに，加工前データに含まれる指標を再構成し妥当性を確認するために特別に注意を払った。

　本章のおもな目的は，グリュック夫妻のデータを復元するためにとった複数の方略を記述することである。とはいえ，本章の終盤では，これらのデータが集められた時点でのマクロレベルの文脈（たとえば大不況や第二次世界大戦）を提示し，500名の非行少年と500名の非行をしていない少年の人生を歴史全般の中に位置づける。また，鍵となる人生の移行のタイミングが対象者の生まれた年によってどのように異なるかについても論じる。

データの復元と妥当性の確認

　研究の初期段階で，私たちはグリュック夫妻の『解明』とその後の追跡研究から作成されたコンピューターカードを収めた箱をいくつか発見した。しなけ

ればならないコーディングの量が多いことを考慮して，私たちはまずグリュック夫妻のコンピューターカードを使ってデータセットを作成した。カードは非常に古く，大多数の列にパンチ穴が開けられていた（現在のカードリーダーの大半は複数の穴が開けられたカードをうまく読み取ることができない）が，私たちはデータをコンピューターで扱えるようにするところから作業を開始した。最終的に私たちは1万5000件以上のカードを読み，その後はグリュック夫妻がコードしたデータを使って記録ファイルを構築する作業をするという方略をとった。このプロセスを踏むことによって，2500個以上の変数を含む多様な内容を含んだデータを（1年以下の）比較的短い時間で確保できた。

次に，形式的な妥当性の確認計画を作成した。第一に，（可能な場合には）コードされた変数の頻度を公開された情報源で示されている頻度と照合した。第二に，カード上の各変数の頻度分布を（一列一列）ハーバード大学法科大学院図書館にあるグリュック夫妻の論文に含まれるオリジナルのIBMシートと比較した。これらのシートには，各変数の出現頻度が（一列一列）手書きで記録されていた。第三に，全事例から10％をランダムに抽出し，各変数の値をインタビューの加工前データファイルに記録されていた値と比較した。妥当性を確認するこの手続きを非行少年群に対して行ったところ，加工前データとコード化されたデータはきわめて高度に一致することがわかった（検討した2600の変数については98％以上の一致度が見られた）。このように高い一致度が見られたことで，保管されたデータの質が優れたものであるという確信は強められた。

形式的な妥当性の確認計画に加えて，非行や他の理論的構成概念についての無数の指標が有する実質的な妥当性についても検討した。ほとんどの犯罪学者には知られていないことであるが，グリュック夫妻は，非行行為や他の問題行動に関するデータを両親や教師，対象者自身から収集していた。これは，調査者がもともとの研究で得られた加工前データを見ることができる場合に出会える思いがけないめぐり合わせの一例である。さらに私たちは，自分や両親，教師の報告を公式記録と結合することによって，非行や反社会的行動を測定する代替的な指標を作成するこの上ない機会が得られると考える。このようなデータは，以後の本格的な分析に使うことでき，グリュック夫妻のデータの全般的な妥当性を確認する助けにもなるからである。キーコルトとネーサン（Kiecolt and Nathan, 1985）が述べたように，あるデータを複数の独立した情報源を使っ

て評価できる場合，これらの情報源が類似した結論にたどり着けば，そのデータに妥当性があるという確信が強められることになる。

自己報告式データ

グリュック夫妻の第1次のデータ収集では，研究対象に含まれた各少年に対して精神医学に基づく面接調査が行われた。これらの面接調査は，パーソナリティや行動特性に関するものであり，家庭環境やその他の調査事項（たとえば，ロールシャッハテスト）に関する包括的な社会調査で得られた情報を補完することが意図されていた。クラブへの所属や遊び場所，学業・職業上の希望，教会への出席といった少年のさまざまな活動に関する質問にくわえ，面接調査を担当した精神分析家は少年の問題行動も尋ねていた。グリュック夫妻が述べたように，少年（とくに警察に目をつけられていない少年）は当初自分の問題行動について話をすることにためらいを見せていたが，このためらいは，研究が守秘義務の下で行われることを少年が理解するにつれて消失した（Glueck and Glueck, 1950: 61）。

少年自身の問題行動に関する面接調査は1939年に始まった。黎明期の自己報告研究に関するほとんどすべての文献レビューは，初期の重要な自己報告式の研究としてショートとナイ（Short and Nye, 1957, 1958）を引用し，この方式の研究の中では最も古いものではあるが手続きに粗さが見られる研究としてポーターフィールド（Poterfield, 1946）とウォーラーステインとワイル（Wallerstein and Wyle, 1947）を引用している（たとえば，Hindelang et al., 1981 や Weis, 1986 のレビューを参照）。グリュック夫妻が早い段階で非行や問題行動を研究するために全般的な自己報告式の手法を用いていたことは，2人がなした犯罪学に対する他の多くの貢献と同様に，とりたてて社会学的なものではないのではないかという懸念や，2人の研究には方法論上の欠陥があるという認識のせいで見過ごされてきた（Laub and Sampson, 1988, 1991）。

両親報告式データ

グリュック夫妻の研究チームは，家庭の雰囲気や家計状況，家族の背景，家系と並んで，少年の病歴や余暇の過ごし方の癖についての情報を得るために，研究に含まれた各少年の家で両親（通常は母親）にも面接調査をしていた。こ

の面接調査の中には，少年の問題行動についての質問も含まれていた。家で行われたこれらの面接調査は，さまざまな当局の記録から得られた情報によって補完された（Glueck and Glueck, 1950: 160）。

教師報告式データ

研究対象に含まれた各少年の学校記録には，成績や欠席率，他の考えられる問題行動が含まれていたが，グリュック夫妻の共同調査者は，これに加えて，少年の直近の教師にも面接調査をしていた。この面接調査の焦点は，「直近1年間に，非行少年と非行をしていない少年が学校でどのように振る舞っていたかを見極める」ことだった（1950: 149）。質問は，少年が同級生にどの程度適応しているか，授業内・授業外の活動にどの程度参加しているか，学校で問題行動をしているかについてだった（1950: 51）。教師は学校内の行為についての行動特性の一覧表を提示され，どの特性が対象者にあてはまるかを記録するよう求められた（1950: 149）。

まとめると，グリュック夫妻は，さまざまな情報源を駆使して，非行やその他の反社会的行動について幅広いデータを収集した。このグリュック夫妻のデータは，「犯罪についてのデータは，逮捕歴，自己報告式の記録，（可能な限り）仲間や両親，教師の報告を含むべきである。さらにこれらのデータは，犯罪や非行にとどまらず，欠席率や薬物・アルコール使用，学校での問題などの他の問題行動を測定する指標にも着目するべきである」というファリントン，オーリン，ウィルソン（Farrington, Ohlin, and Wilson, 1986: 18-19）の提案にきわめて近づいている（Weis, 1986 も参照）。グリュック夫妻が集めた情報の幅広さはじつに印象的であり，復元されたデータは再分析のための優れた情報源となる可能性を秘めている。それと同時に，犯罪や他の問題行動に関して複数の情報源が用いられているおかげで，グリュック夫妻のデータの基礎的な妥当性を包括的に分析することが可能になっている。より正確に述べると，類似した行動領域にまたがって集められた非公式・公式のデータを含む複数の情報源を比較することによって，グリュック夫妻のデータの構成概念妥当性と予測的妥当性をともに検証することができる（Laub et al., 1990）。

表 3.1 『少年非行の解明』における自己報告・両親報告・教師報告式の項目

自己報告	両親報告	教師報告
喫煙	喫煙	喫煙
飲酒	飲酒	不誠実
逃走	逃走	頑固さ
サボり	サボり	冒瀆
賭博	賭博	いさかい好き
深夜徘徊	深夜徘徊	カンニング
怠学	怠学	怠学
自転車盗	自転車盗	不服従
キセル乗車	キセル乗車	生意気さ
こじき行為	こじき行為	乱暴な振る舞い
器物損壊	器物損壊	学校の備品の損壊
自動車盗	自動車盗	窃盗
衝動的な窃盗（軽）	衝動的な窃盗（軽）	残酷さ・いじめ
衝動的な窃盗（重）	衝動的な窃盗（重）	かんしゃく
計画的な窃盗（少）	計画的な窃盗（少）	反抗的
計画的な窃盗（多）	計画的な窃盗（多）	
放火	放火	
	嘘	
	頑固さ	
	粗野な言葉づかい	
	喧嘩好き	
	かんしゃく	

（軽）＝軽微；（重）＝重大；（少）＝少額；（多）＝多額

構成概念妥当性

　表3.1は，3種類の報告者が報告した非行行為や反社会的行動の一覧表である。違法行為は，喫煙や飲酒といった重要ではあるにしてもそれほど重大ではないものから，窃盗や放火といったより重大なものが含まれている。多くの問題行動は重大性の点で区別されているだけでなく，尋ねられている行動の領域は報告者間でおおむね共通である。

　このさしあたりの一覧表から，私たちはまず，3種類の報告者すべてで尋ねられている項目を含み，かつ理論的に意味のある尺度を作成した。このような方針をとることよって，報告者間の重複の程度を検討することができ，構成概念妥当性の問題に対処することができた。何種類かの犯罪類型を取り上げて見

ると，両親，教師，少年自身が報告する指標の間の相関は予測どおりの方向性にあり，ほとんどの犯罪類型については統計的に有意だった。複数の行為者に必然的に関わる問題行動（たとえば，怠学）についての複数の状況間の妥当性では，最も強い関係が示された。たとえば，教師報告の怠学と，両親・自己報告の怠学の相関係数は，それぞれ.65と.73（$p < .05$）だった。自己報告と両親報告の怠学も高く相関していた（$r = .69, p < .05$）。同様に，窃盗や喫煙・飲酒の報告も報告者間で有意に相関していた。報告者間で違いが見られたのは，報告者間で異なる概念を測定する項目であり，たとえば学校での行動についての教師の報告と，家庭や近所での行動についての両親の報告といったような項目だった。

次に，自己，両親，教師報告のデータを使って，非公式の全非行を表す合成指標と，違法行為ごとの非公式報告を個別に示す要約指標（たとえば，両親，教師，自己が報告する怠学についての要約指標）を作成した。また，それぞれの情報源ごとの非行の合計（全犯罪類型についての合計）を示す尺度も作成し，それぞれを「自己報告合計」「両親報告合計」「教師報告合計」とした。これらの尺度を作成する際には，全報告者間で共通して測定された標準的な非行行動に項目を絞った。したがって，わがままさ（頑固さ，粗野な言葉づかい，嘘をつくことなど）と，1種類の報告者にしか尋ねられていない行動（たとえば，学校の備品の損壊については教師報告しかない）を除外した。このようにして，両親，教師，少年自身に共通して測定された非行を示す非公式の尺度が作成された[3]。

どのような状況でも指標が妥当性を有することを確認するためには，同じ個人について非公式の報告と公式の報告を比較すればよいはずである。グリュック夫妻のデータに豊富なデータが含まれているおかげで，私たちは非公式データと公式データを犯罪全般だけでなく，個別の犯罪類型についても比較することができる。表3.2Aには，個別類型ごとの非公式非行の指標と3つの非行の要約指標間（非行の要約指標は，全非公式非行の合計と，少年が公式に警察の記録に残っているか，研究の選定の段階で合計何回の有罪判決を受けたか）の相関が示されている。犯罪個別の非公式指標と非公式・公式問わず全非行指標の間のすべての相関は高度に有意であり，高度な併存的妥当性があることが示された。怠学と窃盗は，公式非行でも全非公式非行でも最も高い相関を示した。自動車盗のようなさらに珍しい違法行為であっても，公式・非公式どちらを妥当性確認の

表 3.2 公式・非公式の要約非行指標間におけるピアソンの相関係数 ($N = 1,000$)

A. 非公式の犯罪個別指標	全非公式非行	公式非行	有罪判決の数
怠学 (s + p + t) [a]	.87*	.80*	.65*
逃走 (s + p)	.85*	.72*	.57*
窃盗 (s + p + t)	.85*	.79*	.66*
喫煙・飲酒 (s + p + t)	.75*	.60*	.53*
破壊行為 (s + p + t)	.59*	.47*	.38*
車上荒らし (s + p)	.82*	.66*	.59*
自動車盗 (s + p)	.46*	.41*	.35*
わがままさ (p + t)	.43*	.41*	.31*
自己報告合計	.94*	.82*	.69*
両親報告合計	.89*	.76*	.62*
教師報告合計	.70*	.54*	.51*
B. 情報源ごとの非公式要約指標	自己	両親	教師
自己報告合計	—	.72*	.60*
両親報告合計		—	.55*
教師報告合計			—

a. s = 自己報告; p = 両親報告; t = 教師報告。
*$p < .05$。

ための基準にするかにかかわらず，一貫して正の相関を示した。

表 3.2B には，非公式の情報源ごとの非行の全報告の状況間の類似性を示している。少年自身と両親の報告は，少年と学校職員ならびに学校職員と両親よりもいくぶん一致することが多かった。とはいえ，全体として見れば，表 3.2B のデータは，測定のためのどの情報源を使おうとも実質的に一致していることを示している。自己，両親，教師の指標は相互に高い相関を示したため，本書全体の大部分では，自己，両親，教師による非行・問題行動の報告を合成した**全報告**尺度に依拠する。この要約指標は 1 から 26 の値をとり，公式・非公式の非行指標を倹約的に比較することを可能にする。全非公式指標は，非行への関与の多様性，幅広さ，程度を示す全般的な指標としては最も優れたものでもある。

その他の方法論上の要検討事項

　もう1つの要検討事項は，グリュック夫妻の研究内のデータ収集の性質に関するものである。研究者の中には，グリュック夫妻の手続き，とくに横断的研究である『解明』には，「回顧バイアス」の問題があると論じる者もいる（たとえばBlumstein et al., 1988b: 66; McCord and McCord, 1959: 96; Wilkins, 1969: 733）。つまり，社会調査を行った面接者は，面接を受ける家族に非行少年がいるかいないかをあらかじめ知っていた。また，面接調査の流れに含まれていた項目の中には面接者の主観的な評価に基づくものもあり，コーディング手順の際に主観的な評価がなされることもあった。

　さらに，第1次調査におけるデータ収集では，ほとんどの非行少年は数カ月にわたって（つまり，彼らが矯正施設に入所して以降は）教室や教師の管理下にいなかった。また，誰が非行をしていない少年であるかを教師は知っていた（Glueck and Glueck, 1950: 149）。まとめると，これらの事実は，回顧バイアスと「後光」効果が生じていた可能性を疑わせる。カーリンガー（Kerlinger, 1973: 549）は，後光効果を「ある1つの特性についての評定が他の特性の評定に影響を及ぼす傾向」と定義している。もし教師が問題となっている対象者が施設収容されていたことを知っていた場合，この知識によって，その対象者が学校にいる間の学校行動に関する行動特性の報告が影響を受けた可能性はないだろうか。対照的に，もし学校という場にいる非行をしていない少年についてグリュック夫妻が調査を行っていることが知られていた場合，この知識が教師の報告の仕方に影響を及ぼした可能性はないだろうか。

　二重盲検アプローチが最良の調査計画だったことは確かであるが，ここでも私たちはグリュック夫妻のデータ収集は**独立**して収集された複数の情報源に基づいていたことを繰り返し述べたい。たとえば，第1次データ収集においてグリュック夫妻は，研究に選ばれた少年やその両親，教師との詳細な面接調査を行っている。[4]これらの面接調査に加え，グリュック夫妻の研究チームは，当該の家族と何らかの関わりをもった公的・私的な機関の保有する記録から綿密な手続きを踏んで情報を抽出するというフィールド調査も行っている。同じデータ収集方略は，第2次，第3次の調査でもとられていた。グリュック夫妻の

データの基礎部分は，これらの複数の情報源を比較し，突き合わせ，統合することで作成されている。

　加えて，面接者の主観に基づいたり，主観的な評価に基づくコーディング手順によって得られたように見える情報は，実際のところ，検討されたいくつかの情報源の記録や家庭での面接調査での報告などで得られた行動についての具体的な説明で裏づけられていた（Vaillant, 1983: 245-247 も参照）。私たちの予備的な分析は，以後の各章で提示される結果に加えて，非行少年の群と非行をしていない少年の群双方の**内部**において社会的な変数（たとえば，家庭のしつけや親の拒絶，学校への愛着）にかなりの相違があることを明らかにした。そして，上で示されたように，非行に関する変数は，構成概念妥当性に関する従来の基準を満たしている。そうであるとすれば，総合的に見て回顧バイアスは無視できないものの，回顧バイアスのせいでグリュック夫妻が集めた横断的・縦断的データは十分な質を有さないものになっているという議論は説得的ではない。

妥当性のさらなる確認

　より大きなプロジェクトの一環として，『解明』研究を行ったグリュック夫妻の研究チームのもともとのメンバーを見つけてインタビュー調査をすることを試みた。その結果，30 年にわたってグリュック夫妻の秘書を務めたシエラ・マーフリー，事例調査を担当したマリー・モラン，コンピューター・プログラマーのリチャード・ラブリーの 3 人のチームメンバーに詳細なオーラルヒストリーを聞くインタビュー調査を行うことができた。また詳細なインタビュー調査を行うことはできなかったとはいえ，ミルドレッド・カニンガム，ジョージ・マクグラス，ジョン・バークなどのもともとのプロジェクトで面接者を務めた数人と話をした。これらのオーラルヒストリーは『解明』プロジェクトが日々どのように動いていたのかをある程度描き出すものであり，実際にどのような方法論が用いられていたのかについての見通しを与え，グリュック夫妻自身のパーソナリティを垣間見せてくれる。付録には方法論やデータの質の問題と関連するこれらのインタビュー調査の抜粋を掲載する。私たちは，これらのオーラルヒストリーはデータ収集手続きが妥当なものであり，『少年非行の解明』プロジェクトが十分に首尾一貫した形で行われていたことを示すものとなると信じている。

とはいえ、データの最終的な妥当性は、私たちのデータ分析が過去の研究や理論から導かれる予測とどの程度一致するかによって検証されるべきであるかもしれない。実際、本書の大部分は、非行と理論的に定義される変数の関係性についての検証にあてられている。予測される関係性と独立変数の妥当性についての分析を提示する前に、データの復元と補完のために私たちが払った残りの労力について論じる。

前科の復元と補完

各対象者の犯罪歴は、最初の逮捕から 32 歳までの時期における警察、裁判所、矯正施設の記録ファイルの包括的な確認から収集された。利用可能な情報には、逮捕の回数、有罪判決の回数、時期を通じての矯正経験、処分の類型、違法行為固有の逮捕歴、何らかの矯正を受けた時期の長さ、保護観察・仮釈放を受けた回数などが含まれていた（Glueck and Glueck, 1950, 1968 を参照）。

残念なことに、グリュック夫妻が行ったコーディングでは、研究対象となった男性の犯罪歴については分析できないようになっていた。たとえば、グリュック夫妻は 3 つすべての時期でさまざまな犯罪でそれぞれ何度逮捕されたかをコーディングしていなかった。さらに、グリュック夫妻は、（たとえば、「5 回から 6 回」といったように）違法行為の回数をカテゴリーに分けてコーディングしており、各調査期において 13 回までしかコーディングしていなかったため、逮捕回数の上限を事実上切り捨てていた。また、2 人が用いたチェックリストには、これらの違法行為の全般的な性質しか含まれておらず、具体的な逮捕や処分の年月日（たとえば、収容の年月日）をコーディングしていなかった。以上のように、逮捕や処分という出来事が犯罪歴においてどのような経過をたどって発生したかについての情報は参照することができなかったため、各人の違法行為率を計算する際、「時期に縛られない」正確な推定を行うことはできなかった。

これらの情報はすべてもともとの事例記録で参照することができたため、私たちの調査方略のもう 1 つの内容は、加工前データをより役に立つ形で再コーディングすることとなった。具体的にいうと、階層性をもったデータとして保存されていた非行少年 480 名分のファイルを用いて、最初の逮捕から 32 歳

時までの完全な犯罪歴を2年以上の時間をかけて復元し，その妥当性を確認した[6]。調査対象の男性は，この時期の間にのべ6300回以上逮捕されていた。それぞれの逮捕という出来事ごとに，年月日や具体的にどのような行為で容疑をかけられたか，容疑の内容[7]，（もしされていれば）施設収容の具体的な年月日などの何らかの刑事司法の介入がいつ，どのような類型で行われたかをコーディングした[8]。これによって，グリュック夫妻が調査対象とした男性について，60種類弱の違法行為と20種類以上の措置がリストアップされた[9]。

違法行為は多くが重複していたほか，多くの犯罪類型はそれほど頻繁にされていたものではなく，調査対象の男性に特定の犯罪を常習的に行う者はほとんど含まれていなかった（Davis, 1992）。そして，私たちの理論的枠組みは個別の犯罪ごとに何らかの予測を立てるものではなかった。これらのことから，本書の分析は主として（たとえば，全犯罪，粗暴犯，財産犯といった）全般的な犯罪カテゴリーに基づいて行われた。表3.3は犯罪への**関与**の概観を示し，全調査期ごとの粗暴犯，財産犯，強盗，侵入盗，アルコール・薬物，公序に反する罪に関する記述統計を示している。全般的な傾向は過去の研究と一致している。たとえば，すべての犯罪について関与は17歳から25歳にピークを迎え，25歳から32歳にかけて減少している（Hirschi and Gottfredson, 1983を参照）。

表3.4は，個別の犯罪への関与の**頻度**を調査期ごとに示している。パネルAには，調査期ごとに，1年間の容疑の数が示されている。犯罪を行う機会の多寡を考慮に入れるため，さらに洗練された犯罪頻度の指標も作成した。この指標は，生まれた年から17歳まで，17歳から25歳まで，25歳から32歳までごとに，地域の中ですごしていた日の数で逮捕の数を割ったものである。続いてこれらの指標は調査期ごとの年平均値（つまり，釈放されていた年に対する逮捕の頻度）へと変換された。地域の中で暮らしていた時期のみを考慮することによって，犯罪学研究で伝統的に用いられていたものよりも正確な非行少年の犯罪頻度を得ることができる。これらの指標（パネルBを参照）は，非行少年群に含まれた500名の対象者の成人犯罪キャリアを第7章で分析する際に，おもな従属変数として用いられる。

当然予想されるように，統制群の男性のその後の犯罪行動率は，非行少年群に当初含まれた男性の犯罪行動率よりも少なかった。とはいえ，統制群に含まれる男性のうち100名以上は成人期に逮捕されており，犯罪と非行の後発を説

表 3.3　非行群におけるサンプルサイズと犯罪関与に関する記述データ（年齢と犯罪類型ごと）

A. 面接時点の平均年齢ごとのグリュック夫妻データのサンプルサイズ

	第1波：14歳	第2波：25歳	第3波：32歳
サンプルサイズ	500	463	438
死亡	—	17	8

B. 犯罪類型と年齢ごとの逮捕された人の数

逮捕（人数）	17歳未満	17-25歳	25-32歳
粗暴犯	73	151	76
財産犯	443	275	124
強盗	19	61	29
侵入盗	329	164	62
アルコール・薬物	11	152	126
公序	72	224	159

C. 犯罪類型と年齢ごとの参加

逮捕された人の割合	17歳未満 ($N = 480$)	17-25歳 ($N = 446$)	25-32歳 ($N = 423$)
合計	100%	84%	70%
粗暴犯	15%	34%	18%
財産犯	92%	62%	29%
強盗	4%	14%	7%
侵入盗	68%	37%	15%
アルコール・薬物	2%	34%	30%
公序	15%	50%	38%

明する要因を分析することは重要であると考える。この課題を達成するため，各逮捕の年月日などを含む統制群の全犯罪歴もコーディングした。統制群の犯罪類型および年齢ごとの逮捕に関する記述情報は表 3.5 に示されている。これらのデータはライフコースを通じてのインフォーマルな社会統制と逸脱に関する私たちの理論をさらに検証するため第 8 章で分析される。

32 歳から 45 歳までにおける犯罪

　さらに私たちは，グリュック夫妻の研究チームによって収集された犯罪歴デ

表 3.4 訴追の頻度の素点平均と地域内で自由だった期間に対する年換算割合（年齢と犯罪類型ごと）

A. 頻度の素点	17 歳未満	17-25 歳	25-32 歳
粗暴犯	.215	.538	.296
財産犯	4.187	2.045	.712
強盗	.042	.188	.083
侵入盗	1.662	.688	.267
アルコール・薬物	.027	.937	.872
公序	.198	1.307	1.087
合計	6.485	5.821	3.444

B. 自由な期間に対する割合	17 歳未満	17-25 歳	25-32 歳
粗暴犯	.014	.159	.167
財産犯	.275	.706	.289
強盗	.003	.069	.082
侵入盗	.109	.291	.118
アルコール・薬物	.002	.165	.160
公序	.013	.313	.250
合計	.425	1.611	1.026

ータを補完できる情報に接する幸運に恵まれた。これらのデータは，『飲酒と自動車犯罪の関係についての成人発達研究』の協力の下，ジョージ・ヴァイラント博士によって当初収集されたものである（詳細については Vaillant, 1983 を参照）。このデータは，マサチューセッツの犯罪歴の中核的な保管先である仮釈放委員局に保存されていた記録の探索による結果である。これらの記録は 1974 年に探索されたもので，グリュック夫妻が調査対象とした男性が（平均）45 歳になるまでの全公式裁判記録を含んでいる[10]。

　私たちは，これらのコーディングされる前の裁判記録から当初の統制群と非行群両方を対象に 32 歳から 45 歳までの間の犯罪歴データをコーディングした。ヴァイラント博士のスタッフが収集した情報の性質に起因し，32 歳から 45 歳の間に非行群と統制群の対象者が受けた容疑の数とその違法行為の類型しかコーディングすることができなかった[11]。もしある対象者がこの時期の間に逮捕されずマサチューセッツ裁判所に出廷することもなければ，その人の記録は書

表 3.5　統制群におけるサンプルサイズと犯罪的関与に関する記述的データ（年齢と犯罪類型ごと）

A. 面接時点の平均年齢ごとのグリュック夫妻データのサンプルサイズ			
	第 1 波： 14 歳	第 2 波： 25 歳	第 3 波： 32 歳
サンプルサイズ	500	466	442
死亡	—	5	7
B. 犯罪類型と年齢ごとの逮捕された人の数			
逮捕（人数）	17 歳未満	17-25 歳	25-32 歳
粗暴犯	3	17	11
財産犯	35	31	12
強盗	0	2	1
侵入盗	8	10	3
アルコール・薬物	1	53	46
公序	8	64	49
C. 犯罪類型と年齢ごとの参加			
逮捕された人の割合	17 歳未満 ($N = 480$)	17-25 歳 ($N = 446$)	25-32 歳 ($N = 423$)
合計	10%	20%	16%
粗暴犯	1%	4%	2%
財産犯	7%	7%	3%
強盗	0%	0%	0%
侵入盗	2%	2%	1%
アルコール・薬物	0%	11%	10%
公序	2%	14%	11%

類には残らないことになる。また，マサチューセッツ州以外で行われた犯罪，ある人が 32 歳になった後に亡くなったか，警察か公式の州記録に認知されていない犯罪についての情報も手に入れることができなかった。とはいえ，これらの記録は成人中期における犯罪行動についての特色ある洞察を提示しているため，ライフコースにおける重要な時期における犯罪と非行を検討するためにグリュック夫妻のデータと組み合わせて用いる。

『解明』研究の歴史的文脈

『解明』での研究対象者は，1924年から1935年の間に生まれた。この時期は世界中が大不況や，ヒトラーとナチズムの勃興，そして常軌を逸した動揺と不安定性によって彩られた時期だった。グリュック夫妻の調査チームは，『少年非行の解明』研究の第1次調査のための対象者データを第二次世界大戦の最初期である1939年から1940年に集めはじめた。この第1次のデータ収集は1948年まで続いた。第2次および第3次のデータ収集は，アメリカにおいては戦後の繁栄と前例のない経済的発展の時期である1950年代から1960年代の最初の5年までかけて行われた。

表3.6は『解明』研究の対象者の人生に影響を与えた重要な歴史的出来事と，研究コホート・メンバーの最年少者と最年長者が各出来事の際に何歳だったかを示している。対象者間で年齢にばらつきがあるため，各歴史的出来事は各コホート内のメンバーに対して，ライフコース内のそれぞれ異なった時点で影響を与えた。このことは，ライフコース分析の重要な特色であるコホート効果を考慮することの重要性を示唆している。エルダー（Elder, 1974）によれば，コホート分析は，個人を特定の社会的文脈の中に位置づけることを通じて社会変動が人生に及ぼす効果を理解するうえで必要不可欠である（Modell, 1989 も参照）。グリュック夫妻の研究は大不況の後，そして第二次世界大戦中に開始されたとはいえ，これらのマクロレベルの歴史的出来事は『解明』という出版物では言及すらされていない。グリュック夫妻は『解明』の出版に先立って，戦時中の非行についていくつか論文を書いているが（詳細については Glueck and Glueck, 1964 を参照），これらの歴史的出来事が自身の調査プロジェクトと（データ収集においてもデータ分析においても）それほど関連するものとは考えていなかったようである。

エルダーとカスピ（Elder and Caspi, 1990）は，生まれた年がいつであるかは個人を歴史の中に位置づけるものであり，「社会変動が連続コホートに対して異なった効果を及ぼす場合，歴史の影響はコホート効果という形をとる」と論じている（Elder and Caspi, 1990: 210）。とくに重要なのは「ライフステージ原則」であり，これは歴史的出来事の効果は，人生のどの段階でその出来事を経験

表 3.6　グリュック夫妻の研究に含まれた男性の各歴史的出来事時点の年齢

年	出来事	コホート・メンバーの年齢	
		年長者の生年（1925年）	年少者の生年（1932年）
1929-1930	大不況（開始）	4-5	NA
1933	ニューディール政策の着手	8	1
1939-1940	第二次世界大戦の動員（初期段階）	14-15	7-8
1945	第二次世界大戦の終結	20	13
1950-1953	朝鮮戦争	25-28	18-21
1950-1957	グリュック夫妻による最初のフォローアップ	25	25
1957-1964	グリュック夫妻による2回目のフォローアップ	32	32
1973	犯罪歴に関するヴェイラントのフォローアップ	49	41

するかに応じて異なるというものである（Elder and Caspi, 1990: 219）。思春期に着目してこの点を明確にするため，エルダー，カスピ，バートン（Elder, Caspi, and Burton）は以下のように書いている。

　不況期の1930年代に成長することと1940年から1945年の戦争動員期のアメリカに成長することの違いは，文字どおり2つの思春期世界の隔絶といえるほどだった。……大不況期という苦難の時代は，両親の経済的・仕事上の喪失，そしてそれに影響を受け同居することの多かった祖父母の人生を通じて思春期の少年少女の人生に影響を及ぼした。第二次世界大戦中の若年者にとっての思春期とは，日の出から日の入りまで戦争関連の仕事をする両親，兄たちの兵役や戦争トラウマ，市民による防衛や戦争への努力のための学徒動員によって彩られるものだった（1988: 151-152; Elder, 1980 も参照）。

　もちろんコホート効果の分析に問題がないわけではなく，とくに問題になるのは解釈である。たとえば，それぞれのコホート・メンバーが同じように歴史的出来事に接するわけではないため，それぞれのコホートの**内部**にも相違が存在する（Elder and Caspi, 1990: 212 を参照）。さらに，コホート効果は時代効果と区別することが難しい場合もある（Farrington, 1990; Gottfredson and Hirsch, 1990 を参照）。最後に，ありうる説明変数は無限に存在するため，コホート効果の具体的な意味内容は多様な解釈に開かれている（Gottfredson and Hirschi, 1990; 概観には Glenn,

1981 を参照）。

　上で示したように，グリュック夫妻の研究の対象者は，1924 年から 1935 年に生まれた。1924 年に生まれた男性はきわめて少なかったため，私たちは 1925 年生まれを最年長のコホート・メンバーとした。他方，1932 年から 1935 年に生まれたサンプルは少なかったため，1932 年を最年少のメンバーが生まれた年とした（表 3.7 を参照）。コホート初期に属する年（たとえば 1925 年）に生まれた男性は，大不況期（1929-1933 年）に育ち，第二次世界大戦期（1941-1945 年）に思春期を経験し，朝鮮戦争期（1950-1953 年）に成人初期を生きた。さらに，このような個人は，第二次世界大戦後の経済成長期にはすでに 20 代半ばになっていた。これとは対照的に，後のコホートに属する年（たとえば 1932 年）に生まれた男性は，大不況期をまったく経験せず，幼少中期（8 歳から 12 歳）の一部として第二次世界大戦を経験し，朝鮮戦争開始時には 18 歳だった。そして重要なことに，このような個人は第二次世界大戦後の経済発展期に思春期・成人初期に入った。

　これらの年の差が何らかの相違につながったかは，もちろん実証的な問いの対象である。表 3.7 では，『解明』研究の選択された生年コホートにとっての重要なライフイベントの時期に関する記述的な情報をいくつか掲げている。非行群と非行をしていない群で時期ごとに差があること（Glueck and Glueck, 1968 を参照），ならびにコホート・データを理論的着想全般の傍証として用いることから，コホート効果の検討は非行群だけに限定した。ライフイベントには，退学や軍隊への入隊，労働への参加，最初の結婚時の年齢，最初の逮捕時の年齢が含まれる。グリュック夫妻の研究における非行をした対象者の生年の中央値は 1927 年である。生まれた年の分布を考慮に入れ，私たちは対象者を 1924 年から 1925 年，1926 年から 1928 年，1929 年から 1935 年という 3 つの生年コホートに分割した。それぞれのコホートは，非行をした全対象者の 24 ％，47 ％，29 ％を占めた。その上で，重要なライフイベントの時期を最初の生年コホート（1924-1925 年）と最後の生年コホート（1929-1935 年）で比較した。

　表 3.7 のパネル B が示すように，『解明』研究における非行をした対象者の生年間で，重要なライフイベントの時期にはほとんど差がない。たとえば，両方のコホートで最初の就業の平均年齢は 16 歳であり，最初の結婚の年齢は最初のコホートが 21.4 歳，最後のコホートが 21.0 歳だった。唯一の例外は，若

表 3.7　非行群における生年コホートと社会的出来事の時期に関する記述データ

A. 生年ごとの頻度と割合の分布

生年	数	割合
1924	43	9.0
1925	71	14.8
1926	88	18.3
1927	79	16.5
1928	60	12.5
1929	43	9.0
1930	28	5.8
1931	28	5.8
1932	23	4.8
1933	11	2.3
1934	4	0.8
1935	2	0.4

B. 生年ごとの一部の社会的出来事の時期

社会的出来事	生年	
	1924-1925	1929-1935
最初の徴兵時の年齢	18.3	17.8
最初の就業時の年齢	16.6	16.0
最初に卒業・退学したときの年齢	15.6	15.4
最初の結婚時の年齢	21.4	21.0
最初の逮捕時の年齢	12.4	11.0
	(N = 114)	(N = 139)

いコホートの方が最初の逮捕を年配のコホートよりも若干早く経験していたことだったが，これは警察の慣行の変化による人工的なものと思われる。フェザーマン，ホーガン，ソレンソン（Featherman, Hogan, and Sorenson, 1984）のコホート効果に関する分析のように，ここで私たちが検討する2つのコホートは，ライフステージ経験の点で相違を生じさせるには歴史的経験の点で類似しすぎている。実際，グリュック夫妻が調査対象とした非行少年の圧倒的多数（70％以上）の生まれの差は4年以内だった。結果として，コホートの差は私たちの分析にはそれほど深刻な問題は生じさせないと考えられる。

とはいえ，歴史（時代の影響）とコホート差という大きな問題に以後の分析と第10章で立ち返り，その結果が現在の犯罪研究に対してどのような意義を

有するかを論じる。私たちは，グリュック夫妻のデータが集められた歴史的文脈は望ましい性質であり，どの研究知見が時代を通じて一貫しているか，同じく重要なことに，現在の研究とどのような点で異なっているかを特定するための基準となると考えている。

結　論

本章では，グリュック夫妻のデータを再び用いることができるようにするために私たちが払った労力を簡単に要約した。さらに詳細な内容は他の論文(Laub and Sampson, 1988; Sampson and Laub, 1990)や以後の章で見ることができる。ここまでの最初3つの章で，理論的な背景，歴史的な背景，そして本章では実証的な背景が設定されたため，次章では，幼少期と思春期における非行の発生に関する検討から私たちのライフコース分析を始めることにする。

第4章

少年非行の家族的文脈

　グリュック夫妻の研究は，非行少年研究において基礎的かつ検討され続けてきた人気のある問い，すなわち貧しい近隣環境で養育され重大かつ常習的な非行少年になる少年と，同じような環境で育ちながらも非行も反社会的行動も**しない**少年を分かつ要因は何なのか，という問いに答えを提示しようとしていた。グリュック夫妻が研究を開始した1938年には，いまでは古典となった映画がまさにこの問いの答えを探し求めていた。その映画とは『汚れた顔の天使』であり，ジェームズ・キャグニー，パット・オブライエン，ハンフリー・ボガート，アン・シェリダン，そしてもちろんデッド・エンド・キッズがおもな役者だった。ジェームズ・キャグニーは現代の定義でいえば高頻度かつ慢性的な犯罪者，あるいは別のいい方をすれば「キャリア犯罪者」であるロッキー・サリヴァンの役を演じた。パット・オブライエンは，地域の教区で聖職者となったジェリー・コネリーの役を演じた。この2人は幼馴染であり，軽微な犯罪に手を染めており，実際のところ同じスラムの生まれだった。しかし，重大かつ常習的な犯罪活動という面においては，2人は明らかにまったく異なる人生を送った。

　同様に，グリュック夫妻が調査対象とした500名の非行少年と500名の非行をしていない少年は集団として見ればどちらも同じようなスラムの出身だったが，彼らが行き着いた先もまた，まったく異なるものであった。根本的な問いは，それがなぜかということであり，この問いは現在でも根本的な問いであり続けている。本章で私たちは，家族とインフォーマルな社会統制に関する理論的視座に基づき，この問いに答えはじめる。

理論的枠組み

過去20年以上にわたる犯罪学研究は，少年非行を説明するうえでの家族の役割に再び関心を向けるようになっている（たとえば，Hirschi, 1969, 1983; Loeber and Stouthamer-Loeber, 1986; Farrington, 1987; Wilson, 1983; Loury, 1987; Laub and Sampson, 1988; Hagan, 1989; Gottfredson and Hirschi, 1990 を参照）。今日に至るまでのおそらく最も包括的なレビューにおいて，ローバーとシュタウトハマー゠ローバー（Loeber and Stouthamer-Loeber, 1986: 38）は，「子どもの行為問題についての私たちの理解を整理する」べく，家族機能を4つの側面に分けている。簡潔にまとめると，これらの側面には，親から子，子から親への関与と親の監督を検討する**ネグレクト・パラダイム**，しつけの仕方と親から子，子から親への拒絶を分析する**葛藤**パラダイム，両親の犯罪傾向と逸脱的な態度に焦点をあてる**逸脱行動・態度**パラダイム，婚姻関係上の葛藤と親の不在に着目する**混乱**パラダイムが含まれる（1986: 40）。

手に入れることのできる研究を用いたローバーとシュタウトハマー゠ローバー（Loeber and Stouthamer-Loeber, 1986）のメタ分析は，これら4つの家族機能の側面すべてが少年の非行や攻撃性などの問題行動と関連することを示している。彼らは「親の監督の欠如や親の拒絶，親子間の関与といった社会化に関わる変数は，少年の行為問題と非行の最も強い予測要因の1つである。中程度に強い予測要因としては，両親の夫婦関係や親の犯罪傾向といった背景的な変数がある。より弱い予測要因は，親のしつけの欠如や親の健康，親の不在である」（1986: 29）と論じている。ローバーとシュタウトハマー゠ローバーのレビューでとくに印象的なのは，多くの研究において概して一致した知見が得られていることである。

本章では，図4.1 に示される理論モデルを検証することを通じて，これらの考えを拡張する。インフォーマルな社会統制に関する理論ならびにライフコースを通じての犯罪と逸脱に関する理論と一致して，ここでの全般的な原理は，逸脱の確率は個人の絆が弱かったり失われたりしている場合に上昇するというものである（Durkheim, [1897] 1951; Hirschi, 1969; Kornhauser, 1978）。別のいい方をすれば，個人を重要な社会制度（たとえば，家族や学校，職場など）に結びつけ

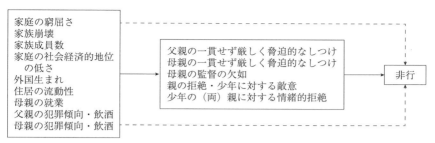

図 4.1　構造的背景要因，家族プロセス，非行に関する理論的モデル。破線は弱いか非有意な効果を予測し，実線は強い効果を予測する。『解明』の照合デザインによって，年齢や人種・民族，近隣の社会経済的地位，IQ は非行との関係で統制されている。

る社会的な結びつき（つまり，愛着やコミットメント）が弱まっている場合，犯罪と非行のリスクは高まるということである。私たちのモデルでとりわけ特徴的なのは，構造的文脈が家族によるインフォーマルな社会統制という次元に影響を与え，この次元が転じて非行の相違を説明するという二段階の仮説を含んでいる点である。

　まず私たちは，家族の近接的な役割に着目し，以下 4 つの変数が非行の可能性を高めることを主張する。その 4 つの変数とは，①母親と父親両方による一貫せず脅迫的で，厳しく懲罰的なしつけ，②親の監督の乏しさ，③子どもに対する親の拒絶，④両親に対する少年の情緒的愛着の弱さである。私たちの家族に関する理論的概念化は，パターソンとその共同研究者（Patterson, 1980, 1982）によって定式化された「強制理論」に一部基づいている。ほとんどの理論とは異なり，強制理論は非行を説明するうえで，親の**直接的**統制を重要な非行の促進要因であるとする。具体的にいうと，強制理論は，スキルをあまり有しない両親は不適切な形で子どもの反社会的行動を強化し，ルール違反に対して効果的な罰を科すことに失敗すると想定する（Patterson, 1982; Gottfredson and Hirschi, 1990: 99 も参照）。パターソンは，この視座を検討するために計画された研究で，子どもの養育をうまく行うのに役立つ一連の養育スキルを挙げている。そのスキルとは，「(a) 子どもが何をしているかに気づく，(b) 長期間にわたって子どもを見守る，(c) 社会的スキル行動の手本となる，(d) 家庭のルールを明確に伝える，(e) ルール違反に対して良識ある罰を一貫して下す，(f) 順法を強

化する,（g）葛藤や危機が強まらないように意見の不一致をうまく調整する」である (1980: 81)。パターソンがさらに論じるように,「家庭を管理するためのスキルを使うことができない,あるいは使おうとしない両親が何よりも決定的な変数である。……窃盗犯の両親は子どもが何をしているかを把握せず,罰を下さず,興味も持たない」(1980: 88-89)。

　強制理論が親子間の相互作用を重視することは,伝統的な社会統制理論 (Hirschi, 1969) とほぼ同様である。パターソンのモデルが社会統制理論と異なるのは,媒介的なメカニズムが強調されている点であり,ここではしつけや見守りの仕方という形をとる直接的な親の統制が媒介変数とされている。これとは対照的に,ハーシ (Hirschi, 1969) が定式化した初期段階の統制理論は,親に対する子どもの情緒的絆や愛着という形をとる間接的な統制を重視していた。同様にヘイガン (Hagan, 1989: 210-212) も,愛着は「関係的な」統制であると述べている。ハーシ (Hirschi, 1969) は直接的な親の統制（たとえば見守り）を重要なものとは見なしていなかったが,これはすでに非行活動が差し迫った可能性となっている状況下ではこの種の統制は機能していないように見られたからである (Larzelere and Patterson, 1990: 304)。ハーシにとっては,親子の愛着として具現化される関係的統制こそが,非行を抑制する最も必要不可欠なものだったのである。

　しかし,総合的に考慮してみると,パターソンのモデルは社会統制理論と一致している。なぜなら,直接的な親の統制は,関係的・間接的な統制と正に関連する可能性が高いからである。親が居合わせるなかで行われる反社会的行動は,他の状況にも汎化する可能性が高い (Larzelere and Patterson, 1990: 305)。さらに近年ハーシは,非行は短期的な損得勘定やその場の判断による部分があるとはいえ,見守りや見張りなどの直接的統制が重要であると論じている。「もしその場の判断で行われるという非行の性質が見張りを困難にするのであれば,行為に対して即座に反応がなされることは監視を実りのあるものにする。潜在的違反者は,彼がやりたいことをすぐにやることが多いが,そうすることができなければ,それを続けて行おうとはしないだろう」(1991: 51)。このようにハーシは,若者に対する大人の監督の程度が家族間で異なることが,非行に対して重要な波及効果を及ぼすと論じている。

　これらの理由に基づき,ハーシ (Hirschi, 1983, 1991) およびゴットフレッドソ

ンとハーシ（Gottfredson and Hirschi, 1990）は，パターソンの強制理論に強く依拠する最新の統制理論に直接的な親の統制を導入している。新たに定式化された効果的な養育のモデルには，子どもの行動を見守ること，子どものした誤った行いを認識すること，その誤った行いに一貫しかつ愛情をもったやり方で罰を下す（正す）ことが含まれている（Gottfredson and Hirschi, 1990: 97）。同様にヘイガン（Hagan, 1989）も，通常の非行に関する権力・統制理論の中に，彼が「道具的統制」と呼ぶもの（たとえば，監督や見守り）を含めている。さらにハーシ（Hirschi, 1983）は，親の愛情と子どもに投資をしようという意図は，良い養育，したがって誤った行動の予防にとって必要不可欠な基盤であると論じている（Gottfredson and Hirschi, 1990: 98 も参照）。

このような家族の捉え方は，ブレイスウェイト（Braithwaite, 1989）のいう「再統合的恥づけ」の概念と一致している。ここで「再統合的恥づけ」とは，両親が一貫した仕方で，そして子どもに対する愛情や敬意，受容をもった仕方で罰を下すことを指す。再統合的恥づけの反対はスティグマづけであり，両親が冷たく権威主義的で，厳格かつ懲罰的でしばしば拒絶的な体制で罰を下すことを指す（1989: 56）。罰のプロセスの際に親が敬意という絆を壊してしまうと，うまく子どもを養育することは難しくなる。

このような理論的合致を考慮に入れ，私たちは社会統制理論と強制理論の中核的な考え方ならびに再統合的恥づけという概念を，しつけ，監督，愛着という3つの側面を重視するインフォーマルな家族・社会統制の統合モデルに組み入れる。私たちの見方では，インフォーマルな家族・社会統制の3つの構成要素すべてが重要なのは，これらが愛着という情緒的な絆ならびに直接的でありながらも社会に統合させる形での統制や見守り，罰を通じて，子どもを家族，究極的には社会へと結びつけるからである。インフォーマルな家族による統制が有するこれらの側面が同時に検討されることは，これまでの研究ではほとんどなかった。したがって，私たちの理論モデルによって，非行の説明に対する家族プロセス変数の相対的な寄与を評価することが可能になる（Patterson and Dishion, 1985; Johnson, 1986; Cernkovich and Giordano, 1987; Hagan, 1989 も参照）。

私たちの理論の2つ目の部分は，構造的背景要因が大部分，家族プロセスへの効果を介して非行に影響することを主張する（Laub and Sampson, 1988 も参照）。家族と非行に関するこれまでの研究の多くは，社会構造という文脈やそれが家

族の生活にどのような影響を及ぼすかを考慮に入れることに失敗している。対照的に私たちのモデルの論理は，構造的文脈が非行に対して弱いながらも直接的な効果も及ぼすという予測を導く。したがって，私たちは家族プロセスが構造的背景の効果を媒介する，あるいは説明するという仮説を設定する（図 4.1 を参照）。

　いくつかある利点の中でも，私たちの考え方は家族の犯罪傾向とその子どもの非行の関係性に新たな光をあてるかもしれない。家族の犯罪傾向とその子どもの非行が関係することは遺伝的ないし生物学的な関係性の証拠であると捉える者もいるかもしれないが（Rutter and Giller, 1983: 182），私たちのインフォーマルな社会統制の枠組みでは，家族の逸脱は社会統制の混乱を通じて子どもの非行に影響を与える。より正確に述べると，犯罪をし，過度な飲酒を行う親は，一貫しない仕方で厳しいしつけをしたり，子どものしつけに無頓着であったりする可能性が高いと論じる。逸脱や犯罪を伴うライフスタイルの中心的な特徴は，とくに計画や忍耐，将来への投資を含む我慢や義務の拒絶である（Gottfredson and Hirschi, 1990: 101）。親であることは，従来重要視されてきたこのような役割をもしかすると最も要求するものであるかもしれず，そうであるがゆえに私たちは，大人の世界での逸脱は子どもの社会化の混乱という形をとって現れることを予想する。すなわち，監督としつけは行き当たりばったりであるかそもそも行われなければ，親から子，子から親への愛着は希薄なものになるだろう（Hirschi, 1983: 58-60 を参照）。この考え方に従い，非行に対する親の犯罪傾向の直接的な影響はなく，家族機能という社会的プロセスによって媒介されるものであるとすれば，遺伝に関する生物学理論を導入する必要はほとんど，あるいはまったくない。

　さらに，私たちのモデルとデータは，家族崩壊や家族成員数，社会経済的地位（SES），家庭の窮屈さ，住居の流動性，母親の就業，親の生まれた場所といった重要な要因の直接的・間接的な影響を考慮に入れることを可能にする。これらの構造的背景要因は過去の研究でも非行と関連づけられてきたが（レビューとして Rutter and Giller, 1983 を参照），私たちの主張は，これらの要因が家族の社会統制メカニズムにも影響する，というものである。たとえば，社会統制理論は，家族成員数や住居の流動性，家庭外での母親の就業は子どもの監督や見守りを困難にすることを示唆する。この点についてハーシ（Hirschi, 1991）は，

非行の説明において実証的な説明力を有するにもかかわらず，家族成員数は近代の犯罪学においては大部分無視されてきたと論じている。家族成員数が仕事での業績や教育への投資に影響すること（Blake, 1989），そして仕事での業績や教育への投資自体も非行にとって重要になりうることを考えれば，このように家族成員数を無視してきたことは誤りであろう。同様に，家族崩壊や住居の流動性といった要因は，親の監督能力に影響するだけでなく，愛着という絆やしつけの仕方にも影響するだろう（Rutter and Giller, 1983: 183; Braithwaite, 1989）。

最後に，貧困や生活条件の劣悪さ（たとえば，社会経済的地位の低さや家庭の窮屈さ，外国生まれ／移民であるという地位）は，以前の研究で非行と結びつけられてきた。私たちは，これらの要因も家族の社会統制メカニズムに影響することを主張する。ラターとジラー（Rutter and Giller, 1983: 185）が述べるように，「深刻な社会経済的な苦境は親に対して不利な影響を及ぼす。たとえば，親の障害や困難が発生しやすくなり，良い養育を行うことは難しくなる」。同様に，ラーズレルとパターソン（Larzelere and Patterson, 1990: 307）は近年，社会的地位の低いカップルの多くは，親としてのスキルをほとんどもっていないが，その理由の一部はそれらの人が中流の親よりもストレスを多く抱えており，資源をもつことが少ないからであると論じている。このような見方からすれば，社会経済的地位と社会的地位の苦境が非行に対して及ぼす影響は，親のしつけや見守りの仕方によって媒介されるということになる。

図4.1に示される理論モデルを独特な性質をもつグリュックのデータと結び合わせることは，他の点でも家族と非行に関する研究に貢献する。第一に，私たちの研究には，親から子，子から親という両方向の愛着の指標が含まれている。ゴーヴとクラッチフィールド（Gove and Crutchfield, 1982）は，家族と非行に関する調査のほとんど（たとえばHirschi, 1969）は非行少年からデータを収集しており，したがって親に対する子どもの愛着の認知にしか着目していないと述べている。ゴーヴとクラッチフィールド（Gove and Crutchfield, 1982）は，親の認知に基づく指標を用いているが，両方の指標を用いている研究はほとんどない。グリュック夫妻は親と非行少年の両方から情報を得ており，そのデータは双方に対する別個のインタビューから得られている。したがって，私たちは，親から子，子から親という2つの愛着を測定する指標を構成することができ，これによって愛着という変数をより詳細に特定することができる。

第二に，私たちは，親の犯罪傾向やしつけ方といった重要な変数の効果を母親と父親ごとに評価することから議論を始める。ローバーとシュタウトハマー＝ローバー（Loeber and Stouthamer-Loeber, 1986）は，親としての父親が及ぼす効果についてはほとんど知られていないと論じている。したがって，母親の行動と父親の行動が子どもに対して類似した効果をもたらすのか，それとも異なる効果をもたらすのかを探索することは重要である。

第三に，参照できる情報に基づいて，私たちは親の過度な飲酒という要因を親の犯罪傾向と結合し，愛着やしつけ方，監督といった干渉変数に親の逸脱が及ぼす影響をより深く理解しようとした。親のアルコール依存症を検討した研究はほとんどないものの（McCord, 1979 を参照），家族機能を検討するうえでは，親の犯罪傾向と同程度に重要である可能性がある（Robins, 1966 を参照）。

実証のための指標

理論の導きや上で概観した家族プロセスに関する文献，そして我たちの以前の研究から得られた予備的な知見（Laub and Sampson, 1988）に基づいて，私たちは家族の機能と非行の両方の実証的な評価にとって重要となる一連の構造的背景要因を特定した。年齢や人種・民族，近隣の社会経済的状況，全般的な知能は照合の際に統制されていることを思い出してほしい。これらの照合に用いられた要因とは独立に，以下の構造的変数を検討する。すなわち，家庭の窮屈さ，家族崩壊，家族成員数，社会経済的地位，生まれ（外国生まれであるという地位），住居の流動性，家庭外での母親の就業である。私たちの以前の研究（Laub and Sampson, 1988）では，もともとの『解明』研究で用いられていた二値変数の一部が，これらの背景要因の一部を使って家族と非行の初期モデルを特定するために用いられていた。本章では，構造や家族プロセス，非行，幼少前期の問題行動についての新たな指標を使ってこの初期モデルを拡張する。

モデルに含まれる変数は，グリュック夫妻の『解明』データを再コーディングし，コンピューターで処理できるようにしたデータから抽出されたもので，カテゴリー，順序，間隔レベルの尺度が混在している。これらの家族や非行に関する変数の全データならびにその記述統計を表4.1に示す。**家庭の窮屈さ**には，快適（両親には1つの部屋が，子どもにはそれぞれ1つの部屋が与えられる），平

表 4.1　構造的背景要因，干渉変数としての家族プロセス変数，非行に関する記述統計

変数	平均値	標準偏差	最小値	最大値	有効データ数
構造的背景					
住居の流動性	6.75	4.72	1	16	999
家族成員数	5.08	2.21	1	8	999
家庭の窮屈さ	2.17	.61	1	3	995
家族崩壊	.47	.50	0	1	1,000
母親の就業	.40	.49	0	1	993
家族の社会経済的地位[a]	.00	1.64	−3.4	3.6	998
外国生まれ	.60	.49	0	1	987
父親の逸脱	2.00	.86	1	3	1,000
母親の逸脱	1.45	.68	1	3	1,000
家族プロセス					
父親の一貫せず厳しいしつけ	2.53	.93	1	4	876
母親の一貫せず厳しいしつけ	2.52	.95	1	4	968
母親の監督	1.97	.86	1	3	989
親からの拒絶	1.56	.69	1	3	963
親への愛着	2.26	.75	1	3	997
非行					
公式の非行記録	.50	.50	0	1	1,000
自己報告非公式	5.02	3.79	1	14	1,000
両親報告非公式	2.70	2.76	0	13	1,000
教師報告非公式	.72	.89	0	4	1,000
全非公式	8.44	6.67	1	26	1,000

a. z 得点に基づいて標準化された値を示す。

均（1つの寝室につき2人ずつ），窮屈（幼児を除いて3人以上が1つの寝室を使う）の3つのカテゴリーがある。**家族崩壊**は，離婚や別居，養育放棄，死別によって片親または両親がいない家庭で当該の少年が養育される場合には1とコーディングされた。**家族成員数**は，当該の少年の家庭における子どもの数であり，1から8以上の値をとる。**家族の社会経済的地位**は，家族の週収入の平均と外部からの援助への依存度指標を合成し標準化した尺度である。この変数は，家族が快適な状況で生活しているか（経済的なストレスが生じても4カ月はすごせるだけの蓄えがある），境界的な状況で生活しているか（蓄えはほとんどあるいはまったくないが，外部から援助はほとんど受けていない），依存的な状況で生活している

か（外部からの援助を継続的に受けている）を測定する。**外国生まれ**という指標は，どちらかの親あるいは両親がアメリカ国外で生まれているかを示す。**住居の流動性**は，当該少年の幼少期に家族が何度転居したかという頻度を示す指標であり，0から16回以上の値をとる。**母親の就業**は，主婦であれば0，（フルタイムあるいはパートタイムで）就業中の母親であれば1とコーディングされる二値変数である（よりくわしくは Glueck and Glueck, 1950 を参照）。

残る2つの構造的背景変数は，母親と父親の犯罪傾向と飲酒癖を合成したものであり，逸脱の全般的な指標となるものである。**犯罪傾向**は，（軽微な交通違反や免許法違反を除く）逮捕と有罪判決の公式記録に基づいて決定された。**アルコール依存症，過度のアルコール摂取**は，依存と，頻繁，継続的，慢性的なアルコールへの依存症であり，祝いの席上での過度の飲酒といったきわめて限定的な発症ではないものを指す（Glueck and Glueck, 1962: 217）。作成された逸脱指標は，母親と父親とともに1から3の値をとる。私たちの主要な理論上の目的は，成人の逸脱（つまり，犯罪傾向と過度のアルコール摂取）が家族の機能という媒介プロセスを通じて子どもの非行に影響するかを検討することである。

家族プロセス変数に含まれる5つの干渉変数は，父親と母親のしつけ方，親から子，子から親への愛着，親の監督である。これらの変数に関する情報は，両親や非行をしている少年としていない少年との面接と並んで福祉支援機関や刑事司法機関の記録を包括的に確認することで集められた。私たちが家族プロセス変数と呼ぶ行動（たとえば愛着や監督やしつけ方）は，グリュック夫妻の研究チームによって直接観察されたものではなく（Patterson, 1982 を参照），面接の記録と上記の記録の確認によって推測されたものだった（よりくわしくは Glueck and Glueck, 1950: 41-53 を参照）。

養育の仕方は，母親と父親がしつけと罰をどのように行うかに関する変数を合成することで測定された。1つ目の合成変数は，親によって体罰が行われるかに関するものであり，少年に恐怖や反感を掻き立てるような手荒な扱いや革ひもで打つこと，殴ることを指し，強い怒りや敵意を伴わずに，偶発的あるいは時たまに平手打ちをするようなものは含まれなかった。2つ目の合成変数は，少年に恐怖を掻き立てるような形で，母親または父親が脅したり叱ったりすることを測定する。これら2つの罰の類型はともにブレイスウェイト（Braithwaite, 1989）のスティグマ化の概念に関わる。3つ目の要素は，一貫性がなく厳しい

しつけに関するものであり，親が厳しかったり理にかなっていなかったりすること，あるいは親が厳しさと甘さの間で揺れ動いておりどのように監督をするかに一貫性がないこと，少年をしつけることに注意を払っておらず無関心であることを指す（Glueck and Glueck, 1962: 220）。このようにして，脅迫性や厳しさに関する順序変数には（1から4の）4つのカテゴリーが含まれ，両親が一貫しないしつけ方と**並んで**厳しい体罰や脅したり叱ったりする行動をどの程度行うかが測定される。ブレイスウェイト（Braithwaite, 1989）の枠組みでは，これらの変数は懲罰的恥づけと否定的ラベリングに関わり，非行を強める可能性が高い。

親の監督は，家庭や近隣での少年の活動を母親が監督している場合には適切と定義される。もし母親自身が少年を監督することができない場合でも，母親が少年の活動に目を配るために他の成人を手配している場合には「適切」に分類された。「中程度」の監督は部分的に監督を行っていることを指す。母親が指示なしに少年の自由にさせたり，責任を負わない人の下においていたりする場合には，監督は「不適切」と見なされた（Glueck and Glueck, 1962: 219）[2]。**親の拒絶**は，両親が子どもに対してあからさまに敵対的であったり，子どもに対して情緒的な注意や絆を与えていなかったりするかに関する順序変数である。**親への愛着**も順序尺度であり，少年に親との密接な関わりや親への尊敬の念といった形で示される父親や母親への温かい情緒的な絆があるかに関する指標である（Glueck and Glueck, 1962: 220）。この指標は，ハーシ（Hirsch, 1969）の愛着に関する概念化の仕方と酷似している。

エルダーが述べるように，アーカイブを用いた研究における最大の難点は測定の問題である（Elder, 1974: 326）。私たちは，（可能であり理論的に適切な場合には）中心的な概念については複数の指標を合成した尺度を用いることに加え，測定の質を確保するために数多くの段階を踏んだ。この分析は家族変数が理論や先行研究と一致した形で相互に，そして予測と一致した形で関連することを示した。たとえば，母親と父親の一貫せず脅迫的な養育の仕方は，子どもに対する親の拒絶と関連していた（母親と父親それぞれ $r = .31$ と $.30, p < .05$）。逆に，一貫せず脅迫的なしつけが低い場合には，親に対する少年の愛着は高かった（$r = -.29, -.24, p < .05$）。母親の監督は，親の愛着と正に関連していたが（$.38, p < .05$），母親と父親の一貫しないしつけ（$-.47, -.42, p < .05$）および親の拒絶（$-.47, p < .05$）とは負に関連していた。そして，予測されるように，母親が厳

格で脅迫的なしつけという形で混乱した養育をしている家族では、父親も同じような養育をしていた（.52, p < .05）。これらの有意な相関は、すべて予測・期待される方向性にあり、構成概念妥当性の確保のために必要な標準的な基準を満たすものである（たとえば Cook and Cambell, 1979 や Hindelang et al., 1981 を参照）。さらに、相関は、弁別的妥当性や多重共線性の問題を疑わせるほどに高いものでもなかった。つまり、分析からは、家族に関する構成概念は理論に一致した形で相互に相関していたが、十分に相互に独立していたことから弁別的妥当性は十分であり、独立した効果を評価することが可能であることが示された。

　また、グリュック夫妻のデータは、とくに道徳に関する信念などの態度（たとえば Matsueda, 1989 などを参照）といった測定誤差の大きい調査や質問票とはその性質を異にすることを再び強調したい。すなわち、グリュック夫妻の研究データはその性質上、個人に関する項目でも複数の情報源を統合しており、さらにいえば、私たちの項目は態度ではなくほとんどすべてが行動（しつけ、拒絶、監督）に関するものである。なお、従属・独立変数の多くは歪んでおり、正規性の仮定を満たさないというもう 1 つの事実を加味し、（LISREL などの）共分散構造モデルには依拠しなかった。[3]

その他の方法論上の考慮

　家族の行動パターン（たとえば、婚姻の崩壊や収入の程度、親の犯罪傾向）の相違が少年司法システムにおける処理の仕方に影響を及ぼした可能性が考えられる。たとえば、少年司法職員は、容疑のかかった非行少年を裁判所に送るかという判断をする際に非行少年の家族生活を考慮するかもしれない（Hirschi, 1991）。したがって、家族の効果は、その時点における公式の社会統制を担う行為者による反応と程度は不明ながらも交絡している可能性がある。

　この問題に対しては、研究に含まれる 1000 人の少年の非公式の非行（自己や親、教師の報告）と公式の非行を体系的に比較することで対処する。第 3 章で述べた実証的な妥当性確保のための方略を援用し、重要な従属変数の代替的な指標を用いることで理論モデルの構成概念妥当性を検証する。ヒンデラング、ハーシ、ワイス（Hindelang, Hirschi, and Weis, 1981: 112）が論じるように、「妥当性検証のための……1 つの方法は、同じ概念の代替的な指標を比較し、それらが外部の変数と相関するかを見ることである。もし 2 つの変数が同じ概念の

指標であるなら，それらの変数は別の変数と実質的に同じ程度相関するはずである」（Campbell and Stanley, 1963 も参照）。したがって，関連する重要な情報をコーディングし，分析に含めている以上，私たちは以前の研究とは異なり（Laub and Sampson, 1988），二値的な公式記録から得られた結果と比較できる非公式の非行指標を構成することができる。非公式の非行指標に関する記述統計は，表4.1 の下部 3 分の 1 に示されている。ヒンデラングとその共同研究者（Hindelang et al., 1981）が述べるように，収束的妥当性の論理に従い，もし私たちの結果が収束するということになれば，データの妥当性により確信がもてることになる。

第 1 次調査のデータは調査設計の性質上横断的なものであるため，因果的な順序と双方向的な効果も潜在的な問題として浮上する。とくに，幼少期の非行と反社会的行動が家族の社会統制のパターンを混乱させたことが考えられる（Patterson, 1982; Lytton, 1990）。近年の研究も，学校への愛着と非行がフィードバック効果を生み出すことを示唆している（Liska and Reed, 1985）。

一見すると，長い期間にわたって安定することが知られている（Patterson, 1982; Gottfredson and Hirschi, 1990）大人による子どもの養育（監督やしつけ，愛着など）という家族プロセスに非行が影響を与えることは考えにくいように思える。養育の混乱は突然生じるものではない。ライフコースの他の側面におけるのと同じように，養育を含みながらもそれに限定されるわけではない大人の行動の仕方にはかなりの継続性がある（Caspi et al., 1987, 1988, 1989）。さらに，家族プロセスに関するグリュック夫妻の情報の多くは，回答者が過去を振り返って答えたものであるとはいえ，公式に記録された非行の初発から数年前についてのものである。たとえば，家族のしつけは親の報告や精神分析面接および家族を長い間知っているソーシャルワーカーの報告に基づいて記録されている（Glueck and Glueck, 1950: 133）。同様に，親子の情緒的な絆は少年の人生経験の初期（5 歳から 8 歳）についてまでさかのぼって尋ねられている。論理的には不可能ではないにせよ，子どもの非行が私たちの分析する構造的背景要因（たとえば，親の犯罪傾向や外国生まれという地位，貧困，流動性）を規定することもほとんど考えられない。

非行に関するほとんどの先行研究および理論と同様に，まず私たちは構造的背景と家族プロセスを非行の説明における外在変数として設定して分析を始める（図 4.1 を参照）。家族プロセスの重要なパラメータが特定された後には，イ

ンフォーマルな社会統制のパターンを理解するうえでの考えられる交絡要因として，幼年期初期の問題行動の役割を検討する。つまり，子どもが気難しいこと自体がしつけの混乱を生じさせるという可能性を検討する。ここでは，公式の非行の初発のはるか以前に発生した問題行動に関するグリュック夫妻のデータの独自性のあるいくつかの指標を用いることでこの可能性を検討する。家族モデルを厳格な検証に付することによって，図4.1に描かれる理論の当初の想定から生じる主要な実証結果の妥当性を検証する手段を提示することができる。

最初の結果

まず，公式記録と非公式な非行の合計によって測定される非行と家族プロセスの間の二変数関連についての概観を表4.2に掲げる。関連の大きさと方向性は，基盤となる社会統制モデルを支持している。すなわち，すべての関連は予測される方向にあり，関連は強く，非行のどの方法の指標であっても維持される。たとえば，公式の非行と非公式の非行の両方は，母親と父親の一貫せず厳しいしつけが増加するにつれて，単調に増加する（それぞれ $\gamma s = .64/.69, .52/.54$）。割合の差はしつけのカテゴリーを通じて一貫していただけでなく，7ポイントから30ポイント程度の差も示している。

表4.2の下部は，非行は監督と愛着の程度が増加するにつれて，単調に減少することを示している。実際，監督カテゴリーの低群に含まれる者の83％は非行少年だったのに対し，高群に含まれる者で非行少年だったのは10％にとどまり，約8倍の開きがあった（$\gamma = -.84$）。非公式の基準を用いた場合にはその差はさらに大きく，約10倍の開きがあった。親の拒絶と愛着も公式・非公式の非行とかなり強い関連を示した。

家族プロセスと非行の間には強いつながりがあることが示されたため，いったん再び分析を戻し，家族プロセスとインフォーマルな社会統制が実際に内在的である程度，つまりより遠隔的な構造的要因の効果を媒介しうる程度を検討することとした。これを行うために，表4.3と表4.4は，家族プロセス変数に構造的背景要因を回帰させた最小二乗法（OLS）モデルの結果を掲げる。全体として，この結果は，構造的背景要因が家族の社会統制のプロセスに大きな影響を及ぼすという理論的予測を裏づけている。たとえば，表4.3の第1列

表 4.2　家族プロセスと非行間の二変量ごとの関連

	父親の一貫せず厳しいしつけ				母親の一貫せず厳しいしつけ			
	低群	中群		高群	低群	中群		高群
	(147)	(244)	(362)	(123)	(158)	(309)	(343)	(158)
公式記録による非行経験群	7	39	66	74	2	42	65	80
$\gamma =$		.64*				.69*		
非公式記録による非行経験群	3	27	48	52	1	30	43	61
$\gamma =$		.52*				.54*		

	母親の監督			親からの拒絶			親への愛着		
	低群	中群	高群	低群	中群	高群	低群	中群	高群
	(382)	(252)	(355)	(539)	(311)	(113)	(186)	(363)	(448)
公式記録による非行経験群	83	58	10	31	70	91	78	61	30
$\gamma =$		$-.84*$			.74*			$-.60*$	
非公式記録による非行の割合	60	39	5	19	54	66	53	44	20
$\gamma =$		$-.72*$			.62*			$-.48*$	

a. 非公式記録による非行経験群は，(3群に分けられたうえでの)「高」群を指す。
*$p < .05$。

と第2列は，家庭の窮屈さ，成員の多い家族，父親の逸脱(つまり，犯罪傾向と過度の飲酒)，家族の社会経済的地位の低さ，外国生まれという地位が，父親の一貫せず厳しいしつけと罰に有意に寄与していることを示している($p < .05$)[5]。群を抜いて高い効果を示しているのは，アルコール依存症か犯罪者である父親は，他の条件を等しくすれば，自分の息子に対して一貫しないしつけをする確率がアルコール依存症や犯罪的な逸脱の記録のない父親よりもはるかに(2基準値分)高いということである($\beta = .26$)。この傾向は，親の逸脱が家族の機能不全に寄与するというハーシ(Hirschi, 1983)の考え方を支持している。これはまた，父親の犯罪傾向がその息子の非行に及ぼす効果が，家族のしつけにすべてではないとしても帰属しうる可能性を示唆するものでもある。

　同じような傾向は，母親の一貫せず厳しいしつけにも概してあてはまる。実

表 4.3　しつけと監督に関わる家族プロセス変数に対する構造的背景要因の最小二乗法による線形回帰（$N = 814$）

背景要因	家族プロセス：しつけと監督					
	父親の一貫せず厳しいしつけ		母親の一貫せず厳しいしつけ		母親の監督	
	β	t 比	β	t 比	β	t 比
住居の流動性	.07	1.66	.07	1.78	−.22	−6.19*
家族成員数	.10	2.72*	.08	2.25*	−.12	−3.66*
家庭の窮屈さ	.11	3.03*	.12	3.26*	.01	.44
家族崩壊	−.04	−1.11	.01	.41	−.05	−1.64
母親の就業	.04	1.20	.04	1.15	−.22	−7.60*
家族の社会経済的地位	−.12	−3.22*	−.14	−3.65*	.12	3.59*
外国生まれ	.14	4.37*	.13	3.88*	−.08	−2.67*
父親の逸脱	.26	6.68*	.17	4.34*	−.16	−4.49*
母親の逸脱	.02	0.61	.10	2.64*	−.18	−5.47*
	$R^2 = .20$		$R^2 = .19$		$R^2 = .37$	

*$p < .05$。

際，父親の逸脱は母親のしつけ方の乱れに最も大きな効果を及ぼしており，これは母親の逸脱の効果のほとんど2倍に上っている。これとは対照的に，母親の逸脱が父親の一貫せず厳しいしつけに及ぼす効果は有意でない（$\beta = .02$）。これは，母親が子どもへのケアと家族のしつけに不釣り合いに大きな負担を課せられていることを示唆する。とはいえ，母親の養育の仕方は，父親のそれと同様，家族成員の多さや家庭の窮屈さ，外国生まれという地位，貧困によって混乱させられている。

　母親の監督についての結果も，私たちの社会統制という枠組み全般を支持している。つまり，繰り返しになるが，母親と父親両方の飲酒・犯罪傾向は母親による少年の効果的な見守りを減少させる。住居の流動性や母親の就業，家族成員の多さ，家族の社会経済的地位の低さ，外国生まれという地位も同様である[6]。親の監督に最も大きな効果を及ぼしているのは，住居の流動性と家庭外での母親の就業であり，その後には親の逸脱のいくぶん大きい負の効果が続く。家庭外での母親の就業が非行に及ぼす効果については多くの議論が存在するが，監督がこの構造要因を媒介するかについては比較的研究が少ない（Hoffman,

表 4.4 情緒的絆に関わる家族プロセス変数に対する構造的背景要因の最小二乗法による線形回帰（$N = 814$）

背景要因	家族プロセス：情緒的絆			
	親からの拒絶		親への愛着	
	β	t 比	β	t 比
住居の流動性	.19	5.08*	−.10	2.59*
家族成員数	−.02	−.60	−.01	−.38
家庭の窮屈さ	.02	.68	.01	.43
家族崩壊	.25	7.28*	−.15	−3.98*
母親の就業	.05	1.71	−.02	−.64
家族の社会経済的地位	−.12	−3.26*	.15	3.84*
外国生まれ	.09	2.86*	−.10	−3.06*
父親の逸脱	.10	2.69*	−.12	−3.08*
母親の逸脱	.12	3.56*	−.06	−1.59
	$R^2 = .30$		$R^2 = .16$	

*$p < .05$。

1974; Maccoby, 1958; H. Wilson, 1980 を参照）。グリュック夫妻のデータとそれが収集された時期（およそ 1940 年）においては，家庭外での母親の就業は母親の監督に負の効果を及ぼしていたようである。[7] これは社会統制という枠組みをまさに支持するものであり，他の実証研究でも確認されている（たとえば Maccoby, 1958; H. Wilson, 1980 を参照）。家庭外での母親の就業が非行に対して直接の効果を及ぼすかは検証の余地がある。また，母親の就業が父親および母親の一貫せず厳しいしつけに検出可能な効果を及ぼさないことにも注目するべきである。

表 4.4 では，家族の社会統制における関係的な側面，つまり親子の情緒的な愛着に目が転じられる。第 1 列と第 2 列のデータは，家族崩壊や住居の流動性，貧困，外国生まれ，父親・母親両方の逸脱が子どもに対する親の拒絶に有意な効果を及ぼすことを示している。これらの結果は，1 人の親しかおらず，頻繁に転居し，経済的・人種的に苦境に立ち，親の逸脱的な行為パターンのある家族においては，その両親は子どもに対して無関心であるか敵対的な態度を示す確率が高いことを示唆している。興味深いことに，これらの効果は有意であり，家庭の窮屈さや家族成員数，就業中の母親といった要因の効果よりも大きい。母親の逸脱という要因を除けば，親に対する少年の愛着（第 3 列と第 4 列）も親

表 4.5　公式記録による非行経験群に対する構造的背景要因と家族プロセスの最小二乗法・最尤法による線形回帰 ($N = 814$)

	公式記録による非行経験			
	最小二乗法		最尤法 [a]	
フルモデル	β	t 比	b	t 比
住居の流動性	.04	1.36	.03	1.19
家族成員数	.08	2.81*	.15	2.72*
家庭の窮屈さ	-.06	-2.15*	-.32	-1.75
家族崩壊	.04	1.31	.36	1.50
母親の就業	-.01	-.56	-.11	-.48
家族の社会経済的地位	-.05	-1.74	-.12	-1.68
外国生まれ	-.00	-.00	.00	.01
父親の逸脱	-.01	-.11	-.06	-.44
母親の逸脱	.01	.44	.15	.84
父親の一貫せず厳しいしつけ	.12	3.81*	.48	3.47*
母親の一貫せず厳しいしつけ	.12	3.81*	.45	3.35*
母親の監督	-.38	-10.68*	-1.24	-8.16*
親からの拒絶	.12	3.94*	.65	3.60*
親への愛着	-.08	-2.89*	-.38	-2.66*
	最小二乗法による $R^2 = .49$		最尤法による $\chi^2 = 491$, 自由度 14	

a. 最尤ロジスティック推定における b は標準化されていない最尤ロジスティック係数であり，t 比は係数を標準誤差で割った値を示す。
*$p < .05$。

の拒絶と同様の傾向を示している。

　表 4.5 には，構造および家族プロセスが非行に及ぼす効果のフルモデルで得られた結果を示している。最初の 2 つの列には，公式の非行記録に対して背景要因と家族プロセス変数を回帰させた最小二乗法による線形回帰の結果が示されている。公式の非行記録は従属変数の分布に関する最小二乗法による回帰分析の前提を満たさないため，最尤法を用いたロジスティック回帰によるモデルの推定も行った（Aldrich and Nelson, 1984 を参照）。

　全体的な結果は推定法ごとに異ならず，図 4.1 の因果モデルを支持している。2 つの変数を除けば構造的背景要因はどれも非行に対して有意な直接効果を及ぼさず，家族プロセス変数を通じて作用していることに注目してほしい。これ

のおもな例外は家族成員数であり，最小二乗モデルでも最尤推定モデルでも有意な直接効果を及ぼしていた。家庭の窮屈さは最小二乗モデルでのみ小さな負の効果を及ぼしており，他の条件を等しくすれば，窮屈な家庭は非行を**減少させる**ことを示唆している。結果として，家庭の窮屈さは抑制効果を受けている，つまり窮屈さは，しつけ方の混乱を通じて非行に正の間接効果を及ぼし（表4.3 を参照），家族プロセスが統制されている場合には非行に対して負の効果を及ぼすと考えられる。これらの逆方向の効果は，非行に対する家庭の窮屈さの総合効果を単純に検討した場合には抑制される（$\beta = .00$）。いずれにせよ，この結果をさらに吟味すると，他のすべての条件が等しければ，親の見守りと監視は家庭の窮屈さによって促進されることを意味しているのかもしれない。もしかするとこの結果は，家庭の窮屈さによって最も直接的な影響を受ける親以外の家族成員（たとえば，寝室をともにするだろう兄弟姉妹）による付随的な監視によって生じるのかもしれない。

他方，すべての家族プロセス変数は表 4.2 と同じく理論的に予測される方向性で非行に対して有意な効果を維持し，その効果のいくつかはかなり大きなものである。非行に対する親の監督の効果（$\beta = -.38$, 最尤モデルでの t 比 $= -8.16$）はとくに注目に値する。同時に，母親**および**父親の一貫せず厳しいしつけは非行に対して同程度でありながらも独立した正の効果を及ぼしている。またデータは，家族プロセスの情緒的な側面も重要であることも明らかにしている。この点で，子どもへの親の拒絶は非行に対して正の直接効果を及ぼしているが，親に対する少年の愛着は非行を抑制している。したがって，子から親，親から子への情緒的な結びつきは，背景要因と家族のしつけに関する要因の両方とは独立して，重大で慢性的な非行少年と非行をしない少年を区別するようである。

すでに述べたように，最尤法による回帰の結果は最小二乗法による回帰の結果を裏づけている。効果の傾向と相対的な大きさは実際ほぼ同一であり，したがってすべての実質的な結論は同じになる。非行少年の数と非行をしていない少年の数が均等だったため，二値によって記録された『解明』データは，理論モデルを検証するための代替的な方法論上の検証手法に対して頑健なのかもしれない（Laub and Sampson, 1988 も参照）[8]。

上記の最初の結果は，図 4.1 に示される理論モデルを明確に支持している。

すなわち，干渉変数が外在（諸）変数の効果を媒介する場合，外在変数の直接効果は消滅するはずである。家族成員数と家庭の窮屈さを除けば，これはまさに表 4.5 で見られることである。さらに，予測される媒介変数を投入せずに最小二乗法による回帰モデルと最尤法によるロジスティック回帰モデルが推定された場合には，ほとんどの構造的背景要因は非行に対して有意かつ大きな値であり，予想される方向性の効果を示している。たとえば，最尤法によって得られた家族成員数，外国生まれ，母親の就業，家族崩壊，家庭の窮屈さ，社会経済的地位，流動性，父親の逸脱，母親の逸脱が非行に対して及ぼす効果の t 比は，それぞれ 3.93, 1.64, 2.97, 1.90, .10, $-$4.41, 5.56, 3.80, 4.48 である。しかし表 4.5 に見られるとおり，しつけや監督，愛着といった家族に関する側面が統制された場合には，家族成員数のみが非行に対して（効果は減少しているが）有意な効果を示している。驚くべきことではないが，間接効果を計算すると（Alwin and Hauser, 1981）は，非行に対する全構造的背景要因の総合効果のうち，73％は家族プロセスによって媒介されている。したがって，これらの結果は，構造的背景の間接効果を考慮することの重要性を明確に示している。

非行の他の基準

　私たちの家族の効果に関する知見が，少年司法システムの異なる処理の仕方（たとえば，機能不全家族出身の若者を不釣り合いに多く処理しているなど）に一部起因するものであることが考えられる。私たちはこの仮説をグリュック夫妻の調査チームが収集した非行の非公式指標を用いて検討する。表 4.6 に示されるデータの最初の 3 列は，回答者，親，教師によって報告された非行と他の問題行動の指標に対する構造的変数と家族プロセス要因の標準化された効果を示している。私たちの基本的な理論モデルはこれらの非行の非公式指標でも支持されるものの，いくつかの構造的背景要因については異なる結果が生じている。たとえば，家族崩壊ならびに家族成員数，家庭の窮屈さは自己申告の非行と有意に関連しており，住居の流動性は自己申告と教師申告の非行と有意に関連している。また，特定の報告者によっては，家族プロセス変数のいくつかは非行と有意に関連しなくなっている（たとえば，母親の一貫せず矛盾したしつけは，自己報告式の非行と有意に関連していない）。とはいえ総合的に見れば，背景要因の大部分は家族による社会統制という干渉プロセスによって媒介されている。この

表 4.6　非公式非行報告に対する構造的背景要因と家族プロセス変数の最小二乗法による線形回帰（$N = 814$）

	非公式非行			
	自己報告	両親報告	教師報告	全報告
フルモデル	β	β	β	β
住居の流動性	.07*	.06	.10*	.07*
家族成員数	.10*	.06	.05	.09*
家庭の窮屈さ	−.07*	−.05	−.04	−.07*
家族崩壊	.06*	.10*	−.02	.08*
母親の就業	−.03	.01	−.01	−.02
家族の社会経済的地位	−.05	−.04	−.06	−.05
外国生まれ	−.04	−.03	−.03	−.04
父親の逸脱	.01	−.02	.04	.00
母親の逸脱	.04	.01	−.05	.02
父親の一貫せず厳しいしつけ	.09*	.15*	.12*	.13*
母親の一貫せず厳しいしつけ	.06	.11*	.11*	.09*
母親の監督	−.39*	−.23*	−.29*	−.35*
親からの拒絶	.09*	.14*	.02	.11*
親への愛着	−.10*	−.06	−.02	−.08*
	$R^2 = .47$	$R^2 = .36$	$R^2 = .27$	$R^2 = .49$

*$p < .05$。

点について，母親の監督は，表4.5に示される公式の非行の場合と同じく，非公式の非行の指標すべてに対して最も大きな負の効果を及ぼしている。

　第4列は，自己・両親・教師を合併した非公式非行の要約指標の結果を示している。この尺度は，非公式非行の包括的で信頼性のある指標である。このデータは，9つのうち5つの構造的背景要因は全非公式指標に直接効果を及ぼしているが，すべてのベータ係数の大きさは.10以下であることを示している。より重要なことは，家族プロセス変数に関する結果が再現されたことである。実際，表4.6に示される合計非公式指標の結果の傾向は，公式非行についての以前の結果と実質的に同一である。

　要約非行指標を個別の犯罪類型（怠学や窃盗，喫煙・飲酒，逃走など）に分解しても全般的な傾向は同じだった（この結果は未掲載である）。表4.5および表4.6と一致して，たとえば母親の監督は，退学や逃走，窃盗，喫煙・飲酒，暴力行

為，「車上荒らし」，自動車盗，さらには「行為障害」の全般的な指標に対して最も強い効果を及ぼしている。長い間蓄積されてきた先行研究では，特定の犯罪類型に特化するのではなく，非行の項目間には強い正の共変動があることが示されていることを考えれば（Gottfredson and Hirschi, 1990; Osgood, 1990），上の結果はそれほど驚くべきことではない。

まとめると，5つすべての家族プロセス変数は，2つの重要な非行指標に対して有意な予測どおりの効果を及ぼし，この効果の大きさと順位は2つの非行指標間で類似している。したがって，家族による社会統制はグリュック夫妻のサンプルにおいて非行少年と非行をしない少年を明確に区別するものであり，これは公式の非行が使われようとも非公式の非行が使われようとも同じである。そうであるとすれば，データから示される限りにおいては，私たちの主要な知見は，公式の社会統制機関による異なった処理の結果ではないようである。

気難しい子ども──家族効果の再検討

ここまでの分析を見ると，データはインフォーマルな社会統制という家族プロセスが思春期の少年非行に対して重要な抑制効果を及ぼすことを示唆している。このことは直感的に説得的であるうえに私たちの理論的予測と一致しているように思えるが，近年の研究は非行の展開を親の影響に帰する単方向的なモデルに疑問を呈している。とくにリットン（Lytton, 1990）は，子どもと親はどちらもお互いの行動に対して敏感であり，お互いの行動に対して一定程度の許容度を有していると論じている（Anderson et al., 1986 も参照）。その結果として，親子はお互いの行動に対して安定した双方向的な適応を示す。たとえば，子どもの行動が（たとえば過活動や攻撃性によって）親の許容度の限界に達した場合には，統制や抑制といった親の「上限統制」反応が発動する（Lytton, 1990: 683）。親の行動が子どものやっかいな気質に対する反応だとすれば，私たちのモデルはうまく設定されていないということになりかねない。

そこで本節で私たちは，幼少前期の問題行動がしつけや情緒的愛着といった親としてのあり方に及ぼす影響を検討する。ここでは2つの流れの研究知見を参照する。1つ目のものは，幼少期の問題行動の初発が多くの形態をとることを明らかにした実証研究（West and Farrington, 1973; Earls and Jung, 1987; Robins,

1966; White et al., 1990) である。今日における最も洗練された研究の1つとして，ホワイトと共同研究者 (White et al., 1990) は，3歳頃に測定された行動が11歳と13歳時点の反社会的行動に対してどの程度の説明力を有するかを検討した。そして，小さい子どもの時点 (3歳時点) で教師や親によって報告された過活動や落ち着きのなさ，3歳時点の扱いづらさ，5歳時点における問題行動の初発についての指標が以後の反社会的行動を予測することを見出した。ホワイトと共同研究者によるこの研究は，きわめて早い段階での問題行動や子どもの全般的な困難が以後の非行に影を落とすことを示したという点で印象深い。彼らの知見を回顧バイアスによって説明しきることはできない。なぜなら，この研究には非選択型の (つまり，全体的な) 15歳のバースコホートの前向きフォローアップが含まれているからである。養育の仕方がこのような子どもの初期の行動気質に対する直接的な反応であるとすれば，家族社会統制がおく前提は疑わしいものになりかねない。

　私たちを動機づける2つ目のものは，幼少前期が重要であることを実証的・理論的に基礎づける近年の心理学研究である。リットン (Lytton, 1990) は，「統制システム理論」という理論的な枠組みの下で，この複雑な研究分野について優れたレビューを書いている。端的にいえば，統制システム理論は，親と子どもは互いの行動レベルに相互的に適応することを想定する (Anderson et al., 1986)。この想定と一致して，リットンは，ホワイトと共同研究者が述べた上記のような幼少前期の逸脱についての事実から出発する。これらの子どもの行動の仕方は，転じてリットンが名づけるところの「子ども効果」を両親に対して及ぼす。

　このような子ども効果が生じる1つの理由は，行為障害のある子どもの場合，強化は通常の仕方では作用しないからである。リットン (Lytton, 1990: 688) が述べるように，行為障害のある子どもは「社会的強化や罰に対して反応が乏しい可能性がある」ことを示唆する研究知見がある。したがって，親による罰と子どもの養育の通常の仕方は初期の反社会的行動のせいで混乱にさらされることになる。つまり，子ども自身が反社会的行動を悪化させるようなしつけの仕方を異なった形で生み出すのである。このような相互的なパターンが統制システム理論の中核である。

　とはいえ，親の欲求不満を引き起こす行動は攻撃性や非行だけではない。ホワイトと共同研究者が論じるのと同じように，中にはライフコースの初期から

泣き言や落ち着きのなさ，変化への不適合，強い反抗などといった，リットン（Lytton, 1990: 690）が「困難行動」と呼ぶものを示す子どももいる。これらの傾向は「気質」というラベルで捉えられることが多く，時間を通じてある程度一貫した子どもの初期感情の特徴と見なされる（Earls and Jung, 1987; Tonry et al., 1991）。ここで私たちは，親のしつけ方が気質の個人差の点で外在的であることを認識するうえで，気質や幼少前期の気難しさの起源に関する議論に決着をつける必要はない（Earls and Jung, 1987: 497 を参照）。あるいは，リットンが述べるように，「将来的に親の拒絶を引き起こすのは，子どもが早い段階で有する気難しさであるのかもしれない」（Lytton, 1990: 685）。

この主張を補強するために，リットン（Lytton, 1990: 690）は，就学期前における「気難しい」という子どもへの評価と思春期における子どもの非行が結びつくこと，そしてこの関連は両親が子どもをどのように養育するかについての質とは独立して維持されるものであることを示す研究知見をレビューしている。たとえばオルウェウス（Olweus, 1980）は時系列パス解析を行い，幼児期に頑固で熱しやすい性質を示す少年の母親ほど，その後攻撃を容認し，転じてその子どもは幼少中期において攻撃性を示しやすいことを明らかにしている。リットンが論じるように，「幼児の気質という圧力こそ，母親が攻撃性をきわめて厳しく統制することを控えさせるものであると仮定することは理にかなっている」（Lytton, 1990: 690）。さらに，興味深い実験による研究知見もある。それによれば，子どもの無頓着でわがままな行動が特定の精神刺激薬（リタリンなど）を投与することで改善された場合，母親はそれほど統制を厳しくしないようになり，母子関係のパターンもほとんど通常の程度に戻るということである（1990: 688）。これらすべては，養育の仕方がどのようなものになるかは，子どもの性質に少なくとも部分的には内在する反応であると考えられるべきという考え方を支持している。

「子ども効果」を支持するさらなる研究知見は犯罪学の文献にも見出せる。ウェストとファリントン（West and Farrington, 1973）のよく知られた縦断的研究がそれである。彼らは，8歳から10歳時点において教師や仲間によって評定された少年の「やっかいさ」が親の監督や親の犯罪傾向，家族成員数とは独立して非行を有意に予測することを示した。しかしながら，その逆の関係性は成り立たなかった。つまり初期のやっかいさを考慮に入れた場合には，非行に対

する親の効果は有意でなかった。リットンが述べるように，この知見は「子ども効果が何より重要であることを示唆している」(Lytton, 1990: 690)。

　まとめると，幼少前期の効果を導入することによって私たちのモデルを再考する理論的・実証的根拠がある。実際のところ，リットンのレビューは，親と子どもの影響の相対的な重要性を確かめるための1つの方略を示唆している。すなわち，親の要因が非行に影響を及ぼすという予測に対置して，親の要因を一定にし，そして子どもの要因を一定にすることによって，幼少前期の要因が以後の非行に及ぼす影響を検証することができる。その場合，それぞれの変数のまとまりの相対的な強さがおもな独立変数，つまり子どもの要因と親の要因という独立変数の重要性を示すものとなる (Lytton, 1990: 694)。より簡単にいえば，私たちの観点から見て重要な問いは，子どもの初期の気質を考慮に入れてもなお私たちの家族モデルが維持されるかということである。もしかりに非行に対して養育や家族が及ぼす効果が疑似的なものであるとすれば，子どもの気難しさという要因を統制すると私たちのモデルは立ち行かなくなるはずである。他方，もし統制システム理論が正しければ，子どもと親の両方が思春期の非行という結果変数に対して効果を及ぼすことを見ることになるはずである。

子どもの選択効果を測定する

　可能な限り最も厳密な検証を行うため，破壊的な行動を引き起こす幼少前期の気質の3つの指標を統制することによって私たちにとって重要な家族プロセスモデルを再検証した。ここでの指標は表面的妥当性を有するものであり，気難しい子ども，非行の早発，かんしゃくの3つである。グリュックの『解明』データは時系列的なものではないとはいえ，これらの形態の子ども行動のパターンに関する面接調査の回顧的なデータが含まれている。両親への面接に基づき，過度に落ち着きがなく怒りやすい子どもとそうでない子どもを区別する二値の変数を使って，**子どもの気難しさ**の指標を作成した。落ち着きのなさについての設問は若者の人生の発達初期について両親に尋ねられたものだった。**かんしゃく**と名づけられた指標は，子どもが暴力的な気質上のかんしゃくを起こす程度と攻撃性や喧嘩に向かう気質をもつ程度を反映するものである。グリュック夫妻は習癖的なかんしゃく，つまり成長するなかで気難しい状況に直面した子どもにとって「支配的な反応形態」となっているかんしゃくについてのデ

ータのみを収集しようとしていた（Glueck and Glueck, 1950: 152）。この指標は，カスピ（Caspi, 1987）が用いたものとも酷似している。

3つ目の変数は，**非行の早発**であり，問題行動の初発年齢についての自己報告から構成される。したがって，公式機関の反応ではなく非公式の行動に基づく初発年齢がここでは測定されている。初発年齢の分布と関連する理論的考慮に基づき，初発年齢が8歳よりも早いかを示す二値の変数を作成した。8歳よりも初発が遅い人**および**非行を報告していない人（したがって，初発年齢をもたない人）は0の値を与えられた。したがって，非行が早発していることを示す指標には，非行群と非行をしていない群の両方においてばらつきがあるということになる。

これら3つの指標の妥当性について説得的な結論を下す方法はない。しかしながら，予備的な分析では，構成概念妥当性と予測的妥当性を示す十分な根拠があることが示唆された。後者について述べると，3つの変数はどれも思春期における公式非行を予測している。たとえば，幼少前期に気難しいと評価された子どものうち思春期に逮捕された人の割合は66％だったが，気難しいと評価されなかった子どもの割合は37％だった（$\varphi = .29, p < .05$）。同様に，かんしゃくをもつ少年のうち成人になるまでに逮捕された人の割合は86％だったが，早期にかんしゃくをもつことが示されていない少年の割合は40％だった（$\varphi = .38, p < .05$）。非公式の非行の早発していることについての同様の数値は，それぞれ95％と45％だった（$\varphi = .25, p < .05$）。

これら3つの幼少期に関する指標は，成人をはるかに過ぎた後の行動も予測する。この点については第6章でさらにくわしく取り上げるため，ここでは幼少期における気難しい行動は32歳時点における逮捕と他の成人としての逸脱行動を予測していたと述べておくだけで十分である。たとえば，幼少期にかんしゃく気質を有する人の58％が25歳から32歳の間に逮捕されており，31％が過度な飲酒問題を抱えており，62％が軍法会議にかけられていた。かんしゃくを有さない人の対応する値は41％，19％，33％だった（すべて$p < .05$）。

さらに，3つすべての指標は，理論によって予測されるような仕方で相互に相関していた。幼少期に気難しいと評価された子どもについては，34％がかんしゃくを示したのに対し，「気難しさ」の前歴をもたない人がかんしゃくを示す割合は13％だった。同じように，問題行動の早発については，47％がかん

しゃくを有していたことが示されたのに対し，早発ではない人の20％のみがかんしゃくを有していた（すべて$p < .05$）。他方，これらの3つの子どもに関する次元は，その後の非行のばらつきを各々独立して説明しており，ファイ係数は.50以下だったため，冗長ではないことは明らかである。したがって，幼少前期の問題行動と気質の気難しさを示す指標が弁別的妥当性ならびに構成概念妥当性，予測的妥当性，表面的妥当性を有することを示す十分な根拠があるといえる。

再検証

　まず前の分析では外在要因と見なされた家族プロセスの5つの次元に対する幼少前期の効果を検討することによってモデルの再検証を行った。表4.7は，5つすべての家族変数に対する標準化された直接効果を示している。結果は，幼少期の「気難しさ」は直接的な親の統制を示す指標に対して有意な効果を及ぼすことを示している。実質的に見て，たとえば暴力的なかんしゃくを起こす癖があり気難しいと評価された子どもや，早期に問題行動を示した子どもは，その母親によって監督を受ける程度が低かった。もしかするとより興味深い点，そして統制システムの見方と一致する点は，子どもの気難しさが母親と父親両方の一貫せず厳しいしつけ方を有意に予測していたことである。幼少期の気難しさは，父親の厳格・厳罰的な反応に対してとくに大きな効果を及ぼしていた。

　他方，幼少期の行動や気質上の問題は，親子の情緒的な絆に対してそれほど効果を及ぼしていなかった。このことは，行動の相互性が問題であるという統制システム理論の見方から理解することができる。両親が手に負えない子どもに対して欲求不満を募らせ，たとえ子どもを愛し続けているにせよ，厳しいしつけや手抜きの監督で反応するというのはきわめて納得のいくものである。そうすると，かんしゃくは親の拒絶を導くということになるのかもしれないが，全体的に見て家族社会コントロールの関係的（Hagan, 1989）ないし感情的な次元は，破壊的な行動に向かう子どもの初期の傾向性とは相対的に独立している。

　これらの結果は親のしつけ方と子どもの統制（とくに直接統制）の仕方の内因性に関するリットン（Lytton, 1990）の議論を裏づける。単純化していえば，両親は，初期の行動上の気難しさに敏感に反応しているようである。つまり，問

表 4.7 幼少前期の気難しさと破壊的な反社会的行動を統制した家族プロセスと構造的背景要因の最小二乗法による線形回帰モデルの再検証 ($N = 729$)

構造的要因と幼少期要因	家族プロセス				
	父親の一貫せず厳しいしつけ	母親の一貫せず厳しいしつけ	母親の監督	親からの拒絶	親への愛着
	β	β	β	β	β
住居の流動性	.02	.03	− .19*	.14*	− .11*
家族成員数	.14*	.09	− .15*	− .02	− .04
家庭の窮屈さ	.10*	.10*	.02	.02	.03
家族崩壊	− .07	.01	− .03	.22*	− .11*
母親の就業	.07*	.05	− .24*	.05	− .02
家族の社会経済的地位	− .12*	− .14*	.08*	− .13*	.16*
外国生まれ	.12*	.14*	− .08*	.08*	− .11*
父親の逸脱	.23*	.15*	− .15*	.10*	− .11*
母親の逸脱	.00	.08	− .18*	.13*	− .07
早発	.06	.09*	− .07*	.05	− .03
子どもの気難しさ	.17*	.07*	− .07*	.06	− .06
かんしゃく	.09*	.12*	− .11*	.09*	− .04
	$R^2 = .25$	$R^2 = .23$	$R^2 = .40$	$R^2 = .31$	$R^2 = .18$

*$p < .05$。

題行動をする怒りやすく気質の荒い子どもは親の養育や統制の行動スタイルを混乱させる。他方，ここで観察された結果が同時的に発生するものであるという可能性，つまり親の行動が子どもの気質やかんしゃくを双方向的に形成するという可能性はいまだ残っている。

また，私たちの家族モデルが概して妥当性を失っておらず，基礎的な部分で統合性を維持していることも見逃すべきではない。子ども効果を導入する根拠は，統制システム理論の妥当性に決着をつけるためでなく，むしろ思春期の非行に家族が及ぼす直接的・間接的な効果についての理論的着想の妥当性を厳密に検証することにある。ここで留意する必要があるのは，構造的背景要因は，子ども効果と独立して，非公式社会統制という家族プロセスに対して強い効果を発揮しつづけていることである。たとえば，母親の監督の乏しさの最も強い規定要因は，就業や住居の流動性，母親の逸脱，父親の逸脱であり，その後にかんしゃくが続く。同様に，親の逸脱や貧困といった要因は，一貫せず厳しい

表4.8 非行に対する構造的背景要因，家族プロセス，幼少前期の気難しさ，破壊的な反社会的行動に関する最小二乗法による線形回帰と最尤法によるロジスティック回帰のフルモデル

	公式記録による非行経験 (0, 1)		非公式記録による非行経験 (1-26)	
	最尤法によるロジスティック回帰[a]		線形回帰	
フルモデル	b	t比	β	t比
住居の流動性	.01	.33	.06	1.92
家族成員数	.21	3.36*	.12	4.11*
家庭の窮屈さ	− .56	− 2.63*	− .09	− 3.11*
家族崩壊	.26	.95	.07	2.43*
母親の就業	.06	.20	.01	.46
家族の社会経済的地位	− .13	− 1.53	− .03	− .86
外国生まれ	− .05	− .20	− .04	− 1.35
父親の逸脱	− .09	− .52	− .00	− .14
母親の逸脱	.26	1.31	.02	.81
父親の一貫せず厳しいしつけ	.38	2.49*	.10	2.87*
母親の一貫せず厳しいしつけ	.47	3.09*	.08	2.37*
母親の監督	− 1.15	− 6.78*	− .32	− 8.68*
親からの拒絶	.73	3.58*	.11	3.29*
親への愛着	− .35	− 2.25*	− .08	− 2.68*
早発	1.86	2.73*	.10	3.95*
子どもの気難しさ	.88	3.73*	.08	2.98*
かんしゃく	1.38	4.68*	.14	4.90*
	最尤法による χ^2 = 491, 自由度 17		最小二乗法による R^2 = .53	

a. 最尤ロジスティック推定における b は標準化されていない最尤ロジスティック係数であり，t 比は係数を標準誤差で割った値を示す。

*$p < .05$。

しつけに対して幼少期の傾向性よりも強い効果を及ぼしていた。したがって，これらの結果は，これは幼少期の気質上の姿勢や初期の混乱した行動を統制してもなお，構造的背景要因が家族・社会統制のパターンを説明するとするモデルを支持している。以下では，思春期の非行という結果変数を検討することで全体像を完成させる。

表4.8は，非行に対する構造的背景と家族プロセス，幼少期の効果をすべて

投入した2つの「フル」モデルを示している。最初の2つの列は，公式非行という基準変数についての最尤ロジスティック回帰の結果を示している。第3列と第4列は，非公式に報告された非行の合計指標についての最小二乗法による結果を示している。公式・非公式というこれら2つの行動に関する結果変数を比較することによって，私たちの根底的な理論モデルの全体的な妥当性を検証できる立場に立つことになる。

　結果は驚くほど一致しており，3つの実質的な結論を導く。第一に，上述のモデルにおいてと同じように，構造的背景要因はここでも家族プロセスという媒介的な次元への効果を介して非行に対して影響を及ぼしている。たとえば，家庭の窮屈さと家族成員数のみが2つの非行指標を通じて一貫した効果を及ぼしており，前者は非行を減少させ，後者は非行を増加させている。第二に，予測されるように，早発や幼少期の気難しさ，かんしゃくの指標は**すべて**非行に対して有意な直接効果を及ぼしており，これらの効果は家族プロセスや構造的背景によっては説明しきることができない。混乱し手に負えない子どもほど，逮捕されたり，広範囲にわたる非行行動に手を染めたりする確率が高い。第三に，私たちの見方からすれば最も重要な点は，家族プロセスに関する結果が頑健であることである。つまり，幼少前期の傾向性に関する3つの指標を統制しても，親のしつけや愛着，監督という次元はどれも理論的モデルによって予測されるような仕方で非行行為に対して変わらず影響を与えている。実際，母親の監督は非行に対して圧倒的に大きな効果を及ぼしており，そのベータ係数は最も大きな子ども効果（つまり，かんしゃく）の2倍以上である。

　表4.9は，家族と子どもの効果に関する分析を締めくくるものであり，変数を短縮ないし縮約した非行についてのモデルである。これらのモデルは，表4.8のモデルから，$p < .10$ の基準で有意でない予測因子を繰り返し除外することで推定された。非公式非行についての短縮モデルは，流動性や家族成員数，家族崩壊，家庭の窮屈さの低さ，親の一貫せず厳しいしつけ，親の拒絶，親の愛着の弱さ，早発，子どもの気難しさ，かんしゃくがどれも思春期の非行行動への関与の広さの相違を説明することを示している。公式非行についてのモデルも，住居の流動性と家族崩壊の効果が家族プロセス変数によって完全媒介されていることを除けばこれと同じである。流動性と家族崩壊は，公式記録を用いた基準変数に反映されない非公式非行の幅広さと程度に対して直接的な効

表4.9 公式・非公式非行，重要な構造的背景要因，家族プロセス，幼年前期の気難しさ・反社会的行動に関する縮約モデル（$N = 742$）

有意な予測要因	公式記録による非行経験 (0, 1) 最尤法によるロジスティック回帰[a]		非公式記録による非行経験 (1-26) 線形回帰	
	b	t比	β	t比
住居の流動性	NI		.09	2.79*
家族成員数	.23	3.97*	.13	4.53*
家庭の窮屈さ	− .47	− 2.30*	− .09	− 3.02*
家族崩壊	NI		.08	2.64*
両親の一貫せず厳しいしつけ	.41	4.89*	.15	4.81*
母親の監督	− 1.21	− 8.07*	− .31	− 9.33*
親からの拒絶	.87	4.55*	.11	3.51*
親への愛着	− .40	− 2.63*	− .08	− 2.79*
早発	1.84	2.77*	.10	4.01*
子どもの気難しさ	.87	3.82*	.08	3.10*
かんしゃく	1.48	5.01*	.14	5.21*
	最尤法による $\chi^2 = 496$, 自由度 9		最小二乗法による $R^2 = .53$	

a. 最尤ロジスティック推定における b は標準化されていない最尤ロジスティック係数であり，t 比は係数を標準誤差で割った値を示す。

NI ＝ モデル識別の際に投入されなかった変数。

*$p < .05$。

果を及ぼしているのだろう。

　全体的に見て，以上のとおり，私たちの家族モデルは，幼少前期の反社会的行動，気質の3つの次元を用いた厳格な検証を通過するので，その妥当性は担保される。実際，表4.9の1つの理解の仕方は，思春期の非行の変化（すなわち，逸脱への初期の傾向性によって説明されないばらつき）は思春期における家族・社会統制というインフォーマルなプロセスによって直接説明される，というものである。家族効果の大きさは特筆に値する。たとえば，幼少期の反社会的行動を含む他のすべての要因とは独立して，母親の監督が（3点尺度上で）一単位増加するごとに，公式非行は54％減少する。非公式非行についての標準化された効果の大きさも同じことを示している（たとえば，母親のしつけについては $\beta = − .31$ である）。したがって，子ども効果が存在することは明らかであり，こ

れは「個体発生」モデルを支持するが（Dannefer, 1984 を参照），家族の「社会発生」モデルの方が大きな効果を示し，上述の傾向を裏づけている。幼少期の傾向性についての知識は非行を説明する十分条件とはならないようである。

さらなる検証

結果の頑健性を検証するために一連の追加的検証を行った。最初のものは，欠損データが結果にバイアスをかけていないかを見るための手続きを用いてモデルをもう一度推定することだった。全体として欠損データは問題とはならないが，表 4.9 の最終モデルは関連する変数についての情報が不完全だった 200 以上のデータを削除した後に推定されたものだった。データの脱落は，「子ども効果」に関する指標を用いた反復分析においてとくに懸念を生じさせる（たとえば，表 4.8 のサンプルサイズと表 4.5 のサンプルサイズを比較してみてほしい）。したがって，平均値代入モデルとペアワイズ削除モデルの推定を行い，その際には欠損データに二値を与えた変数を追加投入した。具体的には，欠損データがありしたがって前の結果では削除された個人に 1 を与え，前の分析に含まれていた個人には 0 を与えた。この方略によって，欠損データのある人が体系的に異なるのか，そしてそれらの人を除外したことが結果にバイアスをかけているかを知ることができる。

これらの代替的な推定手続きを用いても，主要な結果の妥当性は注目すべき程度に維持された。具体的には，表 4.9 の非行についての縮約モデルは，ペアワイズ法が用いた場合でも，欠損データに平均値を割りあてたことで分析された全 1000 のデータでも，類似しているように見受けられた。非行の最も大きな予測因子は母親の監督であったほか，他のすべての家族効果は変わらず有意であり，かつその相対的な大きさも同じだった。さらに重要なことに，欠損データを示すダミー変数は非公式の非行に対して非有意な効果を示し，外在変数とは弱くしか相関していなかった。

2 つ目の一連の検証では，私たちの理論モデルにとっては中核的ではないが結果と交絡する可能性のある追加的な統制変数を含んだ探索モデルの推定を行った。たとえば，グリュック夫妻は，非行少年と非行をしていない少年の被験者を年齢と IQ で照合していたが，多変量分析の結果に影響しうる照合の差による残差があるおそれがある（Reiss, 1951b を参照）。検討された他変数は，中

胚葉型と外向性であり，『解明』でグリュック夫妻が重視した2つの「体質的な」変数である。これらの個人差として構成概念を統制しても，すべての家族効果は有意な予測力を保った[12]。そしてここでも，公式だろうと非公式だろうと，母親の監督は非行に対してすべての変数中で最も大きな効果を及ぼしていた。

要約と結論

　私たちの分析で得られた主要な知見は，家族プロセス変数は，理論モデルによって予測される方向性で，非行と強くかつ直接的に関連するということである。したがって，これらの結果は，ハーシ（Hirschi, 1969, 1983）やゴットフレドソンとハーシ（Gottfredson and Hirschi, 1990），パターソン（Patterson, 1980, 1982），ヘイガン（Hagan, 1989），ブレイスウェイト（Braithwaite, 1989）から導かれたインフォーマル社会統制についての統合理論を支持しており，社会化変数，すなわち「直接的な親子の接触を含む家族機能の諸側面」が非行やその他の思春期の行為問題の最も強い予測因子であることを見出したローバーとシュタウトハマー＝ローバー（Loeber and Stouthamer-Loeber, 1986: 37, 120）の最近のメタ分析を裏づけている。興味深いことに，監督や愛着，しつけといったこれらの家族プロセス変数は，グリュック夫妻によって重大で慢性的な非行と相関する最も重要な家族要因とされていた（Glueck and Glueck, 1950: 261）。私たちは家族・社会統制の理論的に特定された尺度を構成し，自己・両親・教師報告の非公式非行指標を作成し，包括的な多変量解析を実施することでグリュック夫妻の研究を大きく拡張したとはいえ，私たちの研究は40年以上前にグリュック夫妻が設定した重要かつ現実的なテーマを本質的には裏づけている。

　もう1つの主要な知見は，家族の成員数と家庭の窮屈さを除けば，どの構造的背景要因も非行の指標に対して一貫した直接効果を及ぼさなかったことである[13]。その代わり，家族プロセスは構造的背景が非行に対して及ぼす効果の約75％を媒介していた。したがって，図4.1で図式的に描写された社会統制理論を支持している。私たちとしては，このモデルは鍵となる構造的背景要因が非行に影響を及ぼすかを説明するものとして，将来の研究にとって意義があると信じている。直接効果のみに着目することは，このような関係性を覆い隠し，

誤った結論を導く。より一般的に述べれば，家族は孤立して存在しているわけではなく，社会構造という文脈に体系的に埋め込まれているのである。

また，私たちの概念化は，アルコール依存症と両親の犯罪傾向という犯罪学研究でこれまで見過ごされてきた変数の重要性を示唆するものでもある。母親にせよ父親にせよ，親の逸脱は社会統制という家族プロセスを混乱させ，転じて非行を増大させる。

さらに，ここでのデータは，非行の起源における社会選択と社会的因果関係の複雑な役割をも示している。初期に反社会的な傾向を示す気難しい子どもはその後の非行状態をみずから選択し，そこへみずから入り込んでいくように見えるが，思春期の非行の分散を最も説明するのはインフォーマルな社会統制である。したがって，私たちの結果は，非行を予測するための現在手に入る診断器具がどれほどよいものであろうと（White et al., 1990 を参照），思春期の非行は同じく思春期に発生する外在的な家族要因によって大部分説明されることを示唆している。別のいい方をすれば，子ども効果は存在するかもしれないが，とりわけ家族による社会化機能を考慮に入れた場合には，それは非行を説明するうえでまったく不十分である。

私たちの結果の全般的な性質を考慮に入れれば，犯罪についての多くの社会学的説明が家族を無視していることには問題がある。このように家族が等閑視されることによって，実証的な知見ととくに親である一般市民の生活の知恵ならびに犯罪行動を研究する社会科学者の見方との間に乖離が生まれている。ハーシが述べるように，「『モダンな』犯罪理論は，不正で誤った直感の作用がなければ，個人は犯罪者にならないだろうと想定している。『時代遅れの』犯罪理論は，適切な行動は私たちが生まれもった装置には含まれておらず，社会化によって備えられ，制裁という威嚇によって維持されると想定する」（Hirschi, 1983: 54）。実際，「モダンな」見方には由緒があり，本章の最初に言及した1938 年の映画にも見出せる。映画の冒頭，ジェームズ・キャグニーが演じるロッキー・サリヴァンとパット・オブライエンが演じるジェリー・コネリーという 2 人の少年は，何本かのペンを盗むためにボックスカーに押し入る。警察が来て，2 人の少年は捕まらないように逃げる。1 人の少年（ジェリー）は少しだけ足が速かったので逃げおおせる。足が遅いロッキーは捕まる。もちろんロッキーは親友に泣きつくことはせず，彼はその後の人生で犯罪者として生き

るようになる。映画で提示される説明は,「教導学校がロッキーを犯罪者にした」「誰にでも生じうる不幸」「ロッキーは悪い方に行ってしまった善良な子どもだ」というものである。映画の最後の場面で,ロッキー・サリヴァンが複数の殺人の罪で処刑された後,パット・オブライエン演じるジェリー・コネリーは悲しげにこう言う。「私ほど速く走ることのできなかった少年に祈りを捧げましょう」。

　ラベリングと運が犯罪の因果関係において重要であるにしても（とくに第7章，第8章を参照），私たちの研究は家族生活が思春期初期の日々における慢性的な犯罪行動を理解するうえではるかに重要であることを示唆している。映画ではあまり述べられていないが，このテーマはロッキー・サリヴァンとジェリー・コネリーにも容易にあてはめることができる。映画のある一幕で,ロッキーが教導学校に行っても父親は悲しまず,「いなくてせいせいする」だろうとジェリーに言う。一方,ジェリーは母親がいつも聖職者になってほしがっていること,そのことが彼の人生に与えた影響について語る。このように,この映画は,私たちの研究で示唆された家族生活の相違を使って,なぜこれらの2人が違う形で成長したのかを描き出すこともできただろう。ただ,実証によって描かれる現実には現状流布する映画のような面白さや娯楽,そして何よりドラマ性が欠けることは認めなければならない。社会科学者にとっても,実証的な事実よりもよい物語の方が魅力的なようである。

第 5 章

学校，仲間，きょうだいの役割

　もうおわかりだろうが，私たちが「グリュック夫妻の視点」と呼ぶものの際立った特徴の 1 つは，非行少年と非行をしていない少年の家庭生活に焦点をあてたことである（Laub and Sampson, 1991 も参照）。1950 年代から 1960 年代にかけて，社会学的な志向を有する犯罪学では家族への関心は向けられなくなったが，家族はグリュック夫妻の研究課題の主軸の 1 つであった。先に述べたように，グリュック夫妻は『少年非行の解明』の中で，家族の変数，とくにしつけの実践，両親による監督，子どもと両親の愛着を中心とした非行予測尺度を開発した。規律が緩く，一貫せず脅迫的な罰，不十分な監督，親子間の感情的な結びつきが弱い家庭では，その子どもが非行に走る確率が最も高いことがわかった（Glueck and Glueck, 1950: 261）。この家族モデルは前章でほぼ確証された。

　家族の重要性に焦点をあてたためか，グリュック夫妻は幼少期や思春期に関連する変数にしか関心を向けなかった。とくに，非行を予測するためのさまざまな試みにおいてグリュック夫妻が使った唯一の学校に関する変数は，無断欠席という形の学校での不正行為であった（Glueck and Glueck, 1959）。さらに，実証的な根拠なしに，グリュック夫妻は「学業達成そのものは因果関係的要因とは見なすことはできない」と結論づけた（Glueck and Glueck, 1950: 276）。この主張は驚くべきものである。というのも，当時多くの少年が学校を中退していたにもかかわらず，グリュック夫妻は非行少年と非行をしていない少年との間に学校に関連した違いがあることを発見していたからである。実際，グリュック夫妻は「非行少年は学校に対して激しい嫌悪感を示し，その制約に憤慨し，学校の作業に興味を示さなかった」（Glueck and Glueck, 1950: 153）ことを発見している。

それにもかかわらず，グリュック夫妻は学校要因を全体的な視点に組み入れることに失敗し，家族機能とともに学校の効果を系統的に検討する努力をしなかった。

　同様に，グリュック夫妻は，仲間集団との関係と深刻な非行の発生に関するデータを深く検討しなかった。彼らのデータによれば，非行少年のほぼ全員に非行仲間がいた（98％）のに対し，非行をしていない少年のうち非行仲間がいたのはわずか7％であった（Glueck and Glueck, 1950: 164）。グリュック夫妻の研究における非行少年と非行をしていない少年の対象者は，ボストン中心部の社会経済的地位の低い地域からすべて集められたことを思い出してほしい。グリュック夫妻は，「類は友を呼ぶ」，そして「非行をしていない少年と非行少年の偶発的な分化的接触が犯罪の基本的原因であるという理論よりも，この傾向は因果関係の分析においてはるかに基本的な事実である」と自身のデータから結論づけた（Glueck and Glueck, 1950: 164）。以上のように，学校要因と同様，グリュック夫妻は，非行行動の発生における仲間の役割を家庭機能との関連について検討しなかった。

　この章では，学校や非行仲間集団への愛着といった家族以外の要因が非行に及ぼす効果を分析することで，グリュック夫妻の不均衡の是正を試みる。同時に，非行少年と非行をしていない少年の家族の違いに関する前章で示された重要な知見も取り入れている。さらに，非行を促進するきょうだいの役割が，現在の非行研究では軽視されていると私たちは考えている。したがって，きょうだいと仲間の役割について，家族や学校の変数とともに検討する。

　前章と同様，私たちは非行に対する構造とプロセスの共同効果に理論的および実証的な関心を抱いている。したがって，本章における私たちの戦略は以下のとおりである。第一に，伝統的な構造的変数とともに，私たちが「学校プロセス」と呼ぶデータを提示することで，学校プロセスが構造的背景要因の非行への効果をどの程度媒介するかを評価する。第二に，構造的背景要因の効果も考慮に入れながら，非行に対する仲間やきょうだいの要因の効果を調べたデータを示す。両分析とも，ありうる交絡変数として幼児期の反社会的行動の役割を組み込んでいる。第4章の戦略と同様，私たちの基本的な動機は，構造的背景や幼児期の素因の両方から独立した，学校プロセス，非行仲間への愛着，非行経験のあるきょうだいへの愛着の効果を明らかにすることである。

最後に，非行に一貫した効果を与えたすべてのプロセス変数（家族，学校，仲間・きょうだい）とすべての構造的背景変数を含むモデルを提示する。この精緻化されたモデルによって，深刻な非行に対する学校と仲間／きょうだいの両方の独立した効果を，家族の社会統制変数とあわせて見ることができるようになる。

学校と非行

　社会統制の観点からすれば，学校は家庭と同様，非行行動の防止において重要な社会化機関である。実際，ゴットフレッドソンとハーシは，家庭と比較して，学校は社会統制を提供するのにより適していると論じている（Gottfredson and Hirschi, 1990: 105）。その理由の1つは，1人の教師が同時に多くの子どもを監督することで，原則として家庭よりも効率的に行動を監視できることである。第二に，多くの親とは対照的に，教師は一般的に逸脱行動や破壊的行動を認識することが困難ではない。第三に，家庭と比較して，学校は秩序と規律を維持することに明確な関心をもっているため，破壊的な行動を統制するために可能なことは何でもすると期待できる。最後に，学校は家庭と同様，自己統制の欠如を罰する権限と手段をもっている（Gottfredson and Hirschi, 1990: 105）。

　学校が社会化機関としてその潜在能力のすべてを発揮することはほとんどないが，学校への愛着が高まると非行の可能性が低下することを示す多くの研究が存在する（たとえば，Hirschi, 1969; Kornhauser, 1978; Wiatrowski et al., 1981）。ワイアトロウスキー，グリスウォルド，ロバーツ（Wiatrowski, Griswold, and Roberts, 1981）は，「学校への愛着」という概念について，学校の成績，教育への熱望と期待，学校活動への参加，学校に関連した満足と愛情の絆という4つの主要な次元を特定した。学校と非行に関する文献のレビューにおいて，キーチャー（Kercher, 1988: 303）は，これら4つの次元のうち，「学業成績が一般的に違法行為と最も強い関連性を示す」ことを発見した。教育達成度の低さと学校での失敗が少年犯罪と強く一貫した関係があることを見出している研究者もいる（Hirschi, 1969; West and Farrington, 1973; Jensen, 1976; Loeber and Dishion, 1983; Gottfredson and Hirschi, 1990 を参照）。

　本章で検討する学校に関する理論モデルを図5.1の上部に示す。学校プロセ

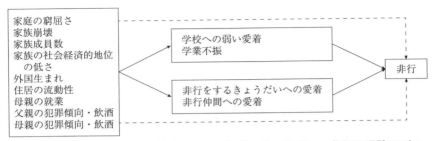

図 5.1　構造的背景要因，学校プロセス，仲間・きょうだい，非行の理論モデル。破線は仮説上弱い効果または重要ではない効果を示し，実線は仮説上強い効果を示す。『解明』の照合デザインにより，年齢，人種／民族，近隣の社会経済的地位，IQ は非行に関して統制されている。

スという媒介変数が非行に最も強い効果を及ぼすと仮定する。具体的には，上記の推論に基づき，学校への愛着が弱く，学業成績が悪いと非行が増加するという仮説を立てる。

　このモデルの第二の要素は，構造的背景要因が学校プロセスへの影響を通じて非行に効果を及ぼすという仮説である。したがって，前章と同様に，構造的な文脈が直接的に非行にもたらす効果は弱いと予想される。たとえば，貧困や家庭の窮屈さといった社会経済的不利に関連する要因は，教育的欠陥と関連づけられてきた（Rutter and Giller, 1983: 185-186）。同様に，家族崩壊のような要因に関しても，「そのような状況で育てられた子どもは，教育達成度における問題が増加する」と考えられている（Rutter and Giller, 1983: 107）。

　さらに重要なことかもしれないが，ブレイク（Blake, 1989）は最近，大家族が教育達成過程における危険要因であるという一般的な命題を証明する説得的な証拠を提示した。どうやら，収入の差（たとえば，人的資本）や能力の個人差（たとえば，IQ の測定値），家族崩壊とは無関係に，大家族の子どもは教育でうまくいく見込みが低下するようである。おそらくこれは，個人的関与や子ども 1 人ひとりとすごす時間など親の社会関係資本の減少によって起こると考えられる（Coleman, 1988 も参照）。社会関係資本が，収入や家族崩壊といった構造的特徴よりも重要であるかぎり，大家族は，学校への愛着や学業成績に負の効果を及ぼすことで，非行の重要な危険要因となるはずである。

　私たちの社会統制モデルの論理は，住居の流動性と親の逸脱という構造

的要因が，子どもと学校との間の愛着の絆を崩壊させることも示唆している。前者に関しては，頻繁な引っ越しは，子どもと学校との結びつきを弱め（Braithwaite, 1989 を参照），学習の困難を増大させる主要な危険要因であると理論的に考えられる（Dunn, 1988: 230）。逸脱に関しては，犯罪者や深刻な飲酒問題を抱えている親は，長期的な学業目標を教え込むだけでなく，宿題を監視・監督することも困難であるという仮説が成り立つ（Gottfredson and Hirschi, 1990: 100-101）。上記の非行行為そのものに対する親の認識に関する論理を踏まえ，さらに進んで提案したいことは，親自身が逸脱者である場合，教育上の失敗や学校からの離脱を認識することが困難であったり，あるいは認識しながらもその重要性を否定したりする可能性があると考えられる。

理論的な予測がどうであれ，ここで検討した構造的変数は，学校プロセスよりも家族プロセスとの関連性がより明確である。学校に関連する構造的な指標としては，教室の混雑度，学校内での犯罪率，生徒の民族構成などの特性の方がよいかもしれない。[2] しかし，これらの尺度は測定されていなかった。そのため，本章で取り上げた主要な構造的背景要因は家族プロセスに比べて学校プロセスへの効果が小さいだろうが，これらの要因を組み入れることとした。さらに，学校の文脈とは独立して，構造的変数が非行に直接的な効果を与え続ける可能性があることがわかるかもしれない。

仲間，きょうだい，そして非行

仲間集団と非行に関する実証研究については多くの研究がなされており，基本的な事実については一貫している。キーチャー（Kercher, 1988: 304）による最近の文献レビューで，「犯罪をしがちな他者との接触は，違法行為の最も一貫した強力な予測因子である」と述べている。実際，エリオット，ホイシンガ，エージトン（Elliott, Huizinga, and Ageton, 1985）は，非行仲間との結びつきが非行の最も重要な原因であると結論づけている。その他にも数多くの研究が，友人の非行と青少年自身の非行との間に強い関連があることを見出している（たとえば，Johnson, 1979; Agnew, 1991 のレビューを参照）。

多くの研究があるにもかかわらず，非行に対して仲間が及ぼす因果関係については議論の余地が多くある。この論争には，定義に関わる問題もあれば，非

行をしがちな友人と自身がする非行のどちらが先なのかに関する問題もある。ファリントン（Farrington, 1987）は，解釈上の大きな問題の原因は，非行行為のほとんどが集団で行われているため，そのような行為を行う者にはほぼ必然的に非行仲間がいるという事実であると述べている。したがって，非行行為の自己報告と非行仲間の自己報告は，ほとんど定義上，非行行動という同じ理論的構成要素を測定している可能性がある（Gottfredson and Hirschi, 1987: 598）。また，非行仲間との関係が犯罪に先行する，あるいは犯罪を助長するという明確な実証は，文献にはない（Farrington, 1987: 37-38）。仲間と非行の相関は，「類は友を呼ぶ」（Glueck and Glueck, 1950; S. Glueck, 1956; Gottfredson and Hirschi, 1987 を参照）という単純な選択効果から生じる可能性がある。

　仲間－非行論争でやや軽視されているのは，第4章で示したように，非行がきょうだい間の非行と関連し，親の犯罪行為と関連するという事実である（Farrington et al., 1975; Robins et al., 1975）。犯罪学的研究において，きょうだいの役割があまり注目されてこなかったのはとくに驚くべきことである（ただし，Patterson, 1984, 1986; Rowe, 1985 を参照）。ロビンズは，非行に対するきょうだいの影響は，仲間の影響よりも強いはずだと力説している。その根拠にはかなりの説得力がある。「子どもが家族の他につき合う相手は，近場にいることだけではなく，共通の関心や近所の子どもたちが友達としての関係を拒否することによって，場合によっては選ばれる。もし『分化的接触』が精神病質の強力な決定要因であるとすれば，きょうだいとのつき合いはより恒常的であり，避けにくいので，友人の行動よりもさらに強力な予測要因となるはずである」（Robins, 1966: 180）。ロビンズは，きょうだいの行動は精神病質とは無関係である一方，友達の行動は関係したという知見から，「『悪い仲間』現象は，反社会的な子ども同士の相互選択の産物であり，たんに一部の地域に反社会的な子どもが多く存在する結果ではない」と結論づけた（1966: 180）。ロビンズの洞察は研究デザインに重要な示唆を与えており，仲間ときょうだいの非行の効果を比較することは，仲間と非行の関係を説明するものとして，社会的選択と社会的因果関係を区別するうえでおおいに役立つことを示唆している。

　そこで，ロビンズの論理に従って，非行仲間ときょうだいの非行行動に対する総合的な効果を検証する。分化的接触の理論モデルは図5.1の下部に示されている。分化的接触理論でさえ仮説を立てているように（たとえば，Sutherland

and Cressey, 1978 を参照)。犯罪を誘発するのは非行仲間とのランダムな接触やつかの間の接触ではなく，非行仲間そのものでもない。むしろ重要なのは，非行仲間とのつき合いの頻度，期間，強さによって特徴づけられる接触である。この点に関して，アグニュー (Agnew, 1991: 49) は，密度は「青年が他者に対して抱く愛情と尊敬」であるハーシの愛着の絆と密接な関係があると論じている。したがって重要な検証は，自身が非行に走っている仲間やきょうだいへの愛着に関わる。

また，このモデルでは，ある種の構造的背景要因（親の犯罪傾向，家族成員数，流動性など）が家族による社会統制を弱めるのと同じように，非行仲間や非行を行っているきょうだいへの愛着を助長すると仮定している。したがって，私たちのモデルにおける構造的背景は，非行仲間や非行を行っているきょうだいへの愛着への効果を通じて，非行と部分的に関連し，それが非行を増加させるはずである。さらに，家族や学校の社会統制プロセスと比較して，非行仲間や非行を行っているきょうだいが及ぼす効果を検証することで，自己選択あるいは「類は友を呼ぶ」過程を評価する。もし社会統制理論を主張する研究者が正しければ，非行仲間との接触をモデルに導入しても，家族や学校の効果は大きいままであるはずである。家族のような１つの場における弱い結びつきが，仲間など他の場にも広がり (Hirschi, 1969: 131, 201)，非行仲間への愛着や非行との関連を偽りのものにしてしまう可能性がある。

実証的な尺度

本章の構造的背景変数は，第４章で使用したものと同じ９つの変数であり，家庭の窮屈さ，家族崩壊，家族成員数，母親の就業，家族の社会経済的地位，外国生まれという地位，住居の流動性，父親と母親の犯罪傾向・アルコール依存症については第４章でくわしく説明されている。

学校変数

私たちの分析には２つの学校プロセス変数がある。「学校への愛着」とラベルづけされた１つ目は，少年の学校に対する態度と少年の学業に対する意欲を組み合わせた標準化 z 得点尺度（範囲 = −2.41〜2.80）である。この２つの構成

変数には高い相関関係がある（$r = .72, p < .05$）。この合成尺度の情報源は，各少年の自己報告面接から得られた。「学業成績」とラベルづけされた 2 つ目のプロセス変数は，1 年前の成績と少年が次の学年に進級できなかった回数を組み合わせた z 得点尺度（範囲 = −3.46〜1.85）である（$r = −.40, p < .05$）[3]。この情報は，少年の担任教師との面談やすべての学校記録の調査を含む，グリュック夫妻の研究チームによる社会調査から抜き出されたものである。

　理論的に予想されたとおり，学校への愛着は学業成績と正の相関があり（$r = .56, p < .05$），これは構成概念妥当性の根拠となる。とはいえ，両変数には十分な独立性もある（弁別的妥当性）ため，各構成の個別の効果を確実に立証することができる。さらに，すべての対象者は一般知能（IQ）で照合されたことを思い出してほしい。つまり，IQ を測定しても非行少年と非行をしていない少年を区別することはできない。むしろ，私たちの目的は IQ とは独立した学業成績を調査することである。

仲間／きょうだいの変数

　非行における仲間やきょうだいの役割を明らかにするために，予備的分析ではいくつかの変数を検証した。きょうだいに関しては，非行に関与しているきょうだいが少年にいるかどうかをまず確認した。関心のある 2 つ目の変数は，少年のきょうだいに対する関係性の尺度である。これらの尺度の情報は，グリュック夫妻の研究チームによる家庭での面接調査から得たもので，それに加えてさまざまな機関の記録によって補充された。

　次に，非行のあるきょうだいへの愛着が中程度または高い少年（$N = 337$）に 1 を割り当てることで，非行のあるきょうだいの影響を測定しようとする変数を作成した。非行のあるきょうだいがいなかったり，きょうだいへの愛着が低かったりした少年には 0 を割り当てた（$N = 571$）[4]。私たちのおもな分析では，理論的な対比を最も適切に捉えるために，合成尺度に焦点をあてる，表 5.1 のパネル A（セル 5 と 6 対セル 1 から 4）のきょうだいへの愛着の強さときょうだいによる非行の有無のクロス集計で視覚的に見ることができる。2 つの変数間には中程度の負の関係があるが（ガンマ = −0.26），理論的に問題となるのは，高い愛着と非行のあるきょうだいの組み合わせである（とはいえ，以下の分析では，構成要素を個別に導入した場合の結果を報告している）。

表5.1 きょうだいへの愛着ときょうだいの非行のクロス集計および仲間への愛着と仲間の非行のクロス集計

A.	きょうだいへの愛着		
	低	中	高
非行のあるきょうだい			
いない	(62) 38%	(375) 55%	(33) 57%
いる	(101) 62%	(312) 45%	(25) 43%
	ガンマ = − .26, $p < .05$		
B.	仲間への愛着		
	低	中	高
非行仲間			
いない	(40) 34%	(131) 49%	(273) 57%
いる	(77) 66%	(135) 51%	(206) 43%
	ガンマ = − .25, $p < .05$		

　私たちが検討する第二の主要な構成概念は，仲間の影響である。グリュック夫妻の研究チームは，非行仲間について両親と少年本人に尋ねた。残念ながら，対象者の非行と非行のある友人との間の二変量間の関係は非常に高く，とくにグリュック夫妻の研究デザインとあわせて考えると，トートロジーとなってしまっている可能性が高い。親からの報告の場合，ファイ係数は .80 であり，自己報告の場合，ファイ係数は .77 である。非行と非行のある友人の有無に関する親と自己の報告をあわせた測定では，ファイ係数は .91 である。このように，非行仲間に関する利用可能な尺度は，事実上非行と同値であり，因果関係の順序という問題を扱う助けにはまったくならない。言い換えれば，この相関関係は，非行少年は他の非行少年と交際し，非行行為を行う傾向があるという多くの先行研究から，まだ私たちが知らなかったことを何も教えてくれない。

　この問題に対処するため，非行のあるきょうだいへの愛着で採用した論理を同様に用いて，非行仲間への愛着の代理変数を構築した。少年と同級生との関係は，グリュック夫妻によって強い愛着から敵対的感情までの3段階評価で測

定された。非行がある友人に関する情報は自己報告面接から，学校での友達への適応は教師による報告から得た。後者の測定が重要な理由はたくさんあるが，その中でもとくに非行集団に属する少年たちの友情の**質**についてはほとんど研究がなされていないことである（Campbell, 1980: 377; Giordano et al., 1986）。

　仲間への愛着と仲間の非行は，統制理論から予測されるように負の関係にあるが，非行への影響について再び注目すべきセルは，仲間への愛着が高く，仲間の非行が多いことで定義されるものである（表5.1のパネルB参照）。そこで，何らかの非行行為に関与し，**かつ**愛着も高い仲間が少年にいるかどうかを調べる二値の尺度を作成した。206人の少年がこの基準を満たした。非行仲間がいない者，非行に関係なく仲間への愛着が低い者には0が割り当てられた。

　たしかに，結果として得られた非行があるきょうだいや非行仲間への愛着という指標には限界がある。第一に，仲間やきょうだいの人数や性別に関する情報は，コンピューター化された形式では入手できない。また，非行行為に関与している仲間・きょうだいの割合もわからない。[5] 第二に，きょうだいや仲間の正確な年齢がわからない。[6] 第三に，そして最も重要なことだが，非行少年は依然として他の非行少年を体系的に探し出して結びつく可能性がある。この場合，非行と非行仲間の愛着との関連は非因果的なものとなる。

　このような限界はあるものの，研究デザインと連動した仲間やきょうだいの指標によって，先行研究の弱点の多くを打ち消すことができる。ハーシ（Hirschi, 1969: 159）は，非行少年は非行仲間への愛着が弱いと主張しており，これは非行仲間同士の温かく協力的な関係を描く分化的接触と学習理論の論理を弱体化させるものである（Rowe, 1985: 224 も参照）。しかし，非行仲間への愛着が実際に強い者（この条件にあてはまる少年は200人以上いる）に焦点をあて，この指標のスコアを制限することで，学習理論が想定する理論的構成概念により近づくことができる。また，非行仲間への愛着や非行があるきょうだいへの愛着の効果を比較することもできる。ロビンズ（Robins, 1966）が主張しているように，きょうだいの非行が非行仲間に対して効果をもたない場合，その証拠は自己選択と，仲間の影響に対する偶然的な役割の減少を示唆している。

　非行仲間への愛着の指標に欠陥があったとしても，私たちの研究デザインは，社会統制モデルの厳密な検証を提供する。すなわち，家族や学校の社会統制プロセスに対する仲間やきょうだいの効果を評価することができる。社会統制理

表 5.2　構造的背景要因における学校プロセス変数の最小二乗法に基づく線形回帰（$N = 907$）

	学校プロセス			
	愛着		学業成績	
背景要因	β	t 比	β	t 比
住居の流動性	−.13	−3.46*	−.08	−1.97*
家族成員数	−.16	−4.57*	−.08	−2.29*
家庭の窮屈さ	.02	.50	−.05	−1.36
家族崩壊	−.03	−.98	−.02	−.47
母親の就業	−.09	−2.79*	−.05	−1.46
家族の社会経済的地位	.15	4.00*	.07	1.86
外国生まれ	−.01	−.26	−.09	−2.66*
父親の逸脱	−.09	−2.39*	−.04	−.97
母親の逸脱	−.07	−1.95	−.10	−2.80*
	$R^2 = .16$		$R^2 = .08$	

*$p < .05$。

論が正しければ，非行仲間への愛着に関する統制を導入しても，家族や学校の効果は依然として大きいはずである。これに対して，非行仲間やきょうだいへの愛着を統制しても，家族や学校の社会統制プロセスの直接的効果が残るのであれば，非行仲間が非行への先行効果をすべて媒介するという学習理論に由来する仮説は支持されないことになる（Matsueda, 1982 を参照）。つまり，グリュック夫妻のデータは，対立する解釈を検討することによって，私たちの基本理論モデルをさらに洗練させることを可能にしているのである。

学校プロセスと非行

表 5.2 は，9 つの背景特性が，学校への愛着と学業成績という学校プロセスの 2 つの側面に及ぼす効果について，最小二乗法を用いた重回帰の結果を示している。このデータは，家族成員数，住居の流動性，母親の家庭外での就業，父親の犯罪や飲酒は，少年の学校への愛着に有意な負の効果を及ぼすことを示している。さらに，家族の社会経済的地位は，学校への愛着にかなり大きな正の効果をもつことが明らかになった（$\beta = .15$）。全体として，大家族，経済的不利，地域社会とのつながりの弱さ，親の逸脱はすべて，少年の学校への愛着

表 5.3 構造的背景要因および学校プロセスの公式非行統計に対する最小二乗法に基づく線形回帰および最尤法に基づくロジスティック回帰（$N = 907$）

	公式非行統計			
	最小二乗法に基づく回帰分析		最尤法に基づく ロジスティック回帰分析	
フルモデル	β	t 比	b	t 比
住居の流動性	.14	4.42*	.10	3.99*
家族成員数	.03	1.16	.04	1.01
家庭の窮屈さ	.02	.86	.22	1.27
家族崩壊	.05	1.76	.36	1.73
母親の就業	.05	1.93	.39	1.97*
家族の社会経済的地位	− .08	− 2.86*	− .18	− 2.77*
外国生まれ	.04	1.54	.31	1.56
父親の逸脱	.07	2.41*	.26	2.05*
母親の逸脱	.10	3.49*	.54	3.34*
学校への愛着	− .44	− 13.84*	− .68	− 10.77*
学業成績	− .04	− 1.26	− .06	− .94
	最小二乗法 $R^2 = .45$		最尤法 $\chi^2 = 494$，自由度 11	

a. 最尤法に基づくロジスティック回帰の b は最尤ロジスティック係数，t 比は係数を標準誤差で割ったもの。
*$p < .05$。

を弱めることをデータは示唆している。

　第3列と第4列の学業成績の結果は，学校への愛着とほぼ同様のパターンを示している。家族成員数，流動性，母親の逸脱は学業成績を低下させる。他方，外国生まれという地位は成績に負の効果を及ぼし，親の社会経済的地位が成績に及ぼす効果は非有意である。統計量 R^2 から明らかなように，構造的背景要因の成績への効果は，学校への愛着への効果よりも小さいが，全体として，この調査結果は，構造的変数，とくに家族成員数が学校教育や教育的プロセスに重要な効果を及ぼすという考えを支持している（Blake, 1989）。

　公式非行に関するすべての変数を含めた構造方程式の結果は表 5.3 に示されている。最少二乗法に基づく回帰分析と最尤法に基づく回帰分析の推定値はともに，学校への愛着が非行に対して非常に大きな負の効果をもつことを示している（最小二乗法による $\beta = - .44$）一方で，学業成績には有意な効果がない。学業成績に効果がないのは，グリュック夫妻のサンプリング計画（つまり IQ で照

合されたこと）の結果かもしれないが，オルウェウス（Olweus, 1983）も学業不振と攻撃性の間に関係がないことを見出している。また，構造的背景要因の多くは非行に効果を及ぼさないが，住居の流動性，家族の社会経済的地位，母親と父親の逸脱はすべて，理論的に期待される方向に一貫した直接効果を示すことが示された。どうやら，学校プロセスは，家族の非公式な社会統制と同じようには構造的背景を媒介しないようである。先に述べたように，この結果は，分析に利用できる構造的変数の性質を考えれば納得がいく。

　しかし，1つの興味深いパターンは注目に値する。最小二乗法に基づく回帰分析と最尤法に基づく回帰分析の両方の結果において，非行に対する家族成員数の効果は，家族による社会統制によって媒介されず，学校への愛着によって説明されるようである。明らかに，大家族は学校への愛着を低下させ（Blake, 1989; Coleman, 1988 を参照），それが非行を増加させる。非行に対する住居の流動性や家族の社会経済的地位のような他の背景変数の効果は，学校への愛着によって部分的に媒介されるにすぎず，その効果の方向性は私たちの理論モデルによって予測されたとおりのものであった。

　第4章と同様に，自己報告，両親報告，教師報告，非公式非行やその他の問題行動の要約という一連の代替指標を用いて，同じモデルを検証した。これらの結果を表5.4に示す。概して，基本的な結果は再現されており，報告者にかかわらず非行に対する最も強い効果は，学校への愛着である。また，教師が報告した非行を除けば，学業成績が非公式非行に及ぼす効果はほとんどない。

　背景要因に関しては，流動性と父親の犯罪傾向・飲酒癖の2つの変数について，すべての測定に一貫した直接効果が現れていることがわかった。社会統制理論と一致して，地域社会の結びつきの崩壊と父親の逸脱は，学校を基盤とした愛着の弱まりを通じて直接的にも，間接的にも，非行に関連しているようである。家族崩壊と母親の犯罪傾向・飲酒癖もまた，自己報告および両親報告の非行に対して有意な直接効果を示している。表5.3とのおもな違いは，家族成員数が自己報告および全報告の非行に対して小さい正の効果を示していることである。しかし，一般的にいえば，非行の非公式尺度を用いても，基本的な知見は実質的に変わらない。

　次に，学校教育と非行のパターンを説明するうえで，幼児期の反社会的行動が果たす役割を検討することで，主要な結果を再現することにする。グリュッ

表 5.4 非公式非行報告に対する構造的背景要因と学校プロセス変数の最小二乗法による線形回帰（$N = 907$）

フルモデル	非公式非行			
	自己報告	両親報告	教師報告	全報告
	β	β	β	β
住居の流動性	.14*	.11*	.13*	.14*
家族成員数	.07*	.04	.01	.06*
家庭の窮屈さ	−.01	.04	.01	.01
家族崩壊	.06*	.09*	−.02	.07*
母親の就業	.04	.05	.01	.05
家族の社会経済的地位	−.05	−.04	−.09*	−.06
外国生まれ	−.01	.02	−.01	−.01
父親の逸脱	.07*	.07*	.08*	.08*
母親の逸脱	.09*	.08*	.03	.09*
学校への愛着	−.49*	−.35*	−.31*	−.47*
学業成績	.01	−.04	−.12*	−.03
	$R^2 = .46$	$R^2 = .32$	$R^2 = .29$	$R^2 = .47$

*$p < .05$。

ク夫妻でさえ何年も前に述べているように（Glueck and Glueck, 1964: 23），学校への愛着が乏しいのは，問題行動の原因というよりもむしろ結果なのかもしれない。教師は手に負えない気難しい子どもにはとくに敏感で，子どもを拒絶したり，少なくとも教師−生徒関係がこじれたりする。こうしたことはすべて，子どもの学校への愛着を損ない，実際に子どもの学業成績も低下させる。オルウェウス（Olweus, 1983）やリスカとリード（Liska and Reed, 1985）によっても，同様の双方向的な効果について議論が最近なされている。

　連立方程式を推定することはできないが，より関連性が高いと思われるもの，すなわち早期の問題行動による子どもの自己選択という潜在的な交絡要因を検討することは可能である。そのために，表 5.5 では，構造的背景を統制したうえで，子どものかんしゃく，早発，幼少期の気難しさが学校プロセスに及ぼす効果を示している。この結果は，「子ども効果」が家庭（Lytton, 1990）だけでなく，学校においても大きな役割を果たしていることを示唆している。とくに，3 つの子どもの変数すべてが，学校への愛着に有意な負の効果を及ぼしており，気難しい気質，激しいかんしゃく，早発をもつ少年は，学校との結びつきが弱

表 5.5 幼少前期の気難しさと破壊的な反社会的行動を統制した学校プロセスと構造的背景要因の最小二乗法による線形回帰モデルの再検証 ($N = 804$)

構造的要因と 幼少期要因	学校プロセス			
	愛着		学業成績	
	β	t 比	β	t 比
住居の流動性	−.11	−2.78*	−.06	−1.46
家族成員数	−.19	−5.18*	−.10	−2.52*
家庭の窮屈さ	.04	1.25	−.03	−.89
家族崩壊	−.01	−.30	−.01	−.26
母親の就業	−.07	−2.22*	−.02	−.66
家族の社会経済的地位	.08	2.18*	.02	.61
外国生まれ	.00	.18	−.07	−1.89
父親の逸脱	−.07	−1.85	−.02	−.57
母親の逸脱	−.06	−1.72	−.09	−2.32*
早発	−.10	−3.09*	−.06	−1.65
子どもの気難しさ	−.08	−2.48*	−.07	−2.16*
かんしゃく	−.20	−5.94*	−.19	−5.38*
	$R^2 = .22$		$R^2 = .12$	

*$p < .05$。

く,結果はやや弱いが,成績もよくなかった。

　したがって,強い子ども効果にもかかわらず,学校への愛着は,流動性,就業,家族の社会経済的地位,そしてとくに家族成員数といった構造的特徴に影響を受けているという私たちの基本的な構造モデルが維持されていることは驚くべきことかもしれない。実際,家族成員数は依然として学校への愛着に比較的大きな負の効果を及ぼしている。幼少期の問題行動の初期パターンは学校プロセスを混乱させるように見えるが,構造的背景の効果はほとんどその重要性を保っている。

　表 5.6 は,公式非行の状態と非公式非行の総合指標に対する学校プロセス,子ども効果,および構造的背景のフルモデルを示している。第 4 章と同様に,幼児期の気難しさ／問題行動に関するすべての尺度は,非行に対して有意かつかなり大きな効果を及ぼしている。しかし,これらの子ども効果とは無関係に,学校への愛着が非行に最も大きな効果を及ぼしている。この基本的な結果は,非行をどのように測定しても変わらない。さらに,早期の一般的な問題行

表 5.6 非行に対する構造的背景要因，学校プロセス，幼少前期の気難しさ，破壊的な反社会的行動に関する最小二乗法による線形回帰と最尤法によるロジスティック回帰の再検証（$N = 804$）

フルモデル	公式記録による非行経験 (0, 1) 最尤法によるロジスティック回帰[a]		非公式記録による非行経験 (1-26) 線形回帰	
	b	t 比	β	t 比
住居の流動性	.07	2.44*	.12	3.69*
家族成員数	.08	1.43	.08	2.89*
家庭の窮屈さ	.13	.70	−.02	−.61
家族崩壊	.30	1.27	.06	2.13*
母親の就業	.49	2.18*	.06	2.35*
家族の社会経済的地位	−.20	−2.61*	−.04	−1.51
外国生まれ	.16	.72	−.01	−.50
父親の逸脱	.24	1.73	.06	2.09*
母親の逸脱	.52	2.95*	.09	3.08*
学校への愛着	−.64	−9.17*	−.42	−12.81*
学業成績	−.02	−.22	−.00	−.04
早発	2.52	3.13*	.12	4.57*
子どもの気難しさ	.95	4.49*	.10	3.91*
かんしゃく	1.36	4.64*	.13	4.72*
	最尤法による $\chi^2 = 502$, 自由度 14		最小二乗法による $R^2 = .52$	

a. 最尤ロジスティック推定における b は標準化されていない最尤ロジスティック係数であり，t 比は係数を標準誤差で割った値を示す。

*$p < .05$。

動の代わりに早期の怠学に置き換えても，結果は変わらない（データは示していない）。

　したがって，学業成績ではなく，学校への愛着が，構造的背景だけでなく，幼少期の効果からも独立した，非行の原因における顕著な抑制力であると暫定的に結論づけられる。

表 5.7　非行仲間および非行のあるきょうだいへ愛着に対する構造的背景要因に関する最尤法によるロジスティック回帰モデル

背景要因	非行をしている者への愛着			
	仲間 ($N = 836$)		きょうだい ($N = 836$)	
	b	t 比	b	t 比
住居の流動性	−.01	−.88	.01	.89
家族成員数	.16	3.66*	.39	8.61*
家庭の窮屈さ	−.04	−.26	−.25	−1.75
家族崩壊	.14	.76	−.04	−.23
母親の就業	.27	1.52	.46	2.73*
家族の社会経済的地位	−.09	−1.48	−.03	−.59
外国生まれ	−.09	−.52	.70	4.12*
父親の逸脱	.24	1.99*	.45	4.05*
母親の逸脱	.18	1.32	.38	2.86*
	最尤法による $\chi^2 = 40.56$, 自由度 9		最小二乗法による $\chi^2 = 178.47$, 自由度 9	

a. 最尤ロジスティック推定における b は標準化されていない最尤ロジスティック係数であり，t 比は係数を標準誤差で割った値を示す。

*$p < .05$。

仲間・きょうだいの効果

　ここで，非行の説明における仲間やきょうだいについての考察に移る。まず，「非行仲間や非行があるきょうだいへの愛着を説明する背景要因は何か」という問いから始める。表 5.7 は，非行少年との関わりの構造的な要因について，最初の，そしてかなり単純な答えを示している。すなわち，大家族と親の逸脱は，非行仲間や非行があるきょうだいへの愛着をもつ対数オッズ比を有意に増加させる。きょうだいの非行に対する家族成員数の正の効果は予想どおりであるが，非行仲間に対する大きな効果はやや意外である。親の逸脱の効果も興味深い。どうやら犯罪は大家族だけでなく，親が犯罪者である家庭でも起こるようである。[8] 親の逸脱は，青少年が非行仲間に愛着をもつ確率を高めることさえあり，家族効果の一般的なプロセスを示唆している。

　表 5.8 は，仲間ときょうだいの非行に対する愛着の効果を調べたものである。

表 5.8 非行に対する構造的背景要因および非行仲間／非行があるきょうだいへの愛着に関する最小二乗法による線形回帰と最尤法によるロジスティック回帰分析 ($N = 762$)

	公式記録による 非行経験 (0, 1)		非公式記録による 非行経験（1-26）	
	最尤法による ロジスティック回帰[a]		線形回帰	
フルモデル	b	t 比	β	t 比
住居の流動性	.12	4.83*	.20	5.30*
家族成員数	.14	2.65*	.12	3.39*
家庭の窮屈さ	－.12	－.17	－.03	－.99
家族崩壊	.30	1.43	.06	1.73*
母親の就業	.34	1.64	.04	1.33
家族の社会経済的地位	－.18	－2.63*	－.07	－2.12*
外国生まれ	.04	1.78	.01	.37
父親の逸脱	.07	2.71*	.13	3.52*
母親の逸脱	.48	2.88*	.11	3.25*
非行仲間への愛着	2.43	8.85*	.31	10.42*
非行があるきょうだいへの愛着	.39	1.89	.02	.76
	最尤法による $\chi^2 = 330$, 自由度 11		最小二乗法による $R^2 = .34$	

a. 最尤ロジスティック推定における b は標準化されていない最尤ロジスティック係数であり, t 比は係数を標準誤差で割った値を示す。
*$p < .05$。

以前のモデルと同様に，公式非行の基準（最尤法によるロジスティック係数，第1列と第2列）と非公式非行の全体（最小二乗法による β，第3列と第4列）に注目する。構造的背景のみを統制した場合，結果はきわめて単純明快である。すなわち，非行があるきょうだいへの愛着は非行に有意な影響を及ぼさないのに対し，非行仲間への愛着は大きな正の効果を及ぼす。単純な学習理論的アプローチをとれば，非行仲間が非行を引き起こすと結論づけられるかもしれない。しかし，もしそうだとすれば，なぜ非行があるきょうだいへの愛着は非行を増加させないのだろうか。何年も前にロビンズ（Robins, 1966）が主張したように，きょうだいの非行が仲間に対して何の効果も与えない以上，データは友人を選択する際には自分と似た相手を選ぶこと（つまり，行動や態度の類似性に基づく集団形

成）を示唆している。しかも，きょうだいとの接触は一般にかなり頻繁であり，場合によっては不可避でもある。ロビンズの立場は，愛着の程度と関係のないきょうだいの非行（これは，単純な接触の尺度である）を代用しても，関連する要因を統制すれば，やはり効果はないという事実によって，さらに信憑性を増している（データは示していない）。たとえば，子ども効果，家族プロセス，学校への愛着，非行仲間への愛着を統制すると，きょうだいの非行は，青少年の非公式非行の総合指標に対するベータの値はわずか.03（$p > .20$）である。

私たちはまた，非行仲間・非行があるきょうだいと愛着の交互作用を考慮したモデルも数多く検討した。一般に，交互作用項はモデルの適合を改善しなかった。さらに，非行仲間への愛着が高くない少年のサブグループについて，すべてのモデルを再推定した（定義上，非行仲間への愛着を1とした少年の間では，愛着にばらつきはない）。非行仲間への愛着が中程度から低い少年の場合，非行仲間単独では大きな効果があるのに対して（$β = .34, p < .05$），きょうだいの非行は非公式非行の合計には依然として効果がなかった（$β = -.04$）。ここまでと同様に，きょうだいの非行が仲間の非行に対して効果を及ぼさないという知見は，たとえ非行仲間と密接な関係にない少年であっても，仲間は非行に対して因果的効果を及ぼすのではなく，むしろ自己選択や非行の集団的性質を示唆している。

つまり，非行があるきょうだいをもつこととそのきょうだいに愛着をもつことは，どちらも構造的背景や仲間の非行と独立して非行の可能性を高めるわけではないようである。このパターンは，非行が因果的な力として影響を与えることについて疑問を投げかけるものである。さらに，表5.8は非行の傾向や家族のインフォーマルな社会統制といった，そもそも逸脱的な仲間選びを説明する可能性のあるものを統制すらしていないことに注意されたい。実際，類は友を呼ぶ（自己選択）という理論的な懸念がある以上，仲間の影響モデルでは幼児期の反社会的行動を統制することが望ましい。さらに重要なことは，家族の社会統制と非行仲間への愛着を同時に考慮するとどうなるか，ということである。非行仲間への愛着は，非行に対する家族の社会統制の効果を媒介するのだろうか。

最終モデルと検証

これらの疑問を最終的に解決するために，社会構造的背景，子ども効果，家族の社会統制，学校への愛着，仲間の非行という媒介する構成要素の主要な次元を考慮することができる洗練されたモデルの検討に目を向ける。説明を簡単にするために，フルモデルでは一貫して非行と無関係であった要因を除外した一連の「縮約」モデルを推定した（第4章も参照）。媒介変数としては，きょうだいの非行と学業成績が挙げられた。構造的背景については，家族崩壊，母親の就業，家族の社会経済的地位，親の逸脱という要因も，非公式な家族プロセスを統制すると，非行に対する有意な直接効果を示さなかった。しかし，ある要因が有意ではないからといって，その要因が重要ではないということにはならない。それどころか，非行を理解するうえで構造的背景が間接的な役割を果たすことはすでに実証済みである。

表5.9は，非行の有意な「直接効果」予測因子を表す最終的な縮約モデルを示している。これらの要因は，子ども効果，社会構造，社会的プロセスという一般的な次元に分類されている。反社会的行動に対する幼少期の傾向が，その後の非行に一貫して正の効果を示すことがわかる。具体的には，問題行動が早くから始まり，気難しい気質をもち，かんしゃくもちで暴力的であった少年は，公式に非行に走る可能性が高く，非公式非行のレベルも高かった。これらの結果は，思春期の非行における早発と行為障害の重要性をあらためて強調している（Loeber and LeBlanc, 1990; Lytton, 1990）。

子ども効果によって説明されない思春期の非行のばらつきは，それでもなお，社会的プロセスと，ある程度は構造的背景と強く関連している。家庭の窮屈さが測定手段に関係なく非行に対して一貫して負の効果をもつことに注意する。他の条件が同じであれば，家庭の窮屈さが非行を抑制するのに有利である。流動性は非行に直接的な効果を与えるが（Braithwaite, 1989），家族成員数は公式非行にわずかだが効果を与える。比例変化推計（Petersen, 1985 を参照）によると，家族が1人増えるごとに，公式非行のリスクは8％増加する。

しかし，ほとんど間違いなく，非行に最も強く一貫した効果を与えるのは，家族，学校，仲間の社会的プロセスである。一貫せず脅迫的で厳しいしつけ，

低いレベルの監督，親の拒絶はすべて独立して非行に寄与する。さらに，学校への愛着は，家庭の社会統制とは独立して非行に大きな負の効果を及ぼしている。また，非行仲間への愛着は，家庭や学校のプロセスに関係なく，非行の両指標に有意な正の効果を及ぼす。[9] その大きさは非常に大きく，非行仲間をもつことは，公式非行に走る確率を 90％増加させる。最小二乗法を用いたモデルも同様の相対的な大きさを示しており，学校への愛着，母親による監督，非行仲間への愛着はすべて t 比が 5 を超えている。他の要因を除くと，最大の効果は学校への愛着（$\beta = -.30$）である。

第 4 章と同様に，結果の基本的妥当性を評価するために，代替モデルと手順を検討した。これは，欠損値を平均値で置換する方法と欠損値のペアワイズ削除の両方を用いたフルモデルの再推定であり，もとのモデルでは欠損していたケースをダミー変数で区別した。表 5.9 では 400 ケースほど欠落しているが，ここでも結果は実質的に同じであった。たとえば，平均値置換モデル（N = 1000）では，学校への愛着，監督，非行仲間への愛着が非公式非行に及ぼす標準化された効果は，それぞれ $-.31$，$-.23$，.20 であった（表 5.9 を参照）。結果はほとんど同じであっただけでなく，欠損データのダミー変数は従属変数および独立変数との関連が弱かった。実際，欠損データ指標は，すべての変数と $-.10$ 未満であった。したがって，表 5.9 の最終モデルは，欠損データの除外によって偏っているようには見えない。

第 4 章で用いた戦略に従って，年齢，IQ，中胚葉型，外向性という統制変数を追加して，最終的な非行モデルの再推計も行った。これらの個人差を測定する変数の導入にかかわらず，結果はほぼ変わらなかった。学校への愛着，母親の監督，非行仲間への愛着は，非公式非行と公式非行に最も強い効果を与え続けた。[10] 学校への愛着は，3 つの異なる年齢群（14 歳未満，14-15 歳，15 歳以上）で分析を繰り返した場合でも，非行に対して有意な負の効果を示した。非行が学校への愛着に及ぼすという交互作用の可能性（Liska and Reed, 1985 を参照）は，低学年では間違いなく考えにくいので，年齢との交互作用の可能性を検討した。その結果，各年齢層で一貫して負の効果が認められた。

最後に，厳密な検証として，公式非行者グループ内で主要な分析を繰り返した。公式非行のばらつきは定義上排除されるが，非公式非行のばらつきはまだ調べることができる。公式非行状態を統制することで，評価者が少年が非行少

表 5.9 主要な構造的要因，家族プロセスと学校プロセス，幼少前期の気難しさ／反社会的行動，非行仲間への愛着を公式非行状態と非公式非行報告に回帰した最終的な最適モデル（$N = 595$）

最終モデル	公式記録による 非行経験 (0, 1)		非公式記録による 非行経験 (1-26)	
	最尤法による ロジスティック回帰[a]		線形回帰	
	b	t 比	β	t 比
子ども効果				
早発	1.48	2.00*	.07	2.84*
子どもの気難しさ	.94	3.03*	.05	2.04*
かんしゃく	1.28	3.47*	.10	3.83*
構造				
住居の流動性	NI		.10	3.50*
家族成員数	.17	2.11*	NI	
家庭の窮屈さ	− .62	− 2.23*	− .06	− 2.44*
社会的プロセス				
常軌を逸した子育て	.47	4.36*	.13	4.41*
母親の監督	− 1.05	− 5.06*	− .21	− 6.17*
親からの拒絶	1.18	4.42*	.12	4.18*
学校への愛着	− .52	− 5.86*	− .30	− 10.29*
非行仲間への愛着	2.99	7.04*	.23	8.67*
	最尤法による $\chi^2 = 514$， 自由度 10		最小二乗法による $R^2 = .62$	

a. 最尤ロジスティック推定における b は標準化されていない最尤ロジスティック係数であり，t 比は係数を標準誤差で割った値を示す。
NI：モデル識別の際に投入されなかった変数。
*$p < .05$。

年であることを知っていたために生じた回顧バイアスを排除した。また，非行少年が少年時代に施設収容された正確な日数を統制することで，独立変数に対して収容が及ぼす可能性のある効果にも対処した（Hirschi and Selvin, 1967 を参照）。

　グループ内の結果から，主要変数の予測力が確認された。収容期間を統制すると，公式非行者における非公式非行の最大の予測要因は，学校への愛着（$\beta = -.24$），監督（$\beta = -.13$），親の拒絶（$\beta = .13$），非行仲間への愛着（$\beta = .12$）であった。これらの変数はすべて $p < .05$ で有意であった。非行のばらつきが

限定的であることと，収容期間（それ自体が非行と相関している）を統制したことを考慮すると，結果は表5.9の最終モデルを驚くほど強力に支持している。とくに，回顧バイアスと収容期間は，非行に対するインフォーマルな家族や学校の社会統制の効果を説明**しない**。どちらかといえば，回顧バイアスが子ども時代の効果を攪乱しているようであり，かんしゃく，子ども時代の気難しさ，早発はすべて，収容期間を統制したモデルにおいて，公式非行者における非公式非行に非有意な直接効果を及ぼしていた。

結　論

　私たちは，表5.9の最終モデルを解釈し，私たちの一般的な理論構想を基本的に支持するものとして，それに挑戦しようと試みている。第一に，非行測定の方法，代替モデルの検討，欠損データの扱いにかかわらず，結果はほぼ一貫している。第二に，本書全体を通じて主張されているように，構造的背景の効果はほとんどが間接的なものであり，したがって社会統制の介在的な要因によって媒介されている。第三に，子ども効果は依然として有意であるが，社会統制の重要性を損なうものではない。第四に，非公式な社会統制プロセスの次元の中では，家族と学校が最も重要であるように思われる。

　もちろん，非行仲間への愛着は，公式非行と非公式非行の両方に対して有意かつかなり大きな直接効果をもつので，無視することはできない。一方，表5.9は，仲間からの社会的学習では説明できない非行に対する初期の「子ども効果」だけでなく，家族や学校への愛着の効果が大きく直接的であることを明確に示している。さらに分析を進めると，母親の監督が非行仲間への愛着に最も大きな効果を与えることが明らかになった（データは示していない）。この知見は，家族の絆が仲間の愛着形成に因果的に先行すると推定される社会統制理論の観点から予想されるものである。この結果は，①最初の分析ではきょうだいの非行がほとんど効果を及ぼさなかったこと，②非行仲間への愛着という変数が依然として類は友を呼ぶことを反映している可能性があること，といった知見と相まって，「純粋な」分化的接触／学習理論を支持するものではない。すなわち，分化的接触理論の観点からは，非行グループにおいては，家族，学校，その他の効果は完全に学習によって媒介される（とくにMatsueda, 1982を参

照)[11]。

　したがって，インフォーマルな社会統制と非行に関する私たちの統合理論の基本的な考え方は，この知見によって支持されていると結論づける。実質的には，家族であれ学校であれ，青少年と社会をつなぐ絆が弱まると，非行に走る確率が高まることが示唆された。家族の絆（しつけ，監督，愛着）はとくに重要であり，これはグリュック夫妻自身（Glueck and Glueck, 1950）はもちろん，ハーシ（Hirschi, 1969），ゴットフレッドソンとハーシ（Gottfredson and Hirschi, 1990），パターソン（Patterson, 1982）の基本的枠組みを支持している。この結果はまた，ブレイスウェイトによるラベリング理論と再統合的恥づけ理論との結びつきを支持するものであり，とくに犯罪を誘発すると思われるのは，子どもに対する拒絶と結びついた，厳しく理不尽で懲罰的なしつけである。国家だけでなく家族によるスティグマを伴うような罰も（第7章を参照），逆効果になるようである。

第6章

長期にわたる行動の継続性

　本章では、さまざまな生活領域を対象に、幼少期の問題行動と成人後の結果の継続性を探る。第1章におけるレビューのように、反社会的行動や犯罪行動の個人差は幼少期に生まれ、ライフコースを通じて安定するという命題を支持するものは多くある（Olweus, 1979; Loeber, 1982; Huesmann et al., 1984; Gottfredson and Hirschi, 1990）。50年前ですら、グリュック夫妻は「反社会的キャリアの初期発生」を確認している（Glueck and Glueck, 1930: 143）。行動の継続性に関する知見は、数十年にわたる豊富な実証研究によっても裏づけられている（Robins, 1966, 1978; West and Farrington, 1977; Wolfgang et al., 1987 も参照）。

　犯罪学的研究は通常、**同種継続性**、つまり長期にわたる同様の行動や表現型の属性に焦点をあてる（Caspi and Bem, 1990: 553）。さらに興味深いことに、幼少期の問題行動と成人後の結果の関連は、法的な犯罪概念をはるかに超えた生活領域を通して見られる。この現象は、**異種継続性**と定義されており（Caspi and Bem, 1990: 553）、これは多様な表現型（つまり顕在的な）行動の根底にあると推測される遺伝型（つまり潜在的な）属性の継続性を指す。とくに、幼少期の特定の反社会的行動は、成人後の表現型的に類似した行動を予測しないだろうが、それでも概念的にはその初期行動と概念的に一致する可能性がある（Caspi and Moffitt, 1992）。それ自体がつねに犯罪とは限らないが、このカテゴリーにある成人の行動には、過度の飲酒、交通違反、夫婦間の葛藤、不安定な就労、子どもへの厳しいしつけなどが含まれる。ゴットフレッドソンとハーシ（Gottfredson and Hirschi, 1990: 91）は、事故、喫煙、乱交など犯罪に「類似した」成人の行動についても自制心の欠如という共通の要因から生じるという同様の

考えを提示している。いずれにせよ，異種継続性の本質は，幼少期の個人的特徴（たとえば，不機嫌な行動）が長期にわたるだけでなく，多くの異なる状況でも現れることにある。

　反社会的な児童が，成人後にさまざまな領域で反社会的行動を繰り返すのは，反社会的な行動がもたらすさまざまな反応によると推測されている（Caspi, 1987）。不適応行動は「それら自身の結果の漸進的な蓄積（**累積的継続性**）と，相互交流による他者から維持的な反応の呼び起こし（**相互作用的継続性**）の両方によって持続される相互作用的な様式に見られる」（Caspi et al., 1987: 313，強調は筆者追加）。相互作用的継続性の例として，かんしゃくもちの子どもが親や教師に怒りや敵対的な反応をもたらし，それが子どもの反社会的行動をさらに誘発するような場合が挙げられる。累積的継続性は，非行によって及ぼされる人生の可能性への構造的な負の結果によって生成される。たとえば，逮捕，公的なレッテル貼り，刑事施設収容，その他の非行に関連する否定的な出来事は，その後の機会を「遮断すること」（たとえば，不登校や失業）につながるかもしれない。非行はまた，学校，友人，家族といった**非公式**な社会的絆を断ち切るかもしれない（Thornberry, 1987）。

　異種継続性によって示唆される行動の一貫性を示す知見は，幼少期の攻撃性が成人期の攻撃性だけでなく，夫婦間の葛藤，飲酒運転，交通違反，子どもや孫への厳しい罰にも関係すると報告するヒュースマンら（Huesmann et al., 1984）の研究にある。長期にわたる非行と犯罪行為の同様の融合を報告する研究にはウェストとファリントン（West and Farrington, 1977），ロビンズ（Robins, 1966），ジェッサー，ドノヴァン，コスタ（Jessor, Donovan, and Costa, 1991）などがある。興味深いことに，おもに心理学者が見出した異種継続性に関する知見は，犯罪学研究とおおむね一致しており，人々が年をとってから特定の犯罪に手を染めることはほとんど，あるいはまったくないことを示している（Wolfgang et al., 1972; Blumstein et al., 1986; Elliott et al., 1989; Osgood et al., 1988）。

　さらに，幼少期の社会階層とは無関係に，幼少期の非行が成人後にどのような階層に至るかという結果に結びつくという，累積的継続性を支持する興味深い知見が限られているが存在する。カスピ（Caspi, 1987: 1211）は，幼少期の爆発的で制御不能な行動の傾向は，とくに従属関係を伴う問題（たとえば，教育，軍隊，職場環境）および対人関係の葛藤とつき合う必要がある状況（たとえば，結

婚や子育て）において，長期的に再現されるとする。幼少期に激しいかんしゃくを起こした子どもは教育との関わりを断念する可能性がとくに高く，その結果，失業，不安定雇用，低収入のような問題のある結果が生じた。リー・ロビンズは『逸脱した子どもたちの成長』において，幼少期の反社会的行動と成人後の職業的地位，仕事の安定性，収入，住居の流動性の間に強い関連があることを述べた（Robins, 1966: 95-102）。ロビンズは，「（幼少期の）反社会的行動は，階層地位が反社会的行動を予測するよりも効果的に階層地位を予測する」（Robins, 1966: 305）とする。

全体として，既存の知見は，非行動がライフコースを通じて比較的安定し，幼少期の反社会的行動が成人後のやっかいな結果を予測することを示唆する。これらは，その人が犯罪をするかしないかを問わず，非行や犯罪のような出来事が人生の軌跡全般にどのように媒介するかを検討することの必要性を述べるヘイガンとパローニ（Hagan and Palloni, 1988: 90）の主張を支持する。私たちは継続性の方向，大きさ，多様さをこの論理に従って探究する。すなわち，この章では「犯罪であるか犯罪でないかにかかわらず，幼少期の行動は将来の成人生活に重要な影響を及ぼすのか」という問いを検討する。

カスピ（Caspi, 1987），ロビンズ（Robins, 1966），ゴットフレッドソンとハーシ（Gottfredson and Hirschi, 1990），そして第1章で素描された理論的枠組みから導かれる命題は3つある。まず，初期の反社会的行動（たとえば，幼少期の問題行動や少年非行）はさまざまな環境で見られる成人期の逸脱と関連があるとするものであり，その逸脱には軍隊での裁判（たとえば，無断欠勤），一般的な逸脱行動，アルコール乱用，公式の犯罪が含まれる。次に，幼少期の非行は成人の社会的絆の次元と関連があるとするものであり，その社会的絆には経済的依存，教育達成度，労働への愛着，結婚経験の質が含まれる。そして，このような結果は，社会階層的背景，民族性，IQ，さらには非行の発生を予測する家族および学校要因といった従来の社会学的・心理学的変数と無関係に生じると主張する。以上のように，犯罪，逸脱，インフォーマルな社会統制は，ライフコース全体にわたって相互に密接に関連していると提案する。

幼少期と成人期の反社会的行動の測定

　以下では，幼少期と成人期の反社会的行動に関する3つの測定指標を用いる。第一に，グリュック夫妻による研究のサンプリング計画によって決められた公式な非行記録である。第二の指標は，対象者による自己報告，親による報告，教師による報告に基づく非行やその他の問題行動を合成したものである。クロス集計分析で用いた「全報告」変数は非行への関与を3群に分けた要約指標である。この測定指標は，非公式の非行と警察に認知された事件の両方を捉えている。第三の指標であるかんしゃくもちは，第4章と第5章で使用したものと同様である。この測定指標も，子どもが成長する過程でどの程度頻繁に激しいかんしゃくを起こしたかを反映したものである。先述のように，この指標はライフコースにおける行動の継続性に関する先行研究で用いられた（Caspi et al., 1987）。

　成人後の行動の結果に対する幼少期の影響の分析では，成人後の犯罪，逸脱，仕事・兵役・家族関係への問題のある適応についての測定指標を用いる。これらのアウトカム変数に関する記述情報のほとんどは，グリュックとグリュック（Glueck and Glueck, 1968: 71-141）に掲載されている。

犯罪と逸脱

　グリュック夫妻の研究チームによって収集された詳細な犯罪歴の情報から，追跡調査の間（17-25歳と25-32歳）に対象者が公式に逮捕されたか否かを判定する変数を作成した。第3章で報告したとおり，各対象者の32-45歳までの犯罪歴もコード化した。この期間に何らかの犯罪（軽微な自動車違反〔免許証／登録証の失効など〕を除く）で逮捕されたことを示す二値変数を作成した。もととなるデータは，ダートマス大学のジョージ・ヴァイラントが管理するアーカイブから入手したもので，マサチューセッツ州での公式記録の検索に基づいている（第3章を参照）。

　グリュック夫妻の研究チームが各回の調査で実施した面接調査で得られた情報を用いて，アルコールおよび薬物の過剰使用に焦点をあてた特定の逸脱の指標と，ギャンブルへの頻繁な関与と違法な性行為（たとえば，売春）への関与を

反映した逸脱全般の合成指標を作成した。

兵　役

グリュック夫妻による研究が行われた時代を考慮すると，対象者の男性の大多数が何らかの軍の部隊に所属していた（全体の 67％）。第 2 波調査（25 歳）の間に，これら対象者全員の軍歴に関するデータが収集された。情報源として使用されたのは，対象者が所属していた部隊の記録，選抜徴兵局，州の准将，退役軍人庁，赤十字社の記録，および対象者との面接調査であった。

ここで私たちは，とくに軍に従事している間の犯罪行為や逸脱行動（たとえば，脱走，無断欠勤，窃盗など）に関心がある。私たちの二値指標は，兵役中に軍当局に捕捉された行為を示している。また，兵役中の**常習違反**（正式な告発が複数回）と**深刻な違反**（重罪）の測定も可能である。さらに，軍務に関する他の重要な結果，すなわち最終的に到達した階級と除隊の種類を評価できた。

学校，仕事，そして家庭生活

幼少期の非行と 17-25 歳および 25-32 歳の間における成人後のさまざまな結果との継続性を調査するために，経済，教育，雇用，家族状況にわたる 11 の行動領域が選出された。そのうち 3 つは学校，仕事，家庭生活における客観的な構造的条件に関するものであり（高卒，経済的依存，離婚），家庭での面接や記録の確認から得られた（Glueck and Glueck 1968: 75, 81, 92, 100）。残りの指標は，成人期における社会的結びつきの質や強さ（仕事の安定性，配偶者への愛着，職業上の達成への献身）に関するものである。第 7 章で詳述するが，これらの後者の指標に関する情報もまた，家庭での面接調査中に収集され，また記録を可能な限り確認することで裏づけられた。主要な情報源変数の記述統計は，非行群と統制群の各追跡期間中に収集されており，グリュックとグリュック（Glueck and Glueck, 1968: 71-130）に記載されている。

継続性のパターン

表 6.1 は，幼少期の非行や反社会的行動と，成人後の犯罪や逸脱との継続性を検討した結果である。注目すべきは，すべての関係性が統計的に有意だった

こと（$p < .05$），関係性は予測される方向性にあったこと，実質的に見て大きな値であった点である。17-25 歳と 25-32 歳の間の逮捕件数は，幼少期に非行をしていない者に比べて，非行をしていた者の方が 3 倍から 4 倍多い。さらに印象的なのは，非行と犯罪の同種継続性は，成人中期まで続いていることである。公式な非行少年の半数以上が 32-45 歳の間に逮捕されているのに対して，統制群はたった 16％である。このように公式な犯罪行動の継続性は 30 年以上にわたり見られる。

　これらの結果は，非行やかんしゃくに関する非公式（つまり，親，教師，自己による）報告や成人期の問題行動に関する非公式報告でも再現される。過度の飲酒と逸脱行動全般の報告に関して，非行少年は非行をしていない少年に比べて，後にアルコールを乱用したり，逸脱行動をしたりする確率が平均して 4 倍高かった。すべての非行歴のカテゴリーで，問題行動と逸脱の関連性は同様であった。思春期に非行率が高いと報告された若者は，少年時の問題行動率が低いと報告された若者に比べて，17-25 歳の時点で逮捕される可能性が 5 倍以上高く，若年成人期（25-32 歳）に逮捕される可能性はほぼ 7 倍高かった。公式および非公式の非行に比べれば低いものの，幼少期のかんしゃくでさえ，成人期の犯罪傾向と強い関係を示している。幼少期の非行や反社会的行動についてどのような指標が用いられようとも，幼少期の問題行動は成人後の犯罪や逸脱と強く関係する。

　表 6.1 の基本的な結果は，他のさまざまな指標と関係性の強さを検定する手法を用いても，再現された。たとえば，特定の犯罪類型について成人期のものと思春期のもので比較した。全般的に見て，このように比較しても，表 6.1 のように幼少期と成人期の犯罪傾向は安定するという全体像は損なわれなかった。先ほどの結果（と多くの先行研究）から予想されるように，対象者が特定の犯罪活動に特化しないため，幅広い犯罪指標で同様の結果が得られた。また，すべての 2 × 2 の分割表について，RIOC（Relative Improvement Over Chance）の関連尺度を計算した（Farrington and Loeber, 1989 を参照）。RIOC の測定値は，非行の基準率を調整するものである。『解明』調査デザインにおける基準率が 50％であることを考えると，RIOC の測定値はクロス集計の数値と何ら異なることはない〔訳註：RIOC は一般的な手法ではない。その上で，群間の割合が違うのであれば，単純にカイ二乗検定をすればよいように思われるため，RIOC を行う必要性もうかがえない。

表 6.1 幼少期（14歳未満）の非行および反社会的行動と，成人（17-45歳）の犯罪および非行との関連性

	幼少期の反社会的行動						
	公式な非行[a]		自己，家族，教師による非行の報告			早期のかんしゃく	
			低	中	高		
	無	有	(0-3)	(4-13)	(14-30)	無	有
成人期の犯罪および非行							
%逮捕（17-25歳）	20	76	15	48	80	41	72
%逮捕（25-32歳）	14	61	10	36	66	32	58
%逮捕（32-45歳）	16	55	13	34	57	31	49
%アルコール・薬物の乱用（17-25歳）	11	41	7	23	47	22	37
%アルコール・薬物の乱用（25-32歳）	9	35	6	19	40	19	31
%一般的逸脱（17-25歳）	5	25	5	15	24	11	29
%一般的逸脱（25-32歳）	6	30	5	18	30	14	33

注：すべての重要な関連性は $p < .05$ 水準である。
a. 公式な非行の値は，年齢，IQ，民族性，近隣の社会経済的地位が照合されている。

なお，表6.1の注は有意だったとされているが，どのような分析の結果で有意だったのか書かれていないのは重大な欠陥だと考えられる］。

表6.2は，研究対象者の，兵役中の行動に関するデータである。軍隊は比較的均質的な社会環境であるため，行動の違いを探るうえでとくに重要な領域である。加えて，第二次世界大戦は非行少年と非行をしていない少年にも完全雇用を生み出しており，犯罪原因としての失業仮説の「自然実験」にもなっている（Gottfredson and Hirschi, 1990: 164）。犯罪行為に関しては，公式な非行少年の60％以上が兵役中に起訴されたのに対し，統制群ではわずか20％であった。軍隊における違法の頻度と深刻さを検証するとこの傾向はさらに顕著である。つまり，非行をした若者は，非行をしていない者に比べて，違法の頻度および深刻さのリスクが7倍も高いのである。また，非行少年は非行をしていない者に比べて，脱走や無断欠勤をする傾向が強かった。グリュック夫妻自身が記述したように，「彼らが起訴された違反の性質は，親や教師のしつけや行動規範の要求にうまく適応できなかったのと同様に……成人期の生活への要求にも適応することが難しかったことを示唆している」（Glueck and Glueck, 1968: 136-137）。

この一般的な傾向は，幼少期の問題行動の指標として非公式の非行が用いら

表 6.2 幼少期（14 歳未満）の非行および反社会的行動とその後の成人期（18-25 歳）の兵役中の行動との関連性

	幼少期の反社会的行動						
	公式な非行 [a]		自己，家族，教師による非行の報告			早期のかんしゃく	
			低	中	高		
	無	有	(0-3)	(4-13)	(14-30)	無	有
成人期の兵役中の行動							
%起訴	20	64	18	35	70	33	62
%頻回な犯罪	4	29	3	12	33	12	25
%重大な犯罪	4	32	3	12	38	13	30
%不名誉除隊	4	30	2	12	34	12	29
%伍長以上	64	36	67	46	37	54	41

注：すべての重要な関連性は $p < .05$ 水準である。
a. 公式な非行の値は，年齢，IQ，民族性，近隣の社会経済的地位が照合されている。

れた場合にも得られた。たとえば，幼少期に非公式な犯罪が多く報告された者の 70％が軍法違反をしたとして起訴されたが，非公式な犯罪の報告が少ない者のうち起訴されたのは 18％にすぎなかった。これらの対象者のうち，子どもの頃にひどいかんしゃくを起こした対象者は，軍隊で起訴される可能性が約 2 倍高かった。

　驚くことはないが，非行少年は非行をしていない少年よりも，後に不名誉除隊になる可能性が高かった（それぞれ 30％と 4％である）。関連する知見として，幼少期に非行をした者は，非行をしていない者に比べて，陸軍で伍長以上の階級（海軍では一等海士以上の階級）に就く可能性がはるかに低い（それぞれ 36％と 64％だった）。これら両方の傾向は，非公式な非行と同様にかんしゃくもちにもあてはまる。全体として，非行をした対象者は非行をしていない統制群ほど軍隊でうまくいっていなかった。幼少期の問題行動にどのような指標を用いようとも，幼少期の問題行動が成人後に継続していることは，兵役中であっても明らかである。

　おそらく，子どもの問題行動に関する最も興味深い相関関係は，犯罪学者が通常考慮しない幅広い成人期の領域で見られる。表 6.3 は，幼少期の非行と成人後の行動の関係における一般性を説明するために，教育，経済，雇用，家庭

表 6.3 幼少期（14 歳未満）の非行および反社会的行動と成人期（17-32 歳）の学校，仕事，家族に関わる地位達成との関連性

	幼少期の反社会的行動						
	公式な非行[a]		自己，家族，教師による非行の報告			早期のかんしゃく	
	無	有	低 (0-3)	中 (4-13)	高 (14-30)	無	有
成人期の学校，仕事，家族の地位達成							
高等学校卒業	34	2	39	13	2	22	3
職業への弱いコミットメント（17-25 歳）	39	74	35	55	77	51	71
職業への弱いコミットメント（25-32 歳）	34	64	33	43	69	43	65
経済的な依存（17-25 歳）	6	29	5	17	31	14	29
経済的な依存（25-32 歳）	11	39	8	21	44	19	43
低い職業安定性（17-25 歳）	19	47	16	32	51	27	50
低い職業安定性（25-32 歳）	16	50	12	29	56	27	51
離婚・別居（17-25 歳）	5	22	5	9	26	12	21
離婚・別居（25-32 歳）	12	27	10	15	33	16	32
配偶者との弱い愛着（17-25 歳）	14	49	12	26	56	26	54
配偶者との弱い愛着（25-32 歳）	22	52	18	35	57	31	56

注：すべての重要な関連性は $p < .05$ 水準である。
a. 公式な非行の値は，年齢，IQ，民族性，近隣の社会経済的地位が照合されている。

の各領域にまたがる行動についてのデータを示している。グリュック夫妻のデータでは，（公式／非公式の）非行少年の中で 25 歳までに高校を卒業した者が，非行をしていない少年に比べてとても少ない。かんしゃくもちの子どもも同じことがいえる。

　雇用に関しては，公式および非公式を問わず，非行少年が 25-32 歳の時点で不安定な職業履歴になる可能性は，少なくても非行をしていない少年の 3 倍以上であった。幼少期に非行をした者のうち約半数が，それぞれの調査において，成人後に不安定な仕事を経験している。同様に，幼少期の非行は，若年期（17-25 歳）および成人期以降（25-32 歳）の経済的依存（生活保護受給など）に関連していた。

　成人期の家族生活では，非行少年は非行をしていない少年に比べて，およそ 3 倍から 5 倍も配偶者との離婚や別居を経験していた。同様の傾向は，早期のかんしゃくもちに加え，問題行動の全報告を合計した合成変数を用いた場合に

も見られる。実際，離婚した男性の割合は，かんしゃくもちの男性ではかんしゃくもちでない男性より2倍高かった。また，（公式または非公式を問わず）幼少期に非行をした者の半数以上が配偶者への愛着が弱かったのに対し，統制群のサンプルでは25％以下であった。幼少期の早い時期に発症したかんしゃくも，大人になってからの配偶者への愛着の弱さと関係している（第2波では54％対26％，第3波では56％対31％）。

多変量解析による予測

　ここまでのデータは，思春期から成人期へと非行行為が継続することを明確に裏づけている。しかし，「継続性を理解するうえでインフォーマルな社会統制や早期の『子ども効果』がどのような役割を果たすのか」という重要な疑問が残っている。第4章と第5章で示したように，家族要因と子ども効果（一貫しない子育て，監督の欠如，気難しい気質など）は非行への影響を通じて成人後の犯罪と関連する。たとえば，母親の監督，親への愛着，親からの拒絶の3つの測定値と17-25歳の逮捕との関係を示すガンマ値は，それぞれ－.60，－.40，.52であった（すべて$p < .05$）（表4.2を参照）。各変数と25-32歳までの逮捕とのガンマ値は，－.51，－.34，.46であった（これもすべて$p < .05$）。さらに，一貫せず厳しいおよび脅迫的な親をもつ少年が成人後に逮捕される割合は，一貫して温かく，身体的な暴力ではない罰を与える親をもつ少年の約2倍であった。

　思春期の非行が家族要因と成人後の犯罪との関係を長期的に媒介するかについてはまだわかっていない。もしこの媒介関係が完全媒介関係であれば，非行を統制すれば，家族要因は成人後の犯罪に影響を与えないはずである。私たちの理論的枠組みと前章までの非行の原因に関する広範な分析を組み合わせは，この問題を検討するための明確な方向性を示す。はじめに，各対象者の公式な非行の有無を統制して，各サンプルを個別に分析に行う。次に，各グループ内で，非公式な非行とこれまでの分析において非行少年と非行をしていない少年を区別した主要な家族構成要素および個人差を示す構造（表4.9の要因を参照）が成人後の犯罪に与える多変量予測効果を検証する。この戦略によって，家族の社会統制要因が成人の犯罪に直接的な影響を及ぼすのか，それとも非行によって媒介されるのかを明らかにできる。

表6.4 最尤ロジスティック係数と非公式な非行，子ども効果，思春期のおもな家族の社会統制要因における非行群と統制群の間の成人期（17-25, 25-32, 32-45歳）の逮捕を予測する t 比

A. 子ども／少年の要因	非行群の成人期の逮捕予測					
	17-25歳		25-32歳		32-45歳	
非公式な非行	.10	(3.06)*	.08	(2.70)*	.08	(2.79)*
母親の監督	.08	(.36)	−.11	(−.58)	−.12	(−.67)
常軌を逸した子育て	−.12	(−1.12)	−.02	(−.20)	.15	(1.51)
養育拒否	.24	(1.27)	−.01	(−.06)	.00	(.02)
両親との愛着	.10	(.56)	.03	(.16)	−.06	(−.39)
早発	.28	(.63)	.09	(.24)	.09	(.25)
気難しい子ども	−.20	(−.75)	.08	(.35)	.39	(1.64)
かんしゃく	.42	(1.48)	.30	(1.20)	−.03	(−.12)
モデルの χ^2, 自由度8	17.6		11.8		18.1	
B. 子ども／少年の要因	統制群の成人期逮捕予測					
	17-25歳		25-32歳		32-45歳	
非公式な非行	.25	(4.56)*	.27	(4.59)*	.16	(2.91)*
母親の監督	−.26	(−1.23)	.04	(.14)	−.41	(−1.62)
常軌を逸した子育て	.18	(1.90)	−.02	(−.17)	−.16	(−1.49)
養育拒否	−.35	(−.98)	−.40	(−.90)	−.35	(−.84)
両親との愛着	−.02	(−.09)	.20	(.68)	−.03	(−.10)
早発	−5.86	(−.46)	−4.91	(−.38)	.34	(.26)
気難しい子ども	−.90	(−2.54)*	−.30	(−.79)	−.26	(−.71)
かんしゃく	.45	(.88)	.43	(.74)	−.78	(−.98)
モデルの χ^2, 自由度8	44.6		24.8		14.5	

*$p < .05$。

　表6.4が示すように，その答えはこれ以上にないほど明確である。非行少年と統制群の両者において，14歳までにあった非公式な非行は17-25歳，25-32歳，32-45歳のいずれの時期の逮捕に対して正の効果を示している。一方で，家族および個人差を示す構成概念はどう見ても成人後の犯罪に影響を与えない。実際，6つの成人後の犯罪の結果に対する7つの家族および個人要因の影響を反映する42の係数のうち41は有意ではない。唯一の例外は，統制群の17-25歳の犯罪における「気難しい子ども」要因であり，この効果は**負**である（気難しい子どもほど，17-25歳の犯罪の可能性が低い）。この結果は，長期間は維持され

ないので，あまり信頼できない。したがって，これらのデータから伝わる重要な主張は，早期の家族および子ども要因と成人後の犯罪との関係は，思春期の非行における個人差によって説明されるということである。

考　察

　私たちは，幼少期の非行行為がさまざまな成人後の犯罪や逸脱行動と有意かつ実質的に関連があることを示してきた。その中には，軍関係者による告発，面接に基づく非行や過度の飲酒への関与の報告，そして30年後までの警察による逮捕などが含まれる。この結論は非行の指標に関係なく成り立ち，非行群と統制群における非公式な非行は，家族による以前のインフォーマルな社会統制の効果がその後にも継続することを示している。

　もしかするとより重要なのは，同様な幼少期の反社会的行動は18年後の教育，経済，仕事，そして家族の地位を予測することである。こうした結果もどの非行の指標を用いても維持される。また，階層化の結果としばしば関連する変数である年齢やIQ，近隣の社会経済的地位（SES），民族性は，グリュック夫妻の研究デザインでは照合されているため，これらの変数によって非行群と非行をしていない群の差異を説明することはできない。

　全体として，グリュック夫妻の研究におけるもともとの非行少年と非行をしていない少年は，成人期に至るまで同種継続性と異種継続性の両方にわたって行動の一貫性を示した（Glueck and Glueck, 1968 も参照）。これらの発見は，先行研究（とくに，Robins, 1966; Farrington, 1989 を参照）を裏づけ，犯罪や他の問題行動への安定的な傾向を示唆する。たとえば，ロビンズとラトクリフは「幼少期に現れ，成人期に続く幅広い反社会的行動からなる単一の問題行動群が存在する」（Robins and Ratcliff, 1980: 248）と主張する。同様の議論はゴットフレッドソンとハーシ（Gottfredson and Hirschi, 1990）による犯罪の一般理論の基盤となっている。彼らは，「低い自己統制」は犯罪の経時的な正の相関や犯罪と非犯罪行為（交通事故もしくはアルコール使用など）の関係を説明できると示唆する。ネイギンとパターノスター（Nagin and Paternoster, 1991）が指摘するように，ゴットフレッドソンとハーシの理論では，長期にわたる逸脱行動の継続性は，人生の早期に確立され，その後も安定して継続する犯罪傾向の（人口集団内の任意の）個人

の異質性によって生成されると仮定する。この観点からすると，幼少期の反社会的行動と相関するさまざまな結果は，すべて同じ基礎的な特性もしくは傾向の表れである。

　しかし，継続性は，初期の傾向の違い以上のものによって促進されるかもしれない。先述したように，反社会的行動がもたらす異なる反応や結果のために，相互作用的および累積的継続性は，成人のさまざまな領域で反社会的行動を維持する可能性がある。とくに，非行は早期の傾向（あるいは自制心の低さ）や相互作用的継続性によって生成されるものを超えた，失われた機会の累積的継続性を通じて，成人期の順調な発達を妨げるかもしれない（Caspi et al., 1987）。累積的継続性という概念はラベリング理論の当初の主張と一致しており，一次的逸脱への反応が適応の問題を生み，それが二次的逸脱という形でさらなる犯罪を助長することを示している（Lemert, 1951; Becker, 1963）。適当な例として，逮捕や収容の経験が将来の雇用機会に負の影響をもつことが挙げられる（Bondeson, 1989; Freeman, 1992）。もちろん，抑止理論は，刑事司法による罰（逮捕や収容など）は将来の犯罪に負の影響を及ぼす可能性を主張する。いずれにせよ，ネイギンとパターノスター（Nagin and Paternoster, 1991）が**状態依存の議論**と呼ぶものによれば，過去と将来の犯罪の間には必然的な因果関係があるとされる（つまり，犯罪はその後の犯罪を起こす確率に真の行動的影響を与える）。

　もしラベリング理論と状態依存の構造的な説明と呼べるものの論理をさらに拡張するならば，幼少期の公式な問題行動と成人後の結果にある関連は，施設に収容され，汚名を着せられた青少年に与えられる構造的な不利や人生の機会の減少によって部分的に説明されるかもしれない。前科の汚名は世代を越えて広がるかもしれず，これは家庭環境や初期の犯罪傾向に関係なく，親の有罪判決が息子の非行に影響を及ぼすことを説明するかもしれない（Hagan and Palloni, 1990）。ヘイガン（Hagan, 1991）の最近の研究でも，思春期の逸脱が成人後の階層化に与える有害な影響が，下層階級の少年において最も大きいことが示唆されている。構造的に負の公的なレッテル貼りを回避できたとされる中層階級の少年は，思春期に非行をしても成人後に職業が見つけられない，もしくは見つけられても条件の悪い仕事であったなどの結果には至らなかった（Jessor et al., 1991 も参照）。

　総合すると，これらの研究は観察された行動の継続性は部分的に「錯覚」

(Farrington, 1986b: 373) であり，幼少期から始まる構造的な帰結の過程の結果であることが示唆される（Hagan and Palloni, 1990）。とりわけハワード・ベッカーは**逸脱キャリア**（ラベリングの過程によって維持される逸脱行動の安定的なパターン）という考えを発展させた（Becker, 1963: 24-39）。非行がもたらす構造的な不利益は，幼少期の問題行動の影響を相殺するような大人の社会的絆を弱めることにつながるかもしれない。

結　論

　以上の結果は，先行研究と理論を組み合わせて，非行の早期の違いが，少なくとも2つの方法を通じて成人後の犯罪に現れることを示唆した。1つ目のプロセスとして，家庭や学校の過程や子ども効果によって引き起こされた早期の犯罪傾向（たとえば，自制の低さ）をもつ個人は，成人期を通じて，その傾向に一致した状態に体系的に分類される。この見方からすると，（失業と犯罪のような）成人の行動間の相関は疑似的であり，個人レベルでの犯罪傾向における事前の差異を統制すれば消えるはずである（Gottfredson and Hirschi, 1990: 154-168 を参照）。

　もう1つのプロセスは状態依存であり，成人後の犯罪を助長する非行の因果的役割を意味している。この役割は潜在的で直接的だが（Nagin and Paternoster, 1991 を参照），私たちは非行行為が成人を社会と結びつける社会的および制度的な絆（たとえば，労働力への参加，夫婦の結束）を体系的に減らすという累積的発達モデルを重視している。これにより，成人期の社会的絆が，幼少期の違いによって説明される以上に，成人後の犯罪のばらつきを説明する可能性を示唆する。これらの視点は相互に排他的なものではなく，早期の非行と成人後の社会的結合の両方が成人後の犯罪に独立した影響を及ぼすことを示唆する。第7章と第8章では，この中心的な理論的命題をよりくわしく説明し，実証的に検討する。

第7章

成人の社会的絆と犯罪行動の変化

　変化という概念は，その測定と分析も含め，社会科学において，その対概念ほど注目されてきたわけではなかった。本章では，変化を持続とともに中心的に取り扱うことで，この不均衡に対処する。私たちの取り組みは，この2つの概念が相互に排他的なものではないという認識に立ったものであり，これまでも多くの場合，同様に考えられてきた（Jessor, 1983 を参照）。それどころか，個人内の変化と個人内の変化における個人差は，ともに，縦断的研究として設計された発達研究の重要な関心事である（Jessor et al., 1991: 160）。継続と変化は，両立しないというよりも，「個性の大きな変容でさえも先行する特性や境遇の相互作用から結果的に生じてくるような，1つの弁証法的な過程の2つの側面として見るのが最も適切であろう」（Jessor et al., 1991: 160-161）。

　ライフコース全体を通じた変化に焦点をあてることも，犯罪の発達的視点の中心であり，そこでは，さまざまな社会的文脈における犯罪の経過，とくに「犯罪の発達過程に影響を与えるような人生の移行と発達の共変数」（Loeber and LeBlanc, 1990: 451）が考慮される。社会的結合に関する私たちの一般概念と統合すると，この論理は，インフォーマルな社会統制に関する成人制度（家族，仕事，地域社会）との社会的結びつきが，ライフコースにわたる逸脱行動に関する連鎖の一環として機能する可能性を示唆している。したがって，私たちの研究は，個人の軌跡に埋め込まれた，成人のインフォーマルな社会統制に関係する移行と結びつきを明らかにすることを目指している。私たちの命題によれば，幼少期の犯罪**および**遵法行動への道筋は，成人の社会的絆によってライフコースにわたり大きく修正される。

理論と仮説

　私たちは，ライフコース理論の立場を採る研究者の多くとは異なり，個別のライフイベントの発生やタイミングよりも，社会的結びつきの質や強さを重視している（Hogan, 1978; Loeber and LeBlanc, 1990: 430-432 を参照）。たとえば，私たちは，結婚という構造的制度それ自体は社会統制を増加させるものではないというゴットフレッドソンとハーシ（Gottfredson and Hirschi, 1990: 140-141）の意見に同意する。しかし，親密な情緒的結びつきを伴った配偶者（または同居人）への強い愛着は，2人の個人間に社会的絆や相互依存関係を生み出し，それらは，他のすべての条件が同じであれば，逸脱行動の減少を導くはずである（Braithwaite, 1989: 90-91; Shover, 1985: 94 も参照）。同様に，雇用だけでは社会統制を増加させることはない。仕事の安定性，仕事への注力，仕事との相互的結びつき（つまり，従業員と雇用主の相互依存関係）が雇用に伴うことで，社会統制が増加し，他の条件がすべて同じであれば，犯罪行為や逸脱行動の減少を導くはずである（Crutchfield, 1989: 495 も参照）。

　私たちの議論の論理は，個人レベルでのインフォーマルな社会統制の重要性を規定するのは，家族，職場，地域社会の状況を問わず，制度的関係における社会的投資または**社会関係資本**（Coleman, 1988）であることを示唆する。コールマン（Coleman, 1990: 302）が論じているように，社会関係資本の際立った特徴は，対人関係や制度的結合の構造の中に存在している。社会関係資本は，行動を促進するような形でこれらの関係性が変化するときに創り出される。つまり，「社会関係資本は実り豊かなものであり，それがなければ不可能であった特定の目的の達成を可能にする」（Coleman, 1988: 98）。これとは対照的に，物的資本は，完全に有形で観察可能な物質的形態に具現化されており（Coleman, 1990: 304），人的資本は，個人が習得した技能や知識に具現化されている。社会関係資本は，**人同士の関係性**に具現化されるものであるので，有形ではない（1990: 304）。その核となる考え方は，個人が利用可能な物的資本や人的資本の形態（たとえば，収入や職業技能など）とは無関係に，社会関係資本が，人を社会制度に結びつける効果的な結合の形成を促進する中心的な要因であるということである。

コールマンの社会関係資本論は，社会統制理論と直接的に結びつけることができる。つまり，社会関係資本の欠如は，すでに定義されたように，社会的絆の弱さの主要な特徴の1つである（Coleman, 1990: 307 も参照）。理論的な課題は，個人，家族，雇用主，その他の社会内の関係者が利用可能な社会関係資本を促進する社会関係の特徴を特定することである。コールマン（Coleman, 1990: 318-320）によれば，最も重要な要因の1つは，社会システムにおける関係者間のネットワークの閉鎖性（つまり，連結性）である。たとえば，雇用者と被雇用者が関わるシステムでは，広範な義務，期待，相互依存的な社会的ネットワークを特徴とする関係性は，純粋に功利的な目的や重なり合いのない社会的ネットワークを特徴とする仕事よりも，より社会統制を促進しやすい。同様に，成人間の関係（結婚など）の存在のみでは，社会関係資本を生み出すには不十分であり，よって，社会関係資本の概念は，婚姻関係の有無という単純な構造的認識では理解できないものである。

　この理論的概念によれば，成人の社会統制は，少年ほど直接的に作用するものでも対外的な影響を受けるものでもない（たとえば，監視や活動の監督など）。むしろ，成人の社会的結びつきは，犯罪性向を行動に移すために大きなコストを強いるような相互依存的な義務と抑制のシステムをつくり出すという点において重要である。犯罪に親和的な素性をもつ（あるいは自己統制の低い）成人が，制度（結婚や仕事）によって完全に変容できる，あるいはそのような制度が監視などの直接的な統制を課す能力さえあると期待するのは非現実的である。それにもかかわらず，私たちは，非行を促進しうる背景事情があったとしても，成人が仕事や家庭生活内に社会関係資本をもっていれば，犯罪の実行は抑制されると考えている（Cook, 1975 も参照）。これとは対照的に，成人期における相互依存性（Braithwaite, 1989）やインフォーマルな社会統制が弱いシステム（たとえば，労働者集団への弱い愛着や凝集性の弱い婚姻関係など）の中にいる人は，若いときに非行歴がなくても，逸脱行動に走りやすい。この2つの前提によって，人生の遅い段階になってから犯罪に走ることと同じく犯罪からの離脱も説明可能になる。

　また，私たちは，雇用主と配偶者によって投資される社会関係資本がもつ相互性も重視する。たとえば，雇用主は，その投資が報われることを期待して，労働者を雇うにあたってしばしばリスクを冒す。それと同様に，結婚を考えて

いるパートナーは，配偶者候補の非行に親和的な素性を知っているかもしれないが，それでも自分の将来をその人に賭けるかもしれない。雇用主や配偶者によるこの投資が，今度は従業員や夫による社会関係資本の見返り投資の引き金となるかもしれない。重要な理論的ポイントは，社会関係資本と相互依存性は相互的であり，個人と社会制度との間に存在する社会的結びつきに埋め込まれているということである。この考え方は，非行行動の変化がどのように始まるかを説明するのに役立つかもしれない（たとえば，雇用主が元非行少年にチャンスを与え，その仕事への見返り投資を促進し，その結果，従業員の逸脱行動が抑制されるというように）。

　一見すると，私たちが変化に焦点をあてていることは，第6章における次の2つの知見と矛盾するように見えるかもしれない。その知見とは，①犯罪行動は長期にわたって持続する，②成人の社会的絆の形成は少年非行と負の関連を有するというものである。私たちは2つの方法でこれらの事実を両立させる。第一に，継続性は，完全とは程遠いというだけでなく，個人差の集合を示したものであり，個人内の変化を捉えていない。この点で，私たちの理論的枠組みは，個人間の差が一般的に持続するにもかかわらず，成人期の社会的結びつきが犯罪に関する幼少期の軌跡を修正しうることを示唆している。

　第二に，成人期の社会的絆の弱さも，幼い頃の非行と成人期の犯罪行動との間とを媒介する可能性，つまり両者の連続性をもたらす可能性がある。第6章で論じたように，累積的継続性の考え方は，非行が，人生の可能性に否定的な結果（たとえば，学校での失敗，失業，地域社会との絆の弱さなどを引き起こす逮捕，公的なラベリング，施設収容）をもたらすことによって，自分の将来を「担保に入れる」傾向があることを提示している。とくに深刻な非行は，非行を行った者が社会的慣習に従って生きる選択肢を減らすような機会の「削ぎ落とし」(Caspi and Moffitt, 1992; Moffitt, 1991) を引き起こす可能性がある。「削ぎ落とし」という概念は，社会的に不利な状況におかれた都市貧困層が構造的に制約されている人生の可能性にとくにあてはまるように思われる（Hagan, 1991 を参照）。

　その一方，非行（とくに警察沙汰や施設収容）がないかその頻度が低いと，成人期に向社会的な愛着がしっかりと定着する機会が提供される。したがって，非行経験がない者は，（おそらく）社会的慣習に従った成人の活動への強い社会的結びつきを築く動機が強いだけでなく，構造的にそれが可能なのである。少

なくとも，向社会的な役割に就いていることは，現状を維持し，人生の不利な出来事（たとえば，最も雇われにくく，最も解雇されやすいこと）に対抗するのに有利である。この意味で，私たちは，その人がどこで，どれくらいの期間，その状態にいたかという人生史が成人の発達パターンを理解するうえできわめて重要であるという状態依存論（Nagin and Paternoster, 1991）を重視している。

私たちの理論的視点は，自己統制力が一定に保たれていても犯罪行動の発生は不確かであり多様であるというゴットフレッドソンとハーシの議論（Gottfredson and Hirschi, 1990: 137）とも整合的である。つまり，成人犯罪の発生は，とりわけその機会（たとえば，見張りや監視の不存在）に依存するので，早期の非行によって示された犯罪傾向のばらつきは成人犯罪の説明としては不十分である。成人期における仕事や家庭との結びつきは，犯罪機会，つまり犯罪傾向が行動に移される確率に影響する。たとえば，他の条件がすべて同じであれば，雇用や婚姻関係が安定している者は，雇用や婚姻関係が不安定な者よりも，継続してその行動を見張られることになる。

要するに，私たちの理論は，犯罪行動の持続と変化を同時に組み込んだ，社会関係資本とインフォーマルな社会統制に関する動的な理論である。私たちは，成人の犯罪のばらつきは幼少期の行動だけでは説明できないと主張しているため，変化が私たちのモデルの中心となる。具体的には，幼少期の非行を統制した場合，成人の社会的絆の強さが成人後の犯罪行動に直接的な負の影響を与えると仮定する。それと同時に，私たちのモデルは，幼少期の非行と成人後の帰結との関連性を組み込んでおり，非行行動が成人を社会につなぐ社会的・制度的な結合を希薄化させるという累積的な発達過程を想定している。このように，成人の社会的結びつきは，それ自体で成人の犯罪に重要な影響を与えるだけでなく，幼少前期の差異と成人後の犯罪とをつなぐ連鎖の確率的関連性の説明にも役立つ。

成人の社会的絆の測定

第6章で紹介したように，主要な独立変数は，17-25歳と25-32歳の時点における**仕事の安定性，コミットメント，配偶者への愛着**である。これらの指標に関する情報は，家庭での面接調査の際に収集され，可能な限り記録を確認す

ることによって裏づけた。仕事の安定性は，雇用状況，直近の雇用の安定性，勤労習慣という相互に関連する3つの変数の標準化された合成尺度によって測定される。雇用状況は，面接調査時に対象者が雇用されていたかどうかを測定するものであり，雇用の安定性は，現在または直近の仕事で雇用されていた期間（3カ月未満から48カ月以上の範囲）を測定するものである。勤労習慣の変数は3段階の尺度から構成されている。すなわち，職場での信頼がなかったり，仕事への努力を怠っていたりする場合には悪い勤労習慣と分類した。断続的な欠勤や対象者がみずから選択した失業期間を除き，おおむね良好な勤務成績を収めている場合には，まずまずの勤労習慣と分類し，仕事上の信頼できる能力を雇用主から指摘された場合や，対象者が組織にとっての戦力と見なされた実例がある場合には良好な勤労習慣と分類した（Glueck and Glueck, 1968: 90-94 を参照）。[2]

　職業関連の目標に対する個人のコミットメントは，仕事の安定性に影響を与える可能性がある。第2次調査でのコミットメントの指標は，対象者とその親密な他者への面接から得られたもので，仕事，教育，経済的目標への野心という3つの関連変数を組み合わせたものである（Glueck and Glueck, 1968: 124-126）。コミットメントが低い対象者は，とくに仕事，教育，経済的な抱負を示さず，進学を考えたこともないか，漠然とした教育的願望しかもっていない者とした。コミットメントが高い対象者は，進学（学業，職業訓練，専門職）に対する強い願望があり，自分自身や家族をより良い状態にすること（専門職になること，より多くの収入を得ることなど）への熱意があった者とした。第3次調査では，コミットメントは，25歳から32歳の間に仕事や職業上の地位を向上させるために対象者がとった努力を3段階で表した。これらの努力は，勤勉に働くことや組合に加入すること以外の行動に焦点をあてている。たとえば，追加の実地訓練，公務員試験の受験，特別読解講座や通信教育への参加などである（Glueck and Glueck, 1968: 95）。

　私たちの分析における3つ目の重要な独立変数は，配偶者への愛着である。第2次調査では，対象者とその配偶者の特定の期間の一般的な夫婦関係に加え，夫婦間の責任に対する対象者の態度が記された面接データから得られた合成指標を用いる（Glueck and Glueck, 1968: 84-88）。弱い愛着は，短期間の別居，離婚や別居，扶養義務の不履行などの不適合の兆候によって表された。このような人

たちは，経済的にも精神的にも，夫婦の責任を軽視していた。反対に，愛着が強い人は，妻に対して親密で愛情のこもった感情を示したり，全般的に建設的な関係の中で妻と仲良くしたりしていた。このような人々は夫婦の責任を引き受けていた。第3次調査では，配偶者への愛着は，追跡調査期間中の男女関係に関する面接データから得られた合成尺度に加えて家族の凝集性の指標を用いた。第3次調査における男女関係の指標は，第2次調査と同じである。家族の凝集性は，家族が，利害の一致，協力，そして互いへの全面的な愛情によってどの程度特徴づけられているかを評価したものである。この指標は，第2次調査では利用できなかった。

　まとめると，これらの指標は，家族，仕事，地域社会といったインフォーマルな社会統制の重要な制度への個人の結びつきの質，強さ，相互依存性を捉えている。また，信頼性も高い。第2次と第3次におけるクロンバックの α 係数は，それぞれ，仕事の安定性で .65 と .78，夫婦間の愛着で .90 と .91 である。25歳時のコミットメントに関する α 係数の信頼度は .68 であった（32歳時のコミットメントは1項目指標である）。可能な限り主要な概念について複数の指標を用い，高い信頼性をもつ合成尺度を用いたことに加え，私たちは，指標の妥当性を確保するために他の手段も講じた。たとえば，私たちは，個々の項目と尺度の縦断的妥当性と構成概念妥当性を調査した。その結果，仕事の安定性，夫婦間の愛着，コミットメントの尺度は，実質的な期待と一致する形で，同時的かつ将来的に関連しているという主張が支持された。これらの結果を，第6章で示した非行と成人後の社会的絆との間の予測的関係と組み合わせると，尺度の信頼性と妥当性に関する十分な証拠が得られている。

　第4章で述べたように，グリュック夫妻のデータは，とくに態度や道徳的信条に関する測定誤差が大きいことの多い従来の調査研究とは異なる（たとえば，Matsueda, 1982, 1989 を参照）。グリュック夫妻のデータは，個々の項目についても複数の情報源を統合している。さらに，ここで使用されている項目は，態度よりもむしろ行動結果にほぼ限定されており，私たちは，可能な限り複数項目の指標を構築している。このようなグリュック夫妻のデータの他に類を見ない性質と，いくつかの結果変数（たとえば，二値変数，カウント変数，生存時間変数）の性質に起因して，私たちはおもにロジスティック回帰モデル，最小二乗回帰モデル，ポアソン回帰モデルとイベント・ヒストリー分析に頼ることにした。[3]

変化の初期評価

　表7.1は，仕事の安定性，教育的・職業的・経済的目標へのコミットメント（つまり，向上心），既婚者の配偶者への愛着といった社会的要因が，生涯にわたって逸脱行動や問題行動の持続傾向をどのように修正するかを検証したものである。照合デザインをとる研究では，非行群と統制群から非行の差が最大化されるようにサンプルが抽出されるため，非行群や統制群それぞれの群内分析では，非行を行っていたか否かという当初の状態が統制される。定義上，非行群の標本は，全員が非行を行った青少年である。そのため，非行群の標本についての私たちの目的は，この地位のその後の変動に関連する社会的要因を検証することである。[4]

　17-25歳時における仕事の安定性は，非行少年の標本における成人犯罪と逸脱の各指標と大きな逆向きの関係性を示した。[5] さらに，若年成人期の仕事の安定性は，その後の25-32歳におけるアルコール使用，一般的逸脱，逮捕に対してきわめて大きな負の効果を示し，実質的な**予測力**を有していた。17-25歳の時点で仕事の安定性が低かった対象者は，仕事の安定性が高かった対象者と比べて，成人期以降にアルコールに関する深刻な問題を示す可能性が少なくとも4倍高く，逸脱行動に走る可能性が少なくとも5倍高かった。若年成人期における社会的絆の状態がこのような予測力を有していることを踏まえると，成人犯罪そのものによっては観察されたパターンを説明することは困難である。また，これらの関係性は非行少年のみで構成される集団の検証で得られたものであるため，反社会的な子どもは成人後も反社会的な行動をたんに繰り返す（非行少年は必ず成人後もその相互作用様式を継続し，そのために家族や職場，その他の社会統制の制度と折り合わない；Caspi, 1987）という「持続性」や「自己選択」論に基づいてこの結果を否定することも困難である。むしろ，若年成人への移行期における仕事の安定性は，犯罪や逸脱の軌道を有意に修正するように思われる。[6]

　同様のパターンは慣習的な教育的および職業的目標へのコミットメントにも見られる。教育的・職業的に高い志をもち，向上のため努力している非行少年の対象者は，17-25歳と25-32歳の時点での逸脱行動，アルコールの過剰摂

表 7.1　非行少年群における成人の社会的絆と成人犯罪・逸脱の同時的・予測的関係性

成人の犯罪・逸脱	仕事の安定性 17-25 歳			コミットメント 17-25 歳		夫婦間の愛着 17-25 歳	
	低い	中程度	高い	弱い	強い	弱い	強い
％過度な飲酒（17-25 歳）	57	24	15*	50	21*	53	17*
％過度な飲酒（25-32 歳）	53	19	11*	43	16*	47	11*
％一般的逸脱（17-25 歳）	31	13	9*	29	15*	31	8*
％一般的逸脱（25-32 歳）	47	17	8*	37	14*	54	16*
％逮捕（17-25 歳）	91	62	60*	82	64*	87	58*
％逮捕（25-32 歳）	74	47	32*	70	47*	76	34*

成人の犯罪・逸脱	仕事の安定性 25-32 歳			コミットメント 25-32 歳		夫婦間の愛着 25-32 歳	
	低い	中程度	高い	弱い	強い	弱い	強い
％過度な飲酒（25-32 歳）	53	19	5*	43	18*	51	6*
％一般的逸脱（25-32 歳）	46	13	4*	39	14*	52	6*
％逮捕（25-32 歳）	80	44	18*	70	40*	78	29*
％逮捕（32-45 歳）	64	48	39*	59	47*	64	43*

*$p < .05$。

取，逮捕の可能性が非常に低かった。このパターンは，結婚したことのある者（標本の約 50％にあたる）における配偶者への愛着と成人後の犯罪との関係にも妥当する。すべての指標との関係は，予想どおりの方向で，有意で，実質的に見て大きいものであった。仕事の安定性やコミットメントと同様に，17-25 歳時における妻への愛着の影響は，それと同時期においてだけでなく，その後の 25-32 歳時においても顕著であった。

表 7.1 の下段も，25-32 歳時における社会的絆と，25-32 歳および 32-45 歳の時点における犯罪・逸脱行動との間の関係性について，一致したパターンを示している。実際，すべての指標との関係が，予想どおりの方向であり，有意で，実質的に見て重要なものであった。過度な飲酒と逸脱に対する仕事の安定性と夫婦間の愛着の効果はとくに注目に値する。これらの要因の予測力は，45 歳まで，つまりグリュック夫妻による 3 回目の追跡面接調査から約 13 年後まではっきりと表れている。たとえば，25-32 歳の時点で仕事の安定性が低かった者の 60％以上が，32-45 歳のときに逮捕されたのに対し，仕事の安定性が高か

った者のそれは39％であった。中年期における夫婦間の愛着も，その後の犯罪や逸脱との間で同様の負の関係を示している。

ここまでに示された知見は，成人期におけるインフォーマルな社会統制が，幼少期の非行の有無とは無関係に，成人後の反社会的行動と有意かつ実質的な関連性を有していることを示唆している。持続性を強調する「個体要因論的」モデルは，第6章で部分的に確認されたとはいえ，ライフコースの説明モデルとしては不十分である。仕事，教育，家族といった成人の制度との社会的絆は，成人期の犯罪や逸脱に強力な修正的影響を及ぼすようである。

早期の犯罪傾向に関する説明

表7.1の結果は私たちの理論を支持するものであったが，さらに，より重要な疑問が提起されるかもしれない。すなわち，非行群と統制群内における犯罪の個人差が結果と交絡しているのではないか，ということである。非行群の中で最も非行傾向の強い対象者は，前章の表6.3によって示唆されたシナリオのように，その後の不安定な仕事，配偶者との争いに悩まされる結婚生活，犯罪といった状態になるよう自己選択した可能性がある（Caspi, 1987; Gottfredson and Hirschi, 1990）。同様に，統制群の対象者も，公式の犯罪記録がなかったとしても，おそらくみな等しく非行をしていない者だというわけではないだろう（Glueck and Glueck, 1950: 29）。

本章と第8章では，おもに3つ方法でもともとの犯罪傾向を統制する多変量解析戦略によって，この疑問に取り組む。その方法とは，第一に，2集団の標本について再び別々に分析を行うことで，公的に把握された非行状況や，非行を行った者と行っていない者との間にある家庭経験や学校経験，その他多くの背景要因の大きな差異を統制する（統制群については第8章で分析する）。第二に，両標本において，思春期に犯した公式記録上の犯罪の頻度を統制する。非行群には，生まれてから17歳までの間に施設に収容されていなかった期間における年間平均逮捕件数を用いる。この割合は犯罪を犯す機会が同じとなるよう調整する（つまり，収容期間を考慮する）ので，非行群の思春期の犯罪「傾向」のよい指標となる（Gottfredson and Hirschi, 1990: 220）。

第三の，そして犯罪傾向に関するもともとの個人間の差異を統制するおそら

く最良の方法は，非公式非行の指標を含めることである。第6章で述べたように，この幼少期の非行指標は，7つの家族構成要素や個人差構成要素を統制しても，非行群と非行していない群の両方において，成人後の犯罪を予測する。さらに，非公式非行の指標は，しばしば少年司法制度に関わる前の行動（たとえば，不登校，家出，喫煙）について，対象者自身，親，教師からの報告を組み合わせている。この指標は，犯罪傾向の指標は「犯罪が可能となる前に」評価されるべきであり，「思春期前の時期に入手可能な情報から構築される（そして，その後の行動を予測する能力によってその妥当性が検証される）」べきであるというゴットフレッドソンとハーシ（Gottfredson and Hirschi, 1990: 220）の基準に合致している。したがって，私たちは，時間が経過しても安定している非行に関する早期の個人間の差異の妥当性が検証された指標を採用する。

　私たちの3つの戦略は，幼少期の非行は，少年司法関係者だけでなく，親や教師，そして非行少年自身によって観察される，顕著で測定可能な特徴であるという前提を明確にする。この点で，非行傾向が何らかの形で「観察不可能」であるという議論は，事実に反するし（Nagin and Paternoster, 1991 を参照），根本的にはデータのとり方の問題であるものに対して統計学的なモデリング・アプローチを促してしまうため，多くの点で望ましくない結果を生むだろう。私たちの意見では，欠落変数バイアスに対する最善の対処方法は，より多くの情報を収集し，関連する変数の直接的な指標を含めることである。私たちの戦略はまさにそれを試みるものであるが，後の節で，犯罪傾向における個人間の観察されていない異質性を考慮に入れる最近の手法も検討する。

　まとめると，今回の研究デザインは，成人の社会的結びつきが成人の犯罪や逸脱に及ぼす影響を厳格に検証するものであり，犯罪や非行の変化を検証することを可能にするものであるため，私たちの理論的目標と直結している。すなわち，非行（非公式と公式の両方）のもともとのレベルが統制され，各集団について別々に分析が行われるため，そこから帰結する多変量解析モデルによって，成人の犯罪傾向の変化に対する成人の社会的結びつきの独立した効果を評価することができる。こうして，逸脱した子ども時代の「傾向」（Gottfredson and Hirschi, 1990）によって直接説明されない，成人の行動の変化を検証することができるのである。[7]

欠損データと選択バイアス

 もともとのグリュック夫妻による研究には1000人の対象者が参加したが,そのうち12％は死亡または所在不明により追跡面接調査には含まれていない。さらに,グリュック夫妻によって32歳まで追跡された880人の対象者には適用できないと判断された指標もあった。たとえば,大部分の期間を刑務所や軍隊ですごしていた男性や,長期間放浪していた男性については,仕事の安定性や夫婦間の愛着の項目は追跡調査中に評価されなかった。それと同様に,アルコールと逸脱の項目についても,追跡調査期間の大部分を地域社会ですごしていなかった男性のものは測定されなかった。長期間服役していた者や軍隊にいた者,あるいは面接調査ができなかった男性の社会的絆や犯罪歴を正確に測定することはできないため,重要な指標の1つ以上が欠落している事例を除外する必要があった。追跡調査対象から除外された約150人の非行少年のうち,大半は施設に収容されており,残りの約40人は長期兵役のため除外された。統制群では,32歳まで追跡された442人のうち約50人がグリュック夫妻によって「不適格」カテゴリーとされ,この除外のうちの多くが兵役によるものであった。分析に残ったケースのうち,真の欠落（つまり「不明」）データは深刻な問題ではなく,非行群で平均約10％,統制群で平均約5％であった。

 残念なことに,除外された事例は男性の無作為抽出標本を代表したものではない。収容期間が長い者は犯罪歴も多く,そのため犯罪に走りやすいと推測される。また,長期間兵役に従事していた者が,それ以外の者の特性を反映しているとも考えられない。こうした理由から,系統的な標本選択バイアスのために結果が偏り,外的・内的両方の妥当性が損なわれる可能性がある（Heckman, 1979; Berk, 1983）。実際,選択バイアスは,初期の犯罪傾向の統制に関する論点と根本的に関連している（Smith and Paternoster, 1990）。その理由は,調査対象とした実質的な評価項目（犯罪）の誤差項が,観察された事例の選択を導く方程式（たとえば,犯罪者を長期間収容する量刑決定）の誤差項と相関している可能性があるからである。偶発的選択の過程では,誤差項の相関によって,最小二乗回帰パラメータの推定値に矛盾や偏りが生じることがある（Berk and Ray, 1982: 68-71）。そこで必要なのは,非無作為抽出後の実際の方程式において,期待さ

れる擾乱値を捉える手続きである (Berk, 1983: 391)。つまり，非選択のハザードを表す新しい（したがって，以前は除外されていた）変数を含めることで，一貫した偏りのない推定が可能になる。

この問題に対処するため，私たちは，欠損または除外されたケースの過程をモデル化するにあたって標本選択法を用いた。[8] 基本的に，この問題は，選択過程を表す方程式をまず特定し，ついで関心事項（私たちの場合には犯罪）の実質的な方程式の第2段階の推定を行い，標本除外リスクを補正する。選択方程式を推定するために，まず，25歳と32歳時の評価において，追跡対象者が外生変数で欠落していた場合に1を代入する二項変数を作成した。誤差の二変量ロジスティック分布（Berk and Ray, 1982: 387-389 を参照）を仮定して，25歳と32歳でのそれぞれのモデルにおける除外リスクを予測する一連のロジスティック回帰式を推定した。[9] 除外リスクの予測因子は，除外過程に関する私たちの知識に基づいて選ばれた。上述したように，収容と兵役は選択の主要な決定要因であると信じる十分な理由がある。したがって，私たちは，収容期間（調査当時の収容とそれ以前の収容の両方），兵役期間，第二次世界大戦で海外に従軍したかどうかの指標を含めた。また，犯罪傾向の2つの指標（公式犯罪と非公式犯罪）と生まれ年も選択方程式に含めた。後者が選ばれたのは，グリュック夫妻のプロジェクト終盤に資源が逼迫したため，標本中の最若年層の一部が32歳時の追跡調査を受けない可能性が高いと思われていたからである。

表7.2は，第2次と第3次の追跡調査に関する最尤法（ML）の結果である。17-25歳時における除外事例の有意な予測因子は，17-25歳における施設収容，成人期の兵役期間，少年時代の公式犯罪記録である。予想どおり，施設収容期間と兵役期間が，第2次調査の分析における除外の可能性を説明するおもな要因である。[10] 表7.2のパネルBでも，25-32歳期の除外について同様の結果が示されている。ここでも，兵役期間は，17-25歳時と25-32歳時の両方における収容期間と同様に，除外リスクを有意に高めている。また，第2次追跡調査と同様，第3次調査での除外リスクは，少年期の非行が増加するほど減少している。いずれのモデルも，不適切・除外事例の選択過程を説明するうえでデータとよく適合している（カイ二乗検定の統計量を参照，いずれも $p < .05$）。

私たちは，表7.2の方程式を用いて追跡調査で除外される予測確率を推定した。この「ハザード比」という道具は，以下の第2段階の実質的方程式にお

表 7.2　17-25 歳と 25-32 歳時点での実質的な多変量モデルの除外可能性を予測する最尤法の係数および t 比（非行群追跡調査）

A. 独立変数	17-25 歳の選択方程式 （1 ＝ 除外）	
	係数	係数／S.E.
少年（17 歳未満）		
収容されていない期間中の 1 年あたりの逮捕	− 1.27	− 2.55*
非公式非行	− .04	− 1.52
収容期間	− .03	− 1.00
生まれ年	.53	.09
成人（17 歳以上）		
収容期間（17-25 歳）	.16	8.00*
兵役期間	.50	3.65*
第二次世界大戦	− .35	− 1.08
モデルの χ^2, 自由度 7	98.6 （N = 446）	

B. 独立変数	25-32 歳の選択方程式 （1 ＝ 除外）	
	係数	係数／S.E.
少年（17 歳未満）		
収容されていない期間中の 1 年あたりの逮捕	− 1.92	− 2.86*
非公式非行	− .09	− 2.66*
収容期間	− .00	− .00
生まれ年	.07	.93
成人（17 歳以上）		
収容期間（17-25 歳）	.15	5.00*
収容期間（25-32 歳）	.16	6.00*
兵役期間	.44	2.54*
第二次世界大戦	− .17	− .42
モデルの χ^2, 自由度 7	188.6 （N = 423）	

注：収容と生まれ年の係数は 100 倍して小数点以下の桁数を減らした。
*$p < .05$。

ける新しい独立変数として機能する（詳細については，Berk and Ray, 1982 を参照）。ここで重要なのは，私たちの標本選択法が，先験的知識に基づく実質的に意味のある手続きに従っているということである。標本選択法は，恣意的な変数が選択手続きのモデルに使われることがあると批判されてきた（Stolzenberg and

Relles, 1990; Berk and Ray, 1982 を参照)。ベルクとレイ（Berk and Ray, 1982: 394）が論じているように，「選抜問題とそのすべての解決策は，根本的に，実証手続きとその選択手続きの両方を適切にモデル化する能力に左右される」。私たちの場合，幸いなことに，欠損データを生み出す過程と因果的な関連性を有する収容期間や兵役期間といった意味のある変数が手元にあり，モデルの説明力に反映されている。この情報を犯罪の説明における実質的方程式に組み込むことで，第2次と第3次調査のサンプルサイズの減少が何らかの規則に従って生じているという懸念を打ち消すことができる。[11]

非行少年の成人犯罪モデル

表7.3は，非行群について，25-32歳における一般的逸脱への参加，過度な飲酒，逮捕について多変量解析を行った結果を示している。[12] モデル1では，公式・非公式の少年非行の指標に加え，婚姻の有無と収入を統制し，成人の社会的絆の効果を評価している。[13] そのおもな含意は比較的明らかであり，他の要因を統制すれば，収入と結婚は成人後の犯罪や逸脱を予測しない。一方，仕事の安定性は，犯罪と逸脱の3つの指標すべてに対して一貫した負の効果を示している。係数は標準誤差の少なくとも2倍であり，仕事の安定性が1単位増加すると，その後の犯罪や逸脱の対数オッズが少なくとも.18減少することを示している。

表7.3のモデル2は，結婚している（またはしていた）男性の妻への愛着の効果を検証したものである。この結果は，結婚それ自体よりも，むしろ凝集性が効果の中心をなすことを示唆している。夫婦間の愛着は，犯罪と逸脱のすべての指標に，他の要因の効果を差し引いても有意な負の効果を及ぼしている。加工前の係数を見ると，配偶者への愛着が強いと，不和な関係にある人に比べて犯罪の対数オッズが少なくとも1.2減少する。しかし，既婚男性では，仕事の安定性の影響は，その影響の程度も統計的有意性も減少している（$p < .10$）。

幼少期のもともとの非行レベルが統制されているので，これらの結果は，犯罪行動の変化に対する成人の社会的絆の効果という観点から解釈することができる。たとえば，逸脱，飲酒，逮捕はいずれも少年時の非行によって予測される（$p < .10$）。したがって，仕事の安定と夫婦間の愛着のいずれも，もともと

表 7.3　17-25 歳時点での少年非行と社会的絆によって 25-32 歳時点での犯罪および逸脱への参加を予測する最尤ロジスティックの係数と t 比（非行群）

独立変数	25-32 歳時点の犯罪と逸脱					
	一般的逸脱		過度の飲酒		逮捕	
モデル 1（全男性，$N = 251$）						
少年（17 歳未満）						
収容されていない期間中の 1 年あたりの逮捕	1.61	(2.68)*	.65	(1.13)	2.74	(3.57)*
非公式非行	− .03	(− .84)	.12	(3.11)*	.08	(2.10)*
若年成人（17-25 歳）						
除外リスク	− .12	(− .13)	1.76	(1.90)	2.38	(2.07)*
収入	− .14	(− 1.22)	− .05	(− .49)	− .13	(− 1.17)
結婚	.27	(.80)	− .06	(− .20)	− .10	(− .31)
コミットメント	.06	(.90)	− .17	(− 2.54)*	.01	(.18)
仕事の安定性	− .27	(− 3.79)*	− .18	(− 2.64)*	− .31	(− 3.74)*
モデルの χ^2, 自由度 7	32.1		49.3		65.9	
モデル 2（既婚男性，$N = 151$）						
少年（17 歳未満）						
収容されていない期間中の 1 年あたりの逮捕	1.29	(1.68)	.72	(.88)	1.65	(1.92)
非公式非行	− .04	(− .83)	.12	(2.26)*	.02	(.54)
若年成人（17-25 歳）						
除外リスク	2.05	(1.63)	.70	(.55)	1.66	(1.30)
収入	− .10	(− .61)	.08	(.51)	− .07	(− .46)
コミットメント	.09	(.91)	− .08	(− .83)	− .06	(.63)
仕事の安定性	− .18	(− 1.68)	− .12	(− 1.08)	− .22	(− 1.68)
配偶者への愛着	− 1.52	(− 3.09)*	− 1.24	(− 2.45)*	− 1.43	(− 3.05)*
モデルの χ^2, 自由度 7	37.8		29.4		40.5	

*$p < .05$。

　非行少年であったことや公式・非公式の非行における個人間の差異によっては説明されえないような犯罪の減少を促進するようである[14]。

　次に，非行群における犯罪の**頻度**に差をもたらす要因を見ていこう。私たちの主要な測定指標は，収容されていない期間の単位時間あたりの犯罪件数（逮捕数によって推定したもの）であり，この指標は，「路上時間」と犯罪を遂行する機会の差を考慮に入れたものである[15]。表 7.4 のモデル 1 における最小二乗法（OLS）による犯罪頻度は，表 7.3 における犯罪と逸脱への関与の結果とほぼ一致している。若年成人期への移行期（17-25 歳）における仕事の安定性は，過去

表7.4　少年非行と若年成人の社会的絆によって17-25歳と25-32歳時点での収容されていない期間中の犯罪頻度を予測する最小二乗法の係数とt比（非行群）

独立変数	17-25歳時点における収容されていない期間中の1年あたりの逮捕		25-32歳時点における収容されていない期間中の1年あたりの逮捕	
	β	t比	β	t比
モデル1（全男性, $N = 246$）				
少年（17歳未満）				
収容されていない期間中の1年あたりの逮捕	.26	5.18*	.19	3.49*
非公式非行	.14	2.69*	.10	1.86
若年成人（17-25歳）				
除外リスク	.43	8.12*	.24	4.12*
収入	.02	.39	.02	.31
結婚	−.00	−.05	.06	1.08
コミットメント	−.02	−.31	−.09	−1.51
仕事の安定性	−.28	−4.72*	−.36	−5.67*
R^2	.41		.30	
モデル2（既婚男性, $N = 150$）				
少年（17歳未満）				
収容されていない期間中の1年あたりの逮捕	.24	3.49*	.18	2.50*
非公式非行	.06	.89	.06	.77
若年成人（17-25歳）				
除外リスク	.29	4.02*	.08	1.15
収入	−.00	−.07	−.01	−.12
コミットメント	−.02	−.30	−.01	−.16
仕事の安定性	−.18	−2.00*	−.27	−2.98*
配偶者への愛着	−.21	−2.43*	−.26	−2.92*
R^2	.34		.31	

*$p < .05$。

の非行と除外ハザードを統制したうえでも，25-32歳の犯罪頻度に最も大きな影響を与える。後者に関して，除外ハザードは，予想どおり，犯罪頻度に対して有意な正の効果をもっていた。この結果は，少なくとも公式の犯罪の頻度に関しては，標本選択バイアスを統制することの重要性を強調するものである（表7.3を参照）。少年時代の収容されていない期間1年あたりの逮捕回数も成人犯罪に直接的な影響を与える。それでもなお，仕事の安定性は，成人後の

収容されていない期間中の逮捕回数に一貫して負の影響を与えており，とくに25-32歳における影響力が最も大きくなっている。

　表7.4のモデル2の結果は，犯罪および逸脱に関与したか否かという二値指標を用いた表7.3のモデル2の結果よりも，インフォーマルな社会統制に関する私たちの理論を支持する内容となっている。その違いは，既婚者のみの副標本において，表7.4のモデル2での仕事の安定性が犯罪頻度に対して有意な負の影響を及ぼしていることである。一見したところ，仕事の安定性は，成人後に犯罪を行うか否かを分けるというより，犯罪の頻度を説明するうえでより重要であるようである。夫婦間の愛着でも結果は同じである。配偶者への愛着が高いかまたは配偶者と親密な結びつきがある者は，過去の非行歴，除外ハザード，仕事の安定性がどうであれ，配偶者への愛着が弱い者よりも犯罪を行う可能性が低い。このように，仕事の安定性と配偶者への愛着の両方が，過去の非行歴やその他の特性による効果を除外した際の中心的な説明要因となっている。一方で，表7.3および表7.4では，仕事の安定性と配偶者への愛着を統制すると，仕事へのコミットメントの効果は弱いかさほど重要でない。

　ここまで，若年成人期への移行期における社会的絆がその後の犯罪や逸脱を説明するうえで果たす役割に焦点をあててきた。しかし，測定の節で述べたように，私たちは，25-32歳の時点における仕事の安定性，コミットメント，夫婦間の愛着も測定している。したがって，社会的結びつきの犯罪抑制効果が成人後期に及ぶかどうかについて探求することもできる。そこで，表7.5では，25-32歳における社会的絆が同時期と将来の犯罪頻度に及ぼす影響を示している。25-32歳の犯罪については，仕事の安定性は他のすべての要因から独立して大きな負の効果を有している（$\beta = -.32$）。この有意な効果は，結婚したことのある者のみの副標本でも維持されており，そちらでは配偶者への愛着が有意な負の効果を有している。夫婦間の愛着の大きな効果は，25-32歳における犯罪，逸脱，アルコールの過剰摂取の有無を予測する最尤法モデルでも維持されている（データは示していない）。グリュック夫妻の調査対象となった男性の年齢が上がっても，社会的絆の影響は減少しなかったということであろう。

　32-45歳における犯罪について見ると，その結果はいくらか異なってくる。モデル1では，25-32歳における仕事の安定性は，その後の犯罪の予測効果は弱く（$p < .10$），モデル2では，その効果は実質的にゼロである。夫婦間の愛

表7.5 25-32歳時点での少年非行と社会的絆によって25-32歳と32-45歳時点での犯罪頻度を予測する最小二乗法の係数とt比(非行群)

独立変数	25-32歳時点における収容されていない期間中の1年あたりの逮捕		32-45歳時点における収容されていない期間中の1年あたりの逮捕	
	β	t比	β	t比
モデル1(全男性,$N = 330$)				
少年(17歳未満)				
収容されていない期間中の1年あたりの逮捕	.14	3.36*	.03	.56
非公式非行	.07	1.68	.16	3.18*
若年成人(25-32歳)				
除外リスク	.33	7.34*	.23	4.14*
収入	.06	1.15	−.02	−.25
結婚	−.17	−3.79*	−.09	−1.72
コミットメント	−.10	−2.10*	−.07	−1.14
仕事の安定性	−.32	−5.93*	−.12	−1.87
R^2	.45		.18	
モデル2(既婚男性,$N = 258$)				
少年(17歳未満)				
収容されていない期間中の1年あたりの逮捕	.25	5.21*	.10	1.83
非公式非行	.08	1.68	.24	4.32*
若年成人(25-32歳)				
除外リスク	.38	7.20*	.27	4.42*
収入	.10	1.69	−.00	−.07
コミットメント	−.05	−.99	−.01	−.17
仕事の安定性	−.18	−2.77*	.06	.73
配偶者への愛着	−.32	−5.46*	−.36	−5.30*
R^2	.48		.30	

*$p < .05$。

着の効果は,この後の年齢でも依然として強く,32-45歳の犯罪頻度に最大の直接的効果をもつ($\beta = -.36$, t比 $= -5.30$)。これまでの結果も考慮すると,夫婦間の愛着は成人の3つの発達期いずれにおいても犯罪を抑制することは明らかである[16]。

ただし,成人の社会的絆が重要な役割を担っているとはいえ,幼少期の行動の長期的な予測力を軽視すべきでない。思春期の非公式非行は,約30年後の

犯罪のばらつきを説明し続けているのである。より一般的には，表 7.3 から表 7.5 のモデルの大部分において，少年期の非行が成人期の犯罪に有意な効果を有している。つまり，先に仮説を立てたように，持続と変化の両方が同時に存在しているのである。

逮捕分布のイベント・カウント・モデル

非行群は成人期において 5000 件を超える逮捕をされており，おおよそ 10％ の男性が 25-32 歳時のみで 10 回以上も逮捕されていたが，それにもかかわらず，逮捕件数の分布は若い頃の方に偏っている。また，かなりの人が逮捕されないでいた期間もあり，とくに 32-45 歳の期間では，45％ もの人が逮捕されたことがなかった。私たちは，すでに，この問題については，収容されていなかった日における逮捕件数を年率換算し，自然対数を定めることで取り組んできた。これらの率に対する最小二乗法推定手続きの頑健性を評価するために，ここでは逮捕頻度の分布特性に適した別のアプローチを検討する。

非負のイベント件数を扱うための 1 つの手続きは，ポアソン回帰モデルである（King, 1988; Hagan and Palloni, 1990: 295）。基本的なポアソン・パラメータは，$\ln(\text{lambda}_i) = BX_i$ とモデル化され，ここでの B はパラメータのベクトルであり，X_i は i 番目の観測データの外生変数のベクトル，lambda は i 番目の観測データについて推定されるパラメータである。[17] ポアソン回帰モデルでは，あるイベントが生じる確率はいつでも一定であり，その従前の経過とは独立しているものと仮定される。その結果，ポアソン・モデルにおける Y_i の条件付き平均と条件付き分散は等しいものとされる。また，ポアソン・モデルでは，対象者の犯罪性向に観察されない異質性はないと仮定する。これらの仮定は，私たちのデータでは疑わしいため，この仮定を緩めるために，ポアソン・モデルに第二のパラメータ（誤差項）を追加することができる。キャメロンとトリヴェディ（Cameron and Trivedi, 1986）に従い，誤差項は，平均が 1，分散がアルファで示されるガンマ分布に従う。このモデルは，**負の二項モデル**と呼ばれ，開始値にポアソン回帰推定値を用いた最尤法で推定される（Greene, 1989: 253-254 を参照）。負の二項モデルによる手続きは，データがポアソン回帰の仮定に違反するかどうかの検定も可能にする。具体的には，アルファの t 値は，データの過分散率（つまり，平均と分散が不均等であること）を測定する。

まずポアソン・モデル，その次に負の二項モデルを用いたところ，最小二乗回帰の結果はすべて再現された。予想どおり，その結果から，もとのポアソン・モデルではデータとの異質性が大きく，過分散であったため，負の二項モデルの方がデータへの適合性がより高いことが示唆された。表7.6では，ラグ付きの社会的絆の変数と統制変数を用いて予測した25-32歳と32-45歳の犯罪頻度に関する負の二項モデルを示している。アルファの t 比が示すように，有意な過分散が見られる（つまり，t 比はすべて5以上であり，単純なポアソン・モデルがかなり疑わしいことを意味する）。25-32歳時の逮捕頻度に関する負の二項推定値は，表7.4の結果と同様に，仕事の安定性と夫婦間の愛着がともに犯罪を有意に抑制することを示している。32-45歳における犯罪については，非行少年に対する仕事の安定性の効果が弱くなっていることをあらためて確認できる（表7.5を参照）。一方で，夫婦間の愛着は，犯罪歴や他の統制変数とは独立して，32-45歳での逮捕数に大きな負の効果を与え続けている。[18]

　要するに，逮捕頻度を負の二項分布でモデル化すると，収容されていない期間中の逮捕率に関する最小二乗回帰モデルと実質的によく似た結果が得られる。この類似性は，非行少年の逮捕数が，完全な正規分布ではないとはいえ，収容されていない期間中の単位時間あたりの逮捕率に変換して対数化すると正規分布に近似する程度には十分に多いために生じるものだと考えられる。成人犯罪がはるかに少ない統制群では，このようなことにはなりえない。したがって，第8章では，負の二項モデルが最小二乗回帰に代わる重要な方法論として大きく注目されることとなる。

社会的絆の変化

　これらのデータに関するこれまでの分析において，私たちは，過去の犯罪レベル，収入，結婚，コミットメントを統制したうえで，25-32歳時点での犯罪に対して17-25歳と25-32歳における仕事の安定性が及ぼす二元的な効果を検証してきた（Sampson and Laub, 1990）。すなわち，社会的絆の先行指標と同時指標（時点2と時点3）の両方を投入することで，社会的絆が変化を及ぼす経時的な効果を推定した（Plewis, 1985: 56-61）。おそらく最も正確な犯罪指標である収容されていない時間あたりの犯罪頻度に関する結果を表7.7に示している。このモデルでは，比較のために，標本選択ではなく，先行する成人犯罪を統制し

表 7.6　17-25／25-32 歳時点での少年非行と社会的絆によって 25-32 歳と 32-45 歳時点での犯罪頻度数を予測する最尤負の二項回帰の係数と t 比（非行群）

独立変数	逮捕頻度 25-32 歳		逮捕頻度 32-45 歳	
	係数	係数／S.E.	係数	係数／S.E.
モデル 1（全男性）				
少年（17 歳未満）				
収容されていない期間中の 1 年あたりの逮捕	.79	1.60	.23	.61
非公式非行	.05	2.24*	.06	2.58*
若年成人（17-25／25-32 歳）[a]				
除外リスク	1.31	2.50*	1.41	3.20*
収入	− .05	− .71	− .04	− .52
結婚	.35	2.02*	− .53	− 2.23*
コミットメント	− .04	− 1.07	− .28	− 1.38
仕事の安定性	− .22	− 5.57*	− .07	− 1.28
対数尤度	− 556.0		− 661.6	
アルファの t 比	7.06*		8.94*	
ケース数	250		332	
モデル 2（既婚男性）				
少年（17 歳未満）				
面接後の逮捕	.90	1.18	.64	1.34
非公式非行	.02	.61	.08	2.95*
若年成人（17-25／25-32 歳）[a]				
除外リスク	.79	.93	1.70	2.83*
収入	− .09	− .87	− .02	− .28
コミットメント	.06	.92	− .13	− .54
仕事の安定性	− .16	− 2.47*	.04	.47
配偶者への愛着	− .99	− 3.76*	− .32	− 5.16*
対数尤度	− 317.4		− 483.7	
アルファの t 比	5.17*		7.78*	
ケース数	151		258	

a. 25-32 歳時点での逮捕頻度の説明において，外生変数は若年成人への移行期に関するものである。32-45 歳時点での逮捕頻度については，外生変数は 25-32 歳に関するものである。
*$p < .05$。

表 7.7 17-25 歳と 25-32 歳時点での成人犯罪歴と社会的絆によって 25-32 歳時点での収容されていない期間中の犯罪頻度を予測する最小二乗法の係数と t 比（非行群）

独立変数	収容されていない期間中の逮捕 25-32 歳	
	β	t 比
モデル 1（全男性，$N = 231$）		
逮捕率（17-25 歳）	.40	7.55*
収入（17-25 歳）	.03	.50
結婚（17-25 歳）	.09	1.76
コミットメント（17-25 歳）	－ .05	－ .92
コミットメント（25-32 歳）	－ .08	－ 1.23
仕事の安定性（17-25 歳）	－ .16	－ 2.50*
仕事の安定性（25-32 歳）	－ .28	－ 3.89*
R^2	.47	
モデル 2（既婚男性，$N = 188$）		
逮捕率（17-25 歳）	.38	6.61*
収入（17-25 歳）	.06	1.14
コミットメント（17-25 歳）	.01	.32
コミットメント（25-32 歳）	－ .03	－ .45
仕事の安定性（17-25 歳）	－ .17	－ 2.53*
仕事の安定性（25-32 歳）	－ .12	－ 1.41
配偶者への愛着	－ .31	－ 4.45*
R^2	.51	

*$p < .05$。

ている。先行する成人犯罪の効果が，17-25 歳時点での仕事の安定性の効果をいくらか吸収している可能性があるので，このモデルは変化の結果が出にくい検証であり，おそらく仕事の安定性の影響を過小評価している。一方，ハザード比と成人犯罪は非常に高い相関があるため，モデルの設定が違ってもその結果に大差はないはずである。

このような類似性の予想は，データからも裏づけられている。モデル 1 では，先行する成人犯罪は 25-32 歳時の犯罪に直接の効果を与えているが，先行して存在した仕事の安定性と同時的に存在した仕事の安定性は，いずれも，有意な負の効果を与えている。これらの結果は，実質的には，先行する仕事の安定性の程度**および**その相対的な増加が成人の犯罪頻度に負の効果を与えることを示

第 7 章　成人の社会的絆と犯罪行動の変化　　169

唆している。これとは対照的に，慣習的な職業上の目標へのコミットメントは，収容されずに地域社会ですごしていた時間の1年間あたりの逮捕数で測定した犯罪頻度には効果を及ぼしていない。

　表7.7のモデル2は，結婚したことのある男性に限定したものであるが，25-32歳における夫婦間の愛着が，若年成人期における犯罪レベルに対して有意かつ実質的に重要な説明力を有することを示している。[19] 25-32歳の時点で配偶者と緊密な関係にあった男性は，先行する成人犯罪を含む他の要因を差し引いた場合，不和な関係にあった男性よりも犯罪レベルがはるかに低かった（$\beta = -.31$，t比 $= -4.45$）。後者は，17-25歳における過去の逮捕率の標準化係数（.38）と同程度の値である。さらに，夫婦間の愛着に関する最尤ロジスティック分析で得られたt比は，一般的逸脱と過度な飲酒を説明するうえで，過去の逮捕率に関するt比よりも大きい（データは示していない）。このように，夫婦間の愛着は，過去の犯罪レベルとは独立して，成人後の犯罪パターンを説明する重要な因子である。既婚男性においても，仕事の安定性は，成人後の犯罪頻度を予測するものとなっている。

　また，私たちは，17-25歳と25-32歳における社会的結合の主要な指標と32-45歳における犯罪の頻度との関連性を調べることで，社会的絆の変化が犯罪の変化に及ぼす効果も検証した（データは示していない）。この戦略は，第2次と第3次との夫婦間の愛着の共線性のレベルをいくらか増加させ，モデル2のサンプルサイズを減少させたが（注19を参照），これにより成人の社会的絆が30歳から40歳代男性の犯罪に及ぼす長期的効果を推定することができるようになる。

　最尤法を用いた負の二項回帰に基づくと，モデル1では，少年期の非行と除外リスクが，成人後の犯罪に対し，いまではおなじみの正の影響を与えることが判明した。すでに言及したように，除外リスクの高い者は，若年期に犯罪を行い，服役する可能性がかなり高い者であるため，ハザード・リスクは成人の犯罪傾向を反映したものとなっている。しかし，少年犯罪や成人の除外リスクとは独立して，17-25歳における仕事の安定性は，32-45歳における成人犯罪を有意に減少させる効果を示した。一見したところ，20代後半における仕事の安定性は，若年成人期への移行期において形成された仕事のパターンよりも重要性が低いようである。一方，モデル2では，25-32歳における夫婦間の愛

着が，過去の犯罪歴と除外リスクを差し引いたうえでも，その後の犯罪を予測する唯一の要因であることが示されている（t比 = $-$ 2.73）。第2次調査での夫婦間の愛着は統制されているため，この結果は，25-32歳における夫婦間の愛着の相対的な増加が，その後の犯罪頻度の減少を導くことを示している。また，これまでの結果と合致するように，既婚男性では，夫婦間の愛着を統制すると，仕事の安定性がその後の犯罪に及ぼす効果は弱くなる。

　ここまでのデータに関しては，二段階の説明が可能である。つまり，大半の男性にとって，仕事の安定性が成人の犯罪からの離脱を説明するうえで中心的役割を果たす。この効果は，既婚者になるとやや減少し，妻への愛着が相対的に重要性を増す。夫婦間の愛着と仕事の安定性を考慮すると，コミットメントの効果は弱いか，あるいは有意でないものとなる。結婚と賃金という構造的特徴もその効果は弱いか有意ではなかったため，私たちの暫定的な結論としては，成人と家庭や仕事を結ぶ社会的絆の強さを重視するインフォーマルな社会関係資本の理論をこの結果が支持しているといえる。[20]

収容期間と仕事の安定性

　私たちがこれまであまり注意を払ってこなかった要素の1つが国家による公式の社会統制である。このことは，家族や仕事との社会的結びつきの役割を強調する私たちの理論的観点に照らせば理解できるだろう。とはいえ，刑事司法による公式の制裁が，その後の犯罪行動に対して，私たちの理論モデルに対抗するような経験的結果をもたらす可能性はある。古典的な抑止理論が主張していたように，服役は将来の犯罪を抑止するか，少なくともその頻度を減らす可能性がある。

　そこで本節では，刑事制裁としての施設収容，とくに少年院と成人施設への収容期間に焦点をあてる。グリュック夫妻の研究デザインでは，すべての非行少年が収容されていた者であるので，その後の発達に影響を与えるような施設収容率のばらつきはない。しかし，非行少年たちが収容されていた期間の長さについては，思春期だけでなく成人期でもかなりのばらつきがあった。私たちは，施設収容の影響を評価するために，各対象者が少年期（17歳未満），17-25歳，25-32歳のときに，（刑期ではなく）実際に収容施設ですごした日数を計算

した。

　すでに示したように，施設収容は，成人の追跡調査において非行少年が主要な社会的要因の測定から除外される可能性を説明するおもな要因2つのうちの1つであった。私たちは，施設収容がその後の犯罪に及ぼす直接的な効果を，除外リスクを統制したうえで検証することにより，服役による抑止効果または犯罪誘発効果を標本選択に与える影響から分離することが可能になる。標本選択に関するもう1つの主要な影響は，別の施設，つまり軍隊ですごした期間の長さである。したがって，施設収容を減少させる効果を推定するにあたって，比較のために兵役についていた期間の長さも考慮している。

　表7.8の結果は，未決勾留／服役と兵役が後の犯罪行動に有意な効果を及ぼさないという点で一貫したものとなっている。まず，少年期の収容期間によって予測される17-25歳時の犯罪頻度について，犯罪歴（公式・非公式）と社会統制の強さを統制した結果を考えてみたい。少年期の施設収容の総合効果は，モデル1と2のいずれにおいても有意ではなく，ゼロに近い。他方，少年期の非行と除外リスクはこれまでと同様に正の効果を示し，仕事の安定性と夫婦間の愛着は有意な負の効果を示している。一見したところ，少年期の施設収容がその後の犯罪に及ぼす直接的効果は有意でないというだけでなく，少年期の施設収容をモデルに導入しても，これまでの知見に変化はもたらさないようである。

　25-32歳における犯罪の頻度を17-25歳における収容歴の関数として考慮しても，同様のパターンとなる（第3列と第4列）。モデル1でもモデル2でも，収容期間の長さはその後の犯罪の抑止効果（あるいは犯罪誘発効果）を有していない。若年成人（17-25歳）の収容と標本除外リスクとの間には共線性があるため，最小二乗法による推定には若干の非効率性があるが（モデル1では$r = .75$，モデル2では$r = .66$），仕事の安定性と夫婦間の愛着が後の犯罪に及ぼす負の効果に変化はなかった。さらに，少年の施設収容は共線性によって妨げられることはなく（たとえば，除外リスクとの相関はわずか.09である），その効果も同様に有意ではない。32-45歳における犯罪頻度も，統制変数を差し引いた25-32歳の収容期間の変動とは無関係であり，25-32歳における犯罪に対する少年収容の長期的効果も同様に有意ではない（データは示していない）。

　これらの結果は，施設収容はライフコースにわたる犯罪を説明するうえで重要ではないという結論を正当化するように思われる。つまり，直接的効果とい

表 7.8 少年非行，若年成人の社会的絆と収容歴によって 17-25 歳と 25-32 歳時点での収容されていない期間中の犯罪頻度を予測する主要な最小二乗法モデルの反復（非行群）

独立変数	収容されていない期間中の逮捕 17-25 歳		収容されていない期間中の逮捕 25-32 歳	
	β	t 比	β	t 比
モデル 1（全男性，N = 248）				
少年（17 歳未満）				
収容されていない期間中の 1 年あたりの逮捕	.25	4.50*	.06	.54
非公式非行	.14	2.72*	.08	1.19
収容日数	.04	.62	NI	
若年成人（17-25 歳）				
除外リスク	.43	8.03*	.04	.16
収入	.03	.49	.03	.48
結婚	−.01	−.16	.06	.99
コミットメント	−.01	−.11	−.09	−1.60
兵役期間	NI		.02	.14
収容日数	NI		.29	1.09
仕事の安定性	−.28	−4.61*	−.34	−5.27*
R^2	.40		.33	
モデル 2（既婚男性，N = 151）				
少年（17 歳未満）				
収容されていない期間中の 1 年あたりの逮捕	.28	3.56*	.10	1.19
非公式非行	.10	1.46	.06	.83
収容日数	.05	.58	NI	
若年成人（17-25 歳）				
除外リスク	.31	4.33*	−.01	−.10
収入	.01	.10	−.00	-.01
コミットメント	−.00	−.00	−.01	−.08
兵役期間	NI		−.02	−.31
収容日数	NI		.15	1.17
仕事の安定性	−.18	−2.00*	−.26	−2.91*
配偶者への愛着	−.22	−2.55*	−.26	−2.89*
R^2	.35		.32	

NI= モデル仕様に含まれず。
*$p < .05$。

う点では，施設収容はグリュック夫妻が調査対象とした男性の犯罪キャリアに関する重要な要因ではないようである。しかしながら，すでに論じたように，累積的継続性という発想は，複雑な影響を示唆する。つまり，思春期の非行とその負の結果（逮捕，公的機関によるラベリング，施設収容）は，その人の将来，とくに学校教育や雇用によって形成されるその後の人生の機会を「担保に入れる」ということである。とくに，施設収容が成人の仕事の安定性や雇用に負の効果を及ぼすという仮説には理論的な裏づけがある（とくに Bondeson, 1989; Freeman, 1987, 1992 を参照）。逮捕や服役は強いスティグマを付与するものであり，多くの仕事は元受刑者の雇用を明確に禁じている（Glaser, 1969: 233-238）。これとは対照的に，施設に収容されることがない，あるいはその頻度が低いことで，(とくに職場での）向社会的な愛着が生まれ，成人期にそれが強固になるような機会が提供される。その結果，長期の施設収容歴をもつ者は，その行動傾向とは無関係に，慣習に沿った成人活動との強い社会的結びつきを確立するうえで構造的な障害に直面する（Burton et al., 1987 も参照）。

　要するに，私たちの理論的視点による推論は，将来の犯罪の発生において施設収容が**間接的な**役割を果たす可能性を指摘するものである。この可能性を評価するために，私たちは，施設収容と成人犯罪の間を介在する項目として，17-25 歳と 25-32 歳における仕事の安定性の役割を検証した。その際，仕事の安定性の因果関係に理論的に関連する要因を統制する必要がある。ゴットフレッドソンとハーシ（Gottfredson and Hirschi, 1990）が論じているように，自己統制が低く犯罪傾向のある人は，雇用やその他の慣習に沿った活動において不安定な生活史をもつ可能性の高い人たちでもある。したがって，私たちは，公式の逮捕頻度，非公式の非行，除外リスクを統制した。さらに，先行研究（たとえば，Robins, 1966; Vaillant, 1983）を第 9 章における質的分析と接合させると，仕事の安定性の傾向を理解するうえで飲酒が重要な役割を果たしていることが明らかになった。大量かつ乱用的飲酒者は，非飲酒者よりもはるかに高い割合で，職を転々とするか，解雇される傾向がある。そこで，思春期（19 歳以下）に始まった過度な飲酒についても統制した。[21]

　表 7.9 では，少年の収容期間の長さは，犯罪歴，思春期の過度な飲酒，除外リスクとは無関係に，その後の仕事の安定性に最も大きな効果を有していた。非行少年は全員，どこかの時点では収容されていたにもかかわらず，収容期間

表 7.9 少年非行，飲酒と過去の収容期間によって 17-25 歳時点での仕事の安定性を予測する最小二乗法モデル（非行群）

独立変数	仕事の安定性 17-25 歳	
	β	t 比
少年（17 歳未満）		
収容されていない期間中の 1 年あたりの逮捕	− .01	− .20
非公式非行	− .02	− .44
収容日数	− .22	− 3.66*
後期思春期		
20 歳前の過度な飲酒	− .13	− 2.27*
若年成人（17-25 歳）		
除外リスク	− .17	− 3.13*
R^2		.11
ケース数		306

*$p < .05$。

が比較的短かった非行少年に比べ，収容期間がより長かった非行少年は，若年成人期を迎えても安定した仕事の確保に苦労していた。非公式の逸脱傾向，標本選択バイアス，飲酒，犯罪歴は統制されている（最後の要因は収容期間に影響する）ので，この結果がたんなる疑似相関である可能性は低いと思われる。[22]

　表 7.10 では，成人期の後期（25-32 歳）においても，施設収容が雇用の発達的な軌跡に有害な役割を果たす可能性があることが裏づけられている。パネル A の最初のモデルは，少年期の犯罪と逸脱，成人期の犯罪および若年成人期（17-25 歳）の過度な飲酒を統制したうえで，思春期と若年成人期の両方における収容期間について検証したものである。ここでは，若年成人期の過度な飲酒が，その後の仕事の安定性に強力な負の効果を有していることがわかる（β = − .30）。[23] それでもなお，思春期と若年成人期の両方の収容期間は，25-32 歳の仕事の安定性に有意な負の効果を有している（それぞれ β は − .13 と − .24）。これらの結果が注目に値するのは，（犯罪や飲酒などの）複雑な「傾向」要因が考慮されているからだけでなく，成人の収容とは無関係に，少年の収容が長期的な負の影響を及ぼしているからである。おそらく，施設に収容された青少年に及ぼされる構造的不利は非常に大きく（たとえば，高校中退，雇用主に収容歴が知られるなど），その影響は成人発達全体を通して残存するものと思われる。

第 7 章　成人の社会的絆と犯罪行動の変化　175

表 7.10 犯罪歴，非行，飲酒と収容期間の長さによって 25-32 歳時点での仕事の安定性を予測する最小二乗法モデル（非行群）

A. 独立変数	仕事の安定性 25-32 歳	
	β	t 比
少年（17 歳未満）		
収容されていない期間中の 1 年あたりの逮捕	.07	1.25
非公式非行	− .07	− 1.42
収容日数	− .13	− 2.50*
若年成人（17-25 歳）		
過度な飲酒	− .30	− 6.03*
収容されていない期間中の 1 年あたりの逮捕	− .07	− 1.03
収容日数	− .24	− 3.52*
R^2	.25	
ケース数	337	

B. 独立変数	仕事の安定性 25-32 歳	
	β	t 比
収容されていない期間中の 1 年あたりの逮捕（17 歳未満）	.01	.19
非公式非行（14 歳以下）	− .10	− 1.90
過度な飲酒（17-25 歳）	− .29	− 5.75*
除外リスク（25-32 歳）	− .16	− 2.17*
全収容（25 歳未満）	− .21	− 2.52*
R^2	.26	
ケース数	337	

*$p < .05$。

　パネル B では，この考え方を拡張して，思春期（17 歳未満）から若年成人期への移行期（17-25 歳）を通じての収容の累積効果を考察している[24]。このように異なったモデルが立てられているにもかかわらず，その結果はパネル A と同様の全体像を描くものとなった。飲酒と除外リスクは，25-32 歳における仕事の安定性を有意に低下させる。しかし，収容経験の累積についても同じく，少年や成人の矯正施設への収容期間が長くなればなるほど，犯罪歴，ハザード・リスク，非公式の逸脱にかかわらず，その後の仕事の安定性が低下する。

　このデータは，公的な制裁の直接的効果だけを見ていると誤解を生じさせることを明確に示している。仕事の安定性を統制すると，少年期と成人期いずれ

でも，収容期間の長さがその後の犯罪活動に直接影響することはほとんどない。しかしながら，表7.9と表7.10には，刑事施設への拘禁の効果は間接的なものであり，時間の経過とともに再生産される発達的で累積的な過程に作用する可能性があるという証拠があるため，収容期間の長さを考慮することの重要性が否定されるわけではない（Hagan and Palloni, 1990 も参照）。累積的継続性と状態（持続時間）依存性という理論的な考え方（Nagin and Paternoster, 1991）と一致するかのように，施設収容は，その後の人生で安定した雇用の機会や見通しを断つように思われる。そして，本章全体で示されたように，仕事の安定性は転じてその後の犯罪を説明するうえで重要である。したがって，たとえ収容の直接効果がゼロか，あるいはマイナス（つまり抑止的）であったとしても，構造的ラベリング論者が長年主張してきたように，その間接効果は犯罪誘発的（プラス）である可能性は十分にある。

同時性のモデル化

　施設収容に成人犯罪への直接効果がないことは，私たちがインフォーマルな社会統制に重点をおいていることと一致するだけでなく，成人の社会的絆と犯罪との間の同時関係を評価するまたとない機会を提供する。上述したように，社会的結びつきの犯罪に対する同時効果は，逆の因果関係を反映している可能性がある。たとえば，雇用主が対象者の犯罪活動に気づいて雇用を拒否したり，すでに雇用されていても解雇したりすれば，犯罪そのものが雇用の安定性を低下させるかもしれない。また，犯罪や飲酒の頻度が高ければ，結婚生活にも緊張が生じ，その結果として，不和や対立が生じているのではないかと疑う人もいるかもしれない。だからこそ，私たちは犯罪の説明にあたって，成人の社会的絆の縦断的役割を強調してきたのである。

　しかし，施設収容が仕事の安定性を減弱させる限りにおいてのみ犯罪に影響を与えると仮定するならば，施設収容を，社会的絆と犯罪との関連の同時性を評価するための操作変数として用いることができる。同様に，少年非行の成人の仕事の安定性に対する直接効果は成人犯罪の同時効果を考慮すると有意でないと仮定することにより，完全な同時効果モデルを推定することができる。私たちは，これまでの知見と私たちの理論に基づけばきわめて合理的であると思われるこの仮定を採用することで，パネルデータに対する2種の同時方程式モ

デルを推定した（縦断的データを用いた共分散構造モデルに関する優れた議論については Alwin, 1988 を参照）。1つ目は，全標本を用いて仕事の安定性と犯罪の同時効果を推定したものである。2つ目は，犯罪と社会的絆の測定モデルを追加したものである。すなわち，成人の犯罪は，17-25歳における施設収容されていない期間中の年間逮捕頻度率と犯罪参加度の要約指標（表7.3を参照）との共分散を基礎とする潜在変数として特定した。社会的絆も，既婚男性の標本での仕事の安定性と夫婦間の愛着という観察可能な指標によって測定された潜在変数として明確化された。この後者の明確化は，私たちの理論的枠組みおよび17-25歳の非行少年における仕事の安定性と夫婦間の愛着の間の有意な正の連関（$r = .58, p < .05$）の両方によって支持されている。

　このモデルによって，測定誤差を補正したうえで，同時性の検証と犯罪に対する社会的絆の潜在効果を推定することができる。完全な構造モデル（全男性）と，既婚男性という副標本を用いて，測定モデルと構造モデルを組み合わせたモデルの両方を推定するにあたっては，最尤共分散構造モデル（LISREL）を用いた（Joreskog and Sorbom, 1984; Alwin, 1988 を参照）。結果は一貫しており，理論全般をさらに強固にするものであった。第一に，成人の犯罪頻度に対する仕事の安定性の同時効果は有意であった（標準化効果 = −.44, $p < .10$）が，その逆の方向では有意ではなく，その大きさは3分の1であった（標準化効果 = −.15）。第二に，同時共分散構造モデル（図7.1を参照）も一方通行の因果関係を示している。潜在変数である「社会的絆」の犯罪に対する同時標準化効果は −.62（t 比 = −3.53）である一方，潜在変数である「成人犯罪」の成人の社会的絆に対する同時効果は .00（t 比 = .00）である。すでに示した結果と一致して，除外のハザード・リスクは社会的絆に対しては負の影響を，成人犯罪に対しては正の影響をそれぞれ有意に及ぼし，一方，少年の施設収容は成人の社会的絆を有意に弱める。[26]

　最尤共分散構造モデルの結果は，いずれも，17-25歳の時点における仕事の安定性と社会的絆の潜在的構築物の両方（後者は仕事の安定性と夫婦間の愛着の両方からなる）が，17-25歳の成人犯罪に対して即時的な負の効果を有することを示唆する点で一致している。しかし，その逆は真ではない。したがって，同時性を統制し，測定誤差を補正しても，本章の基本的な結果は変わらない。成人の社会的絆の役割は，幼少期の逸脱だけでなく成人の犯罪の同時効果からも独

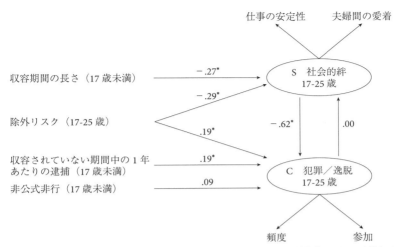

図 7.1 17-25 歳時点での社会的絆と犯罪／逸脱の同時共分散構造モデル（非行少年群，既婚男性，$N = 181$）

$^*p < .05$。係数は標準化されている。

立して，即時的**かつ**予測的なものだと思われる。

イベント・ヒストリー分析

再構築されたグリュック夫妻のデータは動的な性質をもっているため，本来的に最終かつ重要な検証に適している。この検証では，失敗（つまり犯罪）に至るまでの正確な時間を，私たちの理論モデルで定義された外生変数の関数としてモデル化する。たとえば，2 人の個人が共に若年成人期に逮捕されていたとしても，その「失敗」が起こるスピードは劇的に異なるかもしれない。もちろん，公的な**逮捕**のタイミングは恣意的である可能性があり，その違いは実際の犯罪行動のタイミングよりも，調査時点における刑事司法手続きの特性を反映しているかもしれない。とはいえ，失敗時間の分析結果が，犯罪への参加と犯罪頻度に関するこれまでの知見と実質的に一致すれば，犯罪のより全体的な理論的理解を裏づける証拠をまた 1 つ手にすることになるだろう。

動的な観点から私たちの知見の妥当性を検証するために，非行群のすべてのモデルをイベント・ヒストリー分析を使って反復した。データの準備として，

25-32歳の間に何らかの事件ではじめて逮捕されるまでの実際の日数を算出した。それぞれが異なる類型の出来事で逮捕されうるため，私たちは，財産犯罪，暴力犯罪，酩酊ではじめて逮捕されるまでの時間を算出した。最後の要因については，データ上その頻度が高いことや，前節で述べた理論的な理由から検証の対象とした。

逮捕までの時間を評価するにあたっては，多くの男性が成人期に収容されており，中にはかなりの期間収容されていた人もいるという事実を考慮しなければならない。服役中は逮捕のリスク・プールから外れるので，拘置所や刑務所を釈放されてから最初の逮捕までの時間を計算した。したがって，25歳の誕生日の時点で収容されていた場合には，その後の釈放時点から最初の逮捕までの時間を計算し，そうでない場合には25歳の誕生日以降の逮捕リスクを参照した。結局のところ，25歳の誕生日の時点で収容されていた男性はほとんどいなかったので，私たちの全体モデルは，必然的に，25歳から32歳までの間に何らかの罪ではじめて逮捕されるまでの時間を検証している。外生変数は25歳の面接時点で決定されたので，成人の社会的絆の変動がその時点から逮捕されないでいることのできる割合をどのように説明するかを探求することができる。

犯罪別測定方式では，以前に別類型の犯罪で収容されていた場合（これはかなり典型的である），新たな時間を起算する。たとえば，ある人が26歳のときに財産犯罪で逮捕され，3年間服役した後，30歳のときに暴力犯罪で逮捕されたとする。この場合，暴力犯罪による逮捕ハザードは，前の非暴力犯罪による収容からの釈放時（29歳）から計算されるため，最初の暴力犯罪による逮捕（30歳）までの生存期間は365日となる。25歳を時間の起算点としても，中間に3年の服役期間があるので理論的に意味がないのである。出所日には個人差があるため（とくに犯罪別分析において），すべてのモデルで出所時の年齢（日数）を統制した。各追跡調査の終了時までに逮捕されなかった者は打ち切りとして扱った。

私たちが採用したおもな分析手続きは，Cox比例ハザード・モデルである（Cox, 1972; Allison, 1984: 33-42; Chung et al., 1991を参照）。一般に，ハザード比とは，個人が，ある時点以前に逮捕されていないと仮定した場合に，ある期間内に失敗する（つまり，逮捕される）確率として概念化される（Chung et al., 1991: 62）。連

続的な時間データの場合，ハザード比を，ある出来事がリスク・プールにいる人々の間で生じる確率が観測不可能なものとして考えるのがより的確である（Allison, 1984: 23）。比例ハザード・モデルは，失敗までの時間分布に特定の形状を仮定することなく，ハザード比に対する外生的特性の効果を推定する（Chung et al., 1991: 77）。ベクトル x で表される測定された特性をもつ個人について，比例ハザード・モデルは，ハザード比を，$h(t|x) = h_0(t) \exp^{xB}$ と仮定する。ここで $h_0(t)$ は任意の（不特定の）ベースライン・ハザード関数である。ベースライン・ハザードの分布は仮定されないが，このモデルは，ベースラインに対する実際のハザードの比率は，x の関数としてのみ差異を生じ，時間の関数としては差異を生じないものと仮定する。すなわち，個人のハザード関数は比例係数だけ異なり，時間が経過してもまったく同じパターンに従う（たとえば，個人 A のハザードは時間が経過しても個人 B のハザードの 10 倍高い）。説明変数の効果が時間によって異なると考える理由はないため，この仮定は私たちの理論と合致する。さらに，アリソン（Allison, 1984: 38-39）は，比例ハザード・モデルはきわめて一般化しやすく制限が少なく，仮定の逸脱に対してかなり頑健であると指摘している。彼が主張するように，ほとんどのケース（私たちのケースを含む）において，「主要な関心は説明変数の効果にあり，時間依存性にはほとんど興味がない」（Allison, 1984: 35）[27]。

4 つの犯罪類型の多変量 Cox 比例ハザード・モデルを表 7.11 に示している。前述したように，双方向性の問題を避けるために，17-25 歳で測定された外生因子が 25-32 歳の対数ハザード比に及ぼす時系列的な影響を調べた。Cox モデルは，最小二乗重回帰に類似した方法で解釈することができ，係数は，他の要因の影響を統制したうえで，外生変数の変化に関連する対数ハザード比の変化を表す（すなわち，$\log h(t) = a(t) + b_1 x_1 + b_2 x_2 \cdots$ であり，$h(t)$ は特定されていないベースライン・ハザードである）。より直感的には，外生変数の一単位あたりの変化に関連するベースライン・ハザードからの変化率は，$100*(e^b - 1)$ に等しい。

表 7.11 の中年期への移行期における初回逮捕のハザードに関する係数と標準誤差は，これまでの実質的な結果と驚くほど一致している。モデル 1 では，少年犯罪と標本除外リスクがハザード比を有意に増加させるが，仕事の安定性は 25 歳以降の初回逮捕のハザードに大きな負の効果を有している（t 比 = －4.09）。モデル 2 では，仕事の安定性の予測因子としての影響の度合いは減少す

表7.11 少年非行（17歳未満），若年成人の社会的絆（17-25歳）と出所時の年齢によって 25-32 歳時点での出所後最初の逮捕のハザード率を予測するイベント・ヒストリー分析（非行少年群の犯罪類型ごとの Cox 比例ハザード・モデル）

予測変数	全犯罪 係数	全犯罪 t比	財産犯罪 係数	財産犯罪 t比	暴力犯罪 係数	暴力犯罪 t比	酩酊 係数	酩酊 t比
モデル 1（全男性, $N = 262$）								
少年（17歳未満）								
収容されていない期間中の1年あたりの逮捕	.78	2.99*	.76	1.76	1.40	2.69*	1.06	2.39*
非公式非行	.03	1.41	.05	1.38	－.00	－.09	.10	3.56*
成人								
除外リスク（17-25歳）	1.23	2.54*	3.68	5.25*	2.88	3.06*	1.23	1.63
出所時の年齢（25-32歳）	.00	.03	.00	2.75*	.00	.26	－.00	－.83
収入（17-25歳）	－.04	－.69	－.16	－1.49	.08	.60	－.03	－.33
結婚（17-25歳）	－.14	－.83	.60	1.95	.28	.75	－.15	－.62
コミットメント（17-25歳）	－.03	－.97	－.06	－1.05	－.05	－.63	－.00	－.10
仕事の安定性（17-25歳）	－.14	－4.09*	－.24	－4.36*	－.24	－3.32*	－.13	－2.61*
普遍カイ二乗値（自由度 8）	67.9		102.1		42.0		37.8	
打ち切り率	30.9		74.8		85.4		68.2	
モデル 2（既婚男性, $N = 162$）								
少年（17歳未満）								
収容されていない期間中の1年あたりの逮捕	.64	1.74	.05	.07	1.09	1.52	1.37	2.20*
非公式非行	.01	.53	.05	.98	－.03	－.58	.07	1.94
成人								
除外リスク（17-25歳）	.44	.66	2.89	2.41*	4.21	3.02*	－.03	－.03
出所時の年齢（25-32歳）	.01	1.15	.00	1.74	－.00	－.06	－.00	－1.43
収入（17-25歳）	－.11	－1.38	－.05	－.37	.01	.06	.14	1.16
コミットメント（17-25歳）	.01	.17	.06	.76	.10	.83	.05	.66
仕事の安定性（17-25歳）	－.07	－1.27	－.21	－2.38*	－.27	－2.32*	－.17	－2.03*
夫婦間の愛着（17-25歳）	－.88	－3.38*	－1.21	－2.24*	－.65	－1.09	－.65	－1.70
普遍カイ二乗値（自由度 8）	54.8		45.0		33.3		24.2	
打ち切り率	37.0		81.5		86.9		73.3	

*$p < .05$。

るが，夫婦間の愛着が有意な予測因子として浮上する。夫婦間の愛着が強い男性は，愛着が弱い男性よりも，他の要因を統制した場合のハザード比が58％も低い［$(e^{-0.88} - 1)*100$］。

財産犯罪，暴力犯罪，そして酩酊による検挙についても，推定されたモデルはおおむね一貫している。すべての犯罪類型において，仕事の安定性はモデル1のハザード比に有意な負の効果を及ぼしている。除外リスクや過去の犯罪行動は，予想どおりハザード・リスクを増加させ，配偶者の有無，コミットメントおよび収入の効果は，これまでどおり有意ではない。ほとんどの場合，出所時の年齢の効果も有意ではないが，この要因のばらつきが比較的小さいことを考えれば，これは驚くべきことではない。実際，どのような種類の犯罪であれ，最初の逮捕に関しては，ほとんどすべての男性で起算されるのは一貫して25歳である。

モデル2では，夫婦間の愛着は財産犯罪での逮捕のハザード比に対する大きな効果を有している。配偶者と親密な関係にある男性は，不和な関係にある男性に比べると，他のすべての条件が等しければ財産犯罪での逮捕のハザードが70％も低い。夫婦間の愛着の効果は，酩酊についても有意な負の効果を有し（$p < .10$），仕事の安定性は，3つの犯罪類型すべてのハザード比に有意な負の効果を示している。そして，ここでも，除外リスクと犯罪歴を除けば，他の要因では25-32歳における財産犯罪，暴力犯罪，酩酊での逮捕の動態は説明されない。

ハザード関数の分布に関する私たちの仮定の適切性をさらに明らかにするために，失敗時間に何らかの確率分布を仮定したモデルを推定した。具体的には，ハザード比が時間とともに単調に増加または減少すると仮定し，ワイブル分布を用いて失敗までの時間の生存モデルを検討した（Chung et al., 1991; Schmidt and Witte, 1988 を参照）。ハザード比が時間とともに単調に減少するという仮定は，25歳以降の犯罪については妥当であると思われる。

ワイブル・モデルの結果を表7.12に示している。この場合の係数は，生存時間での外生変数の影響を表し，したがって，比例ハザード・モデルとは記号の正負が反対になることに留意してほしい。ワイブル確率モデルは，実質的な意味において比例ハザード・モデルとほとんど区別できないのであるが，今回はまさにこのパターンである。仕事の安定性と夫婦間の愛着は失敗までの時間

表 7.12　少年非行（17 歳未満），若年成人の社会的絆（17-25 歳）と出所時の年齢によって 25-32 歳時点での出所後最初の逮捕までの生存時間を予測するイベント・ヒストリー分析（非行少年群の犯罪類型ごとの Cox 比例ハザード・モデル）

予測変数	全犯罪		財産犯罪		暴力犯罪		酩酊	
	係数	t 比	係数	t 比	係数	t 比	係数	t 比
モデル 1（全男性，N = 262）								
少年（17 歳未満）								
収容されていない期間中の1 年あたりの逮捕	− 1.17	− 3.09*	− 1.16	− 1.78	− 1.98	− 2.65*	− 1.93	− 2.45*
非公式非行	− .03	− 1.42	− .08	− 1.53	.00	.09	− .18	− 3.41*
成人								
除外リスク（17-25 歳）	− 1.84	− 2.59*	− 5.63	− 5.00*	− 3.89	− 2.82*	− 2.14	− 1.61
出所時の年齢（25-32 歳）	− .00	− .10	− .00	− 3.26*	− .00	− .50	.00	.08
収入（17-25 歳）	− .06	− .66	.24	1.46	− .12	− .63	.04	.28
結婚（17-25 歳）	.25	.87	− .91	− 1.99*	− .42	− .82	.28	.63
コミットメント（17-25 歳）	.04	.95	.08	− 1.02	.07	.67	.01	.07
仕事の安定性（17-25 歳）	.22	4.24*	.35	4.10*	.33	3.05*	.23	2.62*
ワイブル対数尤度	− 441.5		− 213.5		− 145.3		− 282.5	
打ち切り率	30.9		74.8		85.4		68.2	
モデル 2（既婚男性, N = 162）								
少年（17 歳未満）								
収容されていない期間中の1 年あたりの逮捕	− .96	− 1.77	− .12	− .10	− 1.38	− 1.61	− 2.32	− 2.27*
非公式非行	− .02	− .58	− .08	− 1.03	.03	.53	− .12	− 1.92
成人								
除外リスク（17-25 歳）	− .77	− .77	4.22	2.34*	− 4.89	− 2.72*	.08	.05
出所時の年齢（25-32 歳）	− .01	− 1.29	− .00	− 1.94	.00	.04	.00	.35
収入（17-25 歳）	.16	1.40	.08	.39	− .04	− .18	− .24	− 1.27
コミットメント（17-25 歳）	− .01	− .20	− .09	− .76	− .10	− .77	− .07	− .60
仕事の安定性（17-25 歳）	.10	1.27	.30	2.29*	.32	2.23*	.28	2.16*
夫婦間の愛着（17-25 歳）	1.31	3.40*	1.74	2.12*	.65	1.07	1.04	1.66
ワイブル対数尤度	− 255.9		− 103.4		− 74.4		− 149.2	
打ち切り率	37.0		81.5		86.9		73.3	

*$p < .05$。

を長くし，少年期の犯罪傾向はその時間を短くする。これは，これまでと同じメッセージであるが，今回は基礎となるハザードのパラメータ分布を仮定したモデルによるものである。犯罪の動的性質に対する説明変数の効果を推定するためにどのような形状の分布が用いられたとしても，データは頑健であるように思われる。

結　論

　私たちは，複数のデータ分析手法を用いて，犯罪や逸脱行動への参加，逮捕数，地域社会で自由にしている単位時間あたりの犯罪頻度，逮捕のタイミングなどを分析してきた。さまざまな方法論（たとえば，クロス集計分析，ロジスティック回帰，最小二乗回帰，イベント・ヒストリー分析，ポアソン回帰モデル，負の二項回帰モデル，同時構造方程式など）や従属変数を用いることに加え，さまざまな形で特定されたモデルを推定し，17-25歳，25-32歳，32-45歳の3つの異なる年齢期における成人犯罪を分析した。多様な手続きを用い多様なモデルを設定したにもかかわらず，すべてのモデルでかなり一貫して説得的な全体像が見出された。すなわち，幼少期の非行と，仕事の安定性や夫婦間の愛着といった成人期の社会的絆は，独立して成人犯罪の大きな変動を説明するということである。この一般的な実証的知見は，持続と変化という私たちの二元的な関心，あるいは別の言い方をすれば，幼少期と成人期双方の社会的絆への着目を支持している。

第8章

犯罪と逸脱の比較モデル

　本章では，統制群500人の成人期の犯罪と逸脱に対する成人期の社会的絆の効果を検討し，次に主要なモデルを非行群と直接比較する。統制群は全体として思春期初期に非行へ走らなかったので，私たちは要するに「後発」の原因を調べているのである。したがって，非行をしていない少年たちは，成人期における社会関係資本とインフォーマルな社会統制に関する私たちの理論的枠組みの一般化可能性と説明力を評価するための理想的な比較群として機能する。幼少期の問題行動には劇的な違いがあるにもかかわらず，結果が類似している場合，成人期の犯罪を理解するうえで成人期における社会統制の重要性のさらなる知見が得られるであろう。

　表8.1では，まず，仕事の安定性，コミットメント，配偶者への愛着と，生涯にわたる逸脱行動や問題行動への参加との同時的・予測的関係を簡単に概観する。第6章から予想されるように，成人犯罪／逸脱の全体的な水準は，非行少年の標本よりも統制群の方が低い（表7.1を参照）。この事実にもかかわらず，仕事の安定性はその後の犯罪や逸脱と強く関連している。たとえば，17-25歳の時点で仕事の安定性が低い統制群では，仕事の安定性が高い統制群に比べて，25-32歳の時点で，逮捕される可能性が4倍，非公式に逸脱する可能性が8倍，アルコールを過剰に使用する可能性が6倍以上高かった。研究デザインの性質からして，これらの関係は単純な「自己選択」の議論を明らかに否定するものである。

　同様のパターンが，夫婦間の愛着や，教育・職業目標に対する成人のコミットメントについても得られている。17-25歳，25-32歳において，教育的およ

表 8.1　統制群における成人の社会的絆と成人犯罪・逸脱の同時的・予測的関係性

成人の犯罪・逸脱	仕事の安定性 17-25歳			コミットメント 17-25歳		夫婦間の愛着 17-25歳	
	低い	中程度	高い	弱い	強い	弱い	強い
%過度な飲酒（17-25歳）	32	8	5*	21	5*	46	4*
%過度な飲酒（25-32歳）	27	6	4*	15	4*	32	6*
%一般的逸脱（17-25歳）	12	4	3*	10	3*	12	4*
%一般的逸脱（25-32歳）	17	7	2*	8	5*	36	7*
%逮捕（17-25歳）	36	17	17*	34	12*	61	15*
%逮捕（25-32歳）	36	11	9*	22	10*	39	12*

成人の犯罪・逸脱	仕事の安定性 25-32歳			コミットメント 25-32歳		夫婦間の愛着 25-32歳	
	低い	中程度	高い	弱い	強い	弱い	強い
%過度な飲酒（25-32歳）	31	7	2*	16	4*	29	3*
%一般的逸脱（25-32歳）	24	4	1*	10	4*	29	1*
%逮捕（25-32歳）	45	13	6*	22	10*	35	7*
%逮捕（32-45歳）	31	19	9*	20	13	36	11*

*$p < .05$。

び職業的に成功するために，高い熱意をもつ対象者や努力をしている対象者は，逸脱行動，アルコールの過剰使用，逮捕される可能性が非常に低かった。既婚者では，すべての予測関係が予想された直接的なものであり，有意で，実質的に見ても大きかった。とくに，17-25歳の時点で夫婦関係が不和であった者は，後に犯罪や逸脱的な出来事に関与する可能性が少なくとも3倍高かった。

　表8.1の第2パネルは，25-32歳における社会的絆と25-32歳および32-45歳における犯罪・逸脱行動との関係を再現している。コミットメントと32-45歳における逮捕を除けば，すべての関係は再び予測された方向にあり，有意であり，実質的に見ても重要である。過度のアルコール使用と逸脱行動に対する仕事の安定性と夫婦間の愛着の効果はとくに大きく，非行群と同様に，これらの要因の予測力は45歳まで見られた。たとえば，25-32歳の時点で仕事の安定性が低かった者の30％以上がその後32-45歳の期間に逮捕されたのに対し，仕事の安定性が高かった者ではわずか9％であった。成人中期の夫婦間の愛着も同様に，その後の犯罪や逸脱行動と負の関係を示している。

　この知見は，若年期における非公式な社会統制が，成人の反社会的行動に有

意かつ実質的に関連していることを示唆しているが，今回は非行をしていない少年のサンプルである。第 7 章で見たように，持続性に重点をおいた「先天性」モデルは，成人のライフコースにおける犯罪の説明モデルとしては不十分なようである。そこで，成人の犯罪の原因をさらに探るために，仕事，教育，家族といった成人期の制度との社会的絆の多変量モデルに注目する。

統制群における成人犯罪の多変量推定

第 7 章と同様の方法で進めると，統制群の多変量解析を，表 8.2 の 25-32 歳における犯罪と逸脱の 2 つのモデルから始める。統制群では逮捕回数の分布が非常に偏っているため（たとえば，80％以上が 25-32 歳の時点で逮捕は 0 回である），まず犯罪への参加に関する最尤ロジスティック推定値に注目する。その結果（モデル 1）は，幼少期の非公式な非行のばらつきが，それ以降の年齢における過度の飲酒と逮捕を予測することを示唆している。公的には非行をしていない少年たちの中には非行に走った少年もいたが，それらの非公式な行為は一般的には軽微なものであった（たとえば，怠学，喫煙）。しかし，このような少年期の問題行動における事前の差異とは無関係に，仕事の安定性は，その後の逸脱，過度の飲酒，逮捕に有意な負の効果を及ぼす（t 比 = それぞれ -3.38，-3.33，-4.14）。従来の目標へのコミットメントに関するパターンも同様で，若年期におけるコミットメントの高さは，その後の反社会的行動を抑制する効果はない。非行群と同様に，収入と結婚の効果は有意ではない。他方で非行群とは対照的に，除外リスクはその後の犯罪や逸脱とは関係がない[2]。

モデル 2 では，若年成人期への移行期における配偶者への愛着が，25-32 歳における過度の飲酒と逸脱に大きくかつ独立した効果を及ぼしている。平均値で評価すると，ロジスティック係数は，夫婦間の愛着が高い者の方が低い者よりも逸脱と過度の飲酒が約 75％低いことを示している。逮捕に対する夫婦間の愛着の効果は弱いが，$p < .10$ で有意である。モデル 1 と同様に，仕事の安定性は 3 つの指標すべてに対して有意な負の効果をもち続けている（コミットメントには有意な効果はない）。

この時点までの一般的なパターンは，仕事が不安定で夫婦間の愛着が弱いことが，成人後の犯罪や逸脱に直接関係しているように，非行群におけるパタ

第 8 章 犯罪と逸脱の比較モデル 189

表 8.2　17-25 歳時点での少年非行と社会的絆によって 25-32 歳時点での犯罪および逸脱への参加を予測する最尤ロジスティックの係数と t 比（統制群）

独立変数	25-32 歳時点の犯罪と逸脱					
	一般的逸脱		過度の飲酒		逮捕	
モデル 1（全男性，$N = 378$）						
少年（17 歳未満）						
面接後の逮捕	− .27	(− .55)	.52	(1.66)	− .21	(− .64)
非公式非行	.09	(1.01)	.20	(2.80)*	.25	(4.24)*
若年成人（17-25 歳）						
除外リスク	.91	(.35)	− 3.37	(− 1.33)	1.74	(.96)
収入	.00	(.01)	− .03	(− .21)	.07	(.62)
結婚	.70	(1.46)	.22	(.51)	− .02	(− .05)
コミットメント	− .04	(.32)	− .13	(− 1.25)	− .04	(− .44)
仕事の安定性	− .40	(− 3.38)*	− .36	(− 3.33)*	− .38	(− 4.14)*
モデルのカイ二乗値（自由度 7）	16.7		35.9		42.6	
モデル 2（既婚男性，$N = 204$）						
少年（17 歳未満）						
面接後の逮捕	− .04	(− .06)	.70	(1.36)	.24	(.52)
非公式非行	.08	(.39)	− .20	(− .92)	− .01	(− .07)
若年成人（17-25 歳）						
除外リスク	2.84	(.37)	− 11.39	(− 1.40)	− 3.49	(− .56)
収入	− .06	(− .31)	− .04	(− .19)	− .04	(− .28)
コミットメント	.08	(.51)	− .05	(− .32)	− .01	(− .10)
仕事の安定性	− .36	(− 2.38)*	− .39	(− 2.49)*	− .44	(− 3.16)*
配偶者への愛着	− 1.69	(− 2.84)*	− 1.45	(− 2.32)*	− .89	(− 1.65)
モデルのカイ二乗値（自由度 7）	24.6		23.4		24.9	

*$p < .05$。

ーンと非常によく似ている。これらの結果は，17-25 歳の犯罪参加に関する同時モデルでも再現される。たとえば，17-25 歳における仕事の安定性は，17-25 歳における逸脱と飲酒に有意な負の効果を及ぼす（モデル 1 の最尤 t 比はそれぞれ − 2.74 と − 3.92）。また，17-25 歳における夫婦間の愛着も，17-25 歳における犯罪参加に有意な負の効果をもたらす。したがって，若年成人期への移行にお

ける社会的絆は，統制群と非行群の両方の成人期における犯罪を説明するために，初期の非行傾向とあわせて考慮されなければならない。

次に，25-32歳と32-45歳における逮捕の**頻度**の変動に対する成人期の社会的絆の効果について，統制群モデルを用いて検討する。最初の分析は，逮捕回数の自然対数（+1）を用いて行った。その結果，仕事の安定性と夫婦間の愛着の両方が，その後の逮捕頻度に有意な負の効果を及ぼすことが明らかになった（データは示していない）。しかし，第7章で詳述したように，最小二乗モデルは，統制群における逮捕数のような歪んだ事象数に直面すると，バイアスがかかり非効率的である。この問題に対処するため，25-32歳と32-45歳の逮捕回数について，最尤（ML）ポアソン回帰モデルと負の二項回帰モデルを推定した。その結果，事象の有意な過分散が示された（αのt比はすべて$p < .05$）。それゆえ，平均と分散が等しいという単純なポアソン仮定は成り立たない。

したがって，表8.3は，ラグをとった成人の社会的絆と統制変数によって予測される25-32歳と32-45歳の逮捕回数の負の二項（NB）モデルを示している。25-32歳のNB推定値は，表8.2と同様に，仕事の安定性がその後の犯罪を有意に抑制することを示している。32-45歳については，仕事の安定性が逮捕数の**唯一**の有意な予測因子であり，t比が3より大きいことが示唆される。つまり，成人期のいずれにおいても，仕事の安定性はその後の犯罪件数を減少させるのである。実際，これに近い予測力をもつ変数は他になく，結婚，収入，コミットメントの効果は弱く，有意ではない。

モデル2は，既婚男性における仕事の安定性が有意な効果をもち続けていることを明らかにしている。一方，夫婦間の愛着が逮捕頻度の説明に果たす役割はやや弱い。その効果は，25-32歳の犯罪については.10水準で有意であるが，32-45歳では有意ではない。さらに分析を進めると，この後の期間における犯罪の分布は，単純な二項対立のように歪んでいることが示唆された。対象者の8％未満が1回以上の逮捕歴をもっていた。そこで，MLロジスティック回帰モデルを推定したところ，表8.3のモデル2において，夫婦間の愛着が32-45歳の犯罪への参加（1＝逮捕，0＝逮捕なし）を有意に説明することがわかった（t比＝2.53，データは示していない）。夫婦間の愛着が実際の事件数よりも（犯罪への）参加をよく説明するという事実は，後のモデルで考慮されている。

次に，これらの結果の妥当性を評価するために，一連の代替指標とモデル仕

表 8.3　17-25／25-32 歳時点での少年非行と社会的絆によって 25-32 歳と 32-45 歳時点での犯罪頻度数を予測する最尤負の二項回帰の係数と t 比（統制群）

独立変数	逮捕頻度 25-32 歳		逮捕頻度 32-45 歳	
	係数	係数／S.E.	係数	係数／S.E.
モデル 1（全男性）				
少年（17 歳未満）				
面接後の逮捕	.36	.94	.20	.57
非公式非行	.20	2.57*	.06	.67
成人（17-25／25-32 歳）				
除外リスク	− 2.16	− 1.01	.62	.22
収入	− .03	− .20	.02	.15
結婚	.35	1.11	.03	.08
コミットメント	.22	.99	.05	.20
仕事の安定性	− .43	− 4.04*	− .36	− 3.69*
対数尤度	− 257.4		− 266.9	
アルファの t 比	4.16*		4.21*	
ケース数	383		418	
モデル 2（既婚男性）				
少年（17 歳未満）				
面接後の逮捕	.62	1.16	.01	.04
非公式非行	.01	.05	.02	.18
成人（17-25／25-32 歳）[a]				
除外リスク	− 6.34	− .74	− 3.74	− .80
収入	− .11	− .66	− .00	− .02
コミットメント	.60	1.18	.17	.60
仕事の安定性	− .41	− 2.28*	− .35	− 2.86*
配偶者への愛着	− 1.14	− 1.71	− .17	− 1.08
対数尤度	− 144.8		− 211.1	
アルファの t 比	3.07*		3.73*	
ケース数	206		339	

a. 25-32 歳時点での逮捕頻度の説明において，外生変数は若年成人への移行期に関するものである。32-45 歳時点での逮捕頻度については，外生変数は 25-32 歳に関するものである。
*$p < .05$。

様を導入した。まず，第 7 章と同様に，ヘックマン（Heckman, 1979）のプロビット変換した標本選択バイアスの尺度と，兵役と犯罪歴に加えて，仕事の安定性と収入によって構成された既婚の副標本に対する除外リスク・ハザードの両

方を用いて，すべてのモデルを再推定した。非行少年と同様，主要な結果は同じであった。

　第二に，非行少年と同様に，17-25 歳と 25-32 歳における仕事の安定性が，25-32 歳における犯罪に及ぼす効果を，成人以前の犯罪を統制しながら独立に推定した。その結果，仕事の安定性の増加は，犯罪の減少に直接関連していることがわかった。たとえば，17-25 歳の仕事の安定性を統制した 25-32 歳の仕事の安定性の負の二項効果は，25-32 歳の逮捕数の変化に対して高度に有意であった（t 比 = −5.06）。これは，17-25 歳における犯罪歴の影響を含めても，成人の犯罪を説明するうえで最大の t 比であった（t 比 = 3.86）。これらの結果は，成人の犯罪の変化を説明するうえで，社会的な結びつきの変化が重要であることを補強している。

　第三に，犯罪別逮捕数のポアソン回帰モデルと負の二項回帰モデルを推定した。推定可能であった最尤モデル（極端に歪んでいたためか収束しなかったものもある）では，結果は全体の逮捕回数の結果と同じであった。たとえば，若年成人期への移行期における仕事の安定性は，その後の財産犯，暴力犯，酩酊による逮捕に有意な負の効果を及ぼした（t 比＝それぞれ −5.48, −3.26, −2.07）。

　つまり，統制群の結果は，第 7 章の非行群の結果と同様に，成人期の非公式な社会的絆が成人の犯罪を予測するという考えを支持している。このような一致した最初の結果を踏まえて，成人期の社会的絆が成人期の逸脱に及ぼす効果を非行群と統制群で直接比較することにする。

成人の犯罪と逸脱の比較モデル

　群間の比較を容易にするため，25-32 歳の年齢幅における過度の飲酒，一般的逸脱，逮捕の指標を合計して総合的な尺度を作成した。この尺度は 0 から 3 までであり，若年成人期における個人の犯罪や逸脱への参加の幅を反映している。非公式の指標と公式の指標を組み合わせることで，それぞれの情報源に起因する異なる制約を相殺した。さらに，犯罪と逸脱の尺度は，とくに統制群において公式の逮捕頻度のみよりも，はるかに歪みが少ない。[3] 25-32 歳における犯罪と逸脱の変動を説明する際，双方向的な効果の可能性を排除するために，社会的な統制変数は 25 歳時点の面接調査で測定されたものを用いた。

表 8.4　少年非行と若年成人の社会的絆によって 25-32 歳時点の犯罪と逸脱を予測する比較最小二乗法モデル

独立変数	25-32 歳時点の犯罪と逸脱					
	非行群			統制群		
	b	β	t 比	b	β	t 比
モデル 1（全男性）						
少年（17 歳未満）						
逮捕頻度	.90	.21	3.74*	.02	.01	.28
非公式非行	.03	.11	1.96	.06	.21	4.30*
若年成人（17-25／25-32 歳）						
除外リスク	.58	.09	1.47	− .04	− .01	− .11
収入	− .06	− .08	− 1.28	.00	.01	.11
結婚	− .00	− .00	− .01	.03	.02	.42
コミットメント	− .02	− .05	− .76	− .03	− .06	− 1.27
仕事の安定性	− .15	− .34	− 5.10*	− .12	− .29	− 5.71*
R^2		.26			.16	
ケース数		246			376	
モデル 2（既婚男性）						
少年（17 歳未満）						
逮捕頻度	.67	.15	2.17*	.09	.06	.81
非公式非行	.02	.06	.87	− .02	− .05	− .48
若年成人（17-25／25-32 歳）						
除外リスク	.85	.12	1.73	− 1.34	− .11	− .98
収入	− .02	− .02	− .30	− .01	− .02	− .34
コミットメント	.01	.03	.36	− .00	− .01	− .13
仕事の安定性	− .10	− .20	− 2.20*	− .16	− .32	− 4.65*
配偶者への愛着	− .80	− .37	− 4.19*	− .60	− .27	− 3.85*
R^2		.34			.24	
ケース数		150			204	

*$p < .05$。

　表 8.4 では，群間比較のために，ベータと係数の標準誤差に対する比に加えて，非標準化最小二乗法係数を表示している。少年非行とは無関係に，犯罪と逸脱に最も大きな効果を与えるのは仕事の安定性である[4]。すなわち，若年成人期の仕事の安定性が成人後の犯罪に及ぼす標準化効果は，非行少年では− .34（$b = −.15$），非行をしていない少年では − .29（$b = − .12$）である。また，

これまでの結果とも一致するが，仕事の安定性がある場合には，結婚，収入，コミットメントは重要ではないが，少年非行が成人後の犯罪に重要な効果を及ぼし続けている。

　モデル2は既婚男性についてのものであるが，仕事の安定性が成人期の犯罪に有意かつ非常に類似した負の効果を及ぼすことが確認された。たとえば，標準化されていない係数は非行少年と非行をしていない少年でそれぞれ－.10と－.16である。さらに，両群とも，若年成人期に配偶者と強い結びつきのある男性は，他の要因とは無関係に，配偶者との結びつきが弱い関係にあった男性よりも，成人後に犯罪や逸脱行動に巻き込まれる可能性がはるかに低かった。このように，夫婦間の愛着に関する非標準化係数は，仕事の安定性と同様に，群間で類似しており，ベータも大きい[5]。

　表8.5では，25-32歳における社会的絆に関する比較モデルを検証している。時系列効果を厳密に検証するために，成人後期（32-45歳）の犯罪結果に限定している[6]。表8.5の結果は，これまでの傾向を引き継いでおり，32-45歳時の犯罪に対して仕事の安定性が及ぼす効果は，非行群よりも統制群の方が大きい。実際，標準化されていない係数は統制群の方が2単位分大きい。モデル2において，夫婦間の愛着は，仕事の安定性，過去の犯罪歴，ハザード・リスクに関係なく，成人後の犯罪に有意な負の効果を及ぼす。さらに，夫婦間の愛着効果の大きさ（－.28と－.26）の群間差は有意でない。この知見は，幼少期の反社会的傾向にかかわらず，成人後の夫婦間の愛着が重要であることを裏づけている。さらに，統制群における仕事の安定性は，32-45歳の成人期の犯罪に対して有意な負の効果を与えており，これらの男性にとって成人後期における社会的絆の両要素の重要性を明確に示している。

社会的絆と犯罪の変化

　変化の群間比較についてさらに理解を深めるために，持続的な犯罪者と完全に離脱した犯罪者を区別するモデルを推定した（Blumstein et al., 1985を参照）。17-25歳および25-32歳で逮捕された者を1とし，成人で逮捕歴のない者を0とした。非行少年117人と，非行をしていない「不定期な」犯罪者170人がいた。つまり，どちらかの時期に逮捕歴があるが，両方の時期には逮捕歴がない男性である。対比を最大にするため，これらの者は分析から除外され

表 8.5　25-32 歳時点での少年非行と社会的絆によって 32-45 歳時点の犯罪参加を予測する比較最尤ロジスティック回帰分析

	32-45 歳時点の犯罪参加			
	非行群		統制群	
独立変数	係数	係数／S.E.	係数	係数／S.E.
モデル1（全男性）				
少年（17 歳未満）				
逮捕頻度	.18	.35	.29	1.17
非公式非行	.09	3.20*	.08	1.29
成人（25-32 歳）				
除外リスク	.75	1.29	.30	.14
収入	− .01	− .19	.06	.51
結婚	− .13	− .51	.03	.10
コミットメント	− .20	− 1.03	− .09	− .45
仕事の安定性	− .13	− 2.06*	− .27	− 3.66*
モデルのカイ二乗値（自由度 7）	36.7		26.5	
ケース数	332		418	
モデル2（既婚男性）				
少年（17 歳未満）				
逮捕頻度	.64	1.04	− .04	− .10
非公式非行	.13	3.80*	.07	.94
成人（25-32 歳）				
除外リスク	1.21	1.51	− 1.77	− .48
収入	.04	.40	− .03	− .19
コミットメント	− .11	− .49	.12	.49
仕事の安定性	− .01	− .16	− .20	− 2.22*
配偶者への愛着	− .28	− 3.04*	− .26	− 2.53*
モデルのカイ二乗値（自由度 7）	44.6		32.3	
ケース数	258		339	

*$p < .05$。

た。表 8.4 と表 8.5 では，サンプルサイズが小さく，収入，結婚，コミットメント，除外リスクの効果が有意でなかったため，少年非行（公式および非公式の両方），夫婦間の愛着，仕事の安定性の測定のみを含む縮約モデルを推定した。仕事の安定性が成人後の逸脱の持続に及ぼす独立効果の最尤ロジスティック係数は，非行群で− .41，非行をしていない群で− .54 であった（t 比＝それぞれ

−2.01，−2.85）。夫婦間の愛着の係数は，非行群で−2.28，非行をしていない群で−2.52であった（t 比＝それぞれ−3.18，−3.64）。明らかに，夫婦間の愛着と仕事の安定性は，非行の背景が大きく異なる若年成人男性の犯罪継続の対数確率を大幅に減少させる。

また，社会的絆の変化が犯罪の変化にどのように影響したかを直接検討できるモデルも推定した。非行群，統制群ともに，17-25歳から25-32歳にかけての仕事の安定性の変化の方向を示す変数を作成した。この2つの時期における仕事の安定度を三分法でクロス集計した結果，仕事の安定性が少なくとも1つ上昇した人を1とし，時間の経過とともに仕事の安定性が低下した人を0とした。対角線上にあり，まったく変化しなかった者は，変化に関する情報を提供しないため分析から除外された。非行群では130人，統制群では235人の男性が仕事の安定性の変化を経験した。夫婦間の愛着は経時的に安定しており，かつ方向性が極端に偏っていた（たとえば，愛着が増加した195人に対し，減少した統制群はわずか4人であった）ので，仕事の安定性の変化に注目する。

その結果，仕事の安定性の向上は，成人犯罪の変化と有意かつ負の相関があることが示された。より具体的には，少年非行（公式および非公式）と除外ハザード・リスクで統制した後，非行群の犯罪と逸脱に対して，仕事の安定性の増加は−.24の標準化効果を示した（$p < .05$）。これより大きな効果を示した変数は他になかった。統制群に対応する係数は−.12であり，より小さいが依然として有意であり，全体として最大の効果が非公式非行の.16であったことを考えると注目に値する（データは示していない）。

これらのモデルは，成人と社会を結びつける社会的絆の強さの重要性だけでなく，社会的絆の変化の相対的な性質を示唆している。労働力と結びついた社会関係資本の増加を経験した男性は，仕事との結びつきが弱まった同世代の男性よりも，犯罪をやめる可能性が高かった。このように，社会的絆の変化は，成人犯罪の変化を理解するうえで重要であるように思われる。

夫婦間の愛着と配偶者の逸脱

上記の比較モデルの妥当性と頑健性を評価するために，さらに2組の分析を行った。1つ目は，対象者の配偶者の犯罪行為と逸脱行動に関するものである。結婚相手と不和な男性が逸脱的なロールモデルにさらされている可能性は十分

にある。たとえば，分化的接触理論の論理によれば，犯罪を説明するのは愛着や社会統制ではなく，むしろ犯罪的価値観や逸脱的価値観に接する機会やその強さである。もし夫婦間の愛着の低さが妻の逸脱と関連しているとすれば，夫婦間の愛着効果の解釈は誤りかもしれない。一方，社会統制理論によれば，重要な他者への愛着は，その他者が逸脱をしているかどうかにかかわらず，犯罪を減少させるはずである。この議論は，非行仲間や仲間への愛着の場合と類似しており，統制理論では，たとえ友人が逸脱していても，愛着が犯罪を減らすはずだと予測する。

この問題を検討するために，17-25歳の男性の妻の犯罪と逸脱を3つのカテゴリーの変数に分けて分析した。結婚相手には自分と似た相手を選ぶという原則と一致して（Caspi and Herbener, 1990; Knight et al., 1977: 352; Osborn and West, 1979），男性の非行は妻の逸脱行動と密接に結びついていた。統制群の妻のわずか19％に犯罪歴や逸脱歴があったのに対して，非行群では妻の50％が犯罪歴や逸脱歴をもっていた。さらに，17-25歳の統制群における妻の逸脱と夫婦間の愛着の相関は－.68（$p < .05$）であり，この先行モデルの結果が疑似的なものである可能性を示唆する。非行群では，夫婦間の愛着と妻の犯罪傾向の相関は－.46（$p < .05$）であった。これらの相関は，愛着と犯罪を行う機会にさらされることの同時効果を検討する動機となる。

表8.6は，妻の逸脱を統制したうえで，夫婦間の愛着が25-32歳の犯罪と逸脱の幅に及ぼす効果について，統制群と非行群について比較した結果を示している。表8.4と表8.5から有意でない予測変数を削除した「縮約」モデルを推定した。妻の犯罪歴と結婚相手との不和との間に重複があるにもかかわらず，結果は一貫しており，これまでのパターンを支持していることが明らかである。両群とも，夫婦間の愛着は引き続き犯罪に大きな負の効果をもつが，逸脱した配偶者の効果は有意ではなく，ゼロに近いものである。たとえば，25-32歳における犯罪と逸脱の予測において，夫婦間の愛着のベータは非行群では－.43，統制群では－.21であった。配偶者の逸脱に対応するベータは－.02と－.05である（非有意）。

再分析の結果，全体として，配偶者への愛着は，その配偶者の犯罪や逸脱行動にかかわらず，犯罪や逸脱を抑制することが実証された。これらの知見は，本書を通じて展開されたインフォーマルな社会統制理論の一般的な要点を支持

表 8.6 少年非行，若年成人の社会的絆および既婚男性の配偶者の逸脱によって
25-32 歳時点の犯罪と逸脱を予測する比較最小二乗法モデルの縮約反復

	25-32 歳時点の犯罪と逸脱					
	非行群			統制群		
独立変数	b	β	t 比	b	β	t 比
少年（17 歳未満）						
逮捕頻度	.74	.16	2.55*	.28	.12	1.94
非公式非行	.01	.05	.78	− .00	− .00	− .05
若年成人（17-25 歳）						
除外リスク	.75	.11	1.74	− .95	− .08	− .72
仕事の安定性	− .06	− .12	− 1.51	− .17	− .33	− 5.18*
配偶者の逸脱	− .03	− .02	− .24	− .08	− .05	− .59
配偶者への愛着	− .94	− .43	− 5.12*	− .47	− .21	− 2.52*
R^2		.34			.26	
ケース数		177			216	

*$p < .05$。

している。その要点とはつまり，愛着による絆と義務による網は，ライフコースにおける犯罪を理解するうえで中心的な役割を果たすということである。

飲酒と社会的絆

　第二の検証は，成人期の犯罪における飲酒の役割を検討することである。第 7 章で示したように，飲酒は仕事の安定性と負の関係があったことからすれば，仕事の安定性の効果は疑似的なものである可能性がある。さらに，第 9 章で紹介する質的分析では，飲酒が仕事の不安定性や夫婦関係の不和を理解するうえできわめて重要な役割を担っていることが明らかになった。この領域を実証的に探るために，過度の飲酒の開始を特定する変数を作成した。具体的には，飲酒による公式の逮捕，自己報告，両親報告，公的機関の記録に基づく社会調査において，青年期（つまり 19 歳以下）に深刻な飲酒または過度の飲酒を開始した男性に 1 を割り当てることで，二値変数を作成した。仕事の安定性は 20 歳から 25 歳までの期間で評価し（第 7 章を参照），夫婦間の愛着はおもに 25 歳時の面接直前の数年間の情報からおもに評価した。したがって，この変数で 1 とされた男性の過度の飲酒の開始は，仕事の安定性と夫婦の愛着の測定に先行することが保証される。

時間の順序づけに加えて，20歳前の過度の飲酒という指標は外的基準によって検証されている。第一に，10代の飲酒の指標は非行状況と予想された方向で関連している。統制群の14％が10代で過度の飲酒者であったのに対し，非行群では54％であった（$p < .05$）。第二に，10代の飲酒は成人後の過度の飲酒を予測する。統制群では，10代の大量飲酒者の37％が25歳から32歳の時点でも大量飲酒者であったのに対し，非飲酒者ではわずか4％であった（$p < .05$）。非行群では56％と11％である（$p < .05$）。第三に，以下に示すように，非行群と統制群のいずれにおいても，10代の過度の飲酒は，少年非行の効果を考慮した後でも，その後の犯罪と逸脱を予測する。このことは，飲酒の尺度が，自己統制の低さにおける個人差をさらに利用することを示唆している（Gottfredson and Hirschi, 1990 を参照）。

　ここで残された重要な問題に取り組む。それは，問題のある飲酒を統制した場合，夫婦間の愛着と仕事の安定性の効果は残るのだろうかというものである。25-32歳の犯罪と逸脱について表8.7に示すように，その答えはイエスである。モデル1では，非行群における仕事の安定性が後の犯罪／逸脱の広がりに最も大きな効果をもつ（$\beta = -.38$）。モデル2では，夫婦間の愛着は引き続き非常に強い負の効果をもつが（$\beta = -.40$），仕事の安定性の効果はこれまでの分析と同様に減少している。統制群では，仕事の安定性は25-32歳の犯罪／逸脱に対してかなり大きな負の効果をもち，仕事の安定性と夫婦間の愛着はモデル2においてともに犯罪／逸脱を抑制する。10代の飲酒による効果は4つのモデルすべてで有意であるが，過度の飲酒は成人の犯罪と逸脱の尺度の構成要素の1つであるため驚くべきことではない。言い換えれば，飲酒の効果は，逸脱行動における連続性が別の形をとって現れたものである[10]。

　表8.7のデータは，上記の追加分析と相まって，成人の犯罪を説明するうえで，仕事の安定性と夫婦間の愛着が引き続き重要であることを明確に示している。飲酒は婚姻関係の破綻や仕事の不安定さと，おそらくは相互に関連しているが，この関係は犯罪を助長する仕事の不安定さの役割を説明するものではないようである。飲酒と社会的絆の希薄化が犯罪に対して，双方向的でお互いに強め合う効果を及ぼす可能性については，個人のライフヒストリーの質的分析を紹介する第9章でくわしく検討する。

表 8.7 少年非行，若年期の社会的絆，20 歳前の過度の飲酒によって 25-32 歳時点の犯罪と逸脱を予測する比較最小二乗法モデルの縮約反復

	25-32 歳時点の犯罪と逸脱					
	非行群			統制群		
独立変数	b	β	t 比	b	β	t 比
モデル 1（全男性）						
少年（17 歳未満）						
逮捕頻度	.80	.17	3.60*	.02	.01	.30
非公式非行	.01	.06	1.14	.05	.17	3.70*
後期思春期						
20 歳前の過度の飲酒	.50	.23	4.72*	.62	.32	6.92*
若年成人（17-25 歳）						
除外リスク	.80	.12	2.39*	− .10	− .01	− .29
仕事の安定性	− .16	− .38	− 7.69*	− .10	− .24	− 5.36*
R^2		.32			.26	
ケース数		301			401	
モデル 2（既婚男性）						
少年（17 歳未満）						
逮捕頻度	.59	.12	1.89	.05	.03	.51
非公式非行	.00	.01	.22	− .00	− .02	− .15
後期思春期						
20 歳前の過度の飲酒	.36	.16	2.58*	.54	.26	3.84*
若年成人（17-25 歳）						
除外リスク	.83	.12	1.92	− .75	− .06	− .58
仕事の安定性	− .07	− .16	− 2.00*	− .13	− .27	− 4.10*
配偶者への愛着	− .88	− .40	− 5.20*	− .41	− .18	− 2.69*
R^2		.37			.29	
ケース数		176			212	

*$p < .05$。

個人差と観察されない異質性

　本書を通じて，犯罪やその他の反社会的行動を起こす傾向における早期からの違いを統制しようと試みてきた。さまざまな方法で過去の犯罪やハザード・リスクを統制する努力をしたとはいえ，個人間の違いが結果に交絡している可能性がまだある。たとえば，2 つのサンプルの少年は照合されたが，各サンプ

ル内では潜在的に重要な特性について個人差があった。個人差の提唱者が示唆するように，おそらく最も重要なのは IQ であろう（とくに Wilson and Herrnstein, 1985 を参照）。他の側面としては，気難しい気質，反社会的性格，行為障害の早発，および低い自己統制に関連する症状がある（Gottfredson and Hirschi, 1990）。

　これらの要因を評価するために，ウェクスラー・ベルビュー・テストで測定される IQ の効果を考慮したモデルを推定した。予測力によってすでに妥当性が検証されている 3 つの個人差に関わる構成概念（気難しい子ども，問題行動の早発，かんしゃく）（第 4 章と第 5 章を参照）も検討した。先に論じたように，これらの尺度は幼少時の気質の悪さや自己統制の欠如を反映するように構成されている[11]。とくに，非公式非行，かんしゃく，早発は，犯罪が法的に可能となる前に評価された早期の犯罪傾向（低い自己統制）の測定を求めるゴットフレッドソンとハーシ（Gottfredson and Hirschi, 1990: 220）の要請に直接応じており，これらの指標は思春期前の年齢における情報をもとに構築され，その後の行動も予測する能力によって検証される。

　さらに，グリュック夫妻のデータには，14 歳の面接時に実施されたロールシャッハ（ROR）のインク・ブロット・テストによって決められた，自己統制の低さという性格尺度も含まれている（詳細については，Glueck and Glueck, 1950: 57-60 を参照）。ROR のプロトコルは，グリュック夫妻が雇った独立した専門家によって盲検法を用いて採点された（1950: 58）。ロールシャッハ法は批判されているが（Gittelman, 1980 を参照），理論的関心から，また同時的妥当性と予測的妥当性の両方の兆候を示すことから，自己統制尺度を含めた。たとえば，高い自己統制と判定された者の 33％が青年期に非行に走ったのに対し，低い自己統制と判定された者で非行に走った者は 65％だった（$p < .05$）。自己統制と逸脱の関係は，両方の追跡調査期間でも維持され，32-45 歳時の犯罪にまで及んだ。とくに，高い自己統制と判定された人の約 27％が 32-45 歳の時点で逮捕されたのに対し，低い自己統制と定義された人で逮捕されたのは 42％だった（$p < .05$）。ロールシャッハを実施する側のバイアス（つまり，少年が公式に非行少年であったか否かの知識）の影響を打ち消すという，私たちの研究デザインのグループ内という性質と相まって，自己統制の尺度は，成人の社会的絆の効果を評価する際の追加的な統制変数として含まれている。

　表 8.8 は，25-32 歳時における犯罪と逸脱を比較した結果を示している。成

表 8.8 少年非行，子どもの特性，若年期の社会的絆によって 25-32 歳時点の犯罪と逸脱を予測する比較最小二乗法モデル

独立変数	非行群		統制群	
	β	t 比	β	t 比
モデル 1（全男性）				
少年（17 歳未満）				
逮捕頻度	.21	3.51*	.02	.32
非公式非行	.12	2.01*	.23	4.08*
IQ	.10	1.74	− .11	− 2.07*
子どもの気難しさ	.00	.03	− .04	− .85
早発	.07	1.15	− .06	− 1.10
かんしゃく	.06	1.06	− .03	− .60
自己統制	− .10	− 1.63	.01	.21
若年成人（17-25 歳）				
除外リスク	.27	4.35*	− .00	− .02
収入	.03	.41	.02	.33
結婚	.09	1.38	.03	.56
コミットメント	− .07	− 1.05	− .04	− .79
仕事の安定性	− .38	− 5.29*	− .28	− 5.06*
R^2	.35		.18	
ケース数	211		317	
モデル 2（既婚男性）				
少年（17 歳未満）				
逮捕頻度	.23	3.02*	.09	1.16
非公式非行	.05	.67	− .09	− .69
IQ	.03	.38	− .08	− 1.04
子どもの気難しさ	.11	1.40	.03	.43
早発	− .03	− .34	b	b
かんしゃく	.16	1.96	− .04	− .52
自己統制	− .10	− 1.26	.03	.38
若年成人（17-25 歳）				
除外リスク	.07	.84	− .14	− 1.07
収入	.04	.46	− .05	− .63
コミットメント	.02	.18	− .04	− .63
仕事の安定性	− .24	− 2.34*	− .29	− 3.64*
配偶者への愛着	− .30	− 2.96*	− .28	− 3.59*
R^2	.38		.27	
ケース数	127		165	

a. 従属変数は，非行群と統制群の 25-32 歳のそれぞれについて，年間逮捕頻度と 4 つのカテゴリーの犯罪・逸脱尺度である。
b. 早発は，モデル 2 の統制群では定数である。
*$p < .05$。

人の社会的絆の効果をできるだけ厳密に検証するために，5つの個人特性すべてと少年非行が，その後の成人の犯罪に及ぼす同時予測効果を検証する（非行群率は収容期間で調整）。これらの子どもおよび少年の特性が成人犯罪に及ぼす効果は，ほとんどの場合，実際の問題行動に限定されている（たとえば，少年時代の非公式非行は，モデル1では，非行群および統制群ともに成人犯罪に直接的な効果を及ぼしている）。例外は，統制群ではモデル1でIQが犯罪／逸脱に有意な負の効果を示し，モデル2ではかんしゃくが非行群の犯罪頻度に正の効果（$p < .10$）を示したことである。しかし，これらの個人差効果は一貫しておらず，他の子どもに関する要因は明らかに有意ではない（たとえば，早発，子どもの気難しさ）。また，RORの自己統制尺度の長期的な効果も，非行を考慮すると有意ではない。したがって，概念的には，この結果は，青年期の問題行動が，成人後の犯罪に及ぼす初期の個人的要因の効果を無効にしていることを示唆している。

表8.8のもう1つの主要な結果は，成人の社会的絆は初期の個人差の統制に影響されないということである。実際，17-25歳時の仕事の安定性が25-32歳時の犯罪に及ぼす効果は，統制群，非行群ともに標準化係数が最大である。したがって，IQや反社会的行動の初期傾向の有無にかかわらず，仕事の安定性は，犯罪の背景が**正反対**の男性の犯罪の偏向に大きな効果を及ぼす。また，仕事の安定性と夫婦間の愛着の効果のパターンは，モデル2でもグループ間で類似している。

表8.8の個人差に関する構成概念を考慮しても，32-45歳時の犯罪参加に関する結果（表8.5を参照）は変わらない。とくに25-32歳における夫婦間の愛着が32-45歳における犯罪に及ぼす効果を反映する最尤法のt比は，非行群では－2.75，統制群では－3.03であった（$p < .05$）。したがって，かんしゃく，問題行動の早発，子どもの気質，IQは，成人後の社会的絆の重要性を低下させることはできない。各サンプルで少年非行を統制すると，家族の社会統制要因は成人犯罪に影響を及ぼさなかったことも第6章から想起される。したがって，表8.4から表8.6で家族の社会統制要因を統制しても，結果に大きな変化はない。[12]

観察されない異質性

　もちろん，特定の変数が上記の式から除外され，その結果，誤識別バイアスが生じたと主張することはつねに可能である。私たちはおもな可能性を打ち消すように努めたが，個人効果を考慮する際に残る問題が1つある。すなわち，私たちの統制変数が，犯罪傾向における個人間の**持続的な観察されずに残る異質性**を十分に説明できていない可能性である。ネイギンとパターノスター（Nagin and Paternoster, 1991）は最近，犯罪のパネル・モデルは犯罪の予測においてこのような個人特有の要素を考慮する必要があると主張している。私たちは彼らの議論が重要であると考え，その詳細について検討する。

　「ランダム効果」パネル・モデル（詳細については Nagin and Paternoster, 1991; Nagin, 1991; Greene, 1989 を参照）では，結果変数の予測誤差は，時間的に不変な個人固有成分（ここでは u_i と表記）と時間的に変化するランダム成分（e_{it} と表記）という2つの要素をもつと仮定される。個人固有成分は，犯罪傾向に影響を与える永続的だが測定不能な個人特性の影響を捉える（Nagin and Paternoster, 1991: 171）。ランダム成分は，犯罪に影響を与えるが，実質的な方程式には含まれない要因（たとえば，犯罪の機会）の時間（t）と人（i）にわたる変動を捉える。[13]

　パネルデータによるランダム効果モデルの鍵は，誤差項の共変のうち母集団の異質性に起因するものの割合を推定できることである（つまり，持続的な異質性の大きさは，組み合わせられた2変数の誤差項の間に，時間が経っても相関が見られるかによって判断できる）。個人固有の異質性が複合誤差項の変動を支配するようになると，相関は1に近づく（Nagin and Paternoster, 1991: 171）。さらに，ランダム誤差と個人固有誤差の経時的な共同相関を統制することは，説明因子のパラメータ推定値に影響する。というのも，持続的ではあるが統制されていない異質性が存在すると，犯罪行動の前歴以外の変数の係数にバイアスがかかる可能性があるからである。[14] ネイギンが正しく論じているように（Nagin, 1991: 10），「問題は，個体レベルでの反応変数とある特定の共変量との間の関連が，集団全体の持続的な観察されずに残る異質性の変動と混同されることである」。

　そこで，ネイギンとパターノスター（Nagin and Paternoster, 1991）の最尤プロビット・モデルの変種を用いて，主要な結果を再現した。具体的には，25-32歳時と32-45歳時の犯罪頻度について，一般化最小二乗（GLS）ランダム効果モデルを採用した。要するに，これはプールされたクロス・セクションの時系列

デザインであり，時系列にわたる並列変数構造を仮定している[15]。このモデルは一般的な形式の $y_{it} = a + bx_{it} + e_{it} + u_{it}$ であり，ここで x は第 2 次と第 3 次における外生的特性のベクトルを表す。このモデルは，観察された幼少期の非行，除外リスク，成人期の犯罪のレベルだけでなく，持続的な観察されない異質性も統制しているため，成人期の社会的絆の効果を厳密に検証することができる。

GLS ランダム効果モデルの結果は表 8.9 に示されている。モデル 1 の係数と標準誤差は非常に多くのことを教えてくれる。第一に，仕事の安定性は，過去の逮捕頻度，ハザード・リスク，非公式な少年非行の傾向とは無関係に，非行群，統制群ともに犯罪頻度に対して有意な負の効果をもつことに注目されたい。実際，両群で t 比が最も大きいのは，仕事の安定性である。第二に，興味深いことに，少年非行は公式および非公式を問わず，観察されない異質性を統制しても，その後の犯罪活動に有意な正の効果をもち続けている。これらの知見を総合すると，前の時点における犯罪経験と社会的絆の弱さの両方が後の犯罪に及ぼす効果の根底には，状態依存性があるという考え方が支持される（Nagin and Paternoster, 1991 を参照）。

モデル 2 は，これまでの最小二乗法に基づくモデルや最尤法に基づくモデルとほぼ同様に，インフォーマルな社会統制理論をさらに支持する結果をもたらした。非行群，統制群ともに，夫婦間の愛着は，他の要因を除けば，犯罪頻度に対して有意かつ大きな負の効果をもつ。また，32-45 歳の犯罪におけるこれまでの分析と同様に，非行群の既婚男性では，仕事の安定性の効果は減少している。しかし，統制群では，仕事の安定性は引き続き負の効果をもち続けている。実際，この群の既婚男性における成人犯罪の有意な予測因子は，仕事の安定性と夫婦間の愛着の 2 つだけである。

実質的な結果が以前のモデルと似ているおもな理由は，誤差項の時間的相関が概して小さいからである。ネイギンとパターノスター（Nagin and Paternoster, 1991）が論じているように，観察されない異質成分の大きさが 0 に近づくにつれて，ランダム効果モデルはバイアスを伴わない標準的な固定効果モデルに還元される。表 8.9 では，非行群の相関がとくにその大きさで注目され，最大の推定値はわずか .22 であり，これは経時的な誤差共分散の 25％未満しか個人特有の異質性に起因していないことを意味する。統制群の相関はやや大きいが，

表 8.9　25-32 歳および 32-45 歳の犯罪頻度を，非公式の少年非行，逮捕頻度，ハザード・リスク，成人期の社会的絆によって予測する集計ランダム効果パネル・モデルからの一般化最小二乗法係数と t 比：持続的な観察されない異質性を統制した場合の非行群と統制群

	25-32 歳および 32-45 歳の犯罪頻度			
	非行群		統制群	
独立変数	係数	t 比	係数	t 比
モデル 1（全男性）				
過去の逮捕頻度	.34	3.32*	.11	3.04*
非公式非行	.02	2.99*	.02	2.89*
除外リスク	1.21	6.04*	− .05	− .28
仕事の安定性	− .09	− 6.38*	− .05	− 6.35*
R^2	.23		.12	
観察数	578		802	
相関 $(e_{it} + u_i)$	.22		.29	
モデル 2（既婚男性）				
少年（17 歳未満）				
過去の逮捕頻度	.52	3.46*	.06	1.25
非公式非行	.02	2.10*	.01	1.01
除外リスク	.92	4.07*	.08	.51
仕事の安定性	− .00	− .18	− .04	− 2.94*
夫婦間の愛着	− .57	− 5.11*	− .21	− 3.35*
R^2	.27		.14	
観察数	322		415	
相関 $(e_{it} + u_i)$	.18		.34	

*$p < .05$。

ここでも平均して誤差共分散の 3 分の 1 以下しか，観察されない異質性に起因していない。

さらに重要なことは，持続的異質性を考慮しても，外生的特性が犯罪に及ぼす効果に大きな変化はないということである。たとえば，表 8.9 のモデル 1 と同じ単純な OLS パネル・モデルでは，非行群における仕事の安定性の効果について，ランダム効果 GLS 推定値の − .094 に対して，− .099 の係数が得られる。統制群の仕事の安定性に対応する OLS 係数は − .059，GLS 係数は − .052 である。

明らかに，攪乱項における個人固有の持続的異質性を考慮しても，外生的特性のパラメータ推定値はほとんど変化しない。これらの結果を解釈する1つの方法は，非公式非行や過去の逮捕頻度の統制が，とくに非行少年の犯罪傾向の個人間差異を適切に説明しているということである。これこそが私たちが一貫して主張してきた論点であり，したがって，観察されない異質性を考慮する方法を導入しても，グループ内調査デザインと，過去の非行・犯罪活動の観察レベルを明示的に統制するモデルとの組み合わせを改善する効果はほとんどないと結論づけるのが妥当であろう。[16]

社会的絆と犯罪の要約モデル

本書の中心的なテーマは，少年期の非行傾向と成人の社会的絆の弱さとが，最終的な犯罪のばらつきを説明するというものである。これまでに得られた実証的な結果に基づき，社会的絆の主要な指標を要約尺度にまとめたモデルを推定することで，この理論的脚本の最終的な総合評価を行う。既婚男性については，仕事の安定性と夫婦間の愛着に関する標準化尺度を合計した。未婚で結婚という絆がない男性は，社会的絆の尺度として，仕事の安定性についての値を割り当てた。この二重の手続きは，未婚男性の標本を保持し，自由度を増加させる。また，制度的なつながりの性質に応じて社会的絆に重みづけをするため，私たちの理論とも整合的である。すなわち，独身男性は仕事への愛着のみによって特徴づけられるが，結婚している男性については，仕事の絆に加えて夫婦間の絆の強さも考慮する。総括的な成人の「社会的絆」尺度の作成は，既婚者における愛着と仕事の安定性の有意な共変動によって裏づけられている。

表8.10のパネルAのモデルは，少年非行だけでなく，以前の成人期における犯罪も統制したうえで，25-32歳における成人期の犯罪と逸脱に対する，以前の社会的絆と社会的絆の**変化**の両方の効果を推定している。このモデルは，成人犯罪の変化に対する，年齢によって変化する社会的絆の全体的な効果や変化を厳密に検証するものである。[17]その結果はきわめて明確であり，若年成人期への移行期（17-25歳）における社会的絆と，25-32歳における社会的絆の変化は，少年期であれ成人期であれ，それより前の時点の犯罪傾向では説明できない25-32歳における犯罪の変動を予測する。興味深いことに，非行群，統制

表 8.10 少年非行，成人期の犯罪，成人期の社会的絆（17-25 歳，25-32 歳）によって 25-32 歳と 32-45 歳の犯罪と逸脱を予測する最小二乗法に基づくモデルと最尤法に基づく負の二項モデルの比較

A. 最小二乗法に基づくモデル	25-32 歳時点の犯罪と逸脱					
	非行群			統制群		
独立変数	b	β	t 比	b	β	t 比
少年（17 歳未満）						
逮捕頻度	.55	.12	2.88*	.01	.01	.21
非公式非行	.00	.02	.48	.02	.09	2.13*
成人（17-32 歳）						
除外リスク（17-25 歳）	−.22	−.03	−.69	.20	.03	.69
逮捕頻度（17-25 歳）	.17	.20	3.90*	.13	.30	6.66*
社会的絆（17-25 歳）	−.49	−.63	−12.93*	−.24	−.44	−9.02*
社会的絆の変化（25-32 歳）	−.40	−.49	−10.59*	−.17	−.33	−7.09*
R^2		.54			.39	
ケース数		283			400	

B. 最尤法に基づく負の二項回帰モデル	32-45 歳時点の犯罪と逸脱			
	非行群		統制群	
独立変数	係数	t 比	係数	t 比
少年（17 歳未満）				
逮捕頻度	−.53	−1.27	−.12	−.18
非公式非行	.04	3.06*	−.09	−1.63
成人（17-32 歳）				
除外リスク（17-25 歳）	.26	2.60*	.06	.33
逮捕頻度（25-32 歳）	1.26	2.24*	−6.80	−5.48*
社会的絆（17-25 歳）	−.37	−4.65*	−.59	−3.11*
社会的絆の変化（25-32 歳）	−.26	−2.86*	−.52	−3.14*
対数尤度	−540.9		−256.1	
アルファの t 比	8.56*		4.41*	
ケース数	288		401	

*$p < .05$。

群ともに，25-32 歳における犯罪と逸脱を減少させる最大の予測因子は，17-25 歳という前の時点における社会的絆である（それぞれ β = −.63，−.44）。しかし，重要なことは，社会的絆のレベルあるいは若年期の社会的絆の増加が，両群の犯罪と逸脱を引き続き抑制することである。社会的絆の変化が犯罪に及ぼす効

果は，両群とも成人以前の犯罪の効果よりもさらに大きい。

パネルBは，青年期と成人期における前の時点での犯罪経験を統制したうえで，17-25歳における社会的絆と，25-32歳における社会的絆の変化が，32-45歳における犯罪頻度に及ぼす効果の最尤法に基づく負の二項推定値を示している。今回も結果は2つのグループで一致しており，25-32歳における社会的絆の変化は，32-45歳における犯罪の減少を説明するが，それは過去の犯罪では説明できない。17-25歳における社会的絆もまた有意であり，若年成人への移行期に形成された社会的絆は，犯罪や逸脱に長期的な効果を与える。これらの結果は，32-45歳における犯罪参加に関する最尤法に基づくロジスティック・モデルを用いても完全に再現される（たとえば，25-32歳における社会的絆の変化が，32-45歳におけるその後の犯罪の変化に及ぼす効果を反映するt比は，非行群と統制群でそれぞれ-2.92と-3.44である）。したがって，表8.10の全体的なパターンは，以前の水準とその時点での変化の両方において社会的絆が成人の発達の主要な時期を通じて犯罪と逸脱を抑制するという先の結果を裏づけている。

また，持続的な観察されない異質性を統制した一連のランダム効果モデルも推定した。しかし，表8.10と同様に，個人特有の誤差成分は，犯罪を予測する際の社会的絆の要約尺度の説明力を低下させることはないことがわかった。実際，社会的絆がその後の犯罪に及ぼす影響を反映したGLSランダム効果t比は，非行群と統制群でそれぞれ-6.26と-7.27であった（$p<.05$）。これらは，過去の犯罪歴（少年期と成人期の両方）と除外リスクを統制した後のt比が圧倒的に大きく，社会的絆が犯罪と逸脱を説明するうえで重要であることをあらためて明確に示している。[18]

結　論

本章の結果は，私たちの理論モデルの主要な主張である，成人期における仕事の安定性と夫婦間の愛着が，その後の犯罪に有意な負の効果を及ぼすことを実証的に裏づけている。これらの効果は有意で大きく，非行群と非行をしていない群とで同じような大きさである。したがって，幼児期の経験には大きな違いがあるにもかかわらず，成人後の社会的絆は，これらの男性の成人後の生活史に同様の結果をもたらす。さらに興味深いのは，初期の個人差に関する構成

概念の予測力は各サンプル内ではほとんど存在せず，外生変数として飲酒歴，妻の逸脱，IQ，幼少期の気難しさ，かんしゃく，非行の早発，自己統制を加えても，また持続的な観察されない異質性を表す誤差項を投入しても，主要な結論は変わらなかったということである。

第 9 章

ライフヒストリーの探究

　本書における私たちの研究戦略には，2 つの異なる構成要素がある。まず，グリュック夫妻による研究からの縦断的データを用いた量的分析である。次に，グリュック夫妻による調査の一部の事例のライフヒストリー記録を用いた包括的な質的分析である。これらは，成人期発達（32 歳まで）の大部分にまたがる，約 880 人の内容豊富で多様なライフヒストリーのデータである。

　犯罪学には，犯罪と犯罪傾向に関するデータとして犯罪者のライフヒストリーを用いるという根強い伝統がある（歴史的概観については Bennett, 1981 を参照）。現代の犯罪学の学生は，クリフォード・ショウの『ジャック・ローラー』(Shaw, 1930) やエドウィン・サザランドの『詐欺師コンウェル』(Sutherland and Conwell, 1937) といった著作になじみがあるだろう。これらの犯罪学の古典は，複雑な法律違反の過程を照らし出すライフヒストリー・データの力を示している（Katz, 1988 も参照）。私たちも，グリュック夫妻の男性協力者のライフヒストリーの分析によって同じ目標を探っている。しかしながら，私たちの分析とこのような先行研究との大きな違いは，ライフコースにわたる犯罪の完全な描写のために量的分析と質的分析を統合したことである。

　この章の焦点は，個人のライフヒストリーもしくは人物像を分析のおもな構成単位とするために「変数志向」から「人物志向」へと移行する（Magnusson and Bergman, 1990: 101）。より具体的にいえば，これまでの分析で使用した主要な変数の組み合わせから導き出された個人のいくつかのプロフィールを構築し，検証する。この戦略により，「発達の観点から関連する個人の特性のパターンもしくは構成」を探ることができる（Magnusson and Brgman, 1990: 101）。この「人

物志向」は，人と環境の相互作用，発達による変化，そして時間の経過に伴う個人の変化に関して，より包括的な視点をもたらす（Magnusson and Bergman, 1988: 47）。全体として，変数と個人に関するデータを組み合わせるという私たちの計画は，クックが社会科学調査において提唱する「多元主義」に従ったものである。クックによれば，多元主義の目的は「多様だが概念的に関連する複数の方法で質問を提示することで，経験的知見に関する合意を促進する」（Cook, 1985: 46）ことにある。

　量的データと質的データの統合に向けた方法論的戦略は以下のとおりである。グリュック夫妻の研究における各対象者についての質的データは，グリュック夫妻の調査チームが行った詳細な手書きの面接記録，各対象者の面接ごとに作成された担当者の所感，そして家族や学校での経験，職歴，兵役歴などに関する多くの雑多なメモや書簡に見られる。予備的なものとして非行少年である対象者の小グループに関する事例記録を分析した結果[2]，調査目的のために徹底的な質的分析が必要とされる次元がいくつか特定された。

　分析の対象となる第一の次元は，**夫婦関係**である。ここで注目されるのは，対象者とその配偶者との間の愛着もしくは絆の性質，つまり夫婦関係である。また，対象者によって提供される物質的・精神的支援の程度も重要である。これらの追跡データが収集された時代背景もあり（1948年から1965年），利用可能な情報においてしばしば妻が夫に従属する役割として描かれていることに留意すべきである。したがって，事例には，対象者自身の目標達成のために配偶者が提供した感情的サポートの程度を評価できる語られた情報が存在する。

　第二の次元では，とくに成人期の仕事の安定性に関する**職歴**に焦点をあてる。対象者のフルタイムおよびパートタイムの仕事の性質に関する詳細な質的情報が利用可能であり，そこには勤労習慣に対する評価の概要が含まれている。さらに，とくに雇用主からの解雇による失業の詳細な理由について，もともとの事例記録の注意深い検討によって把握している。グリュック夫妻のデータから明らかにできるとくに重要な点の1つとして，対象者が長期雇用を見つけ，それを確保する過程における，犯罪，アルコール，その他の薬物使用が果たす役割である。

　第三の領域は，成人期における**犯罪行為**の性質に関するものである。非行群の全対象者は思春期に広範な犯罪記録があったが，第7章で述べたように，成

人期の犯罪行動には顕著なばらつきがある。それゆえ，私たちは**持続的な犯罪者**（たとえば，第2次と第3次の間で成人として主要な重大犯罪で逮捕された者）と**離脱者**（たとえば，成人期に逮捕されなかった者）のライフヒストリーをより詳細に調査した。

　グリュック夫妻の標本規模が大きいことを踏まえて，私たちの計画には，前述した各次元に沿った集中的な質的分析のために，事例の下位標本を特定することが含まれていた。量的手法と質的手法を統合させるという目標に合わせて，量的分析に関する章で得られた結果を，深い質的分析のために事例を選別する手段として利用した。私たちの量的分析では，仕事の安定性が犯罪からの離脱を促進する重要なメカニズムであることを示唆する証拠を提示した。こうした知見に基づいて，仕事の安定度の分布から，仕事の安定度が**高く**（分布の上位15％以内），成人後の逮捕歴がない事例を選んだ。同様にして，仕事の安定度が**低く**（分布の下位4分の1），成人後に逮捕歴のある事例を選んだ。なお，夫婦間の愛着に関する変数についても，同様の手続きをとった。

　また，私たちは，量的分析の結果と明らかに矛盾する事例についても対象とした。たとえば，仕事の安定度の分布に加えてグリュック夫妻の調査対象の男性の犯罪歴の情報も用いて，仕事の安定性が低いけれども犯罪から離脱している者も選んだ。もう一方で，仕事の安定性が高いけれども成人後にも犯罪行為を繰り返していることが明らかな者も選んだ。私たちは夫婦間の愛着についても，「例外的な」事例を選ぶにあたって，同様の戦略を用いた。

　私たちは，それぞれに分類した小集団において，少なくとも8つの個性的な質的事例を分析することができた。小集団内に十分な数の事例がある場合（通常は典型的である），深い分析を行うために無作為に事例を選択した（たとえば，夫婦間の愛着が強く，成人期に犯罪をしていない対象者）。他方で，質的分析に利用可能な事例をすべて利用せざるをえなかったこともある（たとえば，仕事が安定していて，成人後も犯罪を続けている事例など）。全体として，私たちはグリュック夫妻の非行少年の標本から，70のライフヒストリーを再構成し，詳細に検討した。

　こうした研究戦略には，異なる利点が2つある。まず，量的研究によって得られた知見は質的データの分析によって強化され，犯罪の持続と離脱の根底にある複雑なプロセスをより明確にできる点である（Jick, 1979; Kidder and Fine, 1987;

Cairns, 1986; Magnusson and Bergman, 1990; Werner and Smith, 1982 を参照)。キダーとファインの戦略に倣って，私たちは同一研究内での複数の方法間において結論に関して合意を得るという**トライアンギュレーション（三角測量法）**を求めている（Kidder and Fine, 1987: 63; Cook, 1985 も参照）。次に，経験的な結果にあてはまらない事例の検討によって，これまで確認されていなかった犯罪から抜け出す経路を説明するために私たちの分析モデルを拡大・充実させられる点である。この戦略は，多くの場合，**ネガティブ・ケース分析**として言及される（Giordano, 1989: 261）。ジックが主張するように，「じつは，例外となるものはしばしば説明を豊かにする好機となりうる」（Jick, 1979: 607）。

　それゆえに，本章の全体的な目標は，グリュック夫妻の縦断的研究で見出された量的データと質的データの両方の分析を，体系的に統合することにある。私たちのアプローチでは，まず調べている社会的絆と犯罪行動の 8 つの次元について，それぞれ 1 人の対象者の詳細な事例史を提示する。次に，重要なパターンやテーマを浮き彫りにしながら，関心のある主要な次元ごとに，他の事例のさまざまな側面を論じる。そして，提示された質的データに照らして，ライフコースにわたるインフォーマルな社会統制に関する私たちの理論の有効性を評価する。このアプローチは，量的データと質的データを統合する革新的な戦略であり，私たちの理論モデルに対して重要な評価をもたらすものと考えている。

　以下ではまず，ライフコースにわたる犯罪とインフォーマルな社会統制に関する私たちの理論に合致する事例を紹介する。記載したすべてのライフヒストリーについて，個人を特定しうる日付（たとえば，誕生日や結婚の日付など）やその他の個人が明らかになりうる情報は，対象者の秘密保護のために若干改変されている。私たちがライフヒストリーを詳細に探った 8 人の対象者の名前は架空のものであり，事例番号もすべて架空のものである。

夫婦間の弱い愛着と犯罪の持続

　アーノルド・"チック"・キャンディル（1926 年 8 月 28 日生まれ）は，17 歳から 25 歳，25 歳から 32 歳の間に，重犯罪を含む幅広い逮捕歴がある。第 2 次の面接時点では，ボストン近郊に妻と子どもと一緒に住んでいた。彼は 1950

年9月に結婚し，インタビューアーのメモによれば，結婚から3カ月後に子どもが生まれたという「強制された」結婚だった。結婚当時，彼は24歳，妻は25歳だった。結婚して最初の1年から家庭内に問題を抱え，夫婦関係は不和だったようである。その1年間で，彼の妻は彼のもとから去っては戻ることを何度も繰り返していた。こうした別居期間中に，彼の妻は頻繁に自分の母親を訪ね，一度に数週間滞在したようである。キャンディルは経済的な責任として食料品の購入や家賃の支払いは行っていたが，その多くは揉めた後に行っていた。しかし，妻や子どもに服を着せる金はなかった。こうした経済的な困難や一時的な破局にもかかわらず，彼の25歳のインタビューの時点では夫婦は一緒に暮らしていた。

　面接中に語られた記録によると，家庭内暴力の兆候も見られた。あるとき，キャンディルは妻の喉をつかんだようである。さらに，彼は何度も彼女に暴力を振るって脅していた。妻は彼を恐れていたと供述しており，キャンディルは後に妻に対する暴行・傷害だけでなく，育児放棄の容疑で逮捕された。妻が処罰に消極的であったため，結局，裁判は取り下げられた。

　トラブルの原因は，キャンディルが過度に飲酒し，それで家庭内で口論が絶えなかったことにあるようである。実際，面接者のメモによると，キャンディルは面接中に酩酊状態にあった様子である。彼は，結婚前に妊娠6カ月目だった妻に対して「バツイチ」で，「売春婦」だと罵っていた。面接データによると，彼は妻を困らせるために毎晩午前2時まで外出していた。全体として，キャンディルの事例では夫婦関係に喧嘩や口論がかなりあり，一時的な別居，育児放棄，暴行が目立った。

　アルコールに関する問題は，キャンディルが結婚する前から現れていた。キャンディルは仮釈放中に海軍に入隊し，20歳になるまでの28カ月をすごした。彼は無断離隊によって軍法会議にかけられた結果，「不良行為による除隊処分」となった。事例ファイルにある語られた記録によれば，キャンディルは何人かの将校とも仲が悪かった。また彼は，休暇中も何度も許可期間を守らずに，「荒れた水兵や荒れた女性とつき合いを続け，荒れた飲み騒ぎを繰り返していた」。したがって，兵役中の困難のおもな原因を，除隊後の家庭生活でも続けていた。

　キャンディルは16歳で働き始めたときも同様の問題を抱えていた。グリュ

ック夫妻は彼の職歴を「非熟練労働者」と分類していた。第2次の面接では，キャンディルはその3カ月前から鉄鋼労働者として働いていた。彼は出世する努力もせず，ただ職を転々とすることに満足しているかのようだった。彼の仕事ぶりは概して悪く，彼の飲酒行動と直結しているようだった。

こうした彼の人物像は第3次の面接においてもさほど変わらなかった。キャンディルが32歳のときには逃亡犯として司法から追われていた。彼は姉夫婦とその2人の子どもと暮らしていた。1953年に正式に離婚したが，その後も妻と同居し，1955年に第2子をもうけた。離婚の理由は，彼の子どもへの育児放棄と酒乱による残酷で虐待的な振る舞いだった。25歳から32歳の間，キャンディルは義母の家の財産（ドア）を破壊した容疑で逮捕されてた。さらに彼は，路上や妻が通っていた秘書学校で妻を脅し，最終的には妻を退学に追い込んだ。グリュック夫妻の調査チームの面接者は，彼について「慢性的なアルコール依存症者で，虐待者」と見なしていた。

キャンディルは25歳から32歳の間，鉄工作業員として働いていた。仕事は季節労働で，失業した時期もあった。仕事で州外に出なければならないときもあった。語られた内容によると，賃金が高い（1日50ドル）ことに加え，家族と離れられるために，あえてこの仕事を選んだようである。また，彼が妻と子どもへの金銭的援助を避けるためにわざと徘徊していることも語られた内容からうかがわれた。彼の姉によれば，鉄工所の労働者の間では大酒飲みはごく普通のことだったようで，彼は「その中でも最悪の連中とつき合っていた」という。

要するに，さまざまな面接から得られたメモによると，"チック"・キャンディルの好きな娯楽は，地元のバーで酔っぱらい，元妻の家の外で騒ぎ，元妻の交際相手（第3次面接の時点ではその夫）に喧嘩を売ることだった。

雇用の弱い安定性と犯罪の持続性

エディ・ビコット（1926年7月14日生まれ）は，2回の追跡調査期間中に頻繁に逮捕され，17歳から25歳の間に拘置所または刑務所で21カ月を，25歳から32歳の期間には拘置所で6カ月をすごしている。また，彼は25歳から32歳の間に23カ月間精神病院に入院していた。大人になるにつれ，彼はアメリ

カ中を放浪し，拘置所や精神病院への出入りを繰り返した。事例記録にある語られた内容によれば，ビコットは27歳から30歳までの丸3年間，路上生活をしていた。彼が32歳のときにグリュック夫妻による2回目の追跡面接が行われたが，ファイルには32歳の誕生日以降に再び路上生活をしたことが追記されていた。

　第2次の面接時，彼は女きょうだいと同居していた。ビコットの父親は直近に亡くなっており，彼と彼の女きょうだいがすごしていた家が残されていた。彼は，父親をとても尊敬していた。彼の母親は，彼が16歳と半年のときに亡くなっている。面接票にある語られた内容によると，ビコットは女きょうだいにとてもなついており，女きょうだいは彼をしっかりと監督していた。彼は17歳から25歳まで独身のままだった。

　ビコットの職業生活は，さまざまなレストランの給仕助手の仕事を繰り返すというものだった。グリュック夫妻の面接者は，彼の勤労習慣について「不規則」であるとした。彼は調査期間中に約12カ月間放浪していたようで，6カ月以上一度も仕事をしていないときもあった。2, 3週間は仕事を続けた後，寝坊などをして解雇されるというのが典型的なパターンだった。25歳の面接時，ビコットは失業中だった。ビコットは，十分な収入が得られなかったためそれまでの仕事を嫌っていたが，「その気になれば安定して働ける」とも断言していた。

　ビコットは兵役経験もあり，陸軍と海軍をあわせて7カ月間兵役についた。1943年9月にアメリカ海軍予備役に入隊したが，1カ月後に除隊された。彼は，適性委員会によって「不適格な人格」と判断されたため，「特別命令による除隊」を受けた。5年以上後に，ビコットは陸軍に入隊した。しかし，入隊から約半年後には，裁判を受けたことがあったことと海軍での経歴の両方の不正を隠したとして除隊させられた。彼は陸軍から「分限免職」を言い渡された。実際，陸軍を極度に嫌った結果として「精神的に病んでいた」ため，彼は除隊前の4カ月間病院に入院していた。

　第3次の面接時，ビコットはきょうだいが経営する下宿に住んでいた。彼のきょうだいは，彼は人生の目標などほとんどない浮浪者だと断言した。彼は，ビコットのことを「情緒不安定で，アルコール依存症で，未熟で，適応力がない」と評している。25歳から32歳の間，ビコットは結婚しなかった。彼は非

熟練労働者として単発的な仕事を続けた（たとえば，荷物持ち，厨房勤務，雑用係，工場の作業員など）。彼は3，4日以上仕事を続けることができないようだった。語られた内容によると，彼は生活するのに十分なお金を稼いだら，働くのを止めていた。失業の理由は，あてのない放浪，過度の飲酒，施設入所などだった。ビコットは継続的に仕事をする努力を怠っているように見えた。

弱い社会的絆と犯罪の持続に関するさらなる知見

　私たちは，夫婦間の愛着あるいは仕事の安定性が弱く，犯罪への関与が続いている20の事例を追加的に検討した。概して，私たちは理論モデルと一致するライフヒストリーを発見した。語られた内容からいくつかの明確なパターンが浮かび上がっており，それぞれについて少し踏み込んで論じる。

家族生活

　定義上，対象男性の夫婦関係には頻繁な別居と場合によっては離婚をしているという特徴があった。感情的な絆は希薄で，コミュニケーションは乏しく，共同の目標はなかった。加えて，不倫，妻や子どもの取り残し，不養育，（とくに子どもの）放棄などが習慣となっていた。実際，私たちがライフヒストリーを調査した対象者の多くは，扶養義務違反で逮捕されている〔訳注：19世紀，20世紀のアメリカにおいて，男性家長による扶養義務不履行および家族遺棄が社会問題視され，対象男性を処罰する法律が各州で制定された。くわしくは以下の論文を参照：後藤千織．2010．「20世紀初頭のアメリカにおける福祉政策と男性労働者の規律化——扶養義務不履行・家族遺棄の裁判事例から」『ジェンダー史学』6: 43-54.〕。また，養育費や扶養手当の支払いを避けるために，わざと働かなかった対象者もいた。彼らは明らかに結婚生活における感情的または経済的責任をあまり真剣に受け止めていなかった。

　家族の不和というこのようなテーマを的確に表現したライフヒストリー事例の一部をここに紹介する。対象者（事例番号390）は20歳で結婚した。妻はまだ高等学校3年生の16歳だった〔訳注：この当時のアメリカの多くの州において，8年制学校と4年制高等学校という学校制度が捉えており，その高等学校の3年生であったと考えられる〕。その3年後，2人は一時的に別居した。夫妻には2人

の子どもがいたが，最初の子どもは結婚から7カ月後に生まれた。2人が別れた後，対象者は逮捕され，その後育児放棄の罪を認めた。しかし，その後，養育費の支払いが滞った。対象者は不可能な請求をする妻を非難し，妻と同居していないのなら子どもを養いたくないと述べた。対象者は27歳で正式に離婚した。32歳の面接時，この対象者はマサチューセッツ改善学校に収容されていた。武装強盗や誘拐を含むいくつかの犯罪で，第3回目の追跡調査期間中に合計して37カ月を刑事施設ですごした。

　グリュック夫妻による調査対象の男性の婚姻生活における欺瞞と裏切りの証拠もある。最も適した例は事例番号412である。この対象者は加盟店サービスの仕事を辞めて，妻に組合と「険悪」になり，これ以上同じような仕事はできないと告げた。彼は，妻に自分で小さいスナックバーの経営を始めたいと伝えた。妻は彼の仕事のために500ドルを借りた。2週間後，彼は事業を売却し，その代金をもってニューヨークに向かった。彼はその後戻って来て，妻に100ドルを渡すと，また姿を消した。彼の保護観察官が組合での問題を解決し，彼は商船での仕事をして，妻に仕送りをすることになっていた。しかし，対象者は，仕事にまったく現れなかった。この対象者は，強盗，盗品受け取り，文書偽造で逮捕されるなど，広範な犯罪歴があった。

　同様に，事例番号573は，家族への責任を避けるために単身で軍に入隊した。彼は自身の母親ときょうだいには金銭を渡していたが，妻には渡さなかった。この対象者は，自身の子どもが生まれる2週間前に姿を消した。さらに，彼は家族への責任から逃れるために，結婚後は働くことを拒否していた。こうした家庭内紛争に加えて，彼は（第2次と第3次との間に）侵入盗で2回，飲酒運転で3回逮捕されていた。

　グリュック夫妻の対象男性とその家族の生活には，家庭内暴力の証拠もかなりある。これらの事件の一部は警察に報告されたが，その多くは警察に通報されなかった。たとえば，事例番号912は父親をひどく殴り，目の周りに痣をつくらせ，首を捻挫させた。なお，この対象者の父親は酒飲みで，非常に虐待的であることが語られた内容にあった。対象者は酒を飲むとかなり暴力的になった。さらに，酒に酔っているときに女きょうだいを殴ったという証拠もある（女きょうだいの体中が痣だらけだったと語られた内容にある）。この対象者には，侵入盗，自動車窃盗，放火などを含む，家族とは無関係の犯罪の前科もある。

事例番号543は，酒に酔って妻に身体的虐待を加えた。実際，面接者のメモによると，面接時に妻は顎を腫らしていた。さらに，妻は話しかけられたときだけ話した。この対象者は，平均して週に1回は酩酊していた。彼の叔父はマサチューセッツ州の少年および成人向けの矯正施設の両方に収容されていた経験があり，酒豪でもあったが，対象者とその妻と暮らしていた。この対象者は，家庭内犯罪（たとえば妻への暴行，不倫，扶養義務違反）での逮捕に加え，侵入盗，窃盗，文書偽造，強盗の共謀でも逮捕されている。

別の対象者（事例番号573）の行動は，彼の妻によって語られた。「軍を除隊した後，彼は酔っ払って午前3時か4時にここに電話をかけてきて，娘に会わせろと言うんです。でも，私は彼が何を望んでいるのかわかっていたので，彼を家に入れることも，娘に会わせることも拒みました。ある日の午前3時頃，彼は私の寝室の窓を叩き始めたので，私は警察に通報しました。すると彼は，母と私と娘を殺すと脅し始めたんです。そこで私は，これ以上迷惑をかけられないよう，彼を追い払うために扶養不履行で逮捕状を出してもらうことにしました」。

事例番号904は，複数の被害者に対して家庭内暴力を行っていた。たとえば，彼の妻は最初，彼に殴られた後に出ていった。その1年後，対象者は妻に対する別の暴行と傷害で逮捕された。事例ファイルには，対象者が「口論の末にガールフレンドを殴り倒した」ことを示す記載もある。語られた内容に見られるように，17歳当時の対象者の行動には，飲酒，放浪，既婚女性との交友，弟妹への虐待，母親の物を盗むなどがあった。19歳のとき，彼は過度の飲酒をしており，「職業的に不安定」とされていた（たとえば，彼は8つの仕事いずれも短期間しか続かなかった）。20歳のとき，彼は大量に飲酒し，妻と母親に虐待を加えた。22歳のとき，彼は過度に飲酒し，妻と息子を養うことを放棄した。29歳のときには，継父への暴行と傷害（瓶での殴打）で逮捕された。

このような特徴あるライフヒストリーは，同義反復に陥る恐れがある。それは，夫婦の絆が弱いという定義の一部に，家庭内暴力やその他の家庭内の問題が含まれているように見えるからである。グリュック夫妻はもともとのデータを収集する際に，それぞれに独立した情報源を用いて，夫婦関係の質と犯罪行動を測定していた。夫婦関係の質を評価する情報は，対象者とその配偶者との面接を含む家庭訪問調査から得たものであり，一方で犯罪行動に関する情報は

おもに刑事司法機関の記録から収集したものである。もちろん，面接データは，公式に認められた家庭内の問題（たとえば，扶養義務の不履行）に関する資料を含む可能性のある機関や裁判所の記録によって補足され，裏づけられた。それでもなお，質的データからは，夫婦間の愛着が弱いことが，犯罪や逸脱行動，とくに家庭外の犯罪が増加につながるように見える。さらに，第7章と第8章の定量的分析では，遅延方程式モデルと連立方程式モデルの両方を推定することで，相互性の問題に直接取り組んだ。これらのモデルは，少年期と成人期の犯罪歴を統制したうえで，夫婦間の弱い愛着がその後の犯罪や逸脱に強く影響することを明確に示している。

雇　用

　私たちが調査した対象者の多くは，職を転々とし，飲酒が原因でよく解雇されることもある「流れ者」と表現されるような人たちであった。たとえば，事例番号 931 は，25 歳から 32 歳の間に 7 つの異なる仕事を含む，さまざまな非熟練職（肉体労働者，ガラクタ収集人，配管工の手伝い，雑工など）に就いた。彼の母親によれば，「飲み過ぎのせいでどこもクビになった」（この対象者の飲酒歴については後述する）。第 3 次の追跡期間中，この対象者は 14 カ月間無職であり，公的扶助を受けて生活していた。この対象者は，失業手当で生活することに満足していたようだった。同様に，事例番号 410 はぶらぶらするのが好きで，面接者のメモには「流れ者で，移り気な人」と表記されている。対象者は働いたり働かなかったり，その時々に必要な分を稼ぐだけだった。同様に，事例番号 770 は非熟練業でしか働かず，追跡調査期間中に 1 カ月以上働かなかった。面接者のメモによると，その対象者は「ただ働きたくなかった」のだという。事例番号 640 も仕事は安定せず，20 歳から 25 歳まで安定した仕事がなかった。彼は労働者として，おもに父親の印刷会社でプレス機の給紙係をしていた。彼は低賃金では働かないと断言し，結果的に働いたり働かなかったりの繰り返しだった。彼は調査以前の 4 年間，年に 6, 7 週間は働いていたと推計している。グリュック夫妻の面接者は，彼はノミ屋と酒の密売をしているのではないかと憶測していた。利用可能な資料によると，対象者は違法行為を好んだため，定職に就いたり，それを維持したりする努力をしなかった。そして，事例番号 361 は「振りまわされたくなかった」という理由で，2 つの仕事を辞め

た。

　また，興味深いことに犯罪歴が雇用の確保や維持に及ぼす悪影響に言及した対象者がいた。たとえば，事例番号390は犯罪歴があり，備品が紛失したことが判明したために病院を解雇された。事例番号603は，犯罪歴のせいで「タクシー」免許を取得できなかった。事例番号931は「犯罪歴が邪魔になって」よい仕事に就けないと述べていた。彼は給仕人や工場作業員といった非熟練職に就いていた。最後に，事例番号110は，妻と子どもたちを「大きな安定要因」と話していたが，安定した仕事はなかなか見つけられなかった。実際，この対象者は，雇用主に犯罪歴がばれてしまい，いくつかの職を失った。また，資料にある語られた内容には，職場に警察が来て，最近発生した捜査中の犯罪の容疑者として尋問を受けたという記載もあった。

アルコール乱用

　語られた内容には，グリュック夫妻の対象男性の仕事と家庭生活におけるアルコールの悪影響も記載されている。一例として，事例番号931は25歳から32歳までに酩酊により25回逮捕されている。母親によると，彼は16歳から過度な飲酒を続けており，酩酊により公式に逮捕されたのは18歳であった。面接で語られた内容の中で，この対象者は，結婚前も結婚後も，強迫的な飲酒が困難の根底にあると述べていた。彼は「ビール1杯でやめる」ことができず，酒を飲むと暴力的になった。彼はグリュック夫妻の面接者に，酒を飲んで喧嘩した結果だと思われる欠けた歯までも見せている。対象者は給料をすべて酒につぎ込み，妻と3人の子どもの食事を福祉的支援に頼らざるをえなかった。

　この対象者は，32歳のとき，妻と子どもへの扶養義務を果たさなかったことで矯正施設に収容されていた。結局，彼は自動車窃盗，酩酊，暴行などの罪で19ヵ月間拘置所に収容された。対象者は，一度に2週間から3週間続く「酒乱」であるとされた。彼は28歳で結婚したが，その後の別居はすべて飲酒が絡んでいた。彼は飲み過ぎて妻に追い出されていた。

犯罪行動

　全体として，この集団の男性たちは数々の犯罪をし，拘置所と刑務所にかなりの期間服役した。面接時，多くの対象者が刑務所や拘置所にいた。他の者は

司法からの逃亡者であり，未執行の令状や法廷への不出廷で追われていた。たとえば，事例番号390は17歳以降，武装強盗を含む15件以上の犯罪をしていた。彼は17歳以降，10カ月を拘置所ですごした。同様に，事例番号904は25歳から31歳までの間に63カ月間服役していた。放火，殺意のある暴行，危険な凶器による暴行と傷害（刑務所内で暴動を起こした）で収容された。結局，この対象者は32年間のうち18年間施設に収容されていた。

　刑事司法制度と精神保健制度が重なることを示す知見は他にもある。たとえば，事例番号912は，17歳から25歳の間に刑事施設に8カ月，非刑事施設に23カ月間在所した。対象者は7カ月間軍に所属し，「自殺企図による精神的理由」という医学的な理由で除隊となった。対象者はいくつかの非熟練職を経験した。板金工見習い，病院の事務員，ゴム工場作業員，鉄道員，農夫，ドーナツショップ店員などである。最も長く勤めた期間は3カ月だった。雇用されているときは働き者と言われていた。しかし，入院のため頻繁に欠勤した。彼はてんかんと「慢性脳症候群」と診断され，永続的な障害があり仕事に就くことが難しいと見なされた。彼は精神病院と刑務所と同様に，さまざまなアメリカ陸軍病院ですごした。具体的には，第3次期間中に刑事施設で23カ月，精神病院で34カ月をすごした。語られた内容によると，彼は何度か自殺を試みている。彼の姉は，「私は彼が2週間以上働いたことを知りません。彼は病気になって入院し，脱走してまた国内をうろうろし始めるんです。問題を起こすと，警察に自分は精神疾患のある退役軍人だと言い，警察は彼を精神病院に送っていました。（彼は）けっして働きたかったわけではなかったのです。彼は退役軍人向け給付を受け取り，お酒を飲みたかっただけなんです。そして，自分を助けようとする者を傷つけたかっただけなんです」と述べていた。

　また，夫婦間の愛着の弱さと仕事の安定性の低さが収容施設に対する否定的な態度と相まって二重の影響を及ぼしていた。たとえば，第2次の面接時の事例番号130は，17歳から59カ月間刑務所に収容されており，当時マサチューセッツ州の成人矯正施設で最年少の受刑者であった。彼は，ライマン男子改善学校に入所した9年生（15歳）のときに退学しており，進学に興味はなかった。面接で語られた内容によれば，彼は収容施設に対して辛辣な印象をもっており，拘禁生活を想像していた。

　25歳から32歳までに，この対象者は68カ月を刑事施設ですごした。彼は

26歳半のときに結婚した。なお，面接記録と公式記録によると，彼の妻は結婚時に4度の逮捕歴があり，面接票には「アルコール依存症」と記されていた。結婚したにもかかわらず，彼は配偶者に強い愛着を抱いている様子はほとんど見られなかった。事例ファイルにある語られた内容によれば，対象者が収容されている間，彼の妻は水兵と飲みに出かけていた。また，対象者の義理の母親は，対象者が妻に負わせた切り傷の手当をしていた。対象者がナイフを所持しており，それを複数回使用していた。雇用に関しては，対象者は非熟練労働者に分類され，数カ月以上同じ職場で働いたことはなかった。したがって，この対象者は夫婦間の愛着が弱いことに加えて，25歳から32歳までの間に安定した仕事を得ていたことはほとんどなかった。

強い夫婦関係と犯罪からの離脱

　ここで，成人期に社会的な結びつきが強くなり，犯罪から離脱した男性の事例に移ろう。まずチャールズ・ウィスバーグ（1928年6月13日生まれ）を取り上げる。彼が第2次と第3次の間で逮捕されたという公式記録はない。これは彼の幼少期や思春期の犯罪経験とは対照的である。彼には少年時代に窃盗と侵入盗を中心とした10件の逮捕歴があり，はじめて逮捕されたのは8歳だった。その後，さらに3度収容されており（最初の収容は11歳のとき），合計30カ月を改善学校ですごした。

　第2次の面接時には，ウィスバーグは妻と一緒にボストン東部に住んでいた。2人は1949年5月に結婚した。結婚当時彼は21歳で，妻は19歳だった。面接記録によると，彼は妻に献身的だった。とくに，2人は互いに経済的に発展したいという願望があった。事例ファイルのデータによると，彼らはすべての家具と新車をすべて現金で支払っていた。彼らの目標は，自分の家を建てることだった。彼は，妻の協力と経済的な前進への意欲に感謝しており，改心した理由を尋ねられると「結婚して，年をとって，落ち着いたんです」と答えた。

　ウィスバーグは18歳でアメリカ商事に入社した。彼は2年半の間同じ船会社に勤務し，カナダからキューバまでの東海岸で働いていた。そして，3カ月に1度は家に戻っていた。自分の稼ぎのほとんどすべてを母親に渡し，貯めていた。彼の担当保護観察官は，彼が海運会社に入社したのは，彼が非行や犯罪

につながる近隣の悪い影響から逃れるためだったのではないかと推測していた。同じ時期（18歳から20歳）に，彼は後に妻となる女性と交際を始めた。面接者のメモによれば，2人は高校時代の同級生であったが，彼が海運会社に在籍する間に「手紙での本格的な交際」を始めた。

20歳から25歳の間，対象者は国防労働者，溶接工見習い，工場労働者など他の仕事にも就いていた。誰に聞いても，ウィスバーグは堅実で勤勉な労働者であり，高く評価されていた。25歳の面接時の職場は，それまでに6カ月間働いていた工場であった。

ウィスバーグのこうした人物像は，第3次時点の面接においてもほとんど変わらなかった。32歳のとき，ボストン近郊で妻と2人の子どもと共に暮らしていた。彼は，妻との生活に幸せを感じているようであり，2人の子どもにも献身的に接していた。彼は余暇時間を使って自宅の改修を進めていた。25歳から32歳の間，彼はある職場で働いていたが，主任に昇進したばかりだった。彼は，当時主任として働いていた工場で機械オペレーターをしていた。面接者のメモによると，彼は勤勉な労働者で，仕事上の問題はまったくなかった。

要するに，ウィスバーグは彼にとって重要な4つの要素（妻，娘たち，マイホーム，そして仕事）について言及していた。彼は自分の家に非常に誇りをもっており，グリュック夫妻の調査チームの面接者に，自分でリフォームを行った家の中と外を見せた。なお，彼は第2次と第3次でも仕事の安定性が高かった。

仕事の安定性の高さと犯罪からの離脱

フレッド・ニュリン（1929年1月28日生まれ）は成人期では逮捕されていないが，それまではまったく異なっていた。彼は少年期におもに侵入盗や窃盗で5回逮捕された。改善学校に9カ月間収容されていたこともあった。16歳の頃，彼は母親と5人のきょうだいを助けるために学校を退学した。彼は17歳から18歳の約18カ月間，アメリカ商事に所属し，東海岸沿いで石油タンカーに乗って働いていた。

彼は17歳から25歳の間，独身だった。第2次の面接時点で，母親ときょうだいと共にボストンで暮らしており，高校生のきょうだい2人と母親を十分に養っていた。事例ファイルにある語られた内容には，彼は，幼いきょうだいが

高校を卒業するまでは結婚を控えているとあった。第2次の終わりに、ニュリンは非熟練労働（たとえば、石油・石炭トラックの補助者、溶接工見習い、工場労働者など）に従事していた。彼は前職で6年間働き、母親ときょうだいを養うために懸命に働いていた。彼は「家族に対する責任があるから、安定した正規労働者でなくてはいけないんだ」と述べていた。彼は、自動車整備士になりたかったため、地元の高校の課程を履修していた。

第3次の面接では、ニュリンはボストン近郊の都市で妻と息子と共に暮らしていた。彼は25歳半になる1954年6月に結婚した。語られた内容によると、妻と仲良くやっていたようだった。夫婦は1人の息子を授かり、息子への愛によって2人は結ばれている様子だった。

結婚してから、ニュリンは機械オペレーターとして安定して就労し、グリュック夫妻によれば「非熟練／半熟練」の地位に就いていた。彼は1949年から同じ職場で勤務しており（1961年に行われた3回目の追跡調査までの記録の限りであるが）、働き者だったようである。彼の職歴には飲酒や解雇の記録はなかった。

強い社会的絆と犯罪からの離脱に関するさらなる根拠

成人期（17歳から32歳）にほとんど犯罪せず、夫婦間の愛着が強くもしくは仕事が安定していた16の事例をさらに検討した。全体として、そのライフヒストリーは私たちの理論をさらに補強するものであった。成人期に犯罪や逸脱行動を控えた男性たちのライフコースにおける主要な転機は、良好な結婚と安定した雇用であった。さらに、ライマンやシャーリー（といった少年矯正施設）での施設収容や兵役が、その後の成人の発達によい影響を与えたことを示唆する証拠も数例ある。ただいまのところ、私たちの枠組みでは、これらの矯正施設や兵役のいずれも、成人後の好ましい結果を予測するうえで重要な転機として強調しない。そこで、結婚と雇用に関する知見とともに、これらの知見について考察する。

結　婚

結婚と家族が成人期の犯罪からの離脱を説明する重要な要因であるとされた

事例では，いずれも同様のパターンが見られた。夫婦はお互いに，そして子どもたちに献身的に尽くしているようだった。実際，生活の中心は家庭，配偶者，子どもたちだったようである。たとえば，事例番号 040 は，「結婚，つまりよい妻と健康な息子たちが私を落ち着かせてくれました」と述べていた。コミュニケーション・パターン，とくにお金と将来の財産に関する点は良好だった。このような場合，対象者はほとんど例外なく，配偶者だけでなく，両親やきょうだいにも必要に応じて経済的な責任をもつ人物とされていた。たとえば，事例番号 920 は，母親と 2 人のきょうだい（まだ高校生だった）を 6 年間完全に養っていた。同様に，事例番号 813 は，「私は早くに結婚し，家庭をもちました。そして，家族を養い，自分の責任を果たすために地道に働きました。トラブルに巻き込まれることは一度もありませんでした」と述べていた。面接の質的情報を集約すると，これらの対象者たちは，総合的に「家庭的なよき男性」として特徴づけられる。

　とりわけ明らかなのは，成人同士の関係性，とくに夫と妻の関係における社会関係資本の重要性である（Coleman, 1988）。対象者たちは夫婦関係のためにつぎ込み，多くの場合，それは妻によって感情的にも経済的にも報われていた。夫婦に子どもがいて，そして強い絆で結ばれている場合は，夫婦関係に社会関係資本のさらなる要素が通常加わることとなる。このように社会関係資本が確立された結果，これらの対象者は犯罪や逸脱行動から離脱する可能性が高くなっていた。

雇　　用

　成人後に犯罪や逸脱行動から離脱した対象者の職歴を調べたところ，いくつかの共通点が明らかになった。全体的に，彼らは勤労習慣が整っており，しばしば「働き者」と評されていた。彼らは同じ雇用主のもとで長期間働くことが多く（たとえば，7 年から 12 年），仕事に強く結びつき，特定の雇用主への献身も表れている。全体として，彼らは人生をよりよいものにしたがっていた。彼らは将来のことを考え，「出世」と同様に「雇用の安定性」を維持することを望んでいた。一部は生活費を稼ぐためにフルタイムの仕事だけでなくパートタイムの仕事をしており，また家の修理やリフォームに携わるようになった者もいる。また，G.I. ビル〔訳注：1944 年復員兵援護法の俗称であり，1 年間の失業補償，

大学および職業訓練校などに通う際の教育費と生活費の専用支払い，住宅および事業運営のための低金利ローン（G.I. ローン）などが行われた。不名誉除隊となっていない退役軍人がその対象である〕を活用して特別講座を受講したり，職業訓練プログラムに登録したりした者もいれば，そうしない者もいた。私たちの理論的枠組みでは，講座や追加の職業訓練を受けること，将来の計画について考えること，特定の雇用主のもとで長期間働くこと，そのすべてが社会関係資本や仕事への社会的投資の指標となる。社会関係資本が増えるにつれ，仕事への絆はより強くなり，犯罪や逸脱行動からの離脱の可能性が高くなる。以下の事例はこれらについてさらに詳細を示してくれる。

事例番号 230 は，25 歳のとき，彼の母親ときょうだいとともにボストン地域で暮らしていた。父親は，彼が 23 歳の頃に亡くなった。彼は第二次世界大戦中，アメリカ海兵隊に 37 カ月間従軍した。彼は 2 つの戦場で戦い，2 つの勲章を得て，それを「賞賛すべき記憶」としていた。対象者は 17 歳から 25 歳の間は独身だったが，母親やきょうだいへの強い愛着を示していた。たとえば，彼は G.I. ローンで家を買い，それを母親に譲り，母親にお金も渡していた。彼はいくつかの仕事をしていたが，つねに「仕事の合間」にいるように見えた。彼は復員兵再調整援助制度からの補償金に一部頼って生活していた。彼は教育や職業訓練には興味がなく，ただ「早く金を稼ぐ」ことだけに関心があった。

彼は 32 歳になるまでに結婚し，2 人の子どもができた。この結婚は，彼が 25 歳，妻が 20 歳になろうかというときだった。彼らは，彼が育った地域と同じところに住み，夫婦間の愛着は強かった。たとえば，対象者は非常に責任感が強く，2 人の息子の生活をよくすることに専念していた。家族は仲がよく，団結しているように見えた。就労面では，配管工とガス工事の免許をもち，5 年以上安定した仕事に就いていた。特筆すべきことに，彼は退役軍人局によって実施され，G.I. ビルによって支援された職業訓練プログラムに 2 年間参加していた。彼は結婚して間もなく，G.I. ビルを利用することにした。

他の対象者（事例番号 004）は，妻の影響によって「新たな一歩を踏み出した」と述べていた。第 2 次の面接では，彼は 1 年間整備士として雇われた。また，アメリカ空軍に入隊し，31 カ月間朝鮮戦争に従事した。現役時代の同性愛の容疑により，「不名誉除隊」を命じられた。彼は軍隊でも酒を飲みすぎ，無断欠勤と報告されたこともある。G.I. の恩恵を受けられなくなるため，彼は

このような除隊を苦々しく思っていた。とりわけ，空軍での同性愛による処分のため，自分は航空会社に就職できないと考えていた。面接の中で，「私は残りの人生の間，あの好ましくない除隊を首からぶら下げることになりますね」と述べた。これは，犯罪歴が雇用の確保や維持に悪影響を及ぼすという，先に述べた議論と類似している。彼が 25 歳から 32 歳の頃の追跡調査の間では，彼は妻と 3 人の息子と共に暮らしており，同じ企業でおおよそ 6 年間も就労していた。彼は，25 歳から 32 歳の間にはまったくトラブルに巻き込まれておらず，自身の「更生」が妻や家族のおかげで成し遂げられたと考えていた。[4]

兵　役

　私たちが考察したいくつかのケースにおいて，兵役がライフコースにおける「鎮静効果」あるいは転機になったと指摘されていた（Elder, 1986 も参照）。残念なことに，グリュック夫妻の事例ファイルから得られる情報だけでは，兵役経験の何が転機を促したのかを正確に明らかにすることは難しい。さらに，この肯定的な影響をもたらすという結果は，思春期から成人期にかけての反社会的行動の継続性，とくに兵役中の違反行為に関する結果（第 6 章を参照）を踏まえると，やや意外である。しかし，兵役が一部の男性の人生を好転させる役割を果たしうることは，兵役がその他の男性の人生を混乱させたり（Elder, 1986），一部の男性に逸脱行動を続ける環境をもたらしたりすることと矛盾しない（第 6 章を参照）。ここでは，兵役が男性の人生において重要かつ肯定的な役割を果たした代表的な事例を簡単に紹介する。[6]

　事例番号 280 は，第 2 次と第 3 次の面接時点において妻と子どもと暮らしていた。彼が結婚したのは 22 歳頃であり，妻は 21 歳間近だった。彼とその配偶者の間には，家庭と子どもを中心とした強い夫婦間の愛着があった。彼は海軍でそのキャリアを積んでいたが，家族は兵役中も一緒に暮らしていた。語られた内容によると，妻は「対象者の人生において安定した存在として見なされており，他の家族からもすごく尊敬されている。家族は，対象者が海軍でのキャリアを成功させたのは妻のおかげと感じている」。対象者はライマン改善学校からの仮退所中に海軍に入隊し，13 年以上在籍した。彼は，海軍に入ったことで人生が変わったと以下のように述べる。「海軍では，私は全国から集まってきた男たちの中に投げ込まれた。彼らの中には，十分な教育を受け，よい経

歴をもつ者もいた。そこで自分の考え方が完全にずれていて，そしておそらく間違っていることをわかり始めたんだ。彼らのやり方を取り入れるようになってから，すべてうまくいくようになったよ」。

こうした経験は，別の対象者（事例番号412）と類似している。彼は同じく海軍にかなりの期間（7年半）在籍し，妻と2人の息子との強い絆で結ばれていた。同様に，他の対象者（たとえば，事例番号600，事例番号670，事例番号040）も，「兵役で成長した」とか「陸軍からいくつかのことを教わった」と報告している。エルダー（Elder, 1986）と同様，一部の男性にとって，兵役が幼少期の不利な状況を克服するのに役立つことがうかがえた。

少年期の施設収容

事例ファイルにある語られた内容によると，事例番号230は，自身が非行少年としてライマン改善学校に送られるのは当然と認め，その経験によって「人生で大切なことを尊重する」ことを学んだと述べている。彼は，ライマンへの入所は「これまでで最高の出来事」だったと断言した。なぜなら，家族から引き離され，「確固たる権威と厳重な監督」の下におかれ，その結果，立ち振る舞いが一変したからである。実際，彼はライマンの経験がなければ改心しなかったと考え，次のように語っている。「私は生意気な奴だった。すべての答えを知っていて，誰らかも教わることはないと考えていた。父親は最善を尽くしてくれたが，父親よりも多くのことを知っていると思っていた。自分は強いと思っていたし，誰のことも恐れていなかった」。彼の家族が頻繁にライマン改善学校を訪れたことは，彼の生活の結果によい影響を与えたのかもしれない。

事例番号050は，自身が改心した理由について尋ねられると「ライマンでの私の寮担当は最高だった。私が考え込んでいるのを見かけると，彼らはいつでも長いこと話につき合ってくれた。私は彼らの寮生で，彼らのことが好きだった。彼らは私のことに関心をもってくれているように見えた。彼らは，姉に育ててもらったという恩があるんだろと私に力説した。出所したら，もう昔のギャング仲間とはつき合わないと心に決めて，そのとおりにした。それ以来，私は就職をして，トラブルに巻き込まれそうになったことは一度もない」。

少年期の施設収容がその後の成人期の発達に悪影響を及ぼすことを示した以前の結果を考慮すると（第7章を参照），少年期の施設収容が人生を好転させる

という結果は，やや意外に思われるかもしれない。しかし，ここで取り上げた2人の収容期間は，1年半という全対象者の平均収容期間と比べると，比較的短い期間（それぞれ6カ月と8カ月）思春期に収容されていたことを指摘しておくべきだろう。この比較的短い収容期間が，施設収容の他の側面（たとえば，両親との距離の近さ）と相まって，成人後の良好な結果をもたらしたのかもしれない。また，成人後に人生を好転させる他の出来事があったため，収容経験を人生の重要な転機として遡及的に解釈し直した可能性もある。兵役による制度化の経験と同様に，少年院への収容がその後の発達に及ぼす影響を理解するために，より注意を払う必要がある。

次に，ライフコースにおける犯罪とインフォーマルな社会統制に関する私たちの理論にあてはまらない男性，つまり，社会的絆が弱かったのにもかかわらず犯罪から離脱した者のライフヒストリーに目を向ける。このような事例は，私たちの理論モデルの弱点やギャップを明らかにするのに役立つだろう。以下で検討する事例において，関心のある主要な次元（夫婦間の愛着が弱いか，仕事の安定性が弱いか）は，2つの追跡期間のうち1つのみだった。言い換えれば，私たちの理論的概念化と矛盾するケースを見つけるのは容易ではなかったということになる。

弱い夫婦関係と犯罪からの離脱

クラウド・ウィルキンス（1927年8月28日生まれ）は，第2次と第3次の間に逮捕された記録はなかったが，グリュック夫妻のデータによると彼は夫婦間の愛着が弱かったとされている。ここでは「夫婦間の絆が強くないのにもかかわらず，なぜ彼は犯罪をしなかったのか」という点について検討する。

第2次の面接時，対象者は陸軍に在籍し，17カ月間兵役についていた。その前は，ボストンにある母親の家に住んでいた。彼の父親は，欠陥のある非行少年かつ好ましくない外国人として，アメリカから本国へ強制送還されていた。面接で語られた内容によると，ウィルキンスは父親に対して強い愛着をもち，兵役中にヨーロッパにいる父を訪ねたいと望んでいた。彼は定期的に父親に手紙を書き，父親が刑務所に収容されている間も頻繁に訪れていた。また，母親に対しても，強い愛着があった。韓国に派遣される前に駐在していた日本から，

頻繁に母親に対して手紙や贈り物，そしてお金を送っていた。対象者は17歳から25歳の間，独身だった。

陸軍に従事する前，ウィルキンスは一連の非熟練職（溶接工見習い，牛乳屋の補助，ガム工場の工員，整備工の補助，アイスクリーム屋，農場労働者，羊毛工場の工員，光学工場の機械工の補助）に就いていた。彼は1944年から1948年の間，少なくとも7つの仕事に就いた。ただ，兵役前の仕事は3年間続けており，誰が見ても堅実で信頼できる働き手だった。彼は1951年に陸軍に入隊し，後に朝鮮戦争に参戦した。それによって兵役期間が2年から3年に伸びた。彼は1954年に名誉除隊となった。

第3次の面接時，ウィルキンスは母親ときょうだいと共に暮らしていた。25歳から32歳の間に，彼は家庭内の深刻な問題のため，神経衰弱に陥った。彼は1954年3月に結婚したが，1958年1月には離婚した。結婚したのは26歳半の頃で，彼の妻は15歳だった。グリュック夫妻の面接者によるメモによれば，ウィルキンスの妻は未熟で，子どもの養育能力が不十分だと考えられていた。結局のところ，妻は彼が所属していた陸軍の上官の娘であり，その上官は面接票に「アルコール依存」と記録されていた。

夫婦の絆は弱く，最終的には離婚に至った。双方に不倫の疑惑もあった。また，ウィルキンスには飲酒の問題があり，働くことを避けたがっていたことも，面接票に記されていた。彼は妻に非常に嫉妬しているようで，逆に，妻は彼を恐れているようだった。家庭内ではつねに摩擦があった。夫婦は3人の子どもを授かり，うち2人が男の子で，1人が女の子だった。事例ファイルにある語られた内容によると，彼は末っ子との父子関係を否定している。総じて，ウィルキンスによる子どもたちに対する経済的・情緒的支援は不安定であった。面接記録によると，彼は元妻が支払うべき週あたりの養育費の増額を裁判所に求めることを避けるため，意図的に収入を増やさないようにしていた。

この間の職歴を見ると，ウィルキンスは非熟練労働者（ガラス工場の工員やセロリのパック詰め作業員など）として働き続けていた。なお，彼は1957年に3カ月間，家庭内の問題と過度の飲酒が原因で精神科治療を受けていた。そのため，この時期は頻繁に解雇されていた。この種の仕事では頻繁に季節的な解雇が行われていたことも事実である。面接中，対象者は「自分が何をしているかなんてどうでもよく，ただその日暮らしをしているだけだ」と述べた。彼はまた，

妻から「ひどい仕打ち」を受けたと述べていた。

弱い仕事の安定性と犯罪からの離脱

ジョー・ジョンソン（1927年2月25日生まれ）は，17歳から32歳の間，公式の逮捕歴はなかった。第2次の面接時，彼は妻と子どもと暮らしていた。彼は女きょうだいが所有する家で暮らしており，女きょうだいは彼のために入居者を立ち退かせた。それ以前は女きょうだいのアパートで妻と共に暮らしていた。対象者は，1948年3月に結婚した。結婚当時，彼は21歳で，彼の妻は23歳だった。語られた内容によると，彼の妻はよき主婦であり，献身的な母親だったようである。夫婦は1949年に子どもを授かった。2人は相思相愛のようで，対象者は「献身的」であると妻から評価されていた。彼はまた「経済的に責任感がある」とされ，すべての借金を返済していた。面接当時，彼は「結婚して落ち着いたよ」と話していた。

ジョンソンは，非熟練労働者（遠心分離機オペレーター）として，さまざまなシフト（日勤もあれば夜勤もある）で働いていた。最初は規則正しく働き，かなり勤勉だった。たとえば，彼は25歳の面接時点で53カ月間雇用されていた。しかし，将来の結果を示すかのように，ジョンソンは「将来の見込みのない仕事をしているよ」と話していた。また，彼は第二次世界大戦中に海軍に31カ月間所属していた。以前，彼はシャーリー改善学校からの仮退所中に陸軍に入隊し，「名誉除隊」となっていた。

第3次の面接時，ジョンソンはボストン地域で妻と子どもと共に暮らしていた。この頃までには，夫婦関係や彼の就業形態に明らかな変化が生じていた。面接票にある語られた内容によると，対象者の妻は，彼は未熟で無責任で「支払いを考えもせず，借金を増やしているわ」と話していた。彼は高い服を好んで買い，車も購入していたが，支払いを考えていなかったようである。面接者の記述によると妻は請求書の支払いを肩代わりすることになっていた。対象者は金銭的なことはすべて「彼女任せ」にしていた。夫妻は25歳から32歳の間に一時的な別居を経験している。

この間，ジョンソンは砂糖工場労働者，トラック運転手の補助，日雇い労働者などの仕事をしていた。これらは季節労働のため，彼は頻繁に解雇された。

資料にある語られた内容によれば，妻との別居中，対象者は意図的に怠けて養育費の支払いを避けていた。対象者はまた，自分には職業技能がなく，まともな仕事に就けないと述べていた。32歳の面接時，彼はその仕事を始めて1カ月も経っていなかった。

弱い社会的絆と犯罪からの離脱に関するさらなる構図

　私たちは夫婦関係が弱い，また仕事の安定性が低いにもかかわらず，犯罪をほとんどもしくはまったくしていない事例を14個追加して，検討した。しかし，精査すると，犯罪から真に離脱していた事例は，その半数以下であった。さらに，結婚や仕事との結びつきの弱さが，逮捕や収容に至るような犯罪の継続に導くことはなかったが，成人後に悪影響をもたらすことがわかった。これは，分析を公的な犯罪記録だけにとどめず，犯罪や逸脱行動に関する非公式なデータも検討することでとくに明らかになる。ここでは，非公式な犯罪行為や逸脱行動が表面化した家族・雇用・兵役という3つの重要な領域を探究する。また，これらの質的データが，ライフコースにおける変化の重要性をいかに示しているかについても説明する。

家　　族
　この領域では持続した犯罪行為は見られなかったが，夫婦間の愛着が弱いと犯罪や逸脱が増えるという基本的な考え方は依然として強く支持される。私たちが調査した事例のいくつかでは，家庭内暴力，扶養義務の不履行，家庭遺棄に関する非公式な報告があり，重婚や不倫を含むその他の家庭内紛争の兆候も見られた。
　たとえば，事例番号791は飲酒に問題があった。語られた内容によれば，彼は「アルコール依存症」だと考えられた。彼は，結婚生活の破綻を苦々しく思っていた。彼の義理の女きょうだいによれば，その対象者は「妻に逃げられてから，ただのクズになった」。彼は妻に子どもの養育費を受け取らせないようにわざと怠けた。妻子が彼のもとを去ると，対象者はやる気をすべて失った。彼は必要なときだけ働いた。たとえば，期限が迫った請求書を支払うためや酒を買うためなどである。対象者は夫婦関係が破綻した頃から過度な飲酒をする

ようになり,「死んだように酔って」パトカーで何度も家に連れてこられたという。

事例番号570は,1949年に結婚し,1951年に別居した。彼が22歳半のときに結婚し,彼の妻はまだ19歳になっていなかった。面接票では,彼の妻は「常習犯罪者で路上生活者」だと描写されていた。別居に先立ち,夫婦は金銭問題で何度か口論になり,彼は妻子への扶養料の支払いを避けるために居住地域を離れた。資料にある語られた内容によれば,家庭内暴力も見受けられた。たとえば,彼は妻におたまを投げつけて目に痣をつくらせた。結局,彼は妻に対する暴行と扶養義務違反で有罪判決を受けた。有罪判決後,彼は妻子を捨て,扶養料の支払いを滞らせた。面接者のメモによると,対象者は妻のきょうだいから激しく殴られていたという。

雇　用

定義上,詳細な分析のために選定した男性は,成人後に安定した仕事をほとんど,またはまったく経験していない。しかし,公式の犯罪記録によると,彼らは持続的な犯罪者ではなかった。この一見して一貫性のない結果を理解するうえで,重要にもかかわらず,私たちの理論的枠組みには組み込まれていない要因の1つが,身体的健康である。たとえば,事例番号891は,夫婦間の愛着が低く,仕事の安定性も低かった。この対象者は朝鮮戦争中に負傷し,その負傷は「通常雇用への重大な障害」と見なされた。実際,対象者は「安定した仕事ができない理由」として足のけがを挙げていた。復員軍人支援局からある程度の収入を得ていたため,彼には安定した仕事を確保する理由もなかった。この対象者は仕事の安定性に欠けてはいたものの,犯罪には至らなかった。

ほかの対象者の中には,仕事や家庭生活に支障をきたし,逸脱行動(とくに飲酒)に至る者もいた。たとえば,事例番号393は第3次の面接時に,2番目の妻と3人の子どもと共に暮らしていた。彼らの関係は「嵐のようだ」とされた。それというのも,対象者は気性が荒く,飲酒癖があり,雇用が不安定な業界に勤めていたためである。過度の飲酒と上司や上役との頻繁な衝突の結果,対象者は何度も解雇された。また,妻と喧嘩をすると,その仕返しのために,妻に一切の金を渡さずに怠けていた。対象者は頻繁に「深酒」をして,その後,復員軍人の障害年金か失業補償あるいはその両方から金銭を得て,長い間怠惰

な生活を続けた。

　対象者が22歳のとき，酩酊のかどで裁判になった。彼のきょうだいによれば，彼は，海軍に入隊した17歳から酒を飲み始めた。面接者のメモによれば，彼は退役後，さらに大量の酒を飲んだという。彼のきょうだいは，自身が家族関係のすべてにおいて失敗した存在と感じているから酒を飲んでいるのだと断言した。

　同様に事例番号680は，結婚してすぐに性格の不一致により別居した。妻は過度に飲酒し，頻繁に育児を放棄した。妻が4回目に出ていった後に，夫婦関係を解消した。対象者もその妻も，面接者から「非常に未熟で，不安定で，きわめて利己的」と評された。それぞれが相手の不倫を非難した。対象者は職歴が乏しく，転職を繰り返していた。32歳の面接時，彼は西海岸に住んでいた。彼は過度な飲酒習慣があり，2番目の妻との離婚後は未成年の子どもを養う意志もなかった。またもや，持続的な犯罪者ではなかったが，この対象者は家族の扶養を怠り，飲んだくれていた。この事例は，家庭内の問題と逸脱（とくにアルコールへの依存）の重要性を映し出している。さらに，この関係はカスピとハービナー（Caspi and Herbener, 1990）が論じている「選択的交配」を裏づけているようである。

　似たような意味で，事例番号100は32歳のときにボストンから移り住んできた親友と共にテキサスで暮らしていた。彼は26歳のときに2番目の妻と別れた。彼は「子どもをつくった」責任を抱え，それから逃れるために2番目の妻を捨ててテキサスに向かった。彼は2番目の妻に身体的なものだけでなく，言葉でも虐待した。彼がしばしば妻を殴り，そして「愛人」がいた証拠がある。さらに，語られた内容によれば，32歳の誕生日の後，厳密にはグリュック夫妻の第3次の面接の後だが，彼は3度目の結婚していたようである。結婚時，3番目の妻は妊娠していたと記録されている。また，この対象者は勤務態度も悪く，逮捕はないものの，転売目的で商品を盗んだとして解雇されたことがあった。この事例もまた，公式記録の限界と犯罪だけでなく逸脱行動を検討する必要性を示している。

兵　　役

　夫婦間の愛着が弱い，または／かつ，仕事との結びつきが弱い男性に，軍隊

での問題行動が見られるという知見もある。たとえば，事例番号171は，第2次の面接ではすでに結婚していた。結婚時，彼は21歳になる直前で，彼の妻も同じ年齢だった。2人の出会いは，対象者が陸軍に所属し，海外に駐留していたときだった。事例ファイルにある語られた内容によれば，緊張した関係であったことを示す兆候が見られた。たとえば，彼は陸軍に再入隊する意向を妻に話していなかったようである。入隊して家族と離れている間，対象者は妻との文通さえしなかった。結局，彼は妻を短期間見捨てていた。

　軍隊に入る前，対象者は農作業者や肉体労働者として働いていたが，グリュック夫妻の面接者からは「非正規労働者」とされていた。彼は仕事がないときに，しばしば仕事があるふりをした。彼は仕事では努力していたが，不機嫌になったり不愛想になったりすることが多かった。対象者は17歳から25歳の間に合計69カ月間，陸軍で勤務した。入隊回数は3回であった。結局，無断欠勤で陸軍から「分限免職」を命じられた。語られた内容によると，対象者はアメリカ滞在の申請が却下されたため無断欠勤した。

　第3次の面接では，対象者はまだ結婚していたが，25歳から32歳の間は妻をしばしば見捨てていたようである。過度に飲酒し，何度か不倫をしていたようである。語られた内容には，夫婦仲が悪く，子どもが手に負えないので里子に出されたとあった。面接票のメモによると，対象者の妻は息子に対してせっかちで残酷だった。さらに，子どもは両親から育児放棄されていたと考えられている。対象者が25歳から32歳の間，彼は安定的な仕事はせず，1956年から1957年の1年間で60近い仕事を転々としていた。彼は気まぐれや短期で仕事を辞めているようだったため，勤務態度に関して信頼できず，無責任であると考えられたのも驚きはない。

変化の重要性

　ライフヒストリーの検討によって，私たちの理論とは矛盾するような事例でも，重要な出来事を時系列に並べられる縦断的データを使用することの重要性がさらに確認された。たとえば以下の事例は，17歳から25歳の間の夫婦間の結びつきが弱いにもかかわらず，25歳から32歳ではほとんどもしくはまったく犯罪行為がなかったことを示すために選ばれたが，実際にはライフコースにおける因果関係の順序と変化の重要性を明らかにしている。具体的に，事例番

号742は17歳から25歳の間に5回の逮捕歴があり，その中には武装強盗や侵入盗などの重大犯罪も含まれていた。彼もかなりの期間（20歳から25歳までの32カ月間），刑事施設に入所していた。

さらに，17歳から25歳の間の結婚生活は，よくいっても不安定なものだった。たとえば，彼が1949年に結婚したとき，それは「強制されたもの」と表現されていた。結婚したとき，彼は22歳で，妻は17歳であり，妻が高校生だったときに妊娠が発覚した。結婚してまもなく夫婦は別居を繰り返した。全体的に夫婦関係は非常に悪く，対象者が刑務所を出所したとき，妻子の家ではなく実家に帰住した。

夫婦間の不和と若年期の犯罪歴にもかかわらず，この同じ人物は第3次（25歳から32歳まで）では犯罪歴がない。何が彼の人生を変えたのだろうか。ライフヒストリーを調べると，夫婦関係に変化があることがわかる。第3次の面接時に，家族状況は劇的に変化し，夫婦関係は良好に見えるほどになっていた。対象者は妻にしがみつく，どちらかといえば依存的なタイプだとされた。妻は強く，分別のある人として描かれ，彼女の関心は家庭と家族にあった。第3次で収集された語られた内容には，不和に関する記載がない。この夫婦は2人の息子がおり，全体として家庭内に強い「一体感」があった。

また，対象者は家計を補うため，そして妻が働かなくても済むようにするために，副業としてパートタイムの仕事もしていた。彼は，正業としてある雇用主のもとでチューブ押し出し機のオペレーターとして働いていた。副業では，オフィスビルの清掃を担当する8人の従業員の主任を務めた。彼は午後5時から8時まで，週6日働いていた。彼は仕事に関して非常に責任感が強いように見えた。

対象者によれば，改心の理由は次のようなものであった：①「地道に働いてきた」，②「いまは家庭の責任がある」，③「教訓を学んだ」（対象者は刑務所に戻ることを恐れていた）。面接者のメモによると，妻からの強い影響が彼の改心の最大の理由とされる。

この事例は，夫婦の絆が強くなるという発展を通じて社会関係資本が形成される際の投資プロセスを示している。結婚への投資は夫婦間の相互的なプロセスであり，それが成功すれば，家庭内で築かれる社会的関係の強さによって犯罪や逸脱行動からの離脱を促すことになる。この事例は，グリュック夫妻の研

究にある他の多くの対象者と同様，ライフコース全体における**個人内**の変化を描いている（Farrington, 1988 を参照）。

夫婦間の強い愛着と犯罪の持続

　ジョージ・シーヴァ（1927 年 1 月 8 日生まれ）は 17 歳から 25 歳，そして 25 歳から 32 歳の追跡調査期間中に何度も逮捕された。実際，17 歳から 25 歳の間に，34 カ月間拘置所や刑務所に入っていた。事例ファイルに綴られていた新聞記事によれば，彼はプロの窃盗犯と見なされ，ボストン広域で少なくとも 20 件の侵入盗を犯していた。

　第 2 次の面接時，対象者は妻と息子と共に暮らしていた。彼は 24 歳だった 1950 年に結婚している。妻は結婚当時 16 歳半で，高校 2 年生だった。面接票記載の語られた内容によれば，彼女は優秀な生徒で，よくしつけられていた。この夫婦は 1951 年のときに 1 人の子どもを授かった。

　夫婦間の愛着に関しては，お互いに献身的で愛情深いようだった。彼の結婚に向けた献身を示すように，シーヴァは結婚前の 11 カ月間，2 つの仕事を掛け持ちし，家具の購入やアパートの修理のために十分なお金を稼ぎ，家計の支払いをすべて結婚前に済ませた。彼はまた幼い息子への強い愛着を示していた。最後に，事例ファイルには，家族が対象者の義母と頻繁に面会していたことを示す記載がある。

　雇用に関しては，対象者は非熟練業の板金工として働き，22 カ月間雇われていた。語られた内容によれば，彼は正直で真面目で勤勉だと思われていたが，短気なところがあった。

　第 3 次の面接時点で，シーヴァは妻と 3 人の子どもと暮らしており，男の子が 2 人で，女の子が 1 人であった。語られた内容によれば，この夫婦は非常に良好な夫婦関係を築いており，お互いに献身的であるように描かれている。面接者のメモには，対象者の妻は落ち着いた人で，良好な家庭環境を築いていたとあった。対象者は時々不機嫌になり，口数も減らしたが，妻は彼の気難しさを理解しているようだった。

　25 歳から 32 歳の間に，シーヴァは非熟練労働者として働いた。プレス工，蒸気工の補助，工場労働者，引っ越し屋，トラック運転手の補助，トニック飲

料工場労働者，食肉加工場労働者などとして勤めていた。利用可能なすべてのデータから，対象者は優秀な労働者であることがうかがえ，しばしば支払いのために2つの仕事を掛け持ちすることも厭わなかった。しかし，シーヴァは25歳から32歳の間に9つの仕事を経験し，何度も解雇された。その中のある1人の雇用主は彼の前科を知って解雇した。彼には飲酒の問題はなかった。調査時に勤めていた工場での仕事は勤めて7カ月ほどで，昇進の機会は十分にあると感じていたので，このまま勤め続けるつもりだった。対象者は「こんなに長く働いているのだからもうクビはないだろう」と断言していた。

　語られた内容から，対象者が侵入盗や窃盗に手を染めたのは，安定した仕事がなかったことと，家族の経済的な負担が切迫していた結果であったことがうかがえる。また，家庭生活が彼の希望の源であったことが語られた内容からはっきりとわかる。皮肉なことに，妻は彼の気難しさを理解していたにもかかわらず，対象者は家庭の責任を非常に重く受け止めていたようであり，仕事がなく家族に十分に支えられないときは抑うつ状態になっていたようである。また，仕事がないときも忙しくしていたいタイプの人間だったようである。このことは，彼が5年の間にアパートを2度全面改装したことからもわかる。

仕事の高い安定性と犯罪の持続

　オスカー・シェル（1927年5月16日生まれ）は第2次の面接時点で，妻と娘と一緒にボストンで暮らしていた。面接前の5年間，窃盗と自動車盗などの罪により，15カ月間刑事施設に収容されていた。第2次と同じ期間中，彼は身体的理由で軍への入隊を拒否された。しかし，事例ファイルから見つかった他の資料によると，犯罪歴のために拒否されたと示されていた。

　シェルは1946年に結婚した。当初，彼は19歳頃で，彼の妻は17歳だった。語られた内容によれば，結婚して3カ月後に子どもが産まれたことから，「強制された」結婚だったようである。この夫婦はとても仲がよい様子だった。面接票にある語られた内容によれば，彼は結婚の責任を果たしながら成熟し，家族の面倒をよく見た。雇用については，対象者は17歳から25歳の間，解体工として働き，雨や雪の日以外は定期的に働いていた。25歳の面接前までの3年半は同じ職場で働いていた。

第3次の面接時，シェルはまだ妻と娘と共に暮らしていた。25歳から32歳の間に，彼は飲酒運転により，刑事施設に3カ月間収容されていた。語られた内容によると，彼は夫婦間の問題で動揺し，その問題から逃れるために酒を飲んでいた。実際に追跡調査期間中，対象者は酩酊状態により，2度逮捕されている。また，妻との別居もしていたようである。妻は，過度な飲酒と季節工の仕事には反対していたようである。面接者のメモによれば，彼は給料日に過度な飲酒をしていた。語られた内容によれば，虐待や不倫といった事柄への言及はなかったものの，彼の飲酒は経済的な困難さを引き起こしていたようである。それにもかかわらず，夫婦は子どもを愛することで結びついていた。また，彼は自分の犯罪歴と刑務所収容について非常に苦々しく思っていたことは指摘しておくべきであろう。

　25歳から32歳の間の追跡調査の間では，シェルは相変わらず，一貫してビルの解体工という非熟練労働者として従事していた。語られた内容によると，この種の雇用形態の労働者の間では，仕事中に飲酒しない限り，それを問題視されなかった。彼は自身のことを「週末の飲兵衛」と称していたが，シェルの女きょうだいは，時々「飲酒のせいで1日か2日は休んでいたわ」と述べていた。さらに女きょうだいは，「解体工の男性は皆酒飲みだ」と述べた。彼は，過度の飲酒と拘置所への収容にもかかわらず，同じ雇用主のもとで働き続けた。彼は「勝手がわかる唯一の仕事だ」として，この仕事を続けていた。女きょうだいによれば，刑務所に送られたことで懲りて，いまでは家庭と家族を大切にし，彼らを守るために何をすべきか理解していた。語られた内容からシェルの過度な飲酒癖は18歳からであることが明らかになっている。

強い社会的絆と犯罪に関するさらなる実例

　私たちは，夫婦間の愛着が強い，あるいは仕事が非常に安定しているにもかかわらず，犯罪への関与がうかがえた15事例をさらに検討した。そして，このグループにおける成人期の犯罪を説明する3つの異なるパターンを浮き彫りにした。第一に，仕事が安定しているのにもかかわらず，アルコール依存のため夫婦間の愛着が弱いというパターン。第二に，夫婦間の愛着が強いにもかかわらず，アルコール依存のため仕事が不安定であるパターン。第三に，最も多

いパターンだが，夫婦間の愛着の強さや仕事の安定性の高さによる影響を圧倒するアルコール依存である。以下では，これらに該当する事例を紹介する。

高い職業安定性，弱い夫婦関係，そしてアルコール依存

事例番号 203 は，第 2 次の面接時，軍隊に所属していた。彼は 17 歳から 25 歳の期間で計 75 カ月兵役についていた。彼の叔父によれば「彼は軍隊に居場所を見つけた」とのことだった。25 歳のとき，彼は二等軍曹であり，軍になじんでいるとされた。対象者は入隊前に 2 度の逮捕歴がある。彼は 25 歳まで独身であった。

第 3 次の面接では，対象者はまだ兵役についていた。彼は二等軍曹であると同時に，原子・生物・化学戦の専門家でもあった。彼は合計で 84 カ月兵役についており，面接者のメモによれば，1961 年には再入隊していたようである。彼は飲酒に問題があったようであり，面接者のメモによれば，彼は「野蛮」で，時折過度に飲酒していたという。彼はまた「人づき合いに難がある」とされていた。25 歳から 32 歳の間に，対象者は暴行と傷害で逮捕された。この訴えは告訴人の要請により最終的に棄却された。

彼は 26 歳のときに結婚したが，彼の婚姻は 6 年後に無効にされた。面接記録によれば，妻が最初の夫と離婚が成立する前に彼と結婚したため，結婚は違法であった。2 人の関係には，不倫の告発を含め，多くの摩擦があったようである。さらに，妻は最初の結婚でもうけた 4 人の子どもの親権をもっていなかったが，彼の意に反して子どもたちを養子に迎えたがっていた。彼は結婚に失敗したことを非常に苦々しく受け止めていたようである。

他の対象者（事例番号 223）もまた，第 2 次のかなりの期間（75 カ月），兵役についていた。この対象者は陸軍に 6 年間入隊し，さらにもう 6 年間再入隊した。陸軍では製図工と統計係として働いた。第 2 次の面接では，彼は離婚を検討したまま，別居していた。結婚日の時点で，彼の妻は妊娠 4 カ月目であった。語られた内容によれば，対象者は売春宿で妻と知り合ったとし，彼女は「プロの売春婦」と描かれていた。面接当時，対象者は妻が他の男性と不倫関係にあるという理由で離婚を求めていた。事例ファイルには，配偶者が彼の陸軍の仲間と不倫していると判明し，彼が配偶者に身体的虐待を加えたという証拠がいくつかある。

第3次の面接当時，対象者は妻と4人の子どもと共に暮らしていた。彼は陸軍に合計で142カ月在籍し，そのうち67カ月は25歳から32歳の間のことであった。この間に酩酊により一度逮捕されているが，語られた内容によれば彼は22歳から過度な飲酒を始めていた。面接時点で彼には1300ドルを超えるギャンブルでの借金があり，軍務中に無断欠勤もしていた。

　対象者はまだ同じ配偶者と結婚していたが，軍を離れた際に一時的に別居していた。結婚生活には多くの摩擦があったようであり，対象者は自分が4人目の子どもの父親ではないと考えていた。面接者のメモによると，おもな問題は妻の浮気と対象者の飲酒だった。対象者による身体的虐待の証拠もあり，それは妻に対する傷害および暴行であった。対象者は兵役中に妻の浮気を知り，一時休暇で帰宅した際に妻に激しい暴行を加え，妻の両目に痣をつくらせた。語られた内容によると，この期間に何度か激しい暴行があったことがさらにわかる。軍を離れた後の就労については，「ぶらぶらしていた」とされる。

　最後に，事例番号591は成人後に2度結婚していた。32歳のとき，彼は2番目の妻と4人の子ども（初婚での長子を含む）と共に暮らしていた。彼は過度の飲酒をしており，たいていは「週末のどんちゃん騒ぎ」をしていた。彼は，妻が「家計管理が杜撰」であったため，生活に余裕がないと彼女を責めていた。彼は懸命に働いているのに成功しないということに苦い思いをしていた。この夫婦は，対象者の飲酒と妻の家計管理の杜撰さによる不和のため，何度か別居を経験した。語られた内容によると，毎週土曜日，彼は同僚（同じトラック運転手）と一緒に町のバーに出かけていた。彼らは午後1時には店に到着して，深夜まで飲んでいた。その後，売春婦をナンパしようとしたり，バーの他の客と喧嘩を始めたりした。雇用主が週末のどんちゃん騒ぎを容認してくれため，そこで働き続けていた。

強い夫婦関係，弱い職業安定性，そしてアルコール依存
　第2次の面接時，事例番号861は彼の妻と子どもと共に暮らしていた。20歳から25歳の間に，この対象者は16カ月間刑事施設に収容されており，軍には入隊していなかった。彼が述べるには「軍からお呼びがかかったときには，刑務所に入っていた」。彼は1951年に結婚し，彼は21歳半，妻は18歳半だった。面接のメモによると，結婚の6カ月後に子どもが産まれたことから，「強

制された」結婚であったようである。彼は，妻をとても愛しており，自分が改心したのは妻のおかげであると述べた。対象者と妻の間に軋轢はなかったようで，語られた内容には虐待や不倫の報告はなかった。彼は，妻と子どもに献身的で，父親および夫としての責任を真剣に受け止めていたことが記録されている。

　第3次の面接時，対象者は刑務所にいた。実際，25歳のときの面接以降，30カ月間刑事施設に収容されていた。面接者によると，彼は「情緒不安定」で「攻撃的」だったという。彼は，窃盗は子どもと妻を養うためにやったと話していた。彼は48カ月間は居住地で生活を送っていたが，頻繁に「ほっつき歩いていた」。さらに，仕事もしばしば解雇されていた。過度に飲酒していたようであったが，彼は慢性的ではなく，仕事にも支障はなかったと話していた。彼によれば，終身刑を言い渡され，少なくとも5年間は仮釈放審査が受けられないため，将来は暗澹たるものであった。この時点の犯罪歴には，凶器を使用した暴行，誘拐，殺意を伴う暴行，武装強盗，逃亡などが含まれている。彼は少年時代に16回の逮捕歴があった。

強い夫婦関係，強い職業安定性，そしてアルコール依存

　事例番号131は第2次の面接時，妻と子どもと暮らしていた。彼は，第二次世界大戦中，陸軍に46カ月間従軍し，素行不良による「名誉除隊」となっていた。語られた内容によると，陸軍での不祥事は飲酒に絡むもので，無断離隊，暴行，酩酊である。除隊後，対象者は4回逮捕されており，そのうち3回は酩酊によるものであった。

　対象者は陸軍除隊の7カ月前に結婚していた。資料にある語られた内容では，夫婦関係は良好とされている。彼は結婚の責任を真剣に受け止め，（妻の励ましも受けながら）よりよい仕事の機会を熱心に求める真面目な働き者として評された。対象者は公務員として約2年間勤務していた。彼は着実に仕事をこなし，そのたびに自分を高めていった。しかし，かなりの酒飲みだった。

　第3次の面接時，夫婦関係はおおむね良好だったが，彼の飲酒行動はまたしても問題の原因となった。対象者は通常の週給を補うためにアルバイトを繰り返していた。また，父としての義務に対して非常に忠実であったと評されていた。彼はその時点でも公務員として働いており，追跡調査期間中を通じて勤務

態度は良好であった。第3次の追跡期間の開始時に，彼は飲酒運転で逮捕された。面接記録にあった語られた内容によると，彼は自分の仕事には善良な行動が求められると自覚していたため，酒を飲むのはもっぱら市外であった。彼は過去の前科を非常に気にしており，仕事が休みのときや居住地以外でのみ飲酒していた。明らかに，彼の妻は，彼の改善によい影響を強く与えていた（この対象者もまた，強い夫婦の愛着関係の次元に分類されていることに注目してほしい）。

事例番号926は，第2次の面接時に，アメリカ商船隊（U.S.M.S.）船員として働いていた。彼は19歳のとき，アメリカ商事に入社した。彼は十分に教育を受けてこなかったが，アメリカ商事は加入にあたり最低限のものしか求めてこなかった。17歳から25歳の間，彼は短い休みを除いて，さまざまな船会社で働いた。また，20歳から25歳の間に，刑事施設に6カ月間収容されていた。17歳から25歳の間に強盗，窃盗，自動車窃盗を含む罪状で8回逮捕されており，窃盗で拘置所に収容されていた。この間，対象者は独身のままであった。

第3次の面接時，対象者はアメリカ商事に再入社して，再び海に出ていた。29歳のとき，彼は結婚して，航海をしていないときは妻と子どもと暮らしていた。彼の妻は，その前の結婚で3人の子どもを授かっていた。夫婦関係は良好だとされていた。商船員として働くなかで，対象者はさまざまな仕事（食堂，船員，船室係）に就いた。陸にいるときは，引っ越し屋やトラック運転手の補助といった仕事をしていた。こうした仕事すべてはグリュック夫妻の研究チームでは「非熟練」労働として分類された。対象者は家族を養うために臨時の仕事をいくつか掛け持ちしていたようで，語られた内容からは妻の肯定的な影響と3人の子どもの扶養によって彼の労働習慣が改善されたことがうかがえた。語られた内容によると，結婚前はこの対象者は，航海の合間は船員失業手当をもらって生活していた。対象者は25歳から32歳の間に2回の逮捕歴があり，1回は酩酊，もう1回は治安妨害である。この対象者はアルコール問題を抱えているように見えたが，彼が頻繁に飲酒していたのか，たまにしか飲まなかったのかについて，語られた内容では一貫性はなかった。

その他の対象者（事例番号551）は，追跡調査期間中に各1回逮捕された（いずれも酩酊による）。第2次の面接では，彼は妻と2人の子どもと暮らしていた。22歳のときに結婚し，彼の妻は23歳だった。結婚の日，彼の妻は妊娠していた。彼は病院で運搬者として働き，妻はそこで看護師として働いていた。夫婦

関係は良好だとされている。彼は妻の要求によって出世のために講習を受けていたが，深刻な飲酒問題を抱えていた。

彼の仕事は，（たとえば，運搬者のような）非熟練労働であった。堅実な仕事ぶりで，飲酒が勤務成績に支障をきたすことはなかった。運搬者として合計で8年間働き，唯一の中断期間は兵役期間だった。彼は，第二次世界大戦で26カ月間入隊し，「名誉除隊」を陸軍から授かっている。面接記録にある語られた内容によると，対象者はボストンの技術専門学校で冷蔵と電気の16カ月コースを修了したと主張していた。彼はG.I.ビルによって16カ月間，週5日，午後1時から午後6時までこの学校に通った。しかし，グリュック夫妻の研究チームの面接者によれば，彼の飲酒問題がキャリアの妨害になったようである。対照的に，彼は自分の犯罪歴のせいで，デパートでのリノリウム（建材）の裁断という現在の仕事よりもよい仕事に就けないと感じていた。

最後に，事例番号490は妻に尽くしているようだった。大人になってから犯罪に手を染めたときも，「彼女は僕をまっとうにして，側にいてくれた」と彼は断言した。彼は赤ん坊の娘をかわいがっており，家族への義務に真剣なようだった。第3次の面接では，この対象者は家族についての心配を示しており，とくに家族を養うことができるかどうか心配していた。この対象者は，落胆したときに深酒をした。

考　察

ジョン・クラウゼンは，転機という考え方は人生の研究にあたり重要な概念であると述べている（Clausen, 1990）。ライフコースにおける主要な転機として，結婚，意味のある仕事，そして軍への入隊が挙げられる。転機は，概念的に役割の変遷と密接に結びついており，ライフコースにおける人間の行動の安定性と変化を理解するのに役立つ。その観点を踏まえて，本章では「何が不利な立場にある思春期の非行少年の人生の転機となったのか」という問いについて検討した。グリュック夫妻の調査対象となった非行少年は，何によって犯罪をしなくなったのだろうか。逆に，何が犯罪を継続させる転機であっただろう（あるいは，犯罪をしなくなる転機が欠如していたのか）[7]。こうした理論的な疑問から，グリュック夫妻の研究チームが収集した縦断的な事例記録をより深く検

討することになった。

　全体として，これらの質的データは，ライフコースにおける犯罪行動や逸脱行動には安定する側面と変化する側面の両方があり，これらのパターンは成人期における仕事や家族関係の制度と体系的に結びついているという，私たちの中心的な理論的立場を裏づけている。具体的には，グリュック夫妻の事例ファイルから発見された質的データの分析を通じて，仕事の安定性が低く，配偶者への愛着が弱いと，犯罪行為や逸脱行動の可能性を高めることがわかった。逆に，これらの事例記録から，仕事の安定性と夫婦間の愛着が強いと，犯罪行動や逸脱行動に関与する可能性を減らすことが確認されてた。

　この一般的な結論をさらに評価するために，17歳から32歳までの詳細なライフヒストリーを分析した8人の男性の32歳から45歳までの犯罪記録を検討したところ，再び私たちの理論と一致する結果となった。つまり，第2次と第3次の間で強い夫婦間の愛着および／または仕事の安定性があった男性は，32歳から45歳の間での犯罪の記録はまったくなかった。同様に，第2次と第3次で弱い夫婦間の愛着および／または仕事の安定性があった男性は，第2次と第3次の間での犯罪傾向と関係なく，32歳から45歳までの間に犯罪の記録を残していた。言い換えれば，私たちの理論に合致するとして選んだ事例は理論に合致したままであり，私たちの理論に矛盾するとして選んだ事例でも，32歳から45歳までの犯罪記録を調べた結果に基づいて完全に私たちの理論に合致したことが確認できた。

　しかしながら，質的データからは，私たちの理論モデルを複雑化する問題が1つ浮かび上がった。それは，深刻な飲酒が夫婦関係の悪化や仕事の安定性の低下につながるという一貫した所見である。さらに，一部の対象者に対して，犯罪自体に逆の因果関係が示唆される。つまり，犯罪への関与によって仕事の安定性が悪くなり，夫婦間の愛着も弱くなるということである。これらは「選択効果」と一致しており，以下の例で説明される。

　事例番号802の夫婦間の愛着の弱さは，対象者の飲酒の結果とされていた。面接記録にある語られた内容によると，対象者の女きょうだいは「妻は（対象者の）慢性的な飲酒にうんざりして，実家に戻ることが多い」と述べている。夫妻は9年の間に何度かの一時的な別居を経て，最終的には永久に別居した。彼の飲酒行動は，仕事の安定性にも影響していた。彼はおもに非熟練労働

者として働き，28カ月の間で6つの仕事を転々とした。語られた内容によれば，対象者は「慢性的なアルコール依存症で，乱痴気騒ぎを繰り返し，妻と息子の前から数週間から数カ月も姿を消していた」とされていた。彼の妻は，対象者が「頻繁に解雇された」のは，仕事の場で信頼されなかったからだと述べていた。

同様に，事例番号021は，陸軍に所属していたときに朝鮮戦争で負傷し，この負傷がその後の彼の雇用に影響を与えた。実際に陸軍を離れた後，安定した仕事はなかった。たとえば，25歳から32歳の間で5回転職しており，最短で3カ月，最長で16カ月の仕事であった。また，次の仕事を見つけるまでに長い無職期間もあった。彼の飲酒が欠勤につながり，それが解雇につながったということが語られた内容から読み取れる。彼はこれらの仕事のうちいくつかは自分から辞めていた。

さらに，事例番号001は，時として逸脱行動が夫婦間の愛着の弱さと仕事の安定性の低さの**両方**の原因になることを裏づけるデータを示している。この対象者は22歳のときに結婚し，3年後に離婚した。刑務所に収容されたため，妻と一緒に暮らせたのはわずか4カ月だった。対象者には15年から20年の不定期刑となり，「妻に自分を忘れて他の人とつき合うように勧めたよ」と述べていた。彼の犯罪行為もまた仕事の安定性の弱さにつながった。たとえば，面接記録にある語られた内容によると，彼は窃盗の機会を増やし，警察の注意を逃れるために意図的に失業期間を設けたり，アメリカ商事のような季節労働を選んだりしていた。

グリュック夫妻の研究における質的データの性質上，私たちの調査結果を説明しうるものとしてこの種の「選択効果」を明確に除外することはできない。それにもかかわらず，複数の独立した情報源から抽出したグリュック夫妻による70人のライフヒストリーの全体的な質的分析に基づくと，私たちのライフコースにおける犯罪行動の継続性と変化に関する知見は社会関係資本，つまり職場や家族制度に組み込まれた社会的絆の重要性を強調していると考えられる。さらに，社会関係資本の形成と発展における社会的絆の強さの違いは，選択効果や以前の逸脱傾向にもかかわらず，成人期における異なる結果を説明するようである。

質的なデータから得られたこの発見は，第7章と第8章で示された量的分析

において，選択効果を考慮した取り組みと一致している。幼少前期の非行や成人後の逸脱行動（とくに飲酒）が成人後の社会的絆を弱らせるという明確な知見が得られた一方で，成人期の社会的絆が犯罪や逸脱行動に対して同時的および遅滞的な抑制効果の両方を有していたことも確認されたことは覚えていてほしい。その結果，質的データと量的データは，ライフコースにわたる社会的絆と逸脱行動との間の複雑で時として同時的な相互作用があることを示唆している。より広くいえば，社会的選択と社会的因果（社会関係資本の形で）の両方が，人々の生活の展開において機能しているようである。

第10章

まとめと展望

　本書は，次のような課題に基づいて執筆されてきた――幼少期，思春期，成人期の犯罪や逸脱を説明する理論モデルを構築し，検証することは可能だろうか？　この問いに答えるために，私たちはまず，幼少期の反社会的行動，思春期の非行，成人期の犯罪に関する犯罪学の研究とライフコースに関する理論・研究とを統合した。この戦略により，私たちは，生涯を通じた犯罪と逸脱を説明するものとして，年齢段階のインフォーマルな社会統制理論を生み出した。

　次に，私たちは，上記の課題に答えるため，犯罪学の分野における不朽のデータ――非行少年と非行をしていない者の2つの大規模な標本を幼少期または思春期から40歳代まで追跡した資料――を復活させた。私たちは，グリュック夫妻の少年非行と成人期の犯罪に関する縦断的研究（Glueck and Glueck, 1950; 1968）から量的・質的データ双方の再構築と再分析を行った。これまで入手できなかったこれらのデータは，非常に豊富な情報を含んでおり，犯罪と犯罪抑制に関する現代の研究に重要な比較研究の基礎をもたらすものである。

理論モデルの要約

　私たちの理論的枠組みは3つの主要なテーマで構成されている。第一に，構造的な環境は，家族や学校といったインフォーマルな社会統制を媒介して構築され，それが幼少期や思春期の非行を説明する。第二に，反社会的行動には，幼少期から成人期までのさまざまな生活領域を通じた強い継続性がある。第三に，成人期のインフォーマルな社会関係資本は，過去の犯罪傾向の個人差とは

関係なく，生涯にわたる犯罪行動の変化を説明する。私たちの見解では，ライフコースにおける幼少期の犯罪や違法行動への経路は，成人の社会的絆によって大きく影響される。

　私たちは，発達心理学において支配的な「個体要因論」アプローチ（Dannefer, 1984 を参照）は採用しないが，理論的枠組みは発達論的戦略（Loeber and LeBlanc, 1990; Farrington, 1986b; Patterson et al., 1989 を参照）に従っている。ローバーとルブラン（Loeber and LeBlanc, 1990: 376）は，「発達犯罪学」を，違法行為に関する個人内の経時的変化を吟味する戦略と定義している。さらに，私たちが採用する発達論的アプローチでは，因果関係を，時間の経過によって従属変数が独立変数へと変化する「原因要素の発達的ネットワークによって最もよく表される」（Loeber and LeBlanc, 1990: 433）ものだと見なしている。発達犯罪学は，時間が経過しても継続するものと時間経過に伴って変化するものを識別し，犯罪のパターンを理解する方法として人生の移行に着目する。この戦略は「飛び石アプローチ」と呼ばれてきたものであり，そこでは，各要因は，年齢に従って時間的に並べられ，結果変数について評価される（Farrington, 1986b を参照）。

　同様の視点は，相互作用理論（Thornberry, 1987 と Thornberry et al., 1991 を参照）にも見出すことができる。私たちの理論枠組みでは，因果的影響はライフコースにわたって双方向的または相互関係的であるという相互作用理論の中心的発想を利用している。相互作用理論では，発達論的アプローチを受け入れ，非行が時間の経過に従って社会的絆やインフォーマルな社会統制の弱体化に寄与する可能性があると説得的に論じている。とくに，ソーンベリーは，相互作用理論が，犯罪の軌跡において経時的な継続性があることの説明を提供するものだと主張している。すなわち，「当初の弱い絆が非行への強い関わりをもたらし，非行への強い関わりが慣習的な絆をさらに弱くし，これら両方の効果が重なることで，後に慣習的な社会との結びつきを再構築することがきわめて困難になる。その結果，すべての要因が，時間の経過とともに互いを強化し合い，逸脱の継続可能性をきわめて高くする傾向にある」（Thornberry et al., 1991: 30）。

　ソーンベリーの視点は，マグヌッソンやバーグマンが発達に関するパーソンセンタード・アプローチと呼ぶものとも一致する（Magnusson and Bergman, 1988: 47）。私たちは，グリュック夫妻の質的データの分析において，経時的な個人の生活史を検討することによって「変数」よりもむしろ「人物」に明確に焦点

をあてた（Magnusson and Bergman, 1988, 1990 を参照）。これにより，量的分析の補完と，個人のライフコースにわたる発達による犯罪行動の変化に関する社会的プロセスの洞察とが可能になった。

グリュック夫妻のデータにあてはめた社会要因論的発達理論の要約を図 10.1 に示している。その要点は，このモデルが，幼少期から成人の犯罪行動までの出来事の連鎖について確率論的な関連性を説明することにある。私たちの見解では，家族と学校におけるインフォーマルな社会統制プロセスが，幼少期と思春期における非行の主要な原因を説明する。構造的な背景特性は，家族や学校におけるインフォーマルなプロセスへの効果という点では重要であるが，この特性に非行に対する直接的影響はほとんどない。気質や早期からの行動上の支障のような個人的特性も，非行それ自体と同様に，家族と学校双方の社会統制プロセスと関連しているが，これらの要因が家族や学校における非行に対する社会的絆の効果を有意に減少させることはない。

図 10.1 で表された理論は，非行と成人期の犯罪を，成人期の社会化の影響に関連づけるのと同様に，幼少期や思春期の特性にも明確に関連づけている。早期の非行が成人期における社会的絆の弱さを予測し，成人期における社会的絆の弱さがその同時期とその後の犯罪や逸脱を予測する。それは，幼少期の反社会的行動と思春期の非行とが社会的絆の弱さを介在して成人期の犯罪や逸脱に結びつくプロセスである。私たちは，成人期における突出したライフイベントや社会化の経験が，少なくともある程度は，初期の人生経験の影響を打ち消しうると考えている。たとえば，過去に非行歴がなかったにもかかわらず，後に犯罪行動が始まることは，成人期における社会的絆の弱さによって説明することが可能である。逆に，非行歴があるにもかかわらず，成人になって犯罪から離脱することは，成人期における社会的絆の強さによって説明することができる。多くのライフコース・モデルとは対照的に，私たちの理論は，ライフイベントの発生それ自体やそのタイミングよりも，社会的結びつきの質や強さを重視している（Loeber and LeBlanc, 1990: 430-432 を参照）。したがって，私たちの理論は，明確に犯罪と逸脱の個人内変化に焦点をあて，ライフコースにわたる犯罪と逸脱の持続と変化に関する社会学的説明をもたらす。

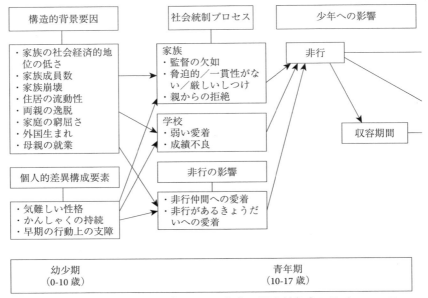

図 10.1 1925-1975 年頃の 1000 人のグリュック夫妻の調査対象者のライフコースにわたる犯罪，逸脱およびインフォーマルな社会統制の動的理論モデル（『解明』の調査デザインにおける年齢，人種／民族，近隣の社会経済的地位および IQ で組み合わせた非行少年と非行のない少年）

経験的知見の要約

非行の原因

　私たちは，公式と非公式双方の非行に対して最も強く一貫した影響を与えるのは，家族，学校，仲間という社会的プロセスであることを見出した。親の監督レベルの低さ，一貫性がなく脅迫的で厳しいしつけ，親への愛着の弱さは，強力かつ直接的に非行と関係していた。それに加え，学校への愛着は，家族プロセスとは独立して強い非行抑制効果を有していた。さらに，非行仲間への愛着は，家族や学校プロセスとは独立して強い非行促進効果を有していた。仲間の影響に関するこうした知見があるにもかかわらず，非行のあるきょうだいと仲間への愛着に関してさらに分析すると，家族と学校のプロセスが因果連鎖の

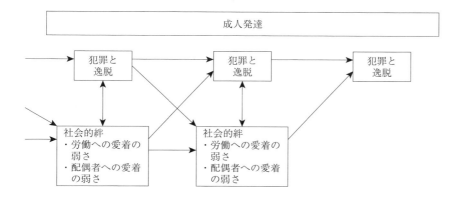

中で最も重要な要素であることが明らかになった[2]。

　それと同時に，構造的背景要因は，非行に対する直接的影響をほとんど有しないものの，その代わりにインフォーマルな社会統制を介して非行への影響を与えていた。さらに，初期の反社会的傾向（たとえば，暴力的な気質）を示すような扱いにくい子どもは，非行から足を洗えないところまで来ていると自認するが，思春期の非行のばらつきの大部分を説明するのはインフォーマルな社会統制プロセスである。

　全体として，この結果は構造とプロセス双方の重要性を認識する私たちの統合された社会統制理論を支持するものである。家族または学校を通じて，若者を社会と結びつけている絆が弱まると，非行の確率が高まる。貧困や家族崩壊のような負の構造要因も非行に影響するが，それはおもに家族や学校プロセスの変数を通じてである。

ライフコースにわたる犯罪行動の持続と変化

　グリュック夫妻の調査研究において，非行少年だった者と非行をしていなかった者たちは，年齢，IQ，近隣の社会経済的地位，民族性とは関係なく，成人期に至るまで同種および異種両方における行動の一貫性を示していた。実際，幼少期の非行や他の形態の反社会的行動は，人生のさまざまな領域にわたる成人の問題行動（たとえば，犯罪，軍事犯罪，経済的依存，婚姻生活の不和）と強く関連していた。

　しかしながら，成人発達とインフォーマルな社会統制に関する社会学理論と合致するように，成人期の仕事の安定性と夫婦間の愛着が成人の犯罪行動の変化に大きく関連していた。つまり，成人期の仕事や家族への結びつきが強いほど，非行群と統制群の双方で犯罪と逸脱が少なかった。私たちは，夫婦間の強い愛着は，配偶者の逸脱行動と関係なく対象者の犯罪や逸脱を抑制し，仕事の不安定さが大量飲酒と関係なく犯罪を促進することも見出した。さらに，雇用に対する社会的絆は，国家による制裁に直接的に影響されていた。要するに，少年期と成人期における施設収容には，その後の仕事の安定性に対する負の効果があるため，それによってライフコースにわたって継続的に犯罪に関わり続けることに結びついてしまうのである。施設収容によるその後の犯罪性向への直接的影響はほとんどなかったが，間接的な「犯罪誘発」効果は相当に重要だと思われる。

　成人期の仕事や家族との社会的絆は，幼少期の経験の差異に関わりなく，非行群500人と統制群500人の人生の軌跡に同じ結果をもたらした。実際に，インフォーマルな社会統制の推定値は，2つの集団でほぼ同一であり，少年期の非行のばらつきを統制すると，初期の個人間の差異を捉える構成概念の予測力はほとんどなかった。これらの結果は，犯罪傾向の持続的に観測されない異種性を明らかにする方法を含む多様な結果指標，制御変数（たとえば，幼少期の反社会的行動や個人間の差異を捉える構成要素），分析技術でも同様であった。

　私たちの戦略には，個人の生活史を文脈の中で描き出すという新しい方法も含んでいた。すなわち，量的分析における発見は，グリュック夫妻によって作成されたケースファイルから抽出された質的データによる徹底的な調査を通して体系的に検討された。生活史に関する分散した情報源を統合した質的分析によって，ライフコースにわたる行動の持続と変化の両方が存在し，その変化が

成人期の仕事と家族関係の制度と体系的に関連しているという私たちの理論モデルの中心的な見解が支持された。具体的には，グリュック夫妻の事例ファイルから発見された叙述資料の分析を通じて，仕事の不安定さと夫婦間の愛着の弱さが，犯罪行動や逸脱行動の可能性を高めることを発見した。反対に，ケース記録からは，仕事の高い安定性や配偶者への愛着が犯罪や逸脱行動に関与する可能性を減らすという見解が支持された。

　全体として，私たちの質的および量的な発見は，成人期の移行に埋め込まれた社会的結びつき（たとえば，夫婦間の愛着や仕事の安定性）が，幼少期の傾向によっては説明困難な犯罪行動の差異を説明することを示している。この経験的な規則性は，ライフコースにおける継続性と変化の双方に着目することの正しさを示している（Rutter et al., 1990 も参照）。

限　界

　もちろん，私たちの質的データ分析には，私たちの理論モデルを複雑にする論点が生じている。つまり，一部の対象者においては，飲酒の頻度が高ければ高いほど，夫婦間の愛着や仕事の安定性が徐々に失われていく傾向があるということである。さらに，犯罪それ自体が仕事の安定性や夫婦間の愛着を低下させ，それによってさらなる犯罪が引き起こされるという相互的な因果的順序が観察される対象者もいた。このような知見と合致するように，ヴァイラントのアルコール依存症に関する広範な研究は，アルコール依存症者が破綻した結婚生活を生み出すことの方が，破綻した結婚生活がアルコール依存症者を生み出すよりもはるかに多いことを明らかにした（Vaillant, 1983: 97）。さらに，ヴァイラント（Vaillant, 1983: 6）は，非行集団に関する先行研究が，「**発症前の反社会的行動は，その後の**アルコール乱用と関連している」ことを見出していたと指摘している（Robins, 1966; McCord and McCord, 1960; Glueck and Glueck, 1968 も参照）。

　残念ながら，グリュック夫妻のデータの性質上，飲酒，社会的絆および犯罪の相互関係の決定的な分析は困難である。ヴァイラント（Vaillant, 1983）が指摘するように，グリュック夫妻の調査研究では反社会的な子どもが多すぎるため，アルコール依存症と反社会的行動の先行要因を切り分けることは困難である。しかし，ヴァイラント（Vaillant, 1983: 191）は，私たちのインフォーマルな社会統制の枠組みへの支持を示唆するかのように，アルコール依存症者のうち，

失うもの（たとえば，仕事，配偶者，友人）が最も多い者が，最良の回復の機会を得るのだと主張している。仕事や婚姻関係への社会的結びつきがあるか他の親密な人間関係があるアルコール依存症者は，社会的支援を受ける基盤を有しており，継続的な監督と見守りの下にある。さらに，詳細な計量分析に基づき，私たちは，飲酒は婚姻生活の破綻や仕事の不安定さを助長するが，このような関係は，その2つの要因が犯罪を促進する際に果たす役割を説明するものではないことを見出した。また，射程は限られるが，同時方程式モデルの分析では，犯罪自体の相互作用を統制した場合でも，成人犯罪に対する成人の社会的絆の同時効果が残存することが明らかになった。[3] したがって，社会的結合と飲酒との複雑な相互作用の性質については，たしかに学ぶべきことが多くあるものの（Thornberry, 1987 も参照），私たちの理論モデルの本質的要素は揺らがないように思われる。

インフォーマルな社会統制とライフコース理論に関する調査研究の将来の方向性

人生の移行に関する縦断的データの必要性

ライフコースにわたる犯罪や非行に関する知識を深めるには，ライフコースの主要な移行を測定できるデータを新たに導入する必要がある。とくに，幼少期から思春期と思春期後半から成人期への移行についてさらに知見を得る必要がある。私たちの理論モデルとデータは，家族と学校における社会統制プロセスを強調するものとなっているが，私たちの分析において，非行に対する仲間の強い影響を無視することはできず，私たちは仲間の影響が果たす役割をより慎重に検討する必要性を認識している（Akers, 1985, 1989; Elliott et al., 1985 も参照）。子どもの思春期への移行に伴う友人関係の変化とともに，家族から学校への移行は，犯罪学者にとって有望な研究分野であると思われる。とくに重要なのは，仲間への愛着が構造的背景要因によってどのように影響されるのか，また，仲間の影響が家庭や学校において形成されたインフォーマルな社会的絆を無効化しうるのかについての知見を得ることであろう。同様に，思春期から成人期への移行についてより深い知見を得ることは，成人期における社会的結びつきの発展を理解するうえできわめて重要である。たとえば，何が成人期における夫

婦間の強い愛着を予測するのだろうか？　どのようにして思春期の人間関係が成人期の夫婦関係に影響を与えるのだろうか？　同様に，どのようにして不利な立場にある若者が仕事の安定と仕事への強い意欲を獲得するのだろうか？家族や仕事との強い絆を決定づけるにあたって構造的要因はどのような役割を果たすのだろうか？　兵役は，問題を抱えた不利な立場にある若者が貧困から抜け出すための手段となりうるのだろうか？

　私たちの知見がさらに示唆するのは，ライフコースにわたって起こる重要なライフイベントの中で起きる変化のタイミングと順序をより適切に測定することの必要性である。人生の移行のタイミング，期間および順序の量的測定には，イベント・ヒストリー分析（Featherman and Lerner, 1985 を参照），成長曲線軌跡（Rogosa et al., 1982），変化の評価に関する階層モデル（Bryk and Raudenbush, 1987），キャリア系列データにおける類似性検出のための近年の手法（Abbott and Hrycak, 1990）を実際に適用できるようになるという利点もある。とくに犯罪学における縦断的研究は，個人の行動の一貫性よりも，経時的な個人差の一貫性にもっぱら焦点をあててきた。しかし，ロゴサ（Rogosa, 1988: 172）が議論しているように，成長と発達に関する研究課題は，「ある属性の時間的な系統的変化に重点をおいており」，したがって，個人の成長曲線は縦断的データをモデル化するための本質的基礎である。

　これと同様に，カスピとベム（Caspi and Bem, 1990: 569）は，文献で**変化**という用語が登場するとき，それはしばしば継続性の欠如を意味するのだと主張している。カスピとベムは，たんなる継続性の欠如ではなく，「系統的」変化を説明するための理論とデータの発展を求めている。犯罪や逸脱における発達の軌跡を説明することは，人生の移行によって促進される真の系統的変化と継続性の欠如を区別するのに役立つだろう。成長曲線と系統的変化への注目は，犯罪学が個人間の差異に関する分析を優先して個人内の変化の研究を怠ってきたというファリントン（Farrington, 1988）の議論に対応するものである。

　要するに，持続と変化に関する個人の軌跡について適切な推論を行うためは，ライフコースの移行に関する縦断的データが必要である（Rutter, 1988; Rogosa, 1988）。しかしながら，ライフコースに関する調査を補助するようなさまざまな歴史的・マクロレベルの文脈における素晴らしいデータ・アーカイブがあるため（たとえば，Elder, 1974; Caspi et al., 1987; McCord, 1979; Vaillant, 1983; Featherman et al., 1984 を参照), 縦断的研究は必ずしも多額の資金を必要とするものではないことは強調しておきたい (とくに Gottfredson and Hirschi, 1987 を参照)。

量的データと質的データの統合

ライフコースに関する研究課題では, 量的データと質的データの両方を含むデータを収集することが求められる。グリュック夫妻による調査の長所は, 変数と人物両方に関する量的データと質的データがいずれも収集されていたことである (Magnusson and Bergman, 1990; Cairns, 1986)。体系的な自由回答式の質問や物語形式の生活史からなる質的データは, 犯罪や逸脱行動の持続と変化の背後にある社会的プロセスを明らかにするうえできわめて重要である。これらのデータは, とくに本書のように量的分析を事例選択の指針として用いる場合, 量的分析から得られた結果を確認するのに役立つ。

質的なデータは, 将来の研究において重要な領域を見出すのにとくに有用である。私たちの分析からは, 次のような領域が今後注目に値するものとなるだろう。すなわち, 家庭内暴力が家族, 仕事, 近隣の社会的結びつきの形成に及ぼす影響, 物質乱用 (とくに過度の飲酒) やそれと家族・仕事での社会的絆との間の相互関係, 不利な立場におかれた子どもや若者の貧困からの脱出 (たとえば, 雇用機会, 結婚の選択, 地域支援ネットワーク), 思春期や成人期の収容経験 (たとえば, 刑務所や軍隊) とそれによるその後の発達への影響などの領域である。また, 犯罪のパターンを理解するうえで, 行動の移行とは別に, ライフコースにわたる主観的な移行を同定する必要がある (Gartner and Piliavin, 1988: 302)。この点については, 社会的移行 (結婚や正規雇用など) はおそらくすべての人にとって同じ意味をもつわけではないため, 質的データがとくに有用であろう (Rutter, 1989: 20)。

年齢と犯罪に関するさらなる理解へ

年齢と犯罪に関する先行研究のおもな限界は, 法律で定義された犯罪カテゴリーに焦点を絞ったことである。私たちが実証してきたように, 発達研究における不可欠な要素の1つは, 反社会的行動の異種継続性である。したがって, 適法・違法にかかわらず犯罪研究に関連する幅広い行動を測定する必要がある。この戦略により, 活動が行われる実際の領域に関係なく, 年齢とともに反社会

的行動が減少しない個人が存在するかという問題に取り組むことができる（たとえば，成人の欠勤は，子どもの頃の不登校と理論的に同等であると概念化できるかもしれない）。調査にふさわしいその他の生活領域としては，転職の多さ，教育到達度，貧困，身体的健康，精神的健康，さらにはホームレスなどが挙げられる。より一般化すれば，私たちは，幼少期の非行が成人発達にも重要な犯罪以外の幅広い帰結に及ぼす影響を調査するために，研究対象とする概念を拡張する必要がある。

　これと同様の限界は，年齢犯罪曲線の説明のほとんどが公的な犯罪統計に基づいてきたということにもある。たとえば，年齢とともに犯罪が減少するかについて調査する場合，とくにホワイトカラー犯罪のような類型的に公式統計に計上されにくい犯罪について，成人が他の犯罪よりもそれに偏って関与しているかどうかは不明である（Braithwaite, 1989: 46 を参照）。加齢とともに街頭犯罪が減少する代わりに，ホワイトカラー犯罪やその他の反社会的だが「隠れた」行動（家庭内暴力，アルコール乱用）が増えるということは容易に想像できる（Moffitt, 1991 も参照）。このような懸念は，（仕事や家庭のような）加齢に伴う移行が犯罪機会と公的な社会統制機関による摘発やラベリングの可能性の差異の両方をいかにして生み出すのかを調査することによって，ライフコース理論の枠組みを用いて年齢と犯罪とを結びつける必要性を強調するものである。

　犯罪に対する社会的反応も，年齢に応じて変化する可能性がある（Gartner and Piliavin, 1988: 302; Shover, 1985; Shover and Thompson, 1992）。たとえば，ショーヴァー（Shover, 1985）は，加齢が犯罪歴のスティグマと相互作用することを報告している。すなわち，彼のサンプルの中で，人生の後半になって犯罪から離脱した者については，当初のスティグマの影響が減っていた一方，そうでない者は，加齢のプロセスが当初のスティグマの影響を増幅させていた。したがって，研究においては，ラベリング（とくに刑事司法制度による公式のラベリング）が，どのようにして犯罪的および非犯罪的な結果に関連するライフコースの発達に影響するかを検討する必要がある。

　最後に，これらすべての戦略を実行するうえで，年齢の意味をよりよく「解き明かす」研究が必要である。ラター（Rutter, 1989）は，年齢による行動の変化を理解するためには，暦年齢をその構成要素に分解する必要があると主張している。この分離がなければ，「年齢は意味をもたない」（Rutter, 1989: 3）。ラタ

ーによれば，発達の観点からは，年齢は少なくとも認知レベル，生物学的成熟度，経験年数，経験の種類という4つの構成要素を反映している。これらの要素やその他の年齢の構成要素（たとえば，生物学的年齢と暦年齢）を分離することによって，年齢が犯罪に及ぼす直接的・間接的影響をめぐる対立を解決するのに役立つだろう。

犯罪と犯罪対策の公共の議論

　二次データ分析を行う研究者は，そのデータが「古く」，重要な現代的課題，とくに政策に関する課題に取り組むにはもはや役に立たないという批判に直面することが多い。グリュック夫妻の研究では，対象者（白人男性）は1930年代から1940年代前半に育ち，1940年代後半から1950年代前半に成人したため，その批判は，グリュック夫妻のデータを使用する私たちにとくによくあてはまった。グリュック夫妻による調査が行われた社会的・歴史的状況においては，「クラック」コカインのような薬物はまだ知られておらず，暴力犯罪，とくに銃の使用は今日の状況よりもはるかに低いレベルだった。したがって，アルコールが，他の薬物の使用がほとんどないことと相まって乱用薬物としての役割を果たしていたという状況は，その時代特有の効果であったと思われる。さらに，犯罪に対する少年司法制度や刑事司法制度の対応も，当時のものは現在と大きく異なっていたように思われる。そこで次のような疑問が湧いてくる。今日において，これらのデータはどのようにして実践的な実用性をもちうるのであろうか。

　私たちは，これらのデータが，まさに「古い」ために，少年非行や成人犯罪の原因が特定の時代に特有のものであるかどうかを評価するまたとない機会になると主張する。このため，グリュック夫妻によって収集されたさまざまな指標は，社会科学調査において二度と再現されない可能性が高いので，私たちは，グリュック夫妻のデータの「古さ」は弱みではなく，強みになると考えている。たとえば，1930年から1960年のデータに注目することで，現在の犯罪パターンの理解に関連するいくつかの興味深い疑問が浮かんでくる。犯罪に関連する危険因子は，異なる構造的背景においても同様なのだろうか？　今日の「アンダークラス」の特徴（たとえば，慢性的な失業，家族の崩壊，貧困，犯罪行為）は，

実際に過去の移民・民族集団にも見出せるのであろうか。

　私たちの分析によれば，グリュック夫妻が生きていた時代の犯罪は，その構造的な起源と根本的な性質という点において今日の犯罪とそれほど大きな違いはなかったと考えられる。グリュック夫妻の非行少年のサンプルの男性たちは，持続的に重大犯罪を行った者であったが，その全員が大都市の中心部において構造的に不利な立場におかれていた白人であったことを考えてほしい。さらに，コカインやヘロインといった薬物が普及していないにもかかわらず，犯罪やアルコール乱用が蔓延し，（とくに家族間の）暴力が日常であった（第9章を参照）。サンプルメンバーが全員白人であるという事実は，人種，犯罪，アンダークラスに関する現在の関心について，重要な比較論証となる（Kotlowitz, 1991を参照）。つまり，私たちは，今日の経済的定義ではその大部分が「アンダークラス」であるサンプルを分析しているが，そこでは人種は説明要因になっていないのである（Jencks, 1992を参照）。この事実は，それ自体，今日まで発展してきた犯罪に関する著名な概念の一部を弱体化させるものである。

　このように，グリュック夫妻のデータに基づく私たちの発見は，とくに人種を特定しない文脈において，現代の研究を眺める窓となり，犯罪と犯罪対策に関する対話を開始するきっかけともなる。ルマンは，アメリカ合衆国のさまざまな人種・民族集団において続く貧困について論じるなかで，「黒人ではなくプエルトリコ系住民の貧困の説明を追い求めることによって，ほとんどの専門家が人種に関する問題ではないと合意しているものを，真に人種から切り離して理解することが可能となるだろう」（Lemann, 1991: 97）と主張する。同様に，グリュック夫妻のデータは「非人種的」なものであるため，脱政治的な文脈で犯罪について議論することを可能にしてくれるものと期待している。この点で，私たちは，ライフコース全般にわたる犯罪の原因は，人種や薬物，ギャング，銃器のような今日の政策が飛びついているものにあるのではなく，構造的な不利，家族・学校・職場とのインフォーマルな社会的絆の弱体化，そして，個人と社会関係資本を提供する制度との間の社会関係の崩壊に根ざしていると考えている。

　本書のライフコースの視点は，具体的な犯罪対策に対する示唆も与えている。現在の犯罪統制政策の主眼は，薬物であれ暴力であれ，年齢に関係なく犯罪者を収容することである。前科のある犯罪者に対しては，さらに長期間の収容が

求められる。最終的には，国家による究極の制裁である死刑が用意され，ますますそれが用いられるようになっている。このような政策は，個人の抑止または無力化がさらなる暴力を減少させることを前提としている。しかし，服役や死刑の割合がかつてないほど高いにもかかわらず，最近，わが国の多くの都市で暴力の割合が増加している（Hinds, 1990; James, 1991; Koop and Lundberg, 1992）。どのようにしてこのようなことが起こるのだろうか？

1つの明確な可能性は，現在の政策が意図しない犯罪誘発効果をもたらしているというものである。私たちの視点では，服役は，将来の雇用や仕事の安定性の見込みに対して強力な負の効果を及ぼす可能性がある。そして，低収入，無職，不完全な雇用は，それ自体が家族崩壊のリスクを高めることにつながる（Wilson, 1987; Sampson, 1987）。服役は，男性の雇用に対する負の効果を通じて，間接的に家族の崩壊をもたらし，将来の犯罪や暴力の発生率の上昇を導くだろう（Sampson, 1987）。若い黒人男性の服役率がきわめて高いこと（Mauer, 1990を参照）は，この脚本がかなり現実的なものであることを示している。

グリュック夫妻のデータの再分析において，私たちは，犯罪や逸脱行動に対する服役の長期的な発達上の効果がどのように生じるかを示した。思春期と成人期の両方とも収容期間が長いと仕事の安定性に悪影響を及ぼし，その結果，その後の犯罪や逸脱につながる。それと同時に，私たちの分析は，個人内の変化は可能であり，したがって，収容されていた期間の**後に**，個人が家族，学校，仕事などの制度に再びつながる機会をもつことが決定的に重要であることを示した（Cook, 1975; Braithwaite, 1989も参照）。おそらく，この分析において最も悩ましい点は，長期間の収容の影響が構造的なラベリングとして現れた場合，その影響は非常に深刻になると思われることである（グリュック夫妻の研究対象となった男性の多くは，たんに，犯罪から離脱する可能性を最も高める手段から切り離されただけだった）。

私たちの視点は，現在では主流ではないかもしれないが，犯罪の構造的背景を無視したり，家族，学校，職場のようなインフォーマルな社会統制や社会関係資本を提供する社会の基本制度を軽視したりするような事後的なアプローチではなく，**予防**に焦点をあてた社会政策をあらためて検討する時期に来ていると考えている。私たちは，あらゆる場合に服役が不要または相応しくない，さらには犯罪抑止効果がない，といっているのではない。むしろ，刑事司法制度

による公的な社会統制以上のものを犯罪政策の基礎とする時期に来ていると述べているのである。つまり，犯罪政策，雇用，家族の凝集性，都市中心部の貧困地域コミュニティの社会組織との関連性を意識したより複雑で長期的な視点をもつべきときなのである。このような複雑な犯罪政策は，簡単には具体的なプログラムの取り組みに反映されないだろうが，現在の犯罪政策のコストはかなり高く，その影響はその後長期にわたって続くだろう。この本を書いている間にも，思春期や成人の世代の犯罪者が収容され，社会から永久に切り離される危険にさらされている。これらの犯罪者は，「危険な犯罪者階級」(Brace, 1872; Hagan and Palloni, 1990) という構造的な役割に追いやられ，将来のライフコースはじつに暗いものとなることが約束されている。私たちは，このような悲惨で費用のかかる犯罪対策の知恵と基盤を疑問視している。

結　論

　私たちは，本書でのいずれの実証的な知見も，技術的にはグリュック夫妻の研究デザインとその研究から私たちが採用した指標の特殊性によって限定されていると認識している。しかしながら，私たちの発見が，グリュック夫妻の知見のように過去の遺物や的外れなものとして退けられることはないだろうと考えている (本書第2章，Laub and Sampson, 1991 を参照)。このことは，非行や成人犯罪の原因に関する私たちの知見のうち，より「現代的」なデータを用いた他の実証研究によって裏づけられた範囲ではとくに妥当するように思われる。実際，家族と非行，犯罪キャリア，縦断的データの重要性といった重要な問題についてのグリュック夫妻の調査は，一般に言われている以上に正しかったことが判明し，実際に犯罪研究における現代の議論の舞台を設定した。したがって，私たちは，本書が，とくにデータ収集と研究デザインに関して，グリュック夫妻の犯罪学への基礎的な貢献を再評価するのに役立つことを期待している。
　最も重要なのは，私たちによるグリュック夫妻のデータの分析が，より強力な試みを支えることになるということだろう。つまり，ライフコースにわたる犯罪と逸脱に関する首尾一貫した理論展開が，1940年代だけでなく1990年代以降にも可能なのである。この意味で，本書の目的は，犯罪学の理論と研究，そして犯罪対策に関する公共的対話の焦点を拡張することであった。その最終

的な成果は，個人が年齢を重ねるにつれて主要な社会制度との相互作用を通じて変化しうることを踏まえ，幼少期の人格形成期をも視野に入れた犯罪とインフォーマルな社会統制の理論モデルである。ライフコースにおける経路と転機の両方の重要性に再び目を向けることで，犯罪の生成における持続と変化に関して従来分岐していた概念を統合する可能性のある新しい研究課題が開かれた。したがって，私たちは，今後の取り組みが人間の発達経路における犯罪，逸脱，社会統制の謎を解明し続けてくれるだろうと期待している。

付　録

グリュック夫妻の当時の研究における調査員へのインタビュー

マリー・モランとシエラ・マーフリーへのインタビュー調査より

　より大きなプロジェクトの一環として，私たちはグリュック夫妻の調査チームから当初の参加者の所在を突き止め，インタビュー調査を試みた。そのチームの 3 名のメンバーに対して詳細なオーラルヒストリー・インタビューを行うことができた。その 3 名とは，グリュック夫妻の秘書を 30 年務めたシエラ・マーフリー，事例調査員のマリー・モラン，コンピューター・プログラマーで統計学者のリチャード・ラブリーである。私たちの関心は広い範囲に及んでいたが，以下で紹介する編集されたインタビューは『少年非行の解明』における研究方法とそのデータの全体的な質に焦点をあてたものである。

　最初の抜粋は，マリー・モラン（MM）とシエラ・マーフリー（SM）というグリュック夫妻の研究スタッフの 2 名へのグループ・インタビューからである。マリー・モランは『解明』プロジェクトの事例調査員として 25 年間（1942 年から 1967 年）勤務していた。シエラ・マーフリーはシェルドンとエレノア・グリュックの両者の秘書として 30 年近く勤務していた。このインタビューはジョン・ラウブ（JL）によって，ラドクリフ大学マレー研究センターにおいて，1987 年 11 月 20 日に行われた。

JL：モランさん，あなたは『解明』プロジェクトにおいて実際に何をされたのでしょうか。資料にはあなたの肩書きは「調査員」と記載されていました。その意味がいまいちわからなくて。

MM：私も何を意味するのかはわかりませんが，私の場合は，多くの人の生活の調査を意味していました。私の仕事は社会福祉のデータベースを通じて対象者の家族（当初，1000世帯以上）が調査された後に始まりました。それらの回答から，私たちは家族構成員の名前とそれを把握している機関を知りました。当時1942年でしたが，アヴァ・バローズさんが非行をしていない少年に関する仕事を管理し，ミルドレッド・カニンガムさんが非行少年を担当しました。バローズさんが退職した後，カニンガムさんが両方のグループを担当していました。私は各機関に出向き，欲しい記録を要求し，そして読んだ内容をメモにとりました。私が探していたのは，家族の心身の健康情報，彼らの教育，雇用，家族の生活習慣，誰が子どもをしつけているのか，警察記録などに関する情報でした。また，家の建物自体（大きさや状態など）や家族内の関係性についても関心がありました。

　これらのオフィスはダウンタウン地区にあったり，それ以外の地区にあったりと点在していました。オフィスの担当者はいつも親切でしたよ。これはありがたかったですね。そのおかげで仕事がやりやすかったです。結局のところ，私は邪魔ばかりしていました。記録がどこにあるかを探したり，自分が仕事をできる机を探したりして，機関の職員の仕事を止めてしまっていたからです。これらの記録がすべてボストンのオフィスにあったわけではありません。ニュートン，ウォータータウン，ケンブリッジ，サマービル，マルデン，チェルシーに行ったことを覚えています。いくつかの記録は時が経ったためにマイクロフィルムに保存されていましたが，それを読むのは大変でした。

　事例記録から情報を得る傍ら，州議会議事堂内の小さくせわしないオフィスにある人口動態統計局で長い時間をすごしました。そこではすでに入手しているデータの裏づけを行うために出生，死亡，そして結婚について調べました。また矛盾していると思われるものを整理したり，時々新しい情報を得たりしました。

JL：家族について収集された大量の情報があったのですね。

MM：いまでは記録は非公開になっていますし，社会福祉のデータベースも利用できなくなっていますから，いまこのようなプロジェクトを行うことはできないでしょうね。この厳しい時代に社会福祉機関が彼らの記録を提供してくれないでしょうし，学校でも1940年代に『解明』のスタッフがさせてもらっていたような学校での検証が許可されるのかどうかは疑問ですね。

JL：追跡調査でもこのような記録確認をしたのですか？

MM：自分が行っている調査が追跡調査なのかそうでないものなのかは，まったくわかっていませんでした。

JL：エレノア・グリュックは家庭訪問もしくは記録確認を行いましたか？

SM：いやいや，とんでもない。ジョージ・マクグラスがその中心でしたよ。ジョージが学校に入る許可を得たんです。それができたのはジョージ・マクグラスだけでした。グリュック夫妻は顔を見せませんでした。もし彼らがボストン学校委員会に行ったら，命とりだったでしょうね。絶対に。彼らはハーバードでさえも可能な限り見下そうとしました。すべてジョージ・マクグラスのおかげでした。彼は誰とでも話ができました。彼は説得力があり，共感力もありました。

JL：つまり，ジョージ・マクグラスのおかげで『解明』研究があったのですね？

SM：もちろんです。彼がいなければ，彼らは体格の調査は絶対にできなかったでしょうし，選抜徴兵局の協力も得られなかったでしょう。ジョージはそれに対する大きな責任を負っていましたが，エレノアが行ったようにはプロジェクトを調整できなかっただろうと思います。

JL：エレノアはその研究のおもな設計者だったのですか？

SM：彼女は組織運営に長けていて，根気強かったです。彼女は献身的であり，彼女の人生のすべてをこの仕事に捧げました。個人的なことですが，夫妻の人生はこのプロジェクトに捧げられました。とくにエレノアはそうでしたが，シェルドンも同じでした。彼らの人生において他のことはすべて脇に押しやられていました。

JL：モランさん，一部の研究者から『解明』のために収集されたデータの質に関して懸念が挙げられていました。もともとのデータを収集した1人と

して，そのデータについてどうお感じでしょうか。よいデータでしょうか。

MM：まあ，もちろん，伝聞のものもあるし，誰かの報告書から得た情報もありましたからね。

JL：そのような報告書を点検する試みはなかったのですか？

MM：ある機関のソーシャルワーカーが誰かと面接すると，その報告書に書かれていることに頼るしかないですよね。もちろん，それはその方々の意見です。ただ彼らは専門家であり，できる限り状況を把握したと推し量るべきでしょう。そして，その情報は私たちの家庭訪問調査で収集された情報と照合されました。また，これらの家族は公共福祉機関，ファミリー・ソサエティ〔訳注：慈善団体の1つ〕，ベイカー判事財団など1つ以上の機関に把握されていました。情報源はさまざまあり，それらを見極めて真実を見出しました。カニンガムさんは情報の照合をかなり念入りに行っていました。

SM：コーディングのすべてはエレノア・グリュックによって行われました。彼女が評価したのです。全員が事例を処理し，すべての照合を終えると，彼女がそれにコードを振りました。

JL：あなたたちが見た記録の完成度はどれほどのものでしたか？

MM：そうですね，ある意味では完璧でした。もしソーシャルワーカーが近況の面接をしていなければ，私が頼りにしていた情報は最新のものではなかったかもしれません。その一方で，ある機関に行ったときに，彼らから記録はないと言われました。「〇〇がもっています，数日のうちにそのファイルは戻ると思います」と。私がまた訪問した際に，最新の情報になっていました。私が思うにその機関は全体的にきちんと仕事をしてくれていましたね。

SM：グリュック夫妻の情報収集の方法論について考えてみると，全体的にはかなりうまくいっていたと思います。個別の事例では問題があるでしょうが，全体的にはかなりよかったです。情報源がたくさんあったことは強調しておきます。

リチャード・ラブリーへのインタビュー調査より

　次の抜粋は，1960年代のグリュック夫妻の調査スタッフであり，コンピューター・プログラマーで，統計学者のリチャード・ラブリーへのインタビュー調査からである。ラブリーは8年近くグリュック夫妻と働き，グリュック夫妻のデータを使用して2つの統計分析を発表している（LaBrie, 1970a および 1970b を参照）。

JL：グリュック夫妻による調査プロジェクトだった『少年非行の解明』でのあなたの仕事について教えていただけますでしょうか。たとえば，どのような作業をしていたのですか？

RL：私はハーバード統計研究所にいました。そこはハーバード大学がコンピューターを入手した際にハーバード・コンピューター・センターになったところです。その当時，私たちが使用していたマシンは IBM 704 という最初の商用コンピューターとして宣伝されていました。グリュック夫妻は，多重パンチカードに記録されたデータ一式をもっていました。またグリュック夫妻の研究チームは単純なカード仕分け機を使っていましたが，それによって実質的にできることは情報を取り出して，数え上げることでした。コンピューターが導入される直前には，事務用機器の技術が可能な限り高くなっていたので，仕分け機もかなり高度になっていました。そのため，仕分け機は一度に複数の列を数えることができ，1回通すだけでカードのすべてのパンチを数えることなどができました。しかしながら，グリュック夫妻の研究チームは，とくにデータの管理という点で仕分け機に限界があることに気づきました。それというのも，読み取るためには毎回カードを挿入しなければならず，カードが詰まったり，もしくは紛失したりすることがつねにありましたから。そこで彼らが最初に必要としたのが，多重パンチされたカードを単一の変数に変換するデータ処理でした。研究チームは統計研究所に助けを求めにきました。ちょうどそのときに私はコンサルタントとして独立するために統計研究所を辞めようとしていたので，私がコンサルタントとして雇われることになりました。

私たちが最初に行ったことの1つは，グリュック夫妻の基礎的なデータすべてを「はい／いいえ」カテゴリーに再コード化することでした。この仕事では，おもにデータ整形を担当していたローズ・ケネズネックと仕事をしました。彼女は数年間断続的にグリュック夫妻の研究チームで働いていました。グリュック夫妻の質問の多くには5つか6つの回答があって，それらは後に「非行と関係しているのか，していないのか」というような「はい／いいえ」のカテゴリーに再コード化されました。この判断は，たとえば『家庭環境と非行』(1962)のような既刊の出版物に基づいて行われました。そのため，各項目を確認していくにあたり，時々単一の項目（はい／いいえ）を作成し，場合によってはいくつかの項目を設けたりしていました。それらをすべて二値変数に変換したのには正当な理由がありました。もともとの指標の多くはやや入り組んでいて，それらは必ずしも線型ではありませんでした。「お父さんは家にいますか？」という項目には，「はい」「いいえ」「週末だけいる」「たまにいる」「誰のお父さんなのかわからないが，お父さんらしき人がいる」など，5つか6つも回答がありました。これらはすべて1つの項目としてコード化されましたが，とくに線型性はありません。そのため，その再コード化は最初のプロジェクトになりました。変数を以前の形式から解放し，当時の最新のコンピューターで処理するために適した新しい形式を創りました。

JL：あなたの予測に関する取り組みはどのように始められたのでしょうか？

RL：予測方法一般への批判だけでなく，グリュック夫妻自身やこれらの研究方法に対して批判的な文献が出始めていました。ある日の午後に，シェルドン，エレノア，そして私はこの状況を話し合うために集まりました。私は，彼らに対し，それは研究者の経験則に拠らずに用いられる多変量解析という技術があることを提案しました。当時，私はその技術を学んでいました。それにより，データから効果的に結論を導き出せるようになり，たとえば予測表を作成することができました。数学的に生成されたモデルと彼らが生成したモデルとの適合性，比較可能性，類似性を見てみるには興味深いものだと思いましたから。ただ，数学的モデルがまったく異なる変数セットを導き出してしまうことがリスクでした。一方で，もし一致すれば，グリュック夫妻がモデルを導き出した方法が，悪くはないけどそれ

ほど洗練もされていない彼らの手法と独立して，確認できることが利点でした。グリュック夫妻はおもに，家族環境，知能などの特性，幼少期の経験，幼少期の学校経験など，いくつかの領域からそれぞれ測定していました。彼らは指標のカテゴリーをもち，その予測表は一般的にこれらのカテゴリーからサンプルをとり，次に相対度数に基づいて各カテゴリーを効果的に重みづけしようとしました。この重みづけは，コンピューターの助けを借りて数学的に行う場合でも，もしくはデータを熟知して行う場合でも一般的な進め方です。そのいずれでもおそらく大きな違いはないでしょう。「統計学はすでに知っていることを証明するだけ！」という古い言葉があるとおりです。

　私はグリュック夫妻に統計は魔法でないと納得させ，グリュック夫妻はこのリスクをとる価値があると考えるぐらいに十分にデータをよく理解していました。それから私は，統計を使った予測を入念に行えるよう彼らに協力を申し出ました。私は彼らのバイアスやお気に入りの変数を遠ざけて，独自の研究を行い，予測式がグリュック夫妻の予測表にどれだけ近いかを確認しました。そして，私たちはこれを効果的に公表して，そしてできれば批判者を抑えようとしました。グリュック夫妻はこれを名案だと考えました。そして，私はモントリオールで開催された国際犯罪学会議で発表した論文「グリュック夫妻の予測表の検討」("The Validation of the Glueck Prediction Table")につながる研究を始めました。なお，この論文は『刑法・犯罪学・警察学雑誌』(*Journal of Criminal Law, Criminology, and Police Science*)（1970年）にも掲載されました。その検証は論文の見かけほど単純なものではなかったです。私には自由に動くことが許され，必要な資源は何でも使うようにと言われていましたが，つねにうまくいったわけではありません。しかし，大事だったのは，検証が支持的になるように備えて，グリュック夫妻は私にできる限りの注意を払って検証を行うことを望んでいたことでした。

　最終的に判別関数分析を終えたところ，驚いたことに，グリュック夫妻が使用した予測式と重みづけの方法は，現代のコンピューターが選択した同様のシステムと重みづけの方法とほとんど違いがなかったのです。グリュック夫妻は大喜びで，私も同じくとても喜びました。というのも，これ

は私自身のバイアスの検証だと思っていたからです。適切に行うことができれば，ある意味では統計学は必要ではないということです。同様に統計学者が適切に行い，また十分な資源が与えられれば，データに関する深い知識を模倣できます。つまり，これは双方向の検証なのです。

JL：グリュック夫妻の研究に対するおもな批判のいくつかには彼らの基礎的なデータに疑問を投げかけるものがあります。たとえば，データがごまかされているのではないか，彼ら自身のバイアスを強化するために何らかの方法で操作されたのではないかという疑問が挙げられています。

RL：まあ，あなたは実際の記録を見たでしょうし，私も実際の記録を見ましたが，これらの記録からコード化されたデータは明らかに正しいものです。形態学的なデータやロールシャッハのデータのように本当に突飛なデータもありましたが，それは実際にはあまり大きく影響しませんでした。私たちの二分法方式でのコーディングと同様，エレノアの解釈に対するシェルドンの影響は，物事をできるだけ明確にすることと，データをへたに操作しないようにすることでした。

　グリュック夫妻はごまかしを許しませんでした。シェルドンは最も誉れ高い人でした。彼がニュルンベルク裁判に呼ばれたのは，何よりも彼の正直さに対する評価があったからでしょう。データの操作や捏造は何の裏づけもない俗説だと思います。私が行った研究でもそれがはっきりと示されていると思います。私も同じように慎重に研究をしましたが，彼らと同じ答えを導き出しました。基本的なデータが捏造されているなら，その答えが導き出せるはずがありません！　彼らは多くの人の助けを得ました。2，3人がコーディングを行い，そしてコーディングをお互いに確認しました。彼らの誰一人として，データの捏造に加担することはないでしょう。彼らが行ったことの信頼性や正確性を感じられる状況があります。それは研究室からデータをもち出して，どこかで論文を書き，そして誰にもそれを知らせないのとは大きく違います。ここには25年から30年にわたり，これらのデータに関わってきた多くの人たちがいます。彼らがデータを捏造しようとしても，そうする機会はほとんどまたはまったくなかったでしょう。誰かが「それはおかしい」と言っただろうと思います。グリュック夫妻の基礎的なデータは健全なものです。

注

第1章

1. もちろん,「反社会的行動」という概念に問題がないわけではない。犯罪学の文化的逸脱理論家は,犯罪は集団内で学習される社会的行動であると主張する(とくにSutherland and Cressey, 1978を参照)。私たちがこの用語を使用するのは,社会で一般的に受け入れられている規範に反する破壊的行動を指す慣例に従っており(Robins, 1966; Kornhauser, 1978を参照),特定の原因論を伝える意図はない。

2. 私たちは,**犯罪**を法律に体現された社会的行動の規則の違反と定義するという慣習に従う。公認された場合,そのような違反は国家による制裁を受けることになりうる。広範な研究により,犯罪の定義の根底には一般的な合意があることを示している(Kornhauser, 1978: 214-218; Gottfredson and Hirschi, 1990: 151を参照)。その一方で,私たちはより一般的な**逸脱行動**にも関心がある。つまり,社会的規範もしくは受容されている社会の基準(すなわち,制度化された期待;Cohen, 1959: 462を参照)への違反と定義されるものである。犯罪と逸脱を単一の理論的説明に統合することで,過去に犯罪学者たちが遭遇した多くの定義上の問題,とくに従属変数を法規範にのみに基づいて定義する傾向を回避する(Gottfredson and Hirschi, 1990の第1章と第2章を参照)。さらに,私たちは犯罪特有の分析を一般的に避けている。これは,私たちの一般的な理論的アプローチや,犯罪行為の非特化性と本質的に矛盾するからである(第3章を参照)。

第2章

1. この業績は,*Harvard Law Review* (1951),*Journal of Criminal Law, Criminology, and Police Science* (1951) そして *Federal Probation* (1951) に掲載された3つの評論シンポジウムによって称賛された。また,『少年非行の解明』に対するさまざまな評論への応答はシェルドン・グリュック (S. Glueck, 1960) を参照されたい。付け加えて,アメリカ合衆国の犯罪学研究の質の評価において,『少年非行の解明』は1945年から1972年までにその分野において最も引用された著作であったことが明らかにされた(Wolfgang et al., 1978)。

2. たとえば,非行群の約30%が10歳以下で少年法廷において**有罪判決**を受け,そして非行少年全体の有罪判決の平均数は3.5件であった(Glueck and Glueck, 1950: 293)。さらに,犯罪の3分の2が個人的なものおよび財産犯(たとえば,強盗,窃盗,暴行)

であった（Glueck and Glueck, 1950: 29）。
3. 高く評価されたアルコール依存に関する研究の中で，グリュック夫妻の研究からの統制群サンプルを用いたヴァイラント（Vaillant, 1983: 245-247）も参照されたい。
4. ナショナル大学法科大学院はジョージ・ワシントン大学と提携され，いまではジョージ・ワシントン大学法科大学院として知られている。シェルドン・グリュックがこの学校を選んだのは夜間に授業があったからだと見受けられる。
5. シェルドンとエレノア・グリュックの両者がハーバード大学から1958年に名誉博士号を授与された。このような名誉を受けた夫婦は大学史上初のことであった。
6. エレノア・グリュックはハーバード大学教育大学院から教育社会学の博士号を取得した。その当時，ハーバード大学は女性が唯一入学できる大学であった。
7. ハーバード大学法科大学院は1950年まで女性の入学を認めなった。これはアイビーリーグの法科大学院の中で最後である。それでも，1950年代から1960年代の間，ハーバード大学法科大学院の女性は「異星人種のメンバーのように扱われた」と記されている（Abramson and Franklin, 1986: 10）。
8. グリュック夫妻の研究はハーバード大学法科大学院の後援の下で行われていたが，彼らの調査は多くの民間財団によって資金を供給されていた。エレノア・グリュックは資金調達活動に膨大な時間を費やした。
9. 1930年代のハーバード大学社会学部は「知的な定義が曖昧である」と描写されている（Camic 1987: 425）。シェルドン・グリュックの犯罪学コースは社会学の学生向けに開講されていたが，実際に権力をもっていた人々（たとえば，ピティリム・ソローキンと後にタルコット・パーソンズ）は，犯罪研究が社会学の使命の中心であると考えていなかったのは明確であった（Faculty Committee Report, 1954 および Laub, 1983b のコーエンへのインタビューを参照）。シェルドンとエレノア・グリュックがユダヤ人であったことにも留意すべきである。ハーバード大学におけるユダヤ人差別もグリュック夫妻を主流の学界から孤立させた一因になったのではないかと推測できる。
10. グリュック夫妻の非行予測の試みの他の大きな問題点には，検証サンプルの欠如が含まれる。この問題の概説については，ファリントンとターリング（Farrington and Tarling, 1985: 7-8）を参照されたい。
11. 後の著作である『体格と非行』（Glueck and Glueck, 1956）と『家庭環境と非行』（Glueck and Glueck, 1962）において，グリュック夫妻は，ジョン・W. テューキーによって開発された「多重比較」を行うための新しい方法論を用いた。この方法論はフレデリック・モステラーがグリュック夫妻に勧めたものである（詳細はWorcester, 1956: 276-283を参照）。
12. しかしながら，事例対照研究デザインの性質を考慮すると，『解明』におけるデータの表示が必ずしも間違いであったとはいえない。たとえば，ロフテンとマックドール（Loftin and McDowall, 1988）の犯罪学における事例統制データの議論や，事例と統

制が従来，列変数として配置される表からのオッズ比の計算を参照されたい。
13. 刑事司法分野における予測研究の概観はグリュックとグリュック（Glueck and Glueck, 1959）を，軍隊における予測表の応用はシュナイダー，ラグロニ，グリュック，グリュック（Schneider, LaGrone, Glueck, and Glueck, 1944）を参照されたい。

第3章

1. これらの自己報告式のデータによって，非行をしていないとして研究に含まれた少年の除外が生じていた。実際，当初は非行をしていないとされていた36名分のデータが，研究から除外されていた。だからといって，非行をしていない群に属する少年が「純粋な」非行をしていない少年というわけではなく，この群に含まれる25％の少年は何らかの問題行動を面接調査中に報告していた（Glueck and Glueck, 1950: 29）。当初の非行少年の**中**にも自己報告式の非行にかなりの違いがあることからすれば，自己報告式のデータは妥当性検証のための重要な道具となるだろう。

2. ただし，研究で尋ねられた行動特性の解釈には教師，両親，少年自身の間で相違がある可能性がある。また，妥当性の点で報告者間には相違がある可能性もある。グリュック夫妻自身は次のように述べている。「非行少年の両親は，少年の悪癖の点で，非行をしていない少年の両親よりも知識が確実に少ないか，あるいは自分自身が知っていることをややもすると認めようとしない」（Glueck and Glueck, 1950: 130）。幸運なことに，この問題は構成概念妥当性の検討によって実証的に解決できる。

3. とはいえ，非公式の尺度の作成のされ方にかかわらず，相互の相関は非常に高かったことは注記すべきである。また，異なる尺度を用いても実質的な結果には影響を及ぼさなかった。

4. もちろん各少年の行動に関して両親と教師の間でコミュニケーションが行われていなかったかを確認することは不可能である。もし両親と教師の間でコミュニケーションが行われていたとすれば，報告の仕方は影響を受けることになるため，両親の報告と教師の報告が非行とその他の問題行動の独立した指標であるという私たちの解釈は不正確なものということになる。

5. この問題は，非行群と非行をしていない群両方の内部における非行の変動の縦断分析を通じて以後の章でも検討される。異なる二群内における関係性の変化を，調査者がある対象者が非行群に属するのか統制群に属するかを知っていたかという事実に帰することができないのは明らかである。

6. 残念なことに，もともとの記録のうち20件は散逸していたようである。私たちはハーバード大学法科大学院図書館をくまなく探したが見つからなかった。結果として，非行少年の詳細な犯罪歴は記録が残っている480名の男性に基づいている。さらに分析を行ったが，散逸した20件の事例についてとくに目立った特徴は見当たらなかった。

7. 私たちは各逮捕について最も重大な3つの容疑をコーディングした。この判断は，

50件のランダムな事例を用いて予備調査を行ったところ，99%の事例では容疑の数は事案ごとに3件以内であったことに基づいている。また私たちは，事案ごとに容疑が3件より多い場合には合計数もコーディングした。
8. 新たな逮捕を伴わずに仮釈放の失効に起因して行われる収容は3回までコーディングした。この判断も，ランダムに抽出された50件について予備調査を行ったところ，事例の99%以上がこの枠組みに合致したことによる。
9. 全犯罪歴については包括的な妥当性の検証が行われた。たとえば，無数の論理的な妥当性の確認や他の調査との比較，内的妥当性の確認に加え，ランダムに抽出された20件の犯罪歴の全文がコンピューターで処理できるようにされたファイルと視認で対比された。
10. これらのデータをコーディングすることを許可してくれたヴァイラント博士に感謝する。
11. 軽微な交通違反（速度超過や急停車など）と道交法の細かな違反（たとえば，不適切な免許や保険の失効など）を除くすべての逮捕がコーディングされた。

第4章

1. サンプル全体の中では，家族崩壊の24%は親の死によるものだった。残りは養育放棄，離別，離婚だった（Glueck and Glueck, 1950: 122-123）。家族崩壊の種類によって重大な非行に対して異なる効果が及ぶことに関してはいくつか研究があるものの（Rutter and Giller, 1983: 190-191 を参照），社会統制の観点から見れば，家庭のあらゆる崩壊には有害な効果がある。したがって，私たちは家族崩壊を幅広く捉え，家庭のあらゆる崩壊を含むものとして概念化した。異なる分析では，親の死と息子の非行の間に関連は見出されなかったが（phi = .03），親の離婚・離別と非行の関係性は強かった（phi = .62）。しかしながら，家族崩壊を異なった形で操作化しても，本章で報告された多変量解析の結果の全般的なパターンに変動はなかった。
2. グリュック夫妻は父親が子どもを監督しているかに関するデータを収集していなかったため，私たちも母親の監督のみに検討を限定した。このようにグリュック夫妻の焦点がいくぶん狭いことは，この研究が考案された時代，つまり子どもの監督はおもに母親の責任であると思われていた時代を反映している。
3. 私たちはグリュック夫妻のデータに測定誤差が含まれてないと述べているのではなく，そこに含まれる測定誤差は現代の調査研究に主として見られるようなものとは異なると述べているだけである。その結果として，本章や他の章を通じて，結果と交絡するさまざまな測定上の問題（たとえば，回顧バイアスや信頼性の欠如，差異妥当性〔differential validity〕）に詳細に立ち入る。さらに，実際のところ，いくつかの分析では共分散構造モデルを用いている（たとえば，第8章を参照）。
4. このように特定することは，親の愛着と非行の関係性は親の愛着が非行に効果を及

ぼすことによって生じているとするリスカとリード（Liska and Reed, 1985: 557）の同時期の分析によっても支持される。
5. グリュック夫妻が非確率的なサンプリング計画をとっていたことから，統計的有意性検定（私たちの理論的予測にとって適切な片側仮説検定の使用も含む）は厳密には適用可能でない。簡便な判断基準として，本章と本書全体を通じて，私たちは主として標準誤差の2倍以上大きい係数のみに着目する。これは伝統的な.05という有意基準に近似する。また，二変量ピアソン相関係数には.05水準を用いる。「有意な」係数のうち，私たちが興味のあるのはその相対的な**大きさ**（たとえば，標準化されたベータ係数）である。私たちの分析が理論駆動的な性質をもっていることから，これらの手続きは保守的であり，変数の有意性を過小評価することになるかもしれない。しかし，このような手続きによって第一種の誤りは軽減することができる。
6. ハーシ（Hirschi, 1991）は，片親家庭は2人親家庭よりも適切な監督や監視を行うことができないと論じている。グリュック夫妻のデータでは家族崩壊と監督の間の単変量関係は有意であり，予測される方向性にあるものの（− .30），私たちの多変量解析は崩壊過程が親の監督に与える効果は非有意で弱いことを明らかにしている（$\beta =$ − .05）。
7. このような歴史的文脈を考慮に入れ，グリュック夫妻は働く母親や片親の子どもが母親の監督を失うことを懸念していた（Glueck and Glueck, 1950: 112; Glueck and Glueck, 1964: 31-59に再録されている「働く母親と非行」〔"Working Mothers and Delinquency"〕も参照）。このような見方は，女性の主たる役割を子どもを育てることと見なし，主婦および母親としての女性という伝統的なジェンダー観を強化する。近年の評価については，犯罪を理解するうえでの家族生活の質に関するマッコード（McCord, 1990）を参照。
8. これらのモデルでは，変数間の多重共線性や冗長性は大きな問題とはならなかった。予測変数間の最も大きな相関は.52であり，それは母親と父親の一貫せず脅迫的なしつけの間の相関だったが，それらはともに非行に対して**独立した**効果を及ぼしていた。そのため，VIF（Variance Inflation Factor; 詳細はFisher and Mason, 1981を参照）は懸念を生じさせる程度をはるかに下まわっていた（たとえば，最も大きなVIFでも2.0以下だった）。
9. かんしゃくの指標は，両親・教師報告式の面接を合併したものである。リットン（Lytton, 1990）が述べるように，子どもの初期の気質としつけ方についての評定を親の面接のみから作成することはよく行われているが，これは方法論上の問題を生じさせることが多い。これを避けるために，可能な場合はいつでも複数の情報源（つまり，自己，両親，教師）に基づいて指標を作成することにした。
10. 「縮約」モデルにおける理論的・実証的倹約性の観点から，母親と父親のしつけ方を合併した標準化尺度を作成した。これら2つの変数は以前の分析では独立した効果

を有していたが，その相関は .50 を越えており，概念的に類似した次元についてのものであり，実際に類似した効果の大きさを示していた。合成指標を作成することによって，しつけや監督，愛着の独立した効果をより明確に特定できるようになる。理論の点から見れば，そして母親と父親の効果の両方が重要であることが結果として示されていることからすれば，〔訳注：倹約性という〕この目標の方が両変数を細かく分離するよりも重要である。

11. もちろん公式指標の基礎となる割合は，グリュック夫妻の研究計画に起因して人為的に高く評定されている。その結果として，ロジスティック・モデルから従属変数の割合的な変化を測定すること（たとえば Petersen, 1985 を参照）は，いくぶん誤解を招くものである。この問題は『解明』データを用いたグリュック夫妻の予測にも見られる。とはいえ，各変数の相対的な大きさを比較すること自体は可能である。

12. グリュック夫妻の照合デザインに用いられたことから予測されるように，IQ と年齢は公式の非行に対して非有意な効果を及ぼしていた。また，グリュックとグリュック（Glueck and Glueck, 1950）の知見から予測されるように，中胚葉型は公式の非行に対して有意な効果を及ぼしていた。しかし興味深いことに，中胚葉型は非公式の非行に対しては有意な効果を及ぼしておらず，グリュック夫妻の当初の知見は少年司法システムの執行機関による公式の反応パターンにおける選択バイアスから起因したものである可能性が示唆された。

13. ラターとジラー（Rutter and Giller, 1983: 186）は，「家族サイズの大きさと非行のつながりの根底にあるメカニズムは，不透明なものにとどまっている」と述べている。この関係性についてのこれまでの説明は，家族サイズが大きいと社会経済的な地位や学業上の課題（たとえば，IQ の低さや読解能力得点の低さ）が生じやすいというものだった（Rutter and Giller, 1983: 185-186）。しかし，これらの変数は照合デザインか私たちの分析によって統制されている。これとは異なる説明は，大きな家族内ではきょうだいが非行行動に影響を及ぼす可能性が高まるというものである（Offord, 1982 を参照）。この点は次章で取り上げられる。

第 5 章

1. リスカとリード（Liska and Reed, 1985: 557）の研究によれば，「学校への愛着と非行の間に見られる負の関連の大部分は，非行が学校への愛着に与える効果によって生じている」。グリュック夫妻の研究デザインを考慮すると，双方向的な効果の問題を完全に扱うことはできない。しかし，第 4 章と同様に，幼少期の反社会的行動が学校への愛着と思春期の非行との関連をどの程度交絡させているかを評価することはできる。

2. 家族の社会経済的地位を統制したとはいえ，親の学歴にはほとんど差がないことに注意すべきである。サンプルの時代と低階層という性質を考えれば驚くことではないが，親の大多数（75％以上）は高校すら卒業していない。

3. 「同じ学年を繰り返すこと」は，学校の成績が向上するほど結果のスケールが高くなるように再設定された。
4. きょうだいがいない者については，当然きょうだいへの愛着を測定することができない。幸運なことに，きょうだいのいない少年は71名（10％未満）しかいなかったので，分析から除外した。
5. 驚くことではないが，少年の家族成員数ときょうだいの非行との間には強い関連がある（ガンマ = .57）。これまでの分析と同様に，きょうだいの非行が少年自身の非行に及ぼす効果を評価する際には，家族成員数は統制される。
6. きょうだいの年齢差に関しては，きょうだいがいる調査対象者のうち，66％が最も年齢の近いきょうだいと3歳以内であった。また，対象者のうち170人が長子であったこともわかっている。この170人のうち，非行少年は74人，非行をしていない者は96人であった。さらに，きょうだいがいない，つまり一人っ子であった者は71人であった。この71人のうち，非行少年は28人，非行をしていない者は43人であった。また，きょうだいの非行には出生順位が関係しており，真ん中の子どもには非行的なきょうだいがいる可能性が高い。この関係が出生順位によるものなのか，家族成員数によるものなのかは明らかではない。
7. また，学校プロセスと構造的背景，さらに家族プロセス変数との交互作用を調べた一連の回帰モデルも検討した。一般的に，交互作用項はモデルの適合性を向上させなかった。より具体的には，学校への愛着と第4章の主要な家族プロセス変数との交互作用は有意ではなかった。したがって，学校への愛着の効果は，家族プロセスと同様，互いに独立して効果を及ぼすと考えられる。
8. 愛着に関係なくきょうだいの非行を考慮すると，有意な予測要因は流動性，家族成員数，家庭の窮屈さ，母親の就業，外国生まれという地位，親の逸脱である（データは示していない）。
9. 最終モデルでは，一連の高次交互作用を推定した。これまでの分析と同様，交互作用項は主効果との相関が高く，モデルの全体的な説明力を向上させることはなかった。
10. また，年齢，IQ，民族性（アイルランド系，イタリア系，イギリス系の二値変数）を予測変数として加えて，学校への愛着を従属変数とするモデルを再推定した。驚くことではないが，IQは愛着と有意に関連していた（$r = .36$）が，分析における他の独立変数との関連は弱かった（$r = .10$ 以下）。年齢は愛着と負の関連があったが（$r = -.15$），これも外生変数との相関は弱かった。民族性は学校への愛着とは無関係であった。したがって，年齢，IQ，民族性を加えても，主要な結果の本質的な姿は変わらなかった。
11. 逸脱行動に対する態度や，法律違反に好ましい定義と好ましくない定義の比率を直接測定していないので，私たちの分析が分化的接触理論の決定的な検証ではないことを認める。たとえば，マツエダ（Matsueda, 1982）の分析では，非行の定義（すなわち

注　283

態度）が，背景の外因的特性が非行に与える効果を媒介することが明らかにされている。一方で，非行仲間への愛着が非行的な価値観や態度との分化的接触と大きく関連していないなら，それは非常に驚くべきことある。

第7章
1. もちろん，このプロセスにおいて，客観的な偶発的事象（結婚，雇用など）の移行が主観的な偶発的事象（自己概念，動機，願望など）の変化を導く可能性は高い（Gartner and Piliavin, 1988: 299-300）。さらに，客観的な偶発的事象と主観的な偶発的事象とには年齢との相互作用性があるという知見もある（Shover, 1985; Shover and Thompson, 1992）。これらの問題については，第9章で量的データ分析と質的データ分析とを統合する際に取り扱う。
2. 第2次調査では，仕事の安定性や他のいくつかの測定指標（一般的逸脱や飲酒など）のデータは，17-25歳の全期間ではなく，過去5年間（20-25歳）または直近の稼働状況を参照している。私たちの分析における測定のラグは，必ずしも因果性のラグと正確に一致するわけではないが（Plewis, 1985: 60 も参照），グリュック夫妻の研究戦略が17-25歳と25-32歳の期間の平均水準を反映するように設計されているため，このことは大きな問題ではないと考えている。
3. これは，測定モデルや構造方程式（たとえばLISREL）または縦断的データに対する他の手法（ランダム効果モデルなど）の使用を否定するものではない。事実，これらの手法や他の手法も検討され，適切なところで使用される（第8章も参照）。
4. この戦略は，非行傾向は幼少期に形成されるため，成人期における要因間（たとえば仕事の安定性と犯罪）の相関関係は偽のものであるという主張と真っ向から対立するものである。言い換えれば，かりに相関関係が疑似的なもの（または共通する第三の要因によるもの）という主張が正しければ（Gottfredson and Hirschi, 1990 を参照），私たちの研究デザインで，成人の社会的絆と犯罪との間に有意な関係性は見出されないだろう。
5. 関係性のパターンと規模を視覚的に示せるように，表7.1 においてのみ，仕事の安定性を3分割し，コミットメントを2分割している。愛着の指標は極度に歪んでいるため，第2次調査における愛着の指標を2分割し，後に多変量解析を行っている。サンプルの数は，第2次における既婚者の副標本の最小224件から，第2次における職業コミットメントの437件まである。第3次での対応するサンプルの件数は，314件と292件である。すべての指標で示されたパーセンテージが少なくとも30件の事例に基づいていることは重要であり，これは第8章で示した統制群のパーセンテージでも同様である（表8.1 を参照）。
6. 本書の目的から，若年成人期への移行期を一般的に17-25歳と定義し，25-32歳は若年成人期，32-45歳は中年期への移行期をそれぞれ指す。私たちは，このような区

別がやや恣意的で，私たちの標本の特徴に依存するものであることは認識しているが，かつてグリュック夫妻が採用していた成人期の段階区分を生かしたものである。

7. プレウィス（Plewis, 1985: 59-60）が指摘しているように，方程式 $y_2 = a + b_1 y_1 + b_2 x_1 + e$ において，パラメータ b_2 は「y の変化に対する x_1 の影響」を測定する。変化が変化スコア（たとえば $y_2 - y_1$）の計算によってのみ検討されるという考え方は，単純に誤りである。実際，後者は，とくに測定スキームが時期ごとに異なる場合には，深刻な欠点となる可能性がある（Kessler and Greenberg, 1981 も参照）。この点で，私たちの研究デザインは，パネルデータが，通常，同一の測定法を用いても短い（たとえば1年）ラグによってしばしば自己相関を誘発し，偏った推定を導くのとは異なることに留意してほしい（Matsueda, 1989; Plewis, 1985: 136; Markus, 1979 も参照）。たとえば，第1次調査での指標は，幼少期と思春期の行動（親／自己／教師が報告したものと少年司法制度上の記録の両方）を参照しているのに対して，第2次での指標は，成人期の面接と成人刑事司法制度による記録に基づく10代後半と20代前半の成人行動を参照している。さらに，第1次調査での非行を第2次での犯罪・逸脱の道具変数として用いた第3次での犯罪・逸脱の予備的な二段階での最小二乗回帰では，本章で示した結果と実質的に一致する結果が得られた。第8章では，ランダム効果モデルにおける自己相関の補正は，実質的なパラメータ推定値に大きな変化を与えないこと示している。私たちは，これらの結果や，追跡調査の長期的な性質，そして，その後の行動の生成に先行する犯罪や非行が実質的な役割を果たすとする理論に基づいたモデルの設定から，第1次調査の犯罪や非行の指標を独立変数として概念化している。

8. 標本選択の方法論に関する詳細な議論は，ヘックマン（Heckman, 1979）の独創的な研究を参照のこと。犯罪学に関連した例を用いた優れた説明は，ベルク（Berk, 1983）やベルクとレイ（Berk and Ray, 1982）にある。

9. 実際には，二変量ロジスティック分布と二変量正規分布のどちらを仮定しても，ほとんど違いはないようである。たとえば，ベルク（Berk, 1983: 394）は，プロビット分布とロジスティック分布を用いて算出されたハザード比は，少なくとも .98 の相関があることを発見した。私たちは，ロジスティック・モデルの計算の簡易さと本書全体の分析に用いてきた最尤ロジスティック・モデルとの相性のよさから，ロジスティック・モデルを選んでいる。さらに，ロジスティック分布による分析は，ヘックマン（Heckman, 1979）のプロビット分布に基づいたハザード測定法（下記注11を参照）と事実上同等の結果をもたらす。

10. 少年期の逮捕頻度はその後の除外に驚くほどの負の影響を与えるが，非公式非行の影響は有意ではない。さらに，後述するように，成人期の収容と犯罪頻度には高い相関があるため，犯罪傾向の強い成人が除外されやすいことに変わりはない。表7.2 からは，少年非行の**独立**効果は，成人の収容の直近の影響よりも顕著ではなく，符号も逆であるということがわかる。

11. もちろん，標本選択の方法は絶対にミスが生じないものではないので，結果の解釈には注意が必要である（Berk, 1983; Stolzenberg and Relles, 1990）。私たちは，誤った結論にならないように，結果の感度を調べるためにいくつかの段階を踏んだ。第一に，すべてのモデルをハザード比の補正方法を用いた場合と用いない場合の両方で推定した。第二に，除外リスクの異なるモデル（たとえば，第1段階の除外方程式における代替的な予測変数）に対する結果のばらつきを評価するために，いくつかの異なるハザード比の補正方法を構築した。後にくわしく報告するように，これらのさまざまな手続きは収束した。第三に，ロジスティックに基づいたハザード比の代わりにヘックマン（Heckman, 1979）の「ラムダ」を代入して，すべてのモデルを再推定した。その大きな違いは，ハザード比を構築するためにプロビット・モデルを用いたことである（つまり，予測されたプロビット値に -1 を乗じ，その密度と分布値を計算した。詳細は Berk, 1983 を参照）。ベルク（Berk, 1983: 394）によって報告された結果と同様，プロビット分布に基づいた結果はロジスティック分布に基づいた手続きと同じ結果であった。全体として，私たちの除外リスクのロジスティック・モデルは，標本選択バイアスに対する代替モデルの設定や補正手続き（たとえば，分布の仮定）に対して頑健であるように思われる。

12. 二値尺度であるというこれらの指標の性質は，最小二乗回帰の仮定に反する。したがって，最尤（ML）ロジスティック回帰が使用され，これは対数線形分析とは異なり，予測変数の大部分が間隔尺度であるという性質を保持する（Aldrich and Nelson, 1984 を参照）。表7.3における非標準化ロジスティック係数は，外生変数の一単位あたりの変化に関連する反社会的行動を示す対数オッズの変化を表す。独立変数の測定指標の単位は一定でないので，標準誤差に対する係数の t 比も示す（Aldrich and Nelson, 1984: 55）。

13. 各対象者の収入に関する指標は，合法的な職業から得られる1週間の総収入の順序尺度である（Glueck and Glueck, 1968: 95）。結婚の有無に関するダミー変数は，婚姻単独で成人犯罪の抑制要因となるかどうかを示す。予備分析では，経済的依存性や教育程度などの他の社会経済的要因も調べたが，これらの結果はほぼ同じであった。賃金は SES の最も直接的な指標であるため，私たちは，主要な統制変数として賃金を重視した。

14. 私たちがこれらの指標について行った過去の分析（Sampson and Laub, 1990）では，おもに社会的絆の犯罪に対する同時効果に焦点をあてていた。その結果は表7.3によく似ている。たとえば，17-25歳の逸脱，飲酒，逮捕に対する17-25歳における仕事の安定性の影響を反映する t 比は，それぞれ -2.72，-3.12，-2.44 であった（いずれも $p < .05$）。夫婦間の愛着に対応する t 比は -2.26，-2.42，-2.31 であった（詳細は Sampson and Laub, 1990: 619 を参照）。これらの同時効果は，私たちのインフォーマルな社会統制理論と一致しているが，双方向的な効果によって偏りが生じている可能

性がある。そのため，私たちは，比較のために同時効果と予測効果の両方を示すことがあるが（表7.4のように），犯罪そのものが愛着や仕事の安定性の観測水準に影響を与える可能性を減らすために，成人の社会的絆がその後の犯罪に及ぼす予測効果に最も重点をおいている。

15. 逮捕頻度は若い頃の方に偏っているため，最小二乗回帰を用いて収容されていない日の1日あたりの逮捕率を年率換算した指標の自然対数（＋1）を分析した。対数化されていない率を用いた方程式は，説明される分散は概してより小さいが，ほぼ同じ結果をもたらした。手を加えていない頻度カウントのポアソン回帰に基づくモデルについては，この章の後半で論じる。

16. この発見の頑健性を検証するために，結婚したことのある男性の副標本における除外ハザードについて，異なる操作変数を用いてすべてのモデルを再分析した。低収入で不安定な職歴をもつ男性は比較的望ましくない仲間をつくりがちであることから，とくに収入と仕事の安定性は，結婚の意思決定に影響を及ぼすと仮定されてきた（たとえば，Wilson, 1987を参照）。そこで，賃金と仕事の安定性を追加的な予測因子として用いて，標本選択方程式を再び推定した。その結果，高収入は結婚の一貫した予測因子であったが，仕事の安定性はそうではなかったため，最終的なモデル2の実質的な方程式では多重共線性が増加した。それでも，結果は先に示したものとほとんど区別がつかなかった。たとえば，25-32歳の犯罪頻度に対する仕事の安定性と夫婦間の愛着の独立効果を反映するt比は，それぞれ－2.90と－2.95であった（表7.4のモデル2を参照）。同様に，夫婦間の愛着は，25-32歳における逮捕，非公式に報告された逸脱，過度の飲酒に対して強い負の効果を維持した（表7.3を参照）。25-32歳における夫婦間の愛着は，代替の標本選択除外リスク（表7.5を参照）を代入したとき，その後の32-45歳における犯罪に対してもまったく同じ効果を示した（$\beta = -.36$）。結婚経験のある者の副標本の分析は，標本選択バイアスを説明する2つの異なる方法に対して頑健であった

17. ポアソン回帰の統計的特性の詳細については，キング（King, 1988）およびグリーン（Greene, 1989: 243-254）を参照のこと。これらのモデルを使用する私たちの目的は，代替的方法（Cook, 1985を参照）のもとで基本的な結果が変わるのかという実質的かつ実用的な関心に突き動かされている。

18. 負の二項モデルは逮捕数の分布の偏りを考慮に入れているため，私たちはまれな事案の犯罪別モデルを推定することができた。すなわち，私たちは，財産犯，暴力犯罪，酩酊による逮捕について負の二項モデルを推定した。暴力犯罪を除いて，どの変数も$p < .05$の有意とはならなかったが，結果は一貫していた。たとえば，財産犯と酩酊による逮捕に対する仕事の安定性の効果を反映するt比は，それぞれ－3.55と－2.32であった。

19. モデル2の予備的推定では，17-25歳における夫婦間の愛着を考慮したが，有意な

効果はなく，また，多くの男性がまだ結婚していなかったため，サンプルサイズはかなり小さくなった。夫婦間の愛着の先行指標と同時指標との間には非常に高い相関があり，既婚男性の婚姻関係上の結束がかなり安定していることを示唆していた。したがって，私たちは，サンプルサイズを大きくして多重共線性を減らすため，25-32歳の配偶者への愛着を主要な指標として用いた。

20. これらの結果の妥当性と頑健性を評価するため，除外ハザード変数の代わりに成人期の犯罪歴を代入してすべてのモデルを再度推定した。これらの変数の間にはかなりの重複があるため，その結果は以前に発表したもの（Sampson and Laub, 1990 を参照）とかなり一致していた。とくに，17-25歳の逮捕率は，17-25歳の除外ハザード・リスクと.66の相関が，25-32歳の除外ハザード・リスクと.71の相関がある（いずれも $p < .05$）。したがって，成人期の犯罪歴を統制しても，標本選択バイアスをモデル化しても，それらにもかかわらず結果が収束することは驚くべきことではない（表7.7も参照）。結果の類似性にもかかわらず，私たちが標本選択モデルを好むのは（したがって，本章の表の大部分はこのようなモデルに基づいている），除外された男性がデータが揃っている男性とは系統的に異なることを先験的に知っているからである。

21. 過度の飲酒の開始年齢は，社会面接の日程中に測定された。この変数に関するより詳細な議論と分析（検証情報を含む）は，第8章に示している。

22. 表7.9の結果は，17-25歳の犯罪を同時に統制した場合でも維持される。具体的には，17-25歳の犯罪頻度を統制した場合，17-25歳における仕事の安定性に対する少年期の収容の標準化効果は$-.19$（$p < .05$）である。第8章で示したように，仕事の安定傾向における個人間の持続的に観察されない異種性を統制しても，この結果は変わらない。

23. 一般に，その後の犯罪の予測において飲酒を統制しても，先に示した仕事の安定性に関する実質的結果に大きな変化はない。この設定を反映したモデルは第8章で示している。

24. このモデルによって32歳の面接調査時の除外リスクを統制することもできる。私たちの選択方程式の性質を考慮すると，除外リスクは，17-25歳での収容や17-25歳での犯罪頻度と高い相関があり，すべての変数を同じモデルに含めると有効でない推定値になる（表7.10，パネルAを参照）。思春期と若年成人期の収容総日数を合算することで，除外リスクとの重複を減らし，仕事の安定性に対する長期的な影響を評価することができる。

25. たとえば，仕事の安定性を統制していないモデルでは，17-25歳での収容は25-32歳での犯罪に有意な正の効果を有している（t比 = 2.07）。これらの結果は，仕事の安定性が収容の影響を説明するのに有用であり，収容と除外リスクの間の共線性では表7.8において収容が有意でないことを説明できないという考えを支持するものである。

26. 全標本における仕事の安定性と犯罪の同時効果を推定する最尤共分散構造モデルの

適合度は高かった（自由度 1 のカイ二乗値 .59，適合度指数 = .99）。図 7.1 における仕事の安定性と夫婦間の愛着の組み合わせ測定と構造方程式モデルの適合度はそれよりも低かった（自由度 11 でカイ二乗値 45.8，適合度指数 = .94）。この中程度の適合は，正規性の仮定，とくに夫婦間の愛着の二値変数に関する仮定を逸脱したことに起因しているようである。観測可能な指標において選択された誤差共分散の制約を外すことで，適合度をわずかに改善することはできたが，構造パラメータ推定値は変わらなかった（たとえば，夫婦間の愛着と犯罪参加との間の誤差共分散を許容しても，犯罪に対する社会的絆の潜在的相互効果は − .62 から − .61 に変化しただけだった）。誤差共分散に関する理論的指針の欠如と標本内の偶然のばらつきを利用するリスクの双方が競合する構造パラメータ推定値の不変性（Alwin, 1988: 116 を参照）を考慮すると，図 7.1 に示したモデルが望ましい。

27. しかしながら，念のため，アリソン（Allison, 1984: 39）が図説した図示手続きを用いて分布の仮定に対するデータの確認を行った。まず，データを全標本中の主要な独立変数を平均値のところで分割した各層（すなわち，仕事の低い安定性と高い安定性，少年非行が少ないか多いか）に分類した。次に，各層の対数時間に対し，対数ハザード比と生存関数をプロットした。もし比例ハザードの要件が満たされていれば，各層においてプロットはほぼ平行になると予想される。その結果は，すべての逮捕（つまり，あらゆる犯罪）についてのみならず，財産犯罪，暴力犯罪，酩酊による逮捕でも同様にそのとおりとなった。初期の結果とプロットは，私たちの外生層が理論によって予測された方法で生存関数と関連していることも示した。たとえば，25 歳時点における仕事の安定性が高い男性の生存率は，25-26 歳で .80，26-27 歳では .70，27-28 歳では .66，28-29 歳では .58，そして，29-30 歳では .52 であった。これに対応する仕事の安定性が低い男性の生存率は，.58，.44，.36，.28，そして .24 であった。要するに，グラフ分析は比例ハザードの仮定を支持し，失敗までの時間が私たちの層と予測どおりに関連していることを示した。

第 8 章

1. 研究デザイン上，統制群の対象者には調査開始前の逮捕歴はなかったが，実際には 10％が調査時点（平均 14 歳）から 17 歳までの間に逮捕されている（第 3 章を参照）。そこで，統制群については，面接後の少年時代の逮捕の頻度を調べた。統制群では，少年時代の収容期間はまれな出来事であったため，コード化しなかったため，調整を行わなかった。
2. 統制群では，大人になってからの収容期間がほとんどなかったため，統制群の収容期間はコード化されず，除外リスクの予測モデルにおける外生変数としても使用されなかった。このようなモデルの違いにもかかわらず，統制群の標本選択モデルは，実質的な予想と一致していた（たとえば，17-25 歳における除外の主要予測因子は兵役

期間であり，統制群の若年者は年長の者よりも除外される可能性が高かった）。
3. とはいえ，我々はすべての最小二乗法に基づくモデルをポアソン回帰と負の二項回帰で再推定した。おそらく歪度が限られているためであろうが，結果は実質的に同じであった。そのため，簡略化のために，犯罪の幅と逸脱の尺度についての最小二乗法に基づく結果を提示する。
4. 表8.4および本章の残りの表では，非行群の少年逮捕頻度は，17歳未満の自由な1日あたりの逮捕回数を年率換算したものである。統制群の対応する指標は，面接日（平均14歳）から対象者の17歳の誕生日までの逮捕回数である。
5. モデルの仕様は若干異なるが，表8.4の結果は，犯罪と逸脱の尺度の幅を17-32歳まで拡大しても再現される。たとえば，非行群では，17-25歳の仕事の安定性と配偶者への愛着が17-32歳の犯罪・逸脱に及ぼす標準化効果は，それぞれ－.27と－.40である（$p < .05$）。統制群の対応する係数は－.28と－.40である（$p < .05$）。
6. 32-45歳では，それ以前の年齢のように，逸脱行動に関する非公式な報告がないため，公的な記録データに頼らざるをえない。前述したように，32-45歳の統制群における逮捕頻度の偏った分布は単純な二項分布に近似するため，犯罪参加の最尤法に基づくロジスティック・モデルを推定した。それにもかかわらず，犯罪頻度に関する負の二項分布の結果はよく似ていた。
7. この尺度のための情報は，対象者との社会面接調査と，その他の知識のある情報提供者から得られたものであり，広範な記録のチェックによって補足された（Glueck and Glueck, 1968: 83-84 を参照）。たとえば，犯罪記録だけでなく，社会福祉，精神衛生，学校，雇用に関する記録からも逸脱の評価を得た。
8. 愛着と配偶者の逸脱の交互作用は各変数の主効果との相関が高く，モデルに実質的なプラスにはならなかった。また，表8.6の結果は，非行群と統制群の逮捕頻度を考慮しても完全に再現される。たとえば，配偶者の逸脱を統制した非行群の年間逮捕頻度に対する夫婦間の愛着の標準化効果は－.31（t比＝－3.48）である。
9. 配偶者の逸脱に関する分析と同様に，表8.4と表8.5では，有意でない予測因子を取り除いた「縮約」モデルを推定している。
10. また，25-32歳の犯罪を予測するうえで，17-25歳における非公式な飲酒と飲酒による逮捕の頻度を統制したさらに厳格なモデルも推定した。17-25歳における飲酒は，17-25歳における仕事の安定性という同じ時点における効果の一部を媒介する可能性があり，またその逆もしかりであるため，これらのモデルは理論的にはやや曖昧である。それでも，とくに仕事の安定性については，基本的な主張に変わりはない。たとえば，25-32歳の犯罪および逸脱行動と犯罪頻度に対する17-25歳の仕事の安定性の効果を反映するt比は，統制群ではそれぞれ－4.45と－4.37であった。非行群のt比は－5.41と－5.87であった。夫婦間の愛着については，統制群の25-32歳の犯罪を除いて，検証結果は一貫していた。ここで，17-25歳の飲酒を統制した場合，17-25歳にお

ける夫婦間の愛着の効果は有意ではなかった。しかし表8.7で20歳**以前**の飲酒を統制すると，統制群では夫婦間の愛着の効果はそのまま残っていた。この知見は，統制群では，25-32歳の犯罪に対する夫婦間の愛着の先行効果を，それ以降の飲酒が仲介している可能性を示唆している。しかし，他のモデルでは，同時期の飲酒を考慮したにもかかわらず，夫婦間の愛着の効果はまったく同様であった。

最後に，25-32歳における社会的絆が32-45歳の犯罪に及ぼす社会的絆の効果を検討するために分析を拡張し，やはり飲酒歴を統制した。両群とも，仕事の安定性は犯罪に一貫して負の効果を及ぼし，この知見は，対数度数を用いた最小二乗法モデルや変換をしていない逮捕件数の負の二項モデルでも維持された。

11. 人種と性別は研究デザインの性質によって変動しないことを思い出してほしい。追跡調査では，独立変数と従属変数が同じ年齢期間（つまり，17-25歳と25-32歳）を参照しているため，年齢も統制されている。たとえば，ある少年が12歳で研究に参加し，別の少年が16歳（範囲は10-17歳）であったとしても，追跡調査は両者の25歳と32歳の誕生日またはその近似に実施され，同じ参照期間が適用された。ただし，第7章の非行群のイベントヒストリー・モデルでは，釈放時の年齢が統制されている。

12. さらに，最終学歴，住居の流動性，近隣の貧困，成人期の宗教性などを統制した比較モデルもすべて再推定した。その結果，仕事の安定性と夫婦間の愛着の有意な負の効果は維持され，追加的な統制は一貫性がなかった。

13. u_iの期待値は0であり，$[e_{it}, u_i]$の共分散も0であると仮定する（つまり，個体固有項とランダム誤差は個体間で無相関であると仮定する）。しかし，組み合わされた攪乱項$e_{it} + u_i$は時間的に相関している可能性がある。たとえば，第2波モデルでは，相関は$[e_{i1} + u_i, e_{i2} + u_i]$という形になり，$u_i$の分散を$u_i$の分散の合計とランダム誤差成分で割ることによって推定される（詳細はGreene, 1989: 162を参照）。

14. ネイギンとパターノスター（Nagin and Paternoster, 1991）の分析のおもな目的は，過去と将来の犯罪傾向の関連性について，状態依存性と集団異質性の解釈を区別することであった（第6章と第7章も参照）。私たちが重視する点はやや異なり，誤差項に持続的な観察されない異質性を組み込んだランダム効果モデルに対する知見の頑健性を立証するためである。

15. 25-32歳と32-45歳では同じように測定される（32-45歳では非公式な測定がないことを想起されたい）ので，従属変数として逮捕頻度を用いる。この仕様は，最小二乗法，ロジスティック，負の二項推定手順を用いた以前の結果の一般的な収束によって裏づけられている。モデルの推定には，パネルデータ用のLIMDEPプログラム（Greene, 1989を参照）を使用した。

16. 第7章で行った仕事の安定性の分析を「ランダム効果」モデルで再現しても，実質的に同じ結果が得られた。青年期と若年成人期における収容が17-25歳と25-32歳における仕事の安定性に及ぼす全体的な影響を反映するGLS t比は，前の時点における

犯罪経験，標本除外リスク，飲酒を統制した場合，− 2.47 であった（$p < .05$）。仕事の安定性を予測する際の経時的な誤差共分散の約 40％は，個人特有の異質性によるものであった。したがって，収容による後の仕事の安定性への負の効果は（表 7.9 と表 7.10 を参照），持続的な観察されない異質性という自明ではない水準で統制されているにもかかわらず，維持されている。

17. 変化得点をそのまま用いることは批判されてきたが，最近の研究では，変化を研究する適切な方法であることが示唆されている（Allison, 1990）。したがって，独立変数の先行レベルと同時レベルの両方をあわせて考慮するモデルの代替を提供するために，変化スコアを使用する。
18. この一般的な結論は，持続的な観察されない異質性モデルだけでなく，社会的絆を仕事の安定性や夫婦間の愛着といった誤りやすい指標で測定された潜在構造として指定した LISREL モデルにもあてはまる。この測定モデルでは，既婚男性の下位標本に限定した。成人犯罪は，逮捕頻度と犯罪参加の幅の要約尺度の間の共分散を基礎づける潜在構成概念として規定した。成人犯罪歴，非行歴，除外リスクを統制した結果，25-32 歳における犯罪に対する 17-25 歳における社会的絆の標準化潜在効果は，非行群では − .42（t 比 = − 4.47），統制群では − .35（t 比 = − 2.75）であった。さらに，25-32 歳における社会的絆の犯罪への影響を同時期に推定し，ラグ効果を 0 とすることで，連立方程式モデルも推定した（このモデルでは，少年非行の効果は成人期の犯罪を通じてのみ成人期の社会的絆に影響を与えると仮定した）。その結果，25-32 歳の犯罪は社会的絆に影響を与えたが，社会的絆の犯罪に対する逆効果は統制群，非行群ともに有意かつ強いことが示された（t 比 = それぞれ − 3.49，− 5.07）。これらの結果は，モデルの推定に必要な仮定がさまざまであるため，注意して見る必要があるが，相互モデルおよびラグ・モデルの両仕様は，測定誤差をモデル化した場合でも，基本的な理論的図式が維持されることを示唆している。

第 9 章

1. キダーとファインは質的データを 2 つのタイプに区別している（Kidder and Fine, 1987）。最初のタイプは「ビッグ Q」と呼ばれ，フィールドワーク，参与観察，エスノグラフィが含まれている。ビッグ Q のおもな特徴は，「構造化された研究設計がなく，絶えず変化する質問で構成されている」（1987: 59）ことである。もう 1 つのタイプは，「スモール Q」である。スモール Q は，「構造または設計のある調査や実験に埋め込まれた自由形式の質問から構成されている」（1987: 59）。グリュック夫妻の質的データはこの 2 番目に該当する。
2. 資源の制限と，統制群に関する事例記録がマレー研究センターが保持しているグリュック夫妻のアーカイブ記録にまだ入っていないため，私たちは質的分析を『解明』調査の非行少年の対象者に限定した。さらに，このグループに焦点をあてることで，

おそらくこの研究の最も重要な問いに取り組むことができると考えた。つまり，「青年期に犯罪をした者の成人期における犯罪行動の持続（あるいは離脱）を説明するものは何か」である。

3. やや類似したアプローチで，ジョルダーノは統制理論に関する 2 つの否定的な事例を分析している（Giordano, 1989）。つまり，親への愛着が低いが非行をしていない少年と，親への愛着が高いが非行をしている少年である。彼女の興味深い研究は，不都合な事例を無視するのではなく，分析することによる理論的な可能性を示している。

4. 興味深いことに，夫の過去の非行を知っている配偶者もいれば，まったく知らない配偶者もいた。たとえば，事例番号 040 の妻は「若いうちは誰でも間違いを犯すものですから，彼のためにもこのことを隠しておくことはないと思います」と述べている。一方，事例番号 813 は「妻が自分の犯罪歴を知ったらどうなるか心配だ」と述べている。

5. これまでの量的な結果を裏づけるために検討したライフヒストリーのいくつかにおいて，兵役中の問題行動が明らかになった。たとえば，事例番号 390 は，無断欠勤，不法侵入，窃盗，起床時の集合の出席を怠ったことで罰せられていた。結局，この対象者は海軍から「不名誉除隊」を受けた。継続的な反社会的行動のこのパターンは，非行サンプルの多くの男性に見られた。

6. 非行少年が犯罪歴により徴兵選考委員会から拒否されることがあったことには，留意すべきである。グリュック夫妻の面接者によれば，「サイコパス人格」は犯罪歴がある少年を選別するための一般的に使用されるカテゴリーであった。

7. クラウセン（Clausen, 1991）は，思春期において能力が低い者は，思春期において能力が高い者に比べて転機が少ないわけではないことを見出した。しかし，思春期において能力の低い者が出会った転機はより困難なものであった。

第 10 章

1. データの制約上，図 10.1 に示されているすべての実質的な関係（たとえば，成人の社会的絆と犯罪の相互関係）を推定することはできなかった。また，インフォーマルな社会統制，社会関係資本，構造的背景に関連した，犯罪研究に有用な指標や概念も数多く存在する。加えて，社会的学習理論（とくに Akers, 1989 を参照）のような他の視点と私たちの社会統制モデルを統合することは，本書の射程を超えている。図 10.1 は，たんに，私たちが概念化した理論と，ライフコースにわたる犯罪と逸脱に関するグリュック夫妻のデータの性質とがよく適合していると表すことを意図しているにすぎない。

2. グリュック夫妻の仲間集団の影響に関する指標は，研究のサンプリング・デザインによって混乱している可能性があることを再確認しておく必要がある。加えて，グリュック夫妻の思想的立場は，仲間を重要な原因変数と見なさないことにつながってい

る（Laub and Sampson, 1991 を参照）。非行少年と非行をしていない仲間との間の友人関係の性質についてのより適切な指標が必要であることは明らかで，また，因果関係の順序問題を整理するために技法を改良することも必要である（Giordano et al., 1986 および Gauvreau, 1991 を参照）。
3. たとえ縦断的データであっても，連立方程式モデルの推定が難しいのは，グリュック夫妻のデータに限ったことではない（とくに Thornberry et al., 1991 を参照）。

訳者あとがき

本書は Sampson, R. J., and J. H. Laub. 1993. *Crime in The Making: Pathways and Turning Points Through Life*. Harvard University Press. を全訳したものである。本書は現代の犯罪学に大きな影響をもたらした研究書の 1 つであり，もっと早期に翻訳されてしかるべきだったと思われる。しかし，その刊行からすでに 30 年以上が経過しているものの，犯罪および非行からの離脱が社会的課題と見なされているわが国の現状において，本書の内容はいまだ有益なものだろう。それに加えて，本書は犯罪を含む逸脱行動に関する社会科学においても重要な文献であり，現在においてもなお翻訳する意義は十分にあると判断し，今回の出版に至った。

著者紹介

まずは，本書の著者であるロバート・J. サンプソン（Robert J. Sampson）とジョン・H. ラウブ（John H. Laub）について，彼ら自身のウェブサイトに基づいて，簡単に紹介しよう。[1]

ロバート・J. サンプソンは，現在ハーバード大学のウッドフォード・L. ＆ アン・A. フラワーズ大学教授（ハーバード大学の特別教授）として勤めており，アメリカ法曹財団の客員研究教授およびボストン地域研究イニシアチブの創設ディレクターにも任命されている。過去にはシカゴ大学とイリノイ大学に勤務し，アメリカ犯罪学会の会長を務めた経歴もある。サンプソンの研究関心は，犯罪，社会的秩序，ライフコース論，地域の近隣効果，市民参加，不平等，生態学的測定法，都市の社会構造である。なお，サンプソンが科学ディレクターを務めたシカゴ地域人間開発プロジェクト（PHDCN＋）による研究成果である *Great American City: Chicago and the Enduring Neighborhood Effect*（2012 年）も，彼の代表的な研究書である。

ジョン・H. ラウブは，メリーランド大学カレッジパーク校の犯罪学および

---

1. https://robertjsampson.com/about（最終アクセス：2024 年 8 月 25 日）および https://ccjs.umd.edu/facultyprofile/laub/john（最終アクセス：2024 年 8 月 25 日）

刑事司法学部で名誉教授を務めている。2002年から2003年にかけてはアメリカ犯罪学会会長を務め，2005年には同学会からエドウィン・H. サザーランド賞を受賞した。また，2010年7月22日から2013年1月4日までは，アメリカ司法省の国立司法研究所の所長を務めていた。そして，2015年にはアメリカ政治社会科学アカデミーからソルテン・セリン・フェローの称号を授与された。ラウブの研究関心は，犯罪とライフコース，犯罪と公共政策，犯罪学史である。

　サンプソンとラウブは，1980年代より *Crime in the Making* の執筆につながる研究プロジェクトを開始した。その詳細は本書第2章にて紹介されている。彼らはハーバード大学法科大学院の図書館に保管されていたシェルドン・グリュックとエレノア・グリュックによる著作『少年非行の解明』のもととなったデータを発見した。彼らは，そのデータの再構築および再分析を行い，その結果を *Crime in the Making* として発表した。本書はアメリカ犯罪学会，刑事司法科学アカデミー，アメリカ社会学会の犯罪・法・逸脱部会から優秀図書賞を受賞した。

　なお，このプロジェクトによる2冊目の研究成果として，*Shared Beginnings, Divergent Lives: Delinquent Boys to Age 70* が2003年に出版されている。この本では，*Crime in the Making* の対象者の一部に追跡調査を行い，ライフコース論などの理論的検討を踏まえて，その結果に対する量的分析およびライフヒストリー分析を通じて，対象者のライフコースのあり様について検討している。*Shared Beginnings, Divergent Lives* も高い評価を受け，*Crime in the Making* と同様にアメリカ犯罪学会，刑事司法科学アカデミー，アメリカ社会学会の犯罪・法・逸脱部会の優秀図書賞を受賞した。そして，ラウブとサンプソンはこれらの実績によって，2011年にストックホルム犯罪学賞を受賞した。

本書の意義

　本書は全10章と付録で構成されている。第1章から第3章では理論的検討およびデータセットの検討，第4章から第9章で実証的検討，第10章はそのまとめ，そして付録としてグリュック夫妻の研究チームに所属した人々のオーラルヒストリーが掲載されている。本書が犯罪学に与えた意義はきわめて大きく，その影響は現代にも続いている。以下では，上野（2007）および守山・小林（2020: 131-133, 257-280）を参考にし，本書の概要にも触れながら，訳者の観

点からその意義を3つに分けて紹介したい。

犯罪学におけるライフコース論の導入 —— 年齢に応じたインフォーマルな社会統制理論

　サンプソンとラウブは，本書の冒頭で3つの学術的関心について述べている。第一に，年齢と犯罪の関係である。犯罪学において，年齢別犯罪率は10代後半にピークを迎え，成人期以降は急減するということは通説となっている。それゆえに，犯罪に関する社会学的研究の多くが思春期に焦点を絞って検討していた。しかし，サンプソンとラウブは，その視点では，幼少期の行為や状況がその人の生涯に及ぼす影響について十分に考察できていないと主張する。

　第二に，犯罪および非行からの離脱（desistance）である。今日において，犯罪および非行からの離脱は犯罪学におけるメイントピックの1つであるといっても過言ではない。しかし，本書が発表された当時は離脱に着目した研究は少なかった。サンプソンとラウブは，第一の関心を踏まえつつ，犯罪および非行からの離脱について考察するために，離脱を加齢に伴う社会的移行と関連づけて検討することが求められると述べている。

　第三に，社会構造とインフォーマルな社会統制の関係性である。本書が出版される以前の犯罪に関する社会学的研究では，犯罪の原因として社会階級や民族性などの社会構造に関する変数，もしくは親子関係や学校での人間関係などのインフォーマルな社会統制に関する変数，このいずれかに着目したものが多かったとされる。サンプソンとラウブは，いずれの変数も含めて，犯罪の原因を検討する必要があるとする。

　これらを踏まえ，サンプソンとラウブはインフォーマルな社会統制による犯罪と逸脱行動への影響を念頭におきつつ，ライフコース論の視点を導入した研究を提案する。この視点の導入は，犯罪と逸脱行動の安定性について，新たな見解をもたらすことにつながった。犯罪と逸脱行動の安定性とは，犯罪や逸脱行動をいったん起こすとそれが継続することを意味するものであり，同種継続性とも呼ばれる。同種継続性は多くの研究で支持されており，幼少期の非行および逸脱行動が，成人後の結果にも影響を及ぼすとされる（本書でも，持続的に犯罪や逸脱行動を行った対象者に関する検討が行われている）。他方で，先述した犯罪学の通説のように，非行少年の多くは成人後に犯罪をしないという事実もあ

る。つまり，彼らのライフコースにおいて何らかの変化があり，それが犯罪や逸脱行動を止めることにつながったと考えられる。

　その上で，サンプソンとラウブは第一の学術的関心を踏まえて，同種継続性を念頭におきながらも，ライフコースのあらゆる段階においてインフォーマルな社会統制をもたらす制度が存在し，それが犯罪および非行からの離脱につながるという前提に立った。彼らは，そのようなアイデアを，年齢に応じたインフォーマルな社会統制理論（age-graded theory of informal social control）と名づけている。これはトラヴィス・ハーシやマイケル・R. ゴットフレッドソンが代表的論者とされる社会統制理論を核にしながらも，ライフコース論の概念を導入し，成人期以降についても検討対象に入れた理論である。

年齢に応じたインフォーマルな社会統制理論に基づいた犯罪および非行からの離脱の検討

　年齢に応じたインフォーマルな社会統制理論を導入することによって，犯罪および非行からの離脱について，ライフコース論の枠組みから検討することができる。これは本書の前提にある学術的関心の2点目に関連するものである。

　サンプソンとラウブは，インフォーマルな社会統制をもたらす社会制度として，さまざまなものを提示する。その代表例として，結婚相手との親密さ（愛着）が挙げられる。そのような関係性が離脱につながるプロセスの1例として，以下のようなことがある。幼少期に犯罪や逸脱行動を繰り返していた少年が，成人期において親密な関係となるパートナーと出会い，そのパートナーと家族として生活を築き，それを続けていくために犯罪や逸脱行動を止めるといった道筋である。つまり，そのようなパートナーとの関係性によって，犯罪や逸脱行動を繰り返していた生活からの転換が図られることがうかがわれる。他の代表的な例として，就職も挙げられる。つまり，安定した仕事と雇用主との良好な関係が離脱につながるということである。また，本書では兵役や改善学校などの矯正施設への入所が離脱につながっているケースも紹介されており，その点も興味深い。

　他方で，とくに矯正施設への入所経験は，離脱に対して両義的な影響を与えることには注視すべきである。たとえば，矯正施設への収容は，その対象者の人間関係に対して，パートナーとの離別や家族との疎遠などの大きな影響を与

える。つまり，刑事罰によって犯罪が抑制されるのではなく，そのリスクをかえって高めてしまうという矛盾が考えられる。本書の終盤でも，刑罰による影響について慎重に考える必要性があることが，政策的インプリケーションとして触れられている。

　また，学術的関心の3点目も踏まえながら，サンプソンとラウブはインフォーマルな社会統制制度への社会構造による影響も考慮に入れつつ，離脱について考察している。たとえば，社会構造によって特定の層に貧困がもたらされるとした場合，貧困状態にある家族では日々の生活に余裕がなくなり，そのために家庭内において子どもに対して十分に関わることができず，結果的に子どもが非行に至りやすくなってしまうことが考えられる。つまり，社会構造的要因は，インフォーマルな社会統制制度への影響を通じて，間接的に犯罪および非行からの離脱に影響するという視点である。

　このようにサンプソンとラウブは犯罪および非行からの離脱についても検討したのだが，その際に量的分析だけでなく，対象者のライフストーリーに対する質的分析も踏まえて，検討している。その2つの手法を用いて，知見をより確からしいものにしようとしている点はこの当時から見ると画期的であった。

グリュック夫妻のデータの発見と使用

　そして，上記のような研究課題の検証に耐えうるようなデータが求められたことはいうまでもない。サンプソンとラウブの関心に即した検討が可能となるデータを収集するうえでは，適切な設計に基づいた社会調査が必要となる。しかし，そのようなデータを収集した犯罪学による調査は，その当時ほとんどなかった。

　犯罪および非行からの離脱に関する実証的研究について，包括的なレビューを行ったファラルらは，離脱に関する研究を設計する際に求められる方向性を3つにまとめている（Farral et al., 2014: 18-25）。まず，犯罪および非行からの離脱の要因やそのプロセスを探るうえで，縦断的検証を行えるような研究計画を設定することである。次に，地域，犯罪歴および犯罪種別，年齢などを考慮したうえでサンプリングを行い，離脱の多様性を言及するために横断的検証を行えるように研究計画を設定することである。そして，ランダム・サンプリングによる抽出や回答率の担保など実証的研究としての妥当性を確保することである。

昨今の社会調査をめぐる状況を踏まえると，このような方向性をすべて包含した研究を実施することは，国際的に見ても難しいことであろう。そもそも，わが国では離脱に関する実証的な研究の蓄積すら乏しい状況にある（その例外として，只野ら，2017がある）。
　それゆえに，サンプソンとラウブが発見した『少年非行の解明』のもととなった調査データは大変に貴重なものであった。そして，上記の研究の方向性に耐えうるような，そしてサンプソンとラウブの学術的関心に沿うようなデータが含まれていた。サンプソンとラウブは，苦労をしながらも，そのデータの再構築および再分析を行い，年齢に応じたインフォーマルな社会統制理論に関する実証的検証を行うことができた。このプロセスは第2章および第3章において詳細に記述されているが，昨今の社会調査のあり方やデータ・アーカイブの必要性をめぐる状況について，考察するうえでも参考になるだろう。また，グリュック夫妻による研究の再評価のプロセスは，犯罪学史研究においても大変重要なものといえるだろう。

　本書は30年以上前に書かれた本であり，その時代背景を踏まえて読まなければ，本書にある強みを感じ取りにくいかもしれない。端的にいえば，「古臭さ」を感じる箇所も多くあろう。たとえば，とくに統計手法については時代遅れである点が多いのは否定できず，現代において参考にすべき点は多くはないと思われる（翻訳する際に苦労した点の1つである）。また，離脱に対する家族などのインフォーマルな社会統制制度への過度な期待をもたらしうる点も気になる。そして，「男性性」に着目した検討があってもよかっただろう。そのため，本書を読む際にも注意していただきたい。
　なお，年齢に応じたインフォーマルな社会統制理論の核となったインフォーマルな社会統制理論についても，その後において批判されている。たとえば，インフォーマルな社会統制が機能しているからこそ，犯罪を含む逸脱行動を起こすことがあるという指摘である（Raw and Vohs, 2011）。このような現象は，本書の第9章の「夫婦間の強い愛着と犯罪の持続」において紹介されるシーヴァの事例からもうかがえる。シーヴァの場合，家族との関係は良好であったが，仕事による収入が安定しなかった。そのため，家族との生活のために，窃盗を継続的に行ったとされる。サンプソンとラウブは，このような反証を理論を豊

かにするものとして取り入れて分析している（ネガティブ・ケース分析）。ただ，当然のことであるが，年齢に応じたインフォーマルな社会統制理論に対する批判に関しても，この30年以上の間に蓄積されていることも踏まえて読んでいただきたい。

一方で，その「古臭さ」を覚えた箇所から，犯罪学の進歩の道のりを感じ取ることもできるだろう。そして，本書には「古臭さ」を感じずに，現代においても色あせない知見が随所に現れている。それは現代の犯罪学研究においても解消しきれていない学術的および政策的課題，そしてサンプソンとラウブが残した功績の大きさを顕しているものだろう。

なお，本書の功績については，先に紹介した *Shared Beginnings, Divergent Lives: Delinquent Boys to Age 70* も参照したうえで，語られることも求められるだろう。訳者たちはその翻訳作業に取り掛かろうとしている。少し時間が空くかもしれないが，心待ちにしていただきたい。

最後になるが，この訳書を出版するにあたり，ご尽力いただいたちとせプレスの櫻井堂雄様に，心より感謝を申し上げたい。出版情勢が厳しいなか，30年以上前の犯罪学の専門書の訳本を出版する機会をいただけたことは，大変に貴重なことである。また，翻訳のプロセスにおいては，都島梨紗様（岡山大学），上田光明様（日本大学）にもご協力いただいた。

国外の重要文献の翻訳のような，地道な知の伝道が，今後の学界，そして社会の充実につながることを切に祈っている。

本書は，科学研究費助成事業（23K01816）の成果の一部である。

訳者を代表して

相 良 　 翔

参考文献

Farrall, S., B. Hunter, G. Sharpe, and A. Calverley. 2014. *Criminal Careers in Transition: The Social Context of Desistance from Crime*. Oxford University Press.

守山正・小林寿一編著．2020.『ビギナーズ犯罪学 第2版』成文堂．

Rawn, C. D., and K. D. Vohs. 2011. People Use Self-Control to Risk Personal Harm: An Intra-Interpersonal Dilemma. *Personality and Social Psychology Review*, 15(3): 267-89.

只野智弘・岡邊健・竹下賀子・猪爪祐介．2017.「非行からの立ち直り（デシスタンス）

に関する要因の考察——少年院出院者に対する質問紙調査に基づいて」『犯罪社会学研究』42: 74-90.

上野貴広．2007．「犯罪学におけるライフコース・パースペクティブの台頭と展開——サンプソン゠ラウブの所説を中心に」『北九州市立大学大学院紀要』20: 155-202.

引 用 文 献

Abbott, Andrew, and Andrea Hrycak. 1990. Measuring Resemblance in Sequence Data: An Optimal Matching Analysis of Musicians' Careers. *American Journal of Sociology* 96: 144-185.

Abramson, Jill, and Barbara Franklin. 1986. *Where They Are Now: The Story of the Women of Harvard Law 1974*. New York: Doubleday.

Agnew, Robert. 1991. The Interactive Effects of Peer Variables on Delinquency. *Criminology* 29: 47-72.

Akers, Ronald. 1985. *Deviant Behavior: A Social Learning Approach*. Belmont, Calif.: Wadsworth.

――― 1989. A Social Behaviorist's Perspective on Integration of Theories of Crime and Deviance. Pp. 23-36 in *Theoretical Integration in the Study of Deviance and Crime: Problems and Prospects*, ed. Steven Messner, Marvin Krohn, and Allen Liska. Albany: State University of New York Press.

Aldrich, John, and Forrest Nelson. 1984. *Linear Probability, Logit, and Probit Models*. Beverly Hills, Calif.: Sage.

Allison, Paul. 1984. *Event History Analysis*. Beverly Hills, Calif.: Sage.

――― 1990. Change Scores as Dependent Variables in Regression Analysis. Pp. 93-114 in *Sociological Methodology, 1989-90*, ed. Clifford Clogg. Oxford: Basil Blackwell.

Alwin, Duane. 1988. Structural Equation Models in Research on Human Development and Aging. Pp. 71-170 in *Methodological Issues in Aging Research*, ed. K. W. Schaie, R. T. Campbell, W. Meredith, and S. C. Rawlings. New York: Springer.

Alwin, Duane, and Robert Hauser. 1981. The Decomposition of Effects in Path Analysis. Pp. 123-140 in *Linear Models in Social Research*, ed. Peter Marsden. Beverly Hills, Calif.: Sage.

Anderson, Kathleen E., Hugh Lytton, and David M. Romney. 1986. Mothers' Interactions with Normal and Conduct-Disordered Boys: Who Affects Whom? *Developmental Psychology* 22: 604-609.

Baltes, Paul, and John Nesselroade. 1984. Paradigm Lost and Paradigm Regained: Critique of Dannefer's Portrayal of Life-Span Developmental Psychology. *American Sociological Review* 49: 841-847.

Becker, Howard. 1963. *Outsiders: Studies in the Sociology of Deviance*. New York: Free Press. (= 2011, 村上直之訳『完訳 アウトサイダーズ――ラベリング理論再考』現代人文社)

Bennett, James. 1981. *Oral History and Delinquency: The Rhetoric of Criminology*. Chicago: University of Chicago Press.

Berk, Richard A. 1983. An Introduction to Sample Selection Bias in Sociological Data. *American Sociological Review* 48: 386-398.

Berk, Richard A., and Subhash Ray. 1982. Selection Biases in Sociological Data. *Social Science Research* 11: 352-398.

Blake, Judith. 1989. *Family Size and Achievement*. Berkeley: University of California Press.

Blumstein, Alfred, Jacqueline Cohen, and David P. Farrington. 1988a. Criminal Career Research: Its Value for Criminology. *Criminology* 26: 1-35.

———1988b. Longitudinal and Criminal Career Research: Further Clarifications. *Criminology* 26: 57-74.

Blumstein, Alfred, Jacqueline Cohen, Jeffrey A. Roth, and Christy A. Visher, eds. 1986. *Criminal Careers and Career Criminals*. Washington, D.C.: National Academy Press.

Blumstein, Alfred, David P. Farrington, and Soumyo Moitra. 1985. Delinquency Careers: Innocents, Desisters, and Persisters. Pp. 187-220 in *Crime and Justice*, Volume 6, ed. Michael Tonry and Norval Morris. Chicago: University of Chicago Press.

Bondeson, Ulla V. 1989. *Prisoners in Prison Societies*. New Brunswick, N.J.: Transaction Books.

Bordua, David. 1962. Some Comments on Theories of Group Delinquency. *Sociological Inquiry* 32: 245-260.

Brace, Charles Loring. 1872. *The Dangerous Classes of New York, and Twenty Years' Work among Them*. New York: Wynkoop.

Braithwaite, John. 1989. *Crime, Shame, and Reintegration*. Cambridge: Cambridge University Press.

Brim, Orville G., Jr., and Jerome Kagan. 1980. Constancy and Change: A View of the Issues. Pp. 1-25 in *Constancy and Change in Human Development*, ed. Orville G. Brim, Jr., and Jerome Kagan. Cambridge, Mass.: Harvard University Press.

Bryk, Anthony, and Stephen Raudenbush. 1987. Application of Hierarchical Linear Models to Assessing Change. *Psychological Bulletin* 101: 147-158.

Burton, Velmer, Francis Cullen, and Lawrence Travis. 1987. The Collateral Consequences of a Felony Conviction: A National Study of State Statutes. *Federal Probation* 51: 52-60.

Cabot, Rihard C. 1926. *Facts on the Heart*. Philadelphia: Saunders.

Cairns, Robert B. 1986. Phenomena Lost: Issues in the Study of Development. Pp. 97-111 in *The Individual Subject and Scientific Psychology*, ed. J. Valsiner. New York: Plenum.

Callwood, June. 1954. Will Your Youngster Turn to Crime? *McLean's Magazine*, September 15.

Cameron, A. Colin, and Pravin Trivedi. 1986. Econometric Models Based on Count Data: Comparisons and Applications of Some Estimators and Tests. *Journal of Applied Econometrics* 1: 29-53.

Camic, Charles. 1987. The Making of a Method: A Historical Reinterpretation of the Early Parsons. *American Sociological Review* 52: 421-439.

Campbell, Anne. 1980. Friendship as a Factor in Male and Female Delinquency. Pp. 365-389 in *Friendship and Social Relations in Children*, ed. H. Foot, A. Chapman, and J. Smith. New York:

Wiley.
Campbell, Donald, and Julian Stanley. 1963. *Experimental and Quasi-Experimental Designs for Research*. Chicago: Rand-McNally.
Caspi, Avshalom. 1987. Personality in the Life Course. *Journal of Personality and Social Psychology* 53: 1203-1213.
Caspi, Avshalom, and Daryl Bem. 1990. Personality Continuity and Change across the Life Course. Pp. 549-575 in *Handbook of Personality: Theory and Research*, ed. L. A. Pervin. New York: Guilford.
Caspi, Avshalom, Daryl J. Bem, and Glen H. Elder, Jr. 1989. Continuities and Consequences of Interactional Styles across the Life Course. *Journal of Personality* 57: 375-406.
Caspi, Avshalom, Glen H. Elder, Jr., and Daryl J. Bem. 1987. Moving against the World: Life-Course Patterns of Explosive Children. *Developmental Psychology* 23: 308-313.
———1988. Moving Away from the World: Life-Course Patterns of Shy Children. *Developmental Psychology* 24: 824-831.
Caspi, Avshalom, Glen H. Elder, Jr., and Ellen S. Herbener. 1990. Childhood Personality and the Prediction of Life-Course Patterns. Pp. 13-35 in *Straight and Devious Pathways from Childhood to Adulthood*, ed. Lee Robins and Michael Rutter. Cambridge: Cambridge University Press.
Caspi, Avshalom, and Ellen Herbener. 1990. Continuity and Change: Assortative Marriage and the Consistency of Personality in Adulthood. *Journal of Personality and Social Psychology* 58: 250-258.
Caspi, Avshalom, and Terrie E. Moffitt. 1992. The Continuity of Maladaptive Behavior: From Description to Understanding in the Study of Antisocial Behavior. In *Manual of Developmental Psychopathology*, ed. Dante Cicchetti and Donald Cohen. New York: Wiley.
Cernkovich, Stephen A., and Peggy C. Giordano. 1987. Family Relationships and Delinquency. *Criminology* 25: 295-321.
Cernkovich, Stephen A., Peggy C. Giordano, and M. D. Pugh. 1985. Chronic Offenders: The Missing Cases in Self-Report Delinquency Research. *Journal of Criminal Law and Criminology* 76: 705-732.
Chung, Ching-Fan, Peter Schmidt, and Ann D. Witte. 1991. Survival Analysis: A Survey. *Journal of Quantitative Criminology* 7: 59-98.
Clausen, John. 1990. Turning Point as a Life Course Concept: Meaning and Measurement. Paper presented at the annual meeting of the American Sociological Association, Washington, D.C.
———1991. Adolescent Competence and the Shaping of the Life Course. *American Journal of Sociology* 96: 805-842.
Cline, Hugh F. 1980. Criminal Behavior over the Life Span. Pp. 641-674 in *Constancy and Change in Human Development*, ed. Orville G. Brim, Jr., and Jerome Kagan. Cambridge, Mass.: Harvard

University Press.

Cohen, Albert K. 1959. The Study of Social Disorganization and Deviant Behavior. Pp. 461-484 in *Sociology Today: Problems and Prospects*, ed. Robert K. Merton, Leonard Broom, and Leonard S. Cottrell, Jr. New York: Basic Books.

Cohen, Albert K., Alfred Lindesmith, and Karl Schuessler, eds. 1956. *The Sutherland Papers*. Bloomington: Indiana University Press.

Cohen, Lawrence E. 1987. Throwing Down the Gauntlet: A Challenge to the Relevance of Sociology for the Etiology of Criminal Behavior. *Contemporary Sociology* 16: 202-205.

Coleman, James S. 1988. Social Capital in the Creation of Human Capital. *American Journal of Sociology* 94: S95-120.

——1990. *Foundations of Social Theory*. Cambridge, Mass.: Harvard University Press. (= 2004, 久慈利武監訳『社会理論の基礎 上』青木書店／2006, 久慈利武監訳,『社会理論の基礎 下』青木書店)

Cook, Philip J. 1975. The Correctional Carrot: Beller Jobs for Parolees. *Polity Analysis* 1: 11-54.

Cook, Thomas D. 1985. Postpositivist Critical Multiplism. Pp. 21-62 in *Social Science and Social Policy*, ed. R. Lance Shotland and Melvin M. Mark. Beverly Hills, Calif.: Sage.

Cook, Thomas D., and Donald T. Campbell. 1979. *Quasi-Experimentation: Design and Analysis Issues for Field Settings*. Chicago: Rand McNally.

Cox, D. R. 1972. Regression Models and Life Tables. *Journal of the Royal Statistical Society*, Series B 34: 187-202.

Crutchfield, Robert D. 1989. Labor Stratification and Violent Crime. *Social Forces* 68: 489-512.

Current Biography Yearbook. 1957. Glueck, Sheldon, and Eleanor Touroff. 18: 10-12.

Cusson, Maurice, and Pierre Pinsonneault. 1986. The Decision to Give up Crime. Pp. 72-82 in *The Reasoning Criminal: Rational Choice Perspectives of Offending*, ed. D. B. Cornish and Ronald V. Clarke. New York: Springer-Verlag.

Dannefer, Dale. 1984. Adult Development and Social Theory: A Paradigmatic Reappraisal. *American Sociological Review* 49: 100-116.

Davis, Kenna F. 1992. Patterns of Specialization and Escalation in Crime: A Longitudinal Analysis of Juvenile and Adult Arrest Transitions in the Glueck Data. Ph.D. dissertation, University of Illinois, Urbana-Champaign.

Dressler, David. 1955. You The Newly Married: The Young Parent Can Prevent Delinquency. *Everywoman's Magazine* (September).

Dunn, Judy. 1988. Normative Life Events as Risk Factors in Childhood. Pp. 227-244 in *Studies of Psychosocial Risk: The Power of Longitudinal Data*, ed. Michael Rutter. Cambridge: Cambridge University Press.

Durkheim, Emile. [1897] 1951. *Suicide*. Trans. J. Spaulding and G. Simpson. New York: Free Press.

(＝ 1985，宮島喬訳『自殺論』中央公論社)

Earls, Felton, and Kenneth C. Jung. 1987. Temperament and Home Environment Characteristics as Causal Factors in the Early Development of Childhood Psychopathology. *Journal of the American Academy of Child and Adolescent Psychiatry* 26: 491-498.

Elder, Glen H., Jr. 1974. *Children of the Great Depression*. Chicago: University of Chicago Press.（＝ 2023，川浦康至監訳『完全版 大恐慌の子どもたち——社会変動とライフコース』明石書店）

——1975. Age Differentiation and the Life Course. Pp. 165-190 in *Annual Review of Sociology*, Volume 1, ed. Alex Inkeles. Palo Alto, Calif.: Annual Reviews.

——1980. Adolescence in Historical Perspective. Pp. 3-46 in *Handbook of Adolescent Psychology*, ed. Joseph Adelson. New York: John Wiley and Sons.

——1985. Perspectives on the Life Course. Pp. 23-49 in *Life Course Dynamics*, ed. Glen H. Elder, Jr. Ithaca: Cornell University Press.

——1986. Military Times and Turning Points in Men's Lives. *Developmental Psychology* 22: 233-245.

——1992. The Life Course. Pp. 1120-1130 in *The Encyclopedia of Sociology*, Volume 3, ed. Edgar F. Borgatta and Marie L. Borgatta. New York: Macmillan.

Elder, Glen H., Jr., and Avshalom Caspi. 1990. Studying Lives in a Changing Society: Sociological and Personological Explorations. Pp. 201-247 in *Studying Persons and Lives*, ed. A. I. Rabin, Robert Zucker, and Susan Frank. New York: Springer.

Elder, Glen H., Jr., Avshalom Caspi, and Linda Burton. 1988. Adolescent Transitions in Developmental Perspective: Sociological and Historical Insights. Pp. 151-179 in *Minnesota Symposium on Child Psychology*, Volume 1, ed. M. Gunnar. Hillsdale, N.J.: Erlbaum.

Elliott, Delbert, David Huizinga, and Suzanne Ageton. 1985. *Explaining Delinquency and Drug Use*. Beverly Hills, Calif.: Sage.

Elliott, Delbert, David Huizinga, and Scott Menard. 1989. *Multiple Problem Youth: Delinquency, Substance Use, and Mental Health Problems*. New York: Springer-Verlag.

Faculty Committee Report. 1954. The Behavioral Sciences at Harvard. Sheldon and Eleanor T. Glueck Papers. Cambridge, Mass.: Harvard Law School Library.

Farrington, David P. 1979. Longitudinal Research on Crime and Delinquency. Pp. 289-348 in *Crime and Justice*, Volume 1, ed. Norval Morris and Michael Tonry. Chicago: University of Chicago Press.

——1986a. Age and Crime. Pp. 189-250 in *Crime and Justice*, Volume 7, ed. Michael Tonry and Norval Morris. Chicago: University of Chicago Press.

——1986b. Stepping Stones to Adult Criminal Careers. Pp. 359-384 in *Development of Antisocial and Prosocial Behavior*, ed. Dan Olweus, Jack Block, and Marian Radke-Yarrow. New York:

Academic Press.

———1987. Early Precursors of Frequent Offending. In *From Children to Citizens*, Volume III: *Families, Schools, and Delinquency Prevention*, ed. James Q. Wilson and Glenn C. Loury. New York: Springer-Verlag.

———1988. Studying Changes within Individuals: The Causes of Offending. Pp. 158-183 in *Studies of Psychosocial Risk: The Power of Longitudinal Data*, ed. Michael Rutter. Cambridge: Cambridge University Press.

———1989. Later Adult Life Outcomes of Offenders and Nonoffenders. Pp. 220-244 in *Children at Risk: Assessment, Longitudinal Research, and Intervention*, ed. M. Brambring, F. Losel, and H. Skowronek. New York: Walter de Gruyter.

———1990. Age, Period, Cohort, and Offending. Pp. 51-75 in *Policy and Theory in Criminal Justice: Contributions in Honour of Leslie T. Wilkins*, ed. Don M. Gottfredson and Ronald V. Clark. Aldershot: Avebury.

Farrington, David P., Bernard Gallagher, Lynda Morley, Raymond J. St. Ledger, and Donald J. West. 1986. Unemployment, School Leaving, and Crime. *British Journal of Criminology* 26: 335-356.

Farrington, David P., G. Gundry, and Donald J. West. 1975. The Familial Transmission of Criminality. *Medicine, Science, and Law* 15: 177-186.

Farrington, David P., and Rolf Loeber. 1989. Relative Improvement over Chance (RIOC) and Phi as Measures of Predictive Efficiency and Strength of Association in 2 × 2 Tables. *Journal of Quantitative Criminology* 5: 201-213.

Farrington, David P., Lloyd Ohlin, and James Q. Wilson. 1986. *Understanding and Controlling Crime: Toward a New Research Strategy*. New York: Springer-Verlag.

Farrington, David P., and Roger Tarling, eds. 1985. *Prediction in Criminology*. Albany: State University of New York Press.

Featherman, David, Dennis Hogan, and Aage Sorenson. 1984. Entry in Adulthood: Profiles of Young Men in the 1950s. Pp. 160-203 in *Life-Span Development and Behavior*, ed. Paul Baltes and Orville Brim. Orlando: Academic.

Featherman, David, and Richard Lerner. 1985. Ontogenesis and Sociogenesis: Problematics for Theory and Research about Development and Socialization across the Lifespan. *American Sociological Review* 50: 659-676.

Federal Bureau of Investigation. 1990. *Age-Specific Arrest Rates and Race-Specific Arrest Rates for Selected Offenses*. Washington, D.C.: U.S. Department of Justice.

Federal Probation. 1951. Unraveling Juvenile Delinquency: A Symposium of Reviews. 15: 52-58.

Fisher, Joseph, and Robert Mason. 1981. The Analysis of Multicollinear Data in Criminology. Pp. 99-125 in *Methods in Quantitative Criminology*, ed. James A. Fox. New York: Academic.

Flanagan, Timothy, and Katherine Maguire, eds. 1990. *Sourcebook of Criminal Justice Statistics:*

1989. Washington, D.C.: Government Printing Office.

Frankfurter, Felix. 1934. Introduction to *One Thousand Juvenile Delinquents*, by Sheldon Glueck and Eleanor Glueck. Cambridge, Mass.: Harvard University Press.

Freeman, Richard. 1987. The Relation of Criminal Activity to Black Youth Employment. *Review of Black Political Economy* (Summer-Fall): 99-107.

———1992. Crime and the Employment of Disadvantaged Youth. Paper presented at the Urban Poverty Workshop, University of Chicago, February 14.

Garofalo, James, and John H. Laub. 1978. The Fear of Crime: Broadening Our Perspective. *Victimology* 3: 242-253.

Gartner, Rosemary, and Irving Piliavin. 1988. The Aging Offender and the Aged Offender. Pp. 287-315 in *Life-Span Development and Behavior*, Volume 9, ed. Paul B. Baltes, David L. Featherman, and Richard M. Lerner. Hillside, N.J.: Lawrence Erlbaum Associates.

Gauvreau, Sandra. 1991. Social Selection or Social Causation? Untangling the Peer-Delinquency Relationship. Unpublished manuscript, University of Chicago.

Geis, Gilbert. 1966. Review of *Ventures in Criminology*. *Journal of Criminal Law, Criminology, and Police Science* 57: 187-188.

———1970. Review of *Delinquents and Nondelinquents in Perspective*. *Crime and Delinquency* 16: 118-120.

Gibbens, T. C. N. 1984. Borstal Boys after 25 Years. *British Journal of Criminology* 24: 49-62.

Gilboy, Elizabeth Waterman. 1936. Interview with Eleanor Touroff Glueck. *Barnard College Alumnae Monthly* 11-12.

Giordano, Peggy. 1989. Confronting Control Theory's Negative Cases. Pp. 261-278 in *Theoretical Integration in the Study of Deviance and Crime*, ed. Steven Messner, Marvin Krohn, and Allen Liska. Albany: State University of New York Press.

Giordano, Peggy C., Stephen A. Cernkovich, and M. D. Pugh. 1986. Friendships and Delinquency. *American Journal of Sociology* 91: 1170-1202.

Gittelman, Rachel. 1980. The Role of Psychological Tests for Differential Diagnosis in Child Psychiatry. *Journal of the American Academy of Child Psychiatry* 19: 413-438.

Glaser, Daniel. 1969. *The Effectiveness of a Prison and Parole System*, abridged ed. Indianapolis: Bobbs-Merrill.

Glenn, Norval D. 1981. Age, Birth Cohorts, and Drinking: An Illustration of the Hazards of Inferring Effects from Cohort Data. *Journal of Gerontology* 36: 567-582.

Glueck, Bernard. 1916. *Studies in Forensic Psychiatry*. Boston: Little, Brown.

———1918. A Study of Six Hundred and Eight Admissions to Sing Sing Prison. *Mental Hygiene* 2: 85-151.

Glueck, Eleanor T. 1927. *Community Use of Schools*. Baltimore: Williams and Wilkins.

――1936. *Evaluative Research in Social Work.* New York: Columbia University Press.

――1966. Identification of Potential Delinquents at 2-3 Years of Age. *International Journal of Psychiatry* 12: 5-16.

Glueck, Sheldon. 1925. *Mental Disorder and the Criminal Law.* Boston: Little, Brown.

――1956. Theory and Fact in Criminology. *British Journal of Delinquency* 7: 92-109.

――1960. Ten Years of *Unraveling Juvenile Delinquency:* An Examination of Criticisms. *Journal of Criminal Law, Criminology, and Police Science* 51: 283-308.

――1962. *Law and Psychiatry: Cold War or Entente Cordiale?* Baltimore: The Johns Hopkins Press.

――1964. Remarks in Honor of William Healy, M. D. *Mental Hygiene* 48: 318-322.

Glueck, Sheldon, and Eleanor Glueck. 1930. *500 Criminal Careers.* New York: A. A. Knopf.

――1934a. *Five Hundred Delinquent Women.* New York: A. A. Knopf.

――1934b. *One Thousand Juvenile Delinquents.* Cambridge, Mass.: Harvard University Press.

――1937. *Later Criminal Careers.* New York: The Commonwealth Fund.

――1938. Letter to Dr. Elizabeth Hincks, 2/14/38. Sheldon and Eleanor T. Glueck Papers. Cambridge, Mass.: Harvard Law School Library.

――1939. Social Case Histories – Policy Memo. Sheldon and Eleanor T. Glueck Papers. Cambridge, Mass.: Harvard Law School Library.

――1940. *Juvenile Delinquents Grown Up.* New York: The Commonwealth Fund.

――1943. *Criminal Careers in Retrospect.* New York: The Commonwealth Fund.

――1945. *After-Conduct of Discharged Offenders.* London: Macmillan.

――1950. *Unraveling Juvenile Delinquency.* New York: The Commonwealth Fund. (= 1961, 中央青少年問題協議会訳『少年非行の解明 補訂版』大蔵省印刷局)

――1951. Note of Plans for Further "Unraveling" Juvenile Delinquency. *Journal of Criminal Law, Criminology, and Police Science* 41: 759-762.

――1952. *Delinquents in the Making.* New York: Harper and Row.

――1956. *Physique and Delinquency.* New York: Harper and Row.

――1959. *Predicting Delinquency and Crime.* Cambridge, Mass.: Harvard University Press.

――1962. *Family Environment and Delinquency.* London: Routledge and Kegan Paul.

――1964. *Ventures in Criminology.* Cambridge, Mass.: Harvard University Press.

――1968. *Delinquents and Nondelinquents in Perspective.* Cambridge, Mass.: Harvard University Press.

――1970. *Toward a Typology of Juvenile Delinquency.* New York: Grune and Stratton.

――1974. *Of Delinquency and Crime: A Panorama of Years of Search and Research.* Springfield, Ill.: Charles C. Thomas.

Goring, Charles. [1913] 1972. *The English Convict.* Montclair, N.J.: Patterson Smith.

Gottfredson, Michael, and Travis Hirschi. 1986. The True Value of Lambda Would Appear to be

Zero: An Essay on Career Criminals, Criminal Careers, Selective Incapacitation, Cohort Studies, and Related Topics. *Criminology* 24: 213-234.

——1987. The Methodological Adequacy of Longitudinal Research on Crime. *Criminology* 25: 581-614.

——1988. Science, Public Policy, and the Career Paradigm. *Criminology* 26: 37-55.

——1990. *A General Theory of Crime*. Stanford: Stanford University Press. (= 2018, 大渕憲一訳『犯罪の一般理論——低自己統制シンドローム』丸善書店)

Gove, Walter R. 1985. The Effect of Age and Gender on Deviant Behavior: A Biopsychosocial Perspective. Pp. 115-144 in *Gender and the Life Course*, ed. Alice S. Rossi. New York: Aldine.

Gove, Walter R., and Robert D. Crutchfield. 1982. The Family and Juvenile Delinquency. *Sociological Quarterly* 23: 301-319.

Greene, William. 1989. *LIMDEP*. New York: Econometric Software.

Hagan, John. 1989. *Structural Criminology*. New Brunswick, N.J.: Rutgers University Press.

——1991. Destiny and Drift: Subcultural Preferences, Status Attainments, and the Risks and Rewards of Youth. *American Sociological Review* 56: 567-582.

Hagan, John, and Alberto Palloni. 1988. Crimes as Social Events in the Life Course: Reconceiving a Criminological Controversy. *Criminology* 26: 87-100.

——1990. The Social Reproduction of a Criminal Class in Working-Class London, circa 1950-1980. *American Journal of Sociology* 96: 265-299.

Harvard Law Review. 1951. A Symposium on *Unraveling Juvenile Delinquency*. 64: 1022-1041.

Healy, William. 1915. *The Individual Delinquent*. Boston: Little, Brown.

Healy, William, and Augusta F. Bronner. 1926. *Delinquents and Criminals: Their Making and Unmaking*. New York: Macmillan.

Heckman, James J. 1979. Sample Selection Bias as a Specification Error. *Econometrica* 47: 153-161.

Hindelang, Michael J. 1981. Variations in Sex-Race-Age-Specific Incidence Rates of Offending. *American Sociological Review* 46: 461-474.

Hindelang, Michael J., Travis Hirschi, and Joseph G. Weis. 1981. *Measuring Delinquency*. Beverly Hills, Calif.: Sage.

Hinds, M. 1990. Number of Killings Soars in Big Cities Across U.S. *New York Times*, July 18, p. 1.

Hirschi, Travis. 1969. *Causes of Delinquency*. Berkeley: University of California Press. (= 2010, 森田洋司・清水新二監訳『非行の原因——家庭・学校・社会のつながりを求めて 新装版』文化書房博文社)

——1983. Crime and the Family. Pp. 53-68 in *Crime and Public Policy*, ed. James Q. Wilson. San Francisco: Institute for Contemporary Studies.

——1991. Family Structure and Crime. Pp. 43-66 in *When Families Fail: The Social Costs*, ed. Bryce J. Christensen. Lanham, Md.: University Press.

Hirschi, Travis, and Michael Gottfredson. 1983. Age and the Explanation of Crime. *American Journal of Sociology* 89: 552-584.

Hirschi, Travis, and Hanan C. Selvin. 1967. *Delinquency Research: An Appraisal of Analytic Methods*. New York: The Free Press.

Hoffman, Lois Wladis. 1974. Effects of Maternal Employment on the Child: A Review of the Research. *Developmental Psychology* 10: 204-228.

Hogan, Dennis P. 1978. The Variable Order of Events in the Life Course. *American Sociological Review* 43: 573-586.

——1980. The Transition to Adulthood as a Career Contingency. *American Sociological Review* 45: 261-276.

Horwitz, Allan V. 1990. *The Logic of Social Control*. New York: Plenum Press.

Huesmann, L. Rowell, Leonard D. Eron, Monroe M. Lefkowitz, and Leopold O. Walder. 1984. Stability of Aggression over Time and Generations. *Developmental Psychology* 20: 1120-1134.

Huizinga, David, Finn-Aage Esbensen, and Anne Wylie Weiher. 1991. Are There Multiple Paths to Delinquency? *Journal of Criminal Law and Criminology* 82: 83-118.

James, G. 1991. New York Killings Set Record in 1990. *New York Times*, April 23, p. A14.

Janowitz, Morris. 1975. Sociological Theory and Social Control. *American Journal of Sociology* 81: 82-108.

Jencks, Christopher. 1992. *Rethinking Social Policy: Race, Poverty, and the Underclass*. Cambridge, Mass.: Harvard University Press.

Jensen, Gary F. 1976. Race, Achievement, and Delinquency: A Further Look at Delinquency in a Birth Cohort. *American Journal of Sociology* 82: 379-387.

Jessor, Richard. 1983. The Stability of Change: Psychosocial Development from Adolescence to Young Adulthood. Pp. 321-341 in *Human Development: An Interactional Perspective*, ed. David Magnusson and Vernon Allen. New York: Academic.

Jessor, Richard, John E. Donovan, and Frances M. Costa. 1991. *Beyond Adolescence: Problem Behavior and Young Adult Development*. Cambridge: Cambridge University Press.

Jessor, Richard, and Shirley Jessor. 1977. *Problem Behavior and Psychosocial Development: A Longitudinal Study of Youth*. New York: Academic.

Jick, Todd. 1979. Mixing Qualitative and Quantitative Methods: Triangulation in Action. *Administrative Science Quarterly* 24: 602-611.

Johnson, Richard E. 1979. *Juvenile Delinquency and Its Origins: An Integrated Theoretical Approach*. Cambridge: Cambridge University Press.

——1986. Family Structure and Delinquency: General Patterns and Gender Differences. *Criminology* 24: 65-84.

Joreskog, Karl, and Dag Sorbom. 1984. *LISREL VI: Analysis of Linear Structural Relationships by the Method of Maximum Likelihood, Instrumental Variables, and Least Squares Methods.* Mooresville, Indiana: Scientific Software.

Journal of Criminal Law, Criminology, and Police Science. 1951. *Unraveling Juvenile Delinquency:* A Symposium of Reviews. 41: 732-759.

Kamim, Leon J. 1986. Is Crime in the Genes? The Answer May Depend on Who Chooses What Evidence. *Scientific American* 254: 22-27.

Katz, Jack. 1988. *Seductions of Crime.* New York: Basic Books.

Kercher, Kyle. 1988. Criminology. Pp. 294-316 in *The Future of Sociology*, ed. Edgar F. Borgatta and Karen S. Cook. Beverly Hills, Calif.: Sage.

Kerlinger, Fred. 1973. *Foundations of Behavioral Research*, 2nd ed. New York: Holt, Rinehart and Winston.（＝ 1972，馬場昌雄・馬場房子・福田周司訳『行動科学の基礎手法 上』鹿島研究所出版会，初版の翻訳）

Kessler, Ronald, and David Greenberg. 1981. *Linear Panel Analysis: Models of Quantitative Change.* New York: Academic.

Kidder, Louise H., and Michelle Fine. 1987. Qualitative and Quantitative Methods: When Stories Converge. Pp. 57-75 in *Multiple Methods in Program Evaluation*, ed. M. Mark and R. Shotland. San Francisco: Jossey-Bass.

Kiecolt, K. J., and L. Nathan. 1985. *Secondary Analysis of Survey Data.* Beverly Hills, Calif.: Sage.

King, Gary. 1988. Statistical Models for Political Science Event Counts: Bias in Conventional Procedures and Evidence for the Exponential Poisson Regression Model. *American Journal of Political Science* 32: 838-863.

Knight, B. J., S. G. Osborn, and D. West. 1977. Early Marriage and Criminal Tendency in Males. *British Journal of Criminology* 17: 348-360.

Koop, C. Everett, and George D. Lundberg. 1992. Violence in America: A Public Health Emergency. *Journal of the American Medical Association* 267: 3075-3076.

Kornhauser, Ruth. 1978. *Social Sources of Delinquency.* Chicago: University of Chicago Press.

Kotlowitz, Alex. 1991. *There Are No Children Here: The Story of Two Boys Growing Up in the Other America.* New York: Doubleday.

LaBrie, Richard. 1970a. Verification of the Glueck Prediction Table by Mathematical Statistics Following a Computerized Procedure of Discriminant Function Analysis. *Journal of Criminal Law and Criminology* 61: 229-234.

——1970b. Appendix B: Multivariate Discriminant Function Analyses on Glueck Data. Pp. 113-155 in Sheldon Glueck and Eleanor Glueck, *Toward a Typology of Juvenile Offenders.* New York: Grune and Stratton.

Larzelere, Robert E., and Gerald R. Patterson. 1990. Parental Management: Mediator of the Effect of Socioeconomic Status on Early Delinquency. *Criminology* 28: 301-323.

Laub, John H. 1983a. Urbanism, Race, and Crime. *Journal of Research in Crime and Delinquency* 20: 183-198.

——1983b. *Criminology in the Making: An Oral History*. Boston: Northeastern University Press.

Laub, John H., and Robert J. Sampson. 1988. Unraveling Families and Delinquency: A Reanalysis of the Gluecks' Data. *Criminology* 26: 355-380.

——1991. The Sutherland-Glueck Debate: On the Sociology of Criminological Knowledge. *American Journal of Sociology* 96: 1402-1440.

Laub, John H., Robert J. Sampson, and Kenna Kiger. 1990. Assessing the Potential of Secondary Data Analysis: A New Look at the Gluecks' Unraveling Juvenile Delinquency Data. Pp. 241-257 in *Measurement Issues in Criminology*, ed. Kimberly Kempf. New York: Springer-Verlag.

Lazarsfeld, Paul F. 1955. Interpretation of Statistical Relations as a Research Operation. Pp. 115-125 in *The Language of Social Research*, ed. Paul F. Lazarsfeld and Morris Rosenberg. Glencoe, Ill.: Free Press.

Lemann, Nicholas. 1991. The Other Underclass. *The Atlantic* 268: 96-110.

Lemert, Edwin. 1951. *Social Pathology*. New York: McGraw-Hill.

Liska, Allen, and Mark Reed. 1985. Ties to Conventional Institutions and Delinquency: Estimating Reciprocal Effects. *American Sociological Review* 50: 547-560.

Loeber, Rolf. 1982. The Stability of Antisocial Child Behavior: A Review. *Child Development* 53: 1431-1446.

Loeber, Rolf, and Thomas Dishion. 1983. Early Predictors of Male Delinquency: A Review. *Psychological Bulletin* 94: 68-99.

Loeber, Rolf, and Marc LeBlanc. 1990. Toward a Developmental Criminology. Pp. 375-437 in *Crime and Justice*, Volume 12, ed. Michael Tonry and Norval Morris. Chicago: University of Chicago Press.

Loeber, Rolf, and Magda Stouthamer-Loeber. 1986. Family Factors as Correlates and Predictors of Juvenile Conduct Problems and Delinquency. In *Crime and Justice*, Volume 7, ed. Michael Tonry and Norval Morris. Chicago: University of Chicago Press.

——1987. Prediction. Pp. 325-382 in *Handbook of Juvenile Delinquency*, ed. Herbert C. Quay. New York: Wiley.

Loeber, Rolf, Magda Stouthamer-Loeber, Welmoet Van Kammen, and David P. Farrington. 1991. Initiation, Escalation and Desistance in Juvenile Offending and Their Correlates. *Journal of Criminal Law and Criminology* 82: 36-82.

Loftin, Colin, and David McDowall. 1988. The Analysis of Case-Control Studies in Criminology. *Journal of Quantitative Criminology* 4: 85-98.

Long, Jancis V. F., and George E. Vaillant. 1984. Natural History of Male Psychological Health, XI: Escape from the Underclass. *American Journal of Psychiatry* 141: 341-346.

Loury, Glenn C. 1987. The Family as Context for Delinquency Prevention: Demographic Trends and Political Realities. Pp. 3-26 in *From Children to Citizens*, Volume III: *Families, Schools, and Delinquency Prevention*, ed. James Q. Wilson and Glenn C. Loury. New York: Springer-Verlag.

Lytton, Hugh. 1990. Child and Parent Effects in Boys' Conduct Disorder: A Reinterpretation. *Developmental Psychology* 26: 683-697.

Maccoby, Eleanor E. 1958. Children and Working Mothers. *Children* 5: 83-89.

Magnusson, David, and Lars R. Bergman. 1988. Individual and Variable-Based Approaches to Longitudinal Research on Early Risk Factors. Pp. 45-61 in *Studies of Psychosocial Risk: The Power of Longitudinal Data*, ed. Michael Rutter. Cambridge: Cambridge University Press.

——1990. A Pattern Approach to the Study of Pathways from Childhood to Adulthood. Pp. 101-115 in *Straight and Devious Pathways from Childhood to Adulthood*, ed. Lee Robins and Michael Rutter. Cambridge: Cambridge University Press.

Markus, Gregory. 1979. *Analyzing Panel Data*. Beverly Hills, Calif.: Sage. (＝ 1983，水野欽司訳『パネルデータの分析』朝倉書店)

Matsueda, Ross L. 1982. Testing Control Theory and Differential Association: A Causal Modeling Approach. *American Sociological Review* 47: 489-504.

——1989. The Dynamics of Moral Beliefs and Minor Deviance. *Social Forces* 68: 428-457.

Mauer, Mark. 1990. Young Black Men and the Criminal Justice System: A Growing National Problem. Washington, D.C.: The Sentencing Project.

McCord, Joan. 1979. Some Child-Rearing Antecedents of Criminal Behavior in Adult Men. *Journal of Personality and Social Psychology* 37: 1477-1486.

——1980. Patterns of Deviance. Pp. 157-165 in *Human Functioning in Longitudinal Perspective*, ed. S. B. Sells, Rick Crandall, Merrill Roff, John S. Strauss, and William Pollin. Baltimore: Williams and Wilkins.

——1990. Crime in Moral and Social Contexts. *Criminology* 28: 1-26.

McCord, William, and Joan McCord. 1959. *Origins of Crime*. New York: Columbia University Press.

——1960. *Origins of Alcoholism*. Stanford: Stanford University Press.

Modell, John. 1989. *Into One's Own: From Youth to Adulthood in the United States, 1920-1975*. Berkeley: University of California Press.

Moffitt, Terrie E. 1991. Life-course Persistent and Adolescence Limited Antisocial Behavior: A Developmental Taxonomy. Unpublished paper, University of Wisconsin-Madison.

Morgan, Thomas B. 1960. Now We Can Spot Delinquents Early. *Think Magazine* (March).

Nagin, Daniel. 1991. The Stability of the Link between Individual Differences at Childhood and Adult Criminality. Unpublished paper, Carnegie Mellon University.

Nagin, Daniel, and Raymond Paternoster. 1991. On the Relationship of Past and Future

Participation in Delinquency. *Criminology* 29: 163-190.

Offord, D. R. 1982. Family Backgrounds of Male and Female Delinquents. In *Abnormal Offenders: Delinquency and the Criminal Justice System*, ed. J. Gunn and David P. Farrington. Chichester: Wiley.

Olweus, Dan. 1979. Stability of Aggressive Reaction Patterns in Males: A Review. *Psychological Bulletin* 86: 852-875.

———1980. Familial and Temperamental Determinants of Aggressive Behavior in Adolescent Boys: A Causal Analysis. *Developmental Psychology* 16: 644-660.

———1983. Low School Achievement and Aggressive Behavior in Adolescent Boys. Pp. 353-365 in *Human Development: An Interactional Perspective*, ed. David Magnusson and Vernon L. Allen. New York: Academic.

Osborn, S. G. 1980. Moving Home, Leaving London, and Delinquent Trends. *British Journal of Criminology* 20: 54-61.

Osborn, S. G., and Donald J. West. 1979. Marriage and Delinquency: A Postscript. *British Journal of Criminology* 19: 254-256.

Osgood, D. Wayne. 1990. Covariation among Adolescent Problem Behaviors. Unpublished paper, University of Nebraska.

Osgood, D. Wayne, Lloyd D. Johnston, Patrick M. O'Malley, and Jerald G. Bachman. 1988. The Generality of Deviance in Late Adolescence and Early Adulthood. *American Sociological Review* 53: 81-93.

Patterson, Gerald R. 1980. Children Who Steal. Pp. 73-90 in *Understanding Crime: Current Theory and Research*, ed. Travis Hirschi and Michael Gottfredson. Beverly Hills, Calif.: Sage.

———1982. *Coercive Family Process*. Eugene, Oreg.: Castalia.

———1984. Siblings: Fellow Travelers in Coercive Family Processes. Pp. 173-215 in *Advances in the Study of Aggression*, Volume 1, ed. Robert J. Blanchard and D. Caroline Blanchard. New York: Academic.

———1986. The Contribution of Siblings to Training for Fighting: A Microsocial Analysis. Pp. 235-261 in *Development of Antisocial and Prosocial Behavior: Research, Theories, and Issues*, ed. Dan Olweus, Jack Block, and Marian Radke-Jarrow. New York: Academic.

Patterson, Gerald R., Barbara D. DeBaryshe, and Elizabeth Ramsey. 1989. A Developmental Perspective on Antisocial Behavior. *American Psychologist* 44: 329-335.

Patterson, Gerald R., and Thomas J. Dishion. 1985. Contributions of Families and Peers to Delinquency. *Criminology* 23: 63-79.

Petersen, Trond. 1985. A Comment on Presenting Results from Logit and Probit Models. *American Sociological Review* 50: 130-131.

Plewis, Ian. 1985. *Analysing Change: Measurement and Explanation Using Longitudinal Data*. New

York: Wiley.

Porterfield, A. 1946. *Youth in Trouble*. Fort Worth, Tex.: Leo Potishman Foundation.

Potts, David P. 1965. Social Ethics at Harvard, 1881-1931: A Study in Academic Activism. Pp. 91-128 in *Social Sciences at Harvard, 1860-1920*, ed. Paul Buck. Cambridge, Mass.: Harvard University Press.

Rand, Alicia. 1987. Transitional Life Events and Desistance from Delinquency and Crime. Pp. 134-162 in *From Boy to Man: From Delinquency to Crime*, ed. Marvin Wolfgang, Terence P. Thornberry, and Robert M. Figlio. Chicago: University of Chicago Press.

Reiss, Albert J., Jr. 1951a. Delinquency as the Failure of Personal and Social Control. *American Sociological Review* 16: 196-207.

——1951b. Unraveling Juvenile Delinquency. II. An Appraisal of the Research Methods. *American Journal of Sociology* 57: 115-120.

Rindfuss, Ronald, C. Gray Swicegood, and Rachel Rosenfeld. 1987. Disorder in the Life Course: How Common and Does It Matter? *American Sociological Review* 52: 785-801.

Robins, Lee N. 1966. Deviant Children Grown Up. Baltimore: Williams and Wilkins.

——1978. Sturdy Childhood Predictors of Adult Antisocial Behavior: Replications from Longitudinal Studies. *Psychological Medicine* 8: 611-622.

Robins, Lee N., and Shirley Y. Hill. 1966. Assessing the Contribution of Family Structure, Class and Peer Groups to Juvenile Delinquency. *Journal of Criminal Law, Criminology, and Police Science* 57: 325-334.

Robins, Lee N., and Kathryn Strother Ratcliff. 1980. Childhood Conduct Disorders and Later Arrest. Pp. 248-263 in *The Social Consequences of Psychiatric Illness*, ed. Lee N. Robins, Paula J. Clayton, and John K. Wing. New York: Brunner/Mazel.

Robins, Lee N., Patricia A. West, and Barbara L. Herjanic. 1975. Arrests and Delinquency in Two Generations: A Study of Black Urban Families and Their Children. *Journal of Child Psychology and Psychiatry* 16: 125-140.

Rogosa, David. 1988. Myths about Longitudinal Research. Pp. 171-209 in *Methodological Issues in Aging Research*, ed. K. W. Schaie, R. T. Campbell, W. Meredith, and S. C. Rawlings. New York: Springer.

Rogosa, David, D. Brandt, and M. Zimowski. 1982. A Growth Curve Approach to the Measurement of Change. *Psychological Bulletin* 92: 726-748.

Rowe, Alan, and Charles Tittle. 1977. Life Cycle Changes and Criminal Propensity. *Sociological Quarterly* 18: 223-236.

Rowe, David. 1985. Sibling Interaction and Self-Reported Delinquent Behavior: A Study of 265 Twin Pairs. *Criminology* 23: 223-240.

Rowe, David, and D. Wayne Osgood. 1984. Heredity and Sociological Theories of Delinquency: A

Reconsideration. *American Sociological Review* 49: 526-540.

Rutter, Michael. 1988. Longitudinal Data in the Study of Causal Processes: Some Uses and Some Pitfalls. Pp. 1-28 in *Studies of Psychosocial Risk: The Power of Longitudinal Data*, ed. Michael Rutter. Cambridge: Cambridge University Press.

―――1989. Age as an Ambiguous Variable in Developmental Research: Some Epidemiological Considerations from Developmental Psychopathology. *International Journal of Behavioral Development* 12: 1-34.

Rutter, Michael, and Henri Giller. 1983. *Juvenile Delinquency: Trends and Perspectives*. New York: Guilford Press.

Rutter, Michael, D. Quinton, and J. Hill. 1990. Adult Outcomes of Institution-reared Children: Males and Females Compared. Pp. 135-157 in *Straight and Devious Pathways from Childhood to Adulthood*, ed. Lee N. Robins and Michael Rutter. Cambridge: Cambridge University Press.

Sampson, Robert J. 1986. Effects of Socioeconomic Context on Official Reaction to Juvenile Delinquency. *American Sociological Review* 51: 876-885.

―――1987. Urban Black Violence: The Effect of Male Joblessness and Family Disruption. *American Journal of Sociology* 93: 348-382.

―――1988. Local Friendship Ties and Community Attachment in Mass Society: A Multi-Level Systemic Model. *American Sociological Review* 53: 766-779.

Sampson, Robert J., and John H. Laub. 1990. Crime and Deviance over the Life Course: The Salience of Adult Social Bonds. *American Sociological Review* 55: 609-627.

Schmidt, Peter, and Ann Dryden Witte. 1988. *Predicting Recidivism Using Survival Models*. New York: Springer-Verlag.

Schneider, Alexander J. N., Cyrus W. LaGrone, Jr., Eleanor T. Glueck, and Sheldon Glueck. 1944. Prediction of Behavior of Civilian Delinquents in the Armed Forces. *Mental Hygiene* 28: 456-475.

Shannon, Lyle. 1988. *Criminal Career Continuity: Its Social Context*. New York: Human Sciences Press.

Shaw, Clifford R. 1930. *The Jack-Roller: A Delinquent Boy's Own Story*. Chicago: University of Chicago Press. (= 1998, 玉井眞理子・池田寛訳『ジャック・ローラー ―― ある非行少年自身の物語』東洋館出版社)

Shaw, Clifford R., and Henry McKay. 1942. *Juvenile Delinquency and Urban Areas*. Chicago: University of Chicago Press.

Short, James F., Jr. 1969. Book Review of Delinquents and Nondelinquents in Perspective. *American Sociological Review* 34: 981-983.

Short, James F., Jr., and Ivan Nye. 1957. Reported Behavior as a Criterion of Deviant Behavior. *Social Problems* 5: 207-213.

―― 1958. Extent of Unrecorded Juvenile Delinquency: Tentative Conclusions. *Journal of Criminal Law and Criminology* 49: 296-302.

Shover, Neal. 1985. *Aging Criminals*. Beverly Hills, Calif.: Sage.

Shover, Neal, and Carol Y. Thompson. 1992. Age, Differential Expectations, and Crime Desistance. *Criminology* 30: 89-104.

Siegel, Larry. 1989. *Criminology*, 3rd ed. St. Paul: West Publishing.

Smith, Douglas, and Raymond Paternoster. 1990. Formal Processing and Future Delinquency: Deviance Amplification as Selection Artifact. *Law and Society Review* 24: 1109-1131.

Snodgrass, Jon. 1972. *The American Criminological Tradition: Portraits of the Men and Ideology in a Discipline*. Ann Arbor, Mich.: University Microfilms.

Stolzenberg, Ross, and Daniel Relles. 1990. Theory Testing in a World of Constrained Research Design: The Significance of Heckman's Censored Sampling Bias Correction for Nonexperimental Research. *Sociological Methods and Research* 18: 395-415.

Sutherland, Edwin H., and Chic Conwell. 1937. *The Professional Thief*. Chicago: University of Chicago Press. (= 1986, 佐藤郁哉訳『詐欺師コンウェル―― 禁酒法時代のアンダーワールド』新曜社)

Sutherland, Edwin H., and Donald R. Cressey. 1978. *Principles of Criminology*, 10th ed. Philadelphia: J. B. Lippincott. (= 1964, 平野龍一・所一彦訳『犯罪の原因―― 刑事学原論Ⅰ』／1962, 平野龍一・所一彦訳『犯罪の対策―― 刑事学原論Ⅱ』有信堂, 両方とも第6版の翻訳)

Thernstrom, Stephan. 1973. *The Other Bostonians: Poverty and Progress in the American Metropolis, 1880-1970*. Cambridge, Mass.: Harvard University Press.

Thornberry, Terence P. 1987. Toward an Interactional Theory of Delinquency. *Criminology* 25: 863-891.

Thornberry, Terence P., Alan J. Lizotte, Marvin D. Krohn, Margaret Farnworth, and Sung Joon Jang. 1991. Testing Interactional Theory: An Examination of Reciprocal Causal Relationships among Family, School, and Delinquency. *Journal of Criminal Law and Criminology* 82: 3-35.

Tonry, Michael, Lloyd E. Ohlin, and David P. Farrington. 1991. *Human Development and Criminal Behavior: New Ways of Advancing Knowledge*. New York: Springer-Verlag.

Tracy, Paul E., Marvin Wolfgang, and Robert M. Figlio. 1990. *Delinquency Careers in Two Birth Cohorts*. New York: Plenum.

Vaillant, George E. 1977. *Adaptation to Life*. Boston: Little, Brown.

―― 1983. *The Natural History of Alcoholism*. Cambridge, Mass.: Harvard University Press.

Vold, George, and Thomas Bernard. 1986. *Theoretical Criminology*, 3rd ed. New York: Oxford. (= 1990, 平野龍一・岩井弘融監訳『犯罪学―― 理論的考察』東京大学出版会)

Wallerstein, James, and Clement J. Wyle. 1947. Our Law-Abiding Law-Breakers. *Probation* 25: 107-

Weis, Joseph G. 1986. Issues in the Measurement of Criminal Careers. Pp. 1-51 in *Criminal Careers and Career Criminals*, ed. Alfred Blumstein, Jacqueline Cohen, Jeffrey A. Roth, and Christy A. Visher. Washington, D.C.: National Academy Press.

Werner, Emily E., and Ruth S. Smith. 1982. *Vulnerable but Invincible*. New York: McGraw-Hill.

West, Donald J. 1982. *Delinquency: Its Roots, Careers, and Prospects*. London: Heinemann.

West, Donald J., and David P. Farrington. 1973. *Who Becomes Delinquent?* London: Heinemann.

——1977. *The Delinquent Way of Life*. London: Heinemann.

White, Jennifer L., Terrie E. Moffitt, Felton Earls, Lee N. Robins, and Phil A. Silva. 1990. How Early Can We Tell? Predictors of Childhood Conduct Disorder and Adolescent Delinquency. *Criminology* 28: 507-533.

Wiatrowski, Michael D., David B. Griswold, and Mary K. Roberts. 1981. Social Control Theory and Delinquency. *American Sociological Review* 46: 525-541.

Wilkins, Leslie T. 1969. Data and Delinquency. *Yale Law Journal* 78: 731-737.

Wilkinson, Karen. 1974. The Broken Family and Juvenile Delinquency: Scientific Explanation or Ideology? *Social Problems* 21: 726-739.

Wilson, Harriet. 1980. Parental Supervision: A Neglected Aspect of Delinquency. *British Journal of Criminology* 20: 203-235.

Wilson, James Q. 1983. Raising Kids. *The Atlantic*, October, pp. 45-56.

Wilson, James Q., and Richard Herrnstein. 1985. *Crime and Human Nature*. New York: Simon and Schuster.

Wilson, William Julius. 1987. *The Truly Disadvantaged: The Inner City, the Underclass, and Public Policy*. Chicago: University of Chicago Press.（= 1999，青木秀男監訳，平川茂・牛草英晴訳『アメリカのアンダークラス——本当に不利な立場に置かれた人々』明石書店）

Wolfgang, Marvin, Robert Figlio, and Thorsten Sellin. 1972. *Delinquency in a Birth Cohort*. Chicago: University of Chicago Press.

Wolfgang, Marvin E., Robert Figlio, and Terence P. Thornberry. 1978. *Evaluating Criminology*. New York: Elsevier.

Wolfgang, Marvin E., Terence P. Thornberry, and Robert Figlio. 1987. *From Boy to Man: From Delinquency to Crime*. Chicago: University of Chicago Press.

Worcester, Jane. 1956. Appendix A: Explanation of Statistical Method. Pp. 276-283 in Sheldon Glueck and Eleanor Glueck, *Physique and Delinquency*. New York: Harper and Row.

事項索引

アルファベット

Cox 比例ハザード・モデル　180
G.I. ビル　229, 248
G.I. ローン　230
IQ　32, 104, 202, 282, 283
RIOC　138

あ行

愛　着　77, 86
　　学校への――　111, 115, 121, 123, 129, 282
　　子どもと親との――　41, 82, 83
　　配偶者への――　151, 154, 161, 187, 189, 198, 249
　　非行仲間への――　129
　　夫婦間の――　164, 170, 183, 191, 195, 200, 204, 208, 215, 249, 258
アルコール依存症（アルコール乱用）　80, 82, 87, 106, 224, 243
アンダークラス　264
安定性　10, 17, 26
移　行　9
　　犯罪行為から非犯罪行為への――　8
異種継続性　133, 144, 262
異種性　16
逸脱キャリア　146
逸脱行動　277
遺伝的素質　47
イベント・ヒストリー分析　153, 179
飲　酒　199, 217, 249, 259, 290
　　親の過度の――　80
　　過度の――（過度のアルコール摂取）　82, 138, 174, 189

インフォーマルな社会統制　19, 20, 147, 253
　　家族による――　75
生まれ　→ 外国生まれ
親からの報告　→ 両親報告
親の逸脱　112
親の拒絶　83
オーラルヒストリー　61
オーラルヒストリー・インタビュー　269

か行

外国生まれ　80, 82
回顧バイアス　60
学業成績　116
家　族　41, 74, 109, 236, 256
　　――によるインフォーマルな社会統制　75
　　――による社会統制　92, 94
　　――の社会経済的地位　81
　　――の犯罪傾向　78
家族効果　103
家族サイズ　282
家族成員数　80, 81
家族プロセス（変数）　82, 85, 86, 90, 94, 105
家族崩壊　80, 81, 280
家族モデル　100
家族要因　142
学　校　109, 111, 137, 256
　　――への愛着　111, 115, 121, 123, 129, 282
学校プロセス（変数）　110, 115, 119
家庭遺棄　236

家庭外での母親の就業　80, 88
家庭生活　137
家庭内暴力　222, 236, 262
家庭の窮屈さ　80
かんしゃく（もち）　97, 136, 202, 281
監　督　77, 86
　　親の――　41, 82, 83, 103, 129, 280
気　質　96
軌　跡　9
気難しい子ども（気難しい気質，気難しさ）
　　97, 99, 122, 202
教　師　111
教師報告　33, 56, 57
偽陽性問題　17
強制理論　75
きょうだい　110, 114, 116, 125
　　――の非行　283
共分散構造モデル　84
グリュック夫妻の視点　109
軍への入隊　248
刑事司法システム（制度）　50, 225
継続性　137, 150, 253
刑務所　224
結婚（婚姻）　148, 161, 228, 248
　　――への投資　240
公式の社会統制　171
構成概念妥当性　57
構造的背景要因　77, 92, 105, 110, 115, 257
拘置所　224
後　発　187
後光効果　60
個人内変化　43
個体発生　104
個体要因論　254
子ども効果　95, 100, 103, 104, 122, 142
『500人の犯罪キャリア』　38
『500人の非行女子少年たち』　39
コホート分析　67
コミットメント　151, 154, 187, 189

雇　用　141, 223, 229, 237
　　――の安定性　229
雇用主　149
婚　姻　→結婚

さ行

最小二乗回帰モデル　153
再統合的恥づけ（理論）　77, 132
最尤共分散構造モデル　178
最尤（ML）ポアソン回帰モデル　191
最尤ロジスティック分析　170
ジェンダー観　281
仕　事　137
　　――の安定性　151, 154, 161, 164, 169,
　　　183, 187, 189, 191, 193, 194, 197, 200, 204,
　　　206, 208, 215, 249, 258
　　意味のある――　248
自己統制　18
　　低い――　144, 202
自己報告　33, 55, 57, 279
施設収容　171, 177, 232, 258
持続的な観察されずに残る異質性　205
持続的な犯罪者　35, 195, 215
時代効果　68
しつけ　77, 86
　　――の習慣　41
　　父親と母親の――　82
社会関係資本　20, 112, 148, 229, 230, 240,
　　250, 253
社会経済的地位　80
　　家族の――　81
社会的学習理論　293
社会的絆　20, 161, 250, 254
社会的に解体された地域　31
社会統制理論　149, 198
　　年齢に応じたインフォーマルな――
　　　253
社会発生　104
社会要因論的発達理論　255

『釈放された犯罪者たちのその後』 39
住居の流動性 80, 82, 88, 112
縦断的データ 24, 261
収　入 161
収　容 145, 159
照合デザイン 31
状態（持続時間）依存性 145, 151, 177, 206
少年司法システム 84
『少年非行の解明』 12, 30, 39, 109
職　歴 214
人物志向 213
スティグマ 174, 263
生活条件の劣悪さ 79
精神保健制度 225
生物学的原因 47
選択効果 249
選択的交配 238
『1000人の非行少年』 39
全報告尺度 59
相互作用的継続性 134, 145
相互作用理論 254
早　発 202
　　非行の―― 97

た行

第二次世界大戦 67, 139
逮捕の頻度 191
逮捕分布 166
多因子アプローチ 49
多元主義 214
中　退 109
中胚葉型 41, 47, 282
中流階級のバイアス 48
直接的な親の統制 76
転　機 9, 248
同種継続性 11, 133, 138, 144
統制システム理論 95, 99
飛び石アプローチ 254

トライアンギュレーション（三角測量法） 216

な行

仲間（集団） 110, 117, 125, 256
二次データ分析 264
ネガティブ・ケース分析 216
年　齢 32, 104, 264, 282, 283
　　――に応じた分化 9
年齢に応じたインフォーマルな社会統制理論 253
年齢犯罪曲線 7, 40, 263

は行

配偶者 149
　　――への愛着 151, 154, 161, 187, 189, 198, 249
ハザード比 159
パーソンセンタード・アプローチ 254
発達犯罪学 254
母親の就業 82
　　家庭外での―― 80, 88
犯　罪 262, 277
　　――からの離脱 8, 195, 226, 228, 233, 235, 255, 263
　　――と逸脱の「社会要因論」モデル 8
　　――の持続 241, 242
　　――の頻度 162
　　――への関与の頻度 63
犯罪傾向 82
　　家族の―― 78
　　両親の―― 106
犯罪原因としての失業仮説 139
犯罪行為から非犯罪行為への移行 8
犯罪者である父親 87
犯罪統制政策 265
犯罪歴 62
反社会的行動 277
　　――の安定性 14

事項索引　323

反社会的性格　　202
反理論的　　48
『非行少年と非行をしていない少年を捉える視点』　　40
『非行少年の成長』　　39
貧　困　　32, 79
夫婦関係　　214
復員兵再調整援助制度　　230
服　役　　172, 266
不適応行動の連続性　　10
負の二項（回帰）モデル　　166, 191
不名誉除隊　　230
扶養義務違反（扶養義務の不履行）　　220, 236
分化的接触理論　　114, 131, 198, 283
兵　役　　137, 159, 172, 231, 238
別　居　　141, 220
変　化　　147
ポアソン回帰モデル　　153, 166
ホワイトカラー犯罪　　263

ま行

前向き縦断的研究（前向き縦断的データ）　　10, 15, 25
未決勾留　　172
民族性　　32, 283
面接調査　　55

や行

要約指標　　58
予測表　　42

ら行

ライフコース　　9, 10
ライフコース持続型　　14
ライフステージ原則　　67
ライフヒストリー　　213
ラベリング（理論）　　132, 145, 263, 266
離婚　　141, 220
離脱　　8, 195, 226, 228, 233, 235, 255, 263
離脱者　　215
両親報告（親からの報告）　　33, 55, 57
累積的継続性　　134, 145, 150, 174, 177
ロジスティック回帰モデル　　153
ロールシャッハ（ROR）　　202

人名索引

あ行

アグニュー, R.（R. Agnew） 115
アリソン, P.（P. Allison） 181, 289
ヴァイラント, ジョージ・E.（G. E. Vaillant） 15, 31, 53, 65, 259, 278, 280
ウィルソン, J. Q.（J. Q. Wilson） 47, 56
ウィルソン, エドワード・B.（E. B. Wilson） 37
ウェスト, D. J.（D. J. West） 11, 15, 96, 134
ウォーラーステイン, J.（J. Wallerstein） 55
ウルフギャング, M.（M. Wolfgang） 11, 25
エージトン, S.（S. Ageton） 113
エリオット, D.（D. Elliott） 11, 113
エルダー, G. H., Jr.（G. H. Elder Jr.） 9, 10, 19, 67, 68, 83, 232
オスグッド, D. W.（D. W. Osgood） 47
オズボーン, S. G.（S. G. Osborn） 15
オーリン, L.（L. Ohlin） 56
オルウェウス, D.（D. Olweus） 11, 96, 121, 122

か行

カスピ, A.（A. Caspi） 9, 12, 15, 67, 68, 98, 134, 135, 238, 261
カニンガム, ミルドレッド（M. Cunningham） 61, 270, 272
カーリンガー, F.（F. Kerlinger） 60
キーコルト, K. J.（K. J. Kiecolt） 54
キダー, L. H.（L. H. Kidder） 216, 292
キーチャー, K.（K. Kercher） 111, 113
キャボット, リチャード・C.（R. C. Cabot） 37, 38
キャメロン, A. C.（A. C. Cameron） 166
キング, G.（G. King） 287
クイントン, D.（D. Quinton） 15
クック, T. D.（T. D. Cook） 214
クライン, H. F.（H. F. Cline） 14
クラウゼン, ジョン（J. Clausen） 248, 293
クラッチフィールド, R. D.（R. D. Crutchfield） 79
グリスウォルド, D. B.（D. B. Griswold） 111
グリュック, エレノア（E. Glueck） 24, 29, 36-39, 47, 49, 50, 136, 137, 269, 271, 272, 274, 276, 278, 279, 282
グリュック, シェルドン（S. Glueck） 24, 29, 35-39, 47, 49, 50, 136, 137, 269, 274, 276-279, 282
グリュック, バーナード（B. Glueck） 37, 50
グリュック夫妻 11, 12, 21, 24, 25, 27, 29-31, 33-51, 53-56, 58, 60-67, 69-71, 73, 79, 82, 84-86, 89, 92, 94, 97, 104, 105, 109, 110, 116, 117, 119-121, 132, 133, 136, 137, 139, 141, 144, 153, 155, 158, 159, 164, 171, 174, 179, 202, 213-216, 219, 221, 223, 224, 231, 238-240, 247-249, 253-255, 258, 259, 262, 264-267, 269, 273-276, 279-282, 293, 294
グリーン, W.（W. Greene） 287
ゲイス, G.（G. Geis） 42
ケネズネック, ローズ（R. Kneznek） 274
ゴーイング, C.（C. Goring） 40
ゴーヴ, W. R.（W. R. Gove） 79
コーエン, L. E.（L. E. Cohen） 47

325

コスタ，F. M.（F. M. Costa） 134
ゴットフレッドソン，M.（M. Gottfredson） 12, 18, 22, 76, 105, 111, 132, 133, 135, 144, 148, 151, 157, 174, 202
コールマン，J. S.（J. S. Coleman） 148, 149

さ行

サザランド，エドウィン・H.（E. H. Sutherland） 46-51, 213
ジェッサー，R.（R. Jessor） 11, 134
シェルドン，ウィリアム（W. Sheldoon） 47
ジック，T.（T. Jick） 216
ジャノヴィッツ，M.（M. Janowitz） 20
シャノン，L.（L. Shannon） 11
シュタウトハマー＝ローバー，M.（M. Stouthamer-Loeber） 74, 80, 105
シュナイダー，A. J. N.（A. J. N. Schneider） 279
ショウ，クリフォード・R.（C. R. Shaw） 31, 213
ショーヴァー，N.（N. Shover） 263
ショート，J. F., Jr.（J. F. Short Jr.） 55
ジョルダーノ，P.（P. Giordano） 293
ジラー，H.（H. Giller） 21, 79, 282
スノッドグラス，J.（J. Snodgrass） 39
セルヴィン，H. C.（H. C. Selvin） 42, 44
ソレンソン，A.（A. Sorenson） 70
ソローキン，ピティリム（P. Sorokin） 278
ソーンベリー，T. P.（T. P. Thornberry） 254

た行

ターリング，R.（R. Tarling） 278
ダンファー，D.（D. Dannefer） 13
テューキー，ジョン・W.（J. W. Tukey） 278
ドノヴァン，J. E.（J. E. Donovan） 134

トリヴェディ，P.（P. Trivedi） 166

な行

ナイ，I.（I. Nye） 55
ナイト，B. J.（B. J. Knight） 15
ネイギン，D.（D. Nagin） 144, 145, 205, 206, 291
ネーサン，L.（L. Nathan） 54

は行

パウンド，ロスコー（R. Pound） 37
バーク，ジョン（J. Burke） 61
バーグマン，L. R.（L. R. Bergman） 254
ハーシ，T.（T. Hirschi） 13, 14, 18, 22, 42, 44, 76-78, 83, 84, 87, 105, 111, 132, 133, 135, 144, 148, 151, 157, 174, 202, 281
ハーステイン，R.（R. Herstein） 47
ハスマン，R.（R. Huesmann） 11, 17
パーソンズ，タルコット（T. Parsons） 278
パターソン，T.（T. Patterson） 75-77, 79, 105, 132
パターノスター，R.（R. Paternoster） 144, 145, 205, 206, 291
バートン，L.（L. Burton） 68
ハービナー，E. S.（E. S. Herbener） 9, 238
バローズ，アヴァ（A. Burrows） 270
パローニ，A.（A. Palloni） 22, 135
ヒュースマン，L. R.（L. R. Huesmann） 134
ヒーリー，ウィリアム（W. Healy） 37, 38, 41, 50
ヒル，J.（J. Hill） 15
ヒル，S. Y.（S. Y. Hill） 43
ヒンデラング，M. J.（M. J. Hindelang） 84, 85
ファイン，M.（M. Fine） 216, 292
ファリントン，D. P.（D. P. Farrington） 11, 56, 96, 114, 134, 261, 278

フェザーマン, D.（D. Featherman） 70
フートン, E. A.（E. A. Hooton） 47
フランクフューター, フレックス（F. Frankfurter） 37, 38
ブルームステイン, A.（A. Blumstein） 35
ブレイク, J.（J. Blake） 112
ブレイスウェイト, J.（J. Braithwaite） 77, 82, 83, 105, 132
プレウィス, I.（I. Plewis） 285
ブロナー, オーガスタ（A. Bronner） 37, 38
ヘイガン, J.（J. Hagan） 22, 76, 77, 105, 135, 145
ベッカー, ハワード（H. Becker） 146
ヘックマン, J. J.（J. J. Heckman） 192, 285
ベム, D. J.（D. J. Bem） 261
ベルク, R. A.（R. A. Berk） 161, 285
ホイジンガ, D.（D. Huizinga） 113
ホーガン, D.（D. Hogan） 70
ポーターフィールド, A.（A. Poterfield） 55
ボーデュア, D.（D. Bordua） 47
ホワイト, J. L.（J. L. White） 17, 95

ま行

マクグラス, ジョージ（G. McGrath） 61, 271
マグヌッソン, D.（D. Magnusson） 254
マツエダ, R. L.（R. L. Matsueda） 283
マックドール, D.（D. McDowall） 278
マッケイ, H.（H. McKay） 31
マーフリー, シエラ（S. Murphrey） 61, 269
モステラー, フレデリック（F. Mosteller） 278
モフィット, T. E.（T. E. Moffitt） 12, 14
モラン, マリー（M. Moran） 61, 269, 270

ら行

ラグロニ, C. W.（C. W. LaGrone） 279
ラーズレル, R. E.（R. E. Larzelere） 79
ラター, M.（M. Rutter） 8, 15, 16, 21, 79, 263, 282
ラトクリフ, K. S.（K. S. Ratcliff） 144
ラブリー, リチャード（R. LaBrie） 61, 269, 273
ランド, A.（A. Rand） 15
リスカ, A.（A. Liska） 122, 281, 282
リットン, H.（H. Lytton） 94-97, 99, 281
リード, M.（M. Reed） 122, 281, 282
ルブラン, M.（M. LeBlanc） 14, 254
レイ, S.（S. Ray） 161, 285
レイス, A. J., Jr.（A. J. Reiss Jr.） 42, 44
ロウ, D.（D. Rowe） 47
ロゴサ, D.（D. Rogosa） 261
ローバー, R.（R. Loeber） 11, 14, 74, 80, 105, 254
ロバーツ, M. K.（M. K. Roberts） 111
ロビンズ, リー・N.（L. N. Robins） 11, 12, 14, 43, 114, 118, 126, 134, 135, 144
ロフテン, C.（C. Loftin） 278
ロング, J. V. F.（J. V. F. Long） 15, 31

わ行

ワイアトロウスキー, M. D.（M. D. Wiatrowski） 111
ワイス, J. G.（J. G. Weis） 84
ワイル, C. J.（C. J. Wyle） 55

著者

ロバート・J. サンプソン（Robert J. Sampson）
　ハーバード大学ウッドフォード・L. ＆ アン・A. フラワーズ大学教授

ジョン・H. ラウブ（John H. Laub）
　メリーランド大学カレッジパーク校名誉教授

訳者

相良　翔（さがら　しょう）　　　　　　担当：謝辞，はじめに，第 1，2，6，9 章，付録，訳者あとがき
埼玉県立大学保健医療福祉学部准教授
　主要著作に，『薬物依存からの「回復」——ダルクにおけるフィールドワークを通じた社会学的研究』（ちとせプレス，2019 年），「『同じ経験』と『違う経験』の狭間に臨むピア・サポート——更生保護施設および併存性障害者支援施設をフィールドとして」（『現代社会学理論研究』18: 31-43, 2024 年）など。

大江　將貴（おおえ　まさたか）　　　　　　　　　　　　　　　　担当：第 5，8 章
帝京大学文学部助教
　主要著作に，『学ぶことを選んだ少年たち——非行からの離脱へたどる道のり』（晃洋書房，2023 年），『日本の青少年の行動と意識——国際自己申告非行調査（ISRD）の分析結果』（分担執筆，現代人文社，2024 年）など。

吉間慎一郎（きちま　しんいちろう）　　　　　　　　　　　　　　担当：第 7，10 章
検事
　主要著作に，『更生支援における「協働モデル」の実現に向けた試論——再犯防止をやめれば再犯は減る』（LABO，2017 年），「社会変革のジレンマ——伴走者と当事者の相互変容からコミュニティの相互変容へ」（『犯罪社会学研究』44: 46-62, 2019 年），「包摂と排除をひっくり返す——解放区からの変革可能性」（『犯罪社会学研究』49: 25-39, 2024 年）など。

向井　智哉（むかい　ともや）　　　　　　　　　　　　　　　　担当：第 3，4 章
福山大学文化学部講師
　主要著作に，『処罰と近代社会——社会理論の研究』（翻訳，現代人文社，2016 年），「厳罰傾向と帰属スタイルの関連——日韓の比較から」（共著，『心理学研究』91(3): 183-192, 2020 年），「特定少年実名報道への支持と，責任付与・改善更生・重大性に関する各認知との関連」（共著，『心理学研究』95(2): 119-128, 2024 年）など。

犯罪へ至る道，離れる道
　非行少年の人生

2025 年 3 月 5 日　第 1 刷発行

著　者　　ロバート・J. サンプソン
　　　　　ジョン・H. ラウブ
訳　者　　相 良　　 翔
　　　　　大 江　將 貴
　　　　　吉間慎一郎
　　　　　向 井　智 哉
発行者　　櫻 井 堂 雄
発行所　　株式会社ちとせプレス
　　　　　〒 157-0062
　　　　　東京都世田谷区南烏山 5-20-9-203
　　　　　電話　03-4285-0214
　　　　　https://chitosepress.com
装　幀　　髙 林　昭 太
印刷・製本　中央精版印刷株式会社

© 2025　Printed in Japan
ISBN 978-4-908736-40-7　C3036

　価格はカバーに表示してあります。
　乱丁，落丁の場合はお取り替えいたします。